Interprofessionelles Management im Gesundheitswesen

Claudia Welz-Spiegel · Frank Spiegel

Interprofessionelles Management im Gesundheitswesen

 Springer

Claudia Welz-Spiegel
Oberursel, Deutschland

Frank Spiegel
Oberursel, Deutschland

ISBN 978-3-662-67653-0   ISBN 978-3-662-67654-7   (eBook)
https://doi.org/10.1007/978-3-662-67654-7

Die Deutsche Nationalbibliothek verzeichnet diese Publikation in der Deutschen Nationalbibliografie; detaillierte bibliografische Daten sind im Internet über http://dnb.d-nb.de abrufbar.

Planung/Lektorat: Renate Scheddin
Springer ist ein Imprint der eingetragenen Gesellschaft Springer-Verlag GmbH, DE und ist ein Teil von Springer Nature.
Die Anschrift der Gesellschaft ist: Heidelberger Platz 3, 14197 Berlin, Germany

Das Papier dieses Produkts ist recyclebar.

Vorwort

Ein Zielbild entwickelte sich. Ich arbeite seit vielen Jahren in der Beratung, in der Leitung und Lehre von interprofessionellen Teams im Gesundheitswesen. Die Idee für dieses anwendungsorientierte Fachbuch entstand aus meinen Erfahrungen, die ich in der Praxis gemacht habe. Die Weiterbildung- und Hochschultätigkeit initiierte in mir das Bedürfnis, die gesammelten Erfahrungen, Kenntnisse und Perspektiven aus dem Gesundheitswesen zusammenzuführen.

Die Publikation hat zum Ziel, die vielfältigen theoretischen Grundlagen zu vermitteln, anwendungsorientierte Methoden darzustellen und praxisorientierte Hinweise zu geben.

Die Inhalte sollen als Lehr- und Fachbuch für Studierende, Managementverantwortliche, Qualitäts- und Risikomanager und Projektleiter im Gesundheitswesen dienlich sein.

Für die interprofessionelle Zusammenarbeit soll Wissen vermittelt und für die Praxis fruchtbar gemacht werden. Hierzu wird das Fachwissen aus methodengestützter, flexibler Projektarbeit und die in der Literatur formulierten Erkenntnisse zusammengefasst.

Warum dieses Buch?

Die Arbeitsabläufe in Gesundheitsorganisationen sind von hochspezialisiertem Fachwissen und Arbeitsteilung geprägt. Dies wird durch die steigende Spezialisierung und Differenzierung der Behandlungen und Versorgungsprozesse notwendig. Die zielführende Verbindung durch Koordination und Integration der Leistungen stellt eine große Herausforderung dar. Wechselbeziehungen der am Behandlungsprozess beteiligten Berufsgruppen müssen übergreifend koordiniert werden. Die Berufsgruppen erbringen innerhalb ihrer Profession arbeitsteilig hochspezialisierte Leistungen, geprägt durch ihre Wertvorstellungen und Traditionen. Das wird innerhalb unterschiedlicher Strukturen, Hierarchien und Führungsprinzipien der Professionen umgesetzt. Es entsteht ein Spannungsfeld in der Zusammenführung der Leistungen, dem mit interprofessionellem Management für die Zukunftssicherung begegnet werden muss.

Die Notwendigkeit der Gesundheitsversorgung einerseits, die Änderungen und Auswirkungen der Gesundheitsreformen andererseits, stellen für Manager Herausforderungen in der Standortsicherung der jeweiligen Gesundheitseinrichtung dar. Das bestehende
Gesundheitssystem ist aktuell durch Personal-/Fachkräftemangel, Qualitätsdiskussionen,
Kostendruck und hohen Erwartungen infrage gestellt.

Interprofessionelles Management im Gesundheitswesen ist entscheidend, um die Herausforderungen im Gesundheitswesen zu bewältigen. Zum Beispiel gilt es, dem zunehmenden Druck, qualitativ hochwertige Versorgung zu leisten, zu begegnen, eine gelingende Zusammenarbeit zu etablieren und gleichzeitig die Kosten im Griff zu behalten.
Dies erfordert oft eine enge Abstimmung zwischen den verschiedenen Professionen der
Gesundheitsberufe. Dadurch wird sichergestellt, dass die Ressourcen optimal genutzt
und die Patientenversorgung effektiv und effizient durchgeführt werden.

Das interprofessionelle Management im Gesundheitswesen beinhaltet auch gutes Per-
sonalmanagement, um Mitarbeitende zu gewinnen und im Unternehmen zu halten.

Die Entwicklung und Umsetzung von Strategien, um die Leistung und Effektivität der
Einrichtung zu gewährleisten und kontinuierlich zu verbessern, sind wesentliche Merkmale guter Führungskonzepte.

Dazu gehören das Arbeiten mit interprofessionellen Teams und die Anwendung geeigneter Methoden. Gemeinsam mit den Beteiligten sollte die Identifizierung von Verbesse-
rungspotentialen, die Entwicklung von prozessübergreifenden Leistungsindikatoren und
die Festlegung und Überwachung von Qualitätsstandards stattfinden.

Dies stellt die von allen getragene Implementierung von Vereinbarungen, von Prozes-
sänderungen und die Patientenversorgung sicher.

Eine erfolgreiche Zusammenarbeit und Management im Gesundheitswesen erfordern
die offene Kommunikation, interprofessionelle Teamarbeit, Respekt und Vertrauen zwischen den beteiligten Gesundheitsberufen und der Führungsebene. Die Selbstvergewis-
serung und Klarheit in Bezug auf die eigenen Kompetenzen, Ressourcen und Stärken unterstützen den Vorgang. Das ist die Basis für die Entwicklung eines interprofessionellen
Teams und Grundlage für den Erfolg.

Der interprofessionellen Kommunikation kommt dabei eine wichtige Bedeutung zu.
Im Gesundheitswesen bezieht sie sich auf die effektive und koordinierte Abstimmung,
Interaktion und dient der Steuerung von Prozessabläufen zwischen den an der Patientenversorgung beteiligten Professionen. Durch ein gemeinsames Verständnis der verschiedenen Rollen, der Verantwortlichkeiten, der Perspektiven und des Fachwissens der Gesundheitsberufe wird dies sichergestellt.

Um den Herausforderungen im interprofessionellen Management erfolgreich zu begegnen, werden verschiedene Konzepte, Themen und Zusammenhänge in diesem Buch
dargelegt. Dabei besteht kein Anspruch auf Vollständigkeit.

Ich möchte mit den hier vorgestellten Schwerpunkten zu einer gelingenden Zusammenarbeit der verschiedenen Professionen beitragen.

Das interprofessionelle Management wird in Zukunft die Gesundheitseinrichtungen prägen und sollte als Steuerungsprinzip der Zusammenarbeit aller Beteiligten etabliert werden.

Wenn es gelingt, die Teams, ihre Leitung und das Management zu eigenen Reflexionen, zu Entwicklungen in der Zusammenarbeit, der Leitung und Führung anzuregen und Impulse zur konkreten Anwendung zu geben, sind wichtige Meilensteine zu einer erfolgreichen interprofessionellen Zusammenarbeit erreicht.

Genderhinweis

Da wir alle Geschlechter gleichermaßen ansprechen, verwenden wir in diesem Buch die männliche Form inhaltsunabhängig oder nutzen neutrale Begriffe. Unabhängig davon, sind immer alle Geschlechter gemeint und angesprochen.

Claudia Welz-Spiegel

Danksagung

Seit über 20 Jahren berate und entwickle ich mit interprofessionellen Teams in großen und kleinen Gesundheitseinrichtungen verschiedene Managementsysteme. Die Entwicklungsprojekte sind gleichermaßen anspruchsvoll und inspirierend. Die Prozesse in der Organisationsentwicklung führen zum offenen Austausch und zu Diskussionen im Ringen um gute Lösungen und Führungskonzepte. Besonderer Dank gilt einer Vielzahl von Projektteams, Seminarteilnehmern und Kollegen, die, ohne es zu wissen, einen wichtigen Beitrag zu den Erkenntnissen eingebracht haben.

Mein besonderer Dank gilt zwei Wegbegleitern in der Entstehung dieses Buches. In der Klärung der Fragen, wie können Gesundheitsorganisationen lebendig bleiben, welche Methoden und Führungsmodelle eignen sich in diesen komplexen, herausfordernden Zeiten, entstand der wertvolle und intensiver Austausch mit Frank Spiegel (Scrum Master) und Rüdiger Klees (Business Experte). Frank Spiegel brachte seine Erfahrungen aus der agilen Arbeitswelt in verschiedene Passagen ein. Zahlreiche Texte wurden unter Mitarbeit von ihm verfasst, auch dafür vielen Dank.

Rüdiger Klees brachte sich als erfahrender Experte im Gesundheitswesen und Kenner des klinischen Alltags in die Diskussionen des Werks wesentlich ein. Vielen Dank für unseren Austausch, die guten Tipps und die Unterstützung.

Herrn Prof. Lutz Hager, von der SRH-Fernhochschule – The Mobile University, möchte ich für seine inspirierenden Gedanken danken, die mich in meiner Idee bestärkten, das Thema des interprofessionellen Managements aufzugreifen und zu vertiefen. Vielen Dank gilt auch der Zustimmung aus meinem Studienbrief zur Interprofessionellen Kommunikation Auszüge verwenden zu dürfen.

Vielen Dank auch an den Springer Verlag, insbesondere an Frau Renate Scheddin und Frau Claudia Bauer für ihre Betreuung und guten Tipps.

Inhaltsverzeichnis

Einleitung

1

Das Gesundheitswesen erfährt zurzeit einen tiefgreifenden Wandlungsprozess. Diese Veränderungen beeinflussen die ökonomischen und die therapiebezogenen Handlungs- und Entscheidungsprozesse der Professionen.

Gesundheitsorganisationen werden zunehmend komplexer, deren Management anspruchsvoller und die berufsgruppenübergreifende Zusammenarbeit bedeutender. Organisationen im Gesundheitswesen sind auf dem Weg, sich zu sektorenübergreifenden Behandlungsnetzwerken zu entwickeln. Diese Tendenzen und der daraus folgende schwierige Klärungsbedarf an Wechselbeziehungen wurden in frühen Studien bereits prognostiziert.[1]

Deutschlands Bevölkerung, und damit auch die Patienten, werden im Schnitt immer älter. Die Patienten leiden an multimorbiden Krankheiten, die komplexer Behandlungen bedürfen, z. B. im chirurgischen, orthopädischen, psychiatrischen, onkologischen oder geriatrischen Bereich. Die Therapien beanspruchen die Kompetenzen vieler Berufsgruppen. Ärzte, Pflegekräfte, Therapeuten und Mitarbeiter des Sozialdienstes müssen ihre spezifischen Kompetenzen einbringen und im Rahmen eines interprofessionellen Managements zusammenarbeiten.[2]

Zusätzlich steigt der ökonomische Druck sowie der Einfluss der Rolle des Patienten, der ein stärkeres Mitbestimmungsrecht in seiner Behandlung erhalten hat.[3]

Eine mangelhafte interprofessionelle Abstimmung hat zur Folge, dass knappe Ressourcen nicht optimal ausgelastet werden.[4] Heberer kommt bereits 1998 zu dem Schluss,

---

[1]Vgl.: Vogd, Werner (2011), S. 343–352 und Röhrig, A. et al. (2018), S. 344.

[2]Vgl. Bücking, B. et al. (2018), S. 343–352 und Röhrig, A. et al. (2018), S. 344.

[3]Vgl. Anger, A.; Liberatore, F. (2020), S. 19.

[4]Vgl. Gruber, T.; Ott, R. (2022), S. 321.

dass ein proaktives, interprofessionelles Management ein allgemeingültiger Erfolgs-faktor für das Krankenhausmanagement darstellt.)[5]

Fast 25 Jahre später ergab die Recherche für einen Studienbrief[6] zur inter-professionellen Kommunikation im Auftrag einer Universität, dass kein deutsch-sprachiges Referenzwerk zum interprofessionellen Management identifiziert werden konnte. Die Einbeziehung diverser Quellen, überwiegend Zeitschriften- und Sammel-bandaufsätze, war erforderlich, um einen umfassenden Einblick in die Thematik zu er-halten.

Die Weltgesundheitsorganisation (WHO) bezeichnet die interprofessionelle Zu-sammenarbeit in Ausbildung und Praxis als eine innovative Strategie zur Entschärfung des weltweiten Fachkräftemangels im Gesundheitswesen und ergänzt, dass inter-professionelle Gesundheitsteams in der Lage sind, die Fähigkeiten ihrer Mitglieder zu optimieren, das Fallmanagement zu teilen und den Patienten sowie der Gemeinschaft bessere Gesundheitsdienste zu bieten. Das Outcome „Patientengesundheit" bei gleichem Ressourceneinsatz wird dadurch verbessert.[7]

Die deutschsprachigen[8] Aufsätze zur Interprofessionalität beschäftigen sich schwer-punktmäßig mit der Aus- und Weiterbildung im akademischen wie auch im innerbetrieb-lichen Kontext.

Die WHO betont als „Key Message", dass neben der interprofessionellen Ausbildung unterstützende Managementpraktiken zu einer wirksamen Praxis der interprofessionellen Zusammenarbeit erforderlich sind.[9] Aufgrund dessen beschäftigten sich einige Autoren mit der Fragestellung, wie das Management der interprofessionellen Zusammenarbeit für Gesundheitsorganisationen gestaltet werden könnte, um deren Etablierung zu fördern.

Die Recherche im Katalog der Deutschen Nationalbibliothek[10] ergab, dass der Such-begriff „interprofessionelles Management" lediglich zu sechs Einträgen (Werner 2011)[11] führt, wovon drei Einträge Zeitschriftenartikel betreffen. Gemein ist allen Beiträgen, dass sie keine umfassende Behandlung von Managementkonzepten darstellen, sondern aus-gewählte Anwendungsgebiete mit Bezug zur Interprofessionalität behandeln, wie Not-fall-, Medikations-, Delir- und Ernährungsmanagement, Frührehabilitationsmaßnahmen und Diabetes, die eine interprofessionell abgestimmte Zusammenarbeit benötigten, wobei v. a. Schwerpunkt auf die interprofessionelle Ausbildung von Medizinern und

---

[5] Vgl. Heberer in Brinkmann, A. et al. (2003), S. 952.

[6] Welz-Spiegel, C. (2022): Studienbrief zur interprofessionellen Kommunikation.

[7] Vgl. World Health Organization (2010), S. 7–10.

[8] Deutschsprachig meint hier explizit die Publikationen von Autoren aus Deutschland. In der Schweiz sind die Veröffentlichungen zur interprofessionellen Zusammenarbeit breiter aufgestellt.

[9] Vgl. World Health Organization (2010), S. 7

[10] Suche am 19.12.2022 über https://www.dnb.de/DE/Home/home_node.html.

[11] Braun, B.; et al. (2019), Kortekamp, S. (2021), Nessizius, S.; Rottensteiner, C.; Nydahl, P. (Hrsg.) (2017), o. A. (2022), Rothe, U. (2010) und Wesselborg, B. et al. (2019).

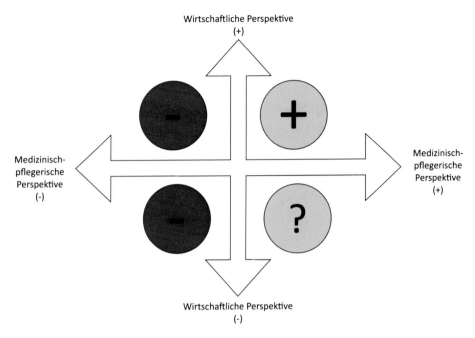

Abb. 1.1 Zielkonflikt zwischen wirtschaftlicher und medizinisch-pflegerischer Perspektive[12]

Pflegewissenschaftlern gelegt wird, die mit ihren ersten Studienergebnissen eine disziplinbezogenen Sensibilisierung von Entscheidungsträgern fördert.[13]

Die Autoren haben einen die wissenschaftlichen Disziplinen übergreifenden Ansatz gewählt, um eine möglichst umfassende Perspektive auf das interprofessionelle Management im Gesundheitswesen zu vermitteln. Der Ansatz ermöglicht einen Abgleich von medizinischen, pflegerischen und ökonomischen Anforderungen. Erkenntnisse aus verschiedenen Disziplinen, wie der Betriebswirtschaftslehre, Gesundheitsökonomie, Medizin, Pflegewissenschaft, Sozialpsychologie und Soziologie haben Eingang gefunden. Eine einseitige Verengung auf nur eine Perspektive für dieses auf Integration anlegende Thema wird dadurch vermieden.

Fachpersonal, das aus naturwissenschaftlich geprägten Fachgebieten kommt, wird an einigen Stellen die stringente wissenschaftliche Nachweisbarkeit vermissen, da die Managementlehre als Teilgebiet der Betriebswirtschaftslehre sich auch sozialwissenschaftlicher und sozialpsychologischer Ansätze bedient (Abb. 1.1).

Die Abbildung verdeutlicht, dass die Berufsgruppen des Managements, der Medizin und der Pflege jeweils unterschiedliche Perspektiven einnehmen, die sich positiv

---

[12] Erweiterung der Abbildung aus Anger, A.; Liberatore, F. (2022), S. 20 durch Trennung der medizinischen von der pflegerischen Perspektive.

[13] Vgl. Braun, B.; et al. (2019), S. 9

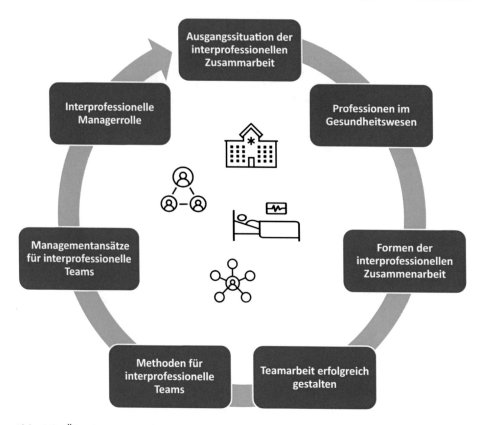

Abb. 1.2 Übersicht des Buchaufbaus

für die Zielerreichung ergänzen oder zu einem Konflikt führen können. Ausschließlich positive oder ausschließlich negative Konsequenzen für alle involvierte Berufsgruppen sind unproblematisch.[14] Im ausschließlich positiven Fall ist die Zusammenarbeit ein Gewinn für alle Beteiligten. Im Fall von ausschließlich negativen Konsequenzen stellt interprofessionelle Zusammenarbeit keine Option dar. Das Buch ist in sieben Teile aufgegliedert (Abb. 1.2).

In diesem ersten Kapitel wird die Ausgangslage mit unterschiedlichen, konfliktbehafteten, professionellen Perspektiven im Team und in der Gesundheitsorganisation und deren Auswirkungen auf interprofessionelle Zusammenarbeit diskutiert.

In Kap. 2 werden vor dem Hintergrund der Gesundheitsberufe die Konzepte „Profession" und „Professionalisierung" diskutiert. Die Beiträge hierzu kommen überwiegend aus der Professionssoziologie. Ausgewählte Gesundheitsberufe werden vorgestellt und deren verändertes Zusammenwirken mit dem Patienten betrachtet. Vor dem Hintergrund

---

[14]Vgl. Anger, A.; Liberatore, F. (2022), S. 3–21.

der kontroversen Professionsdiskussion, insbesondere für die Berufsgruppen der Ärzte, Pflege und sozialen Arbeit, wird am Ende daraus ein Fazit für die nachfolgende Darstellung der Interprofessionalität gezogen.

Kap. 3 bietet eine Definition für Interprofessionalität in Abgrenzung zur Interdisziplinarität, zeigt deren Relevanz, führt relevante Rahmenbedingungen und Unterscheidungsmerkmale auf. Ergänzend werden zwei, durch eine Meta-Analyse identifizierte, generelle Ansätze zur Förderung der interprofessionellen Zusammenarbeit vorgestellt.

Das Kap. 4 fokussiert sich auf die erfolgreiche Gestaltung von berufsgruppenübergreifender Zusammenarbeit auf Teamebene. Hierzu werden praxisorientiert Methoden und Techniken vorgestellt. Inhaltlich wird ein Schwerpunkt auf die Aus- und Weiterbildung, die Kommunikation im Team und mit dem Patienten sowie auf den Umgang mit Konflikten und Verhandlungssituationen gelegt.

Eine Bereitstellung von Methoden zur Unterstützung der interprofessionellen Zusammenarbeit ist nur vereinzelt in der Literatur zur finden. Kap. 5 bietet eine ausgewählte Methodensammlung für den Praxiseinsatz zur Förderung des Managements der interprofessionellen Zusammenarbeit. Das „Turtle Methoden Modell" wird zur standardisierten, prozessorientierten Strukturierung verwendet, um dem Leser einen schnellen Überblick zu ermöglichen und die individuelle Methodenauswahl zu erleichtern.

Kap. 6 beschreibt und definiert den Begriff des „Managements", auch in Abgrenzung zu verwandten Begriffen wie „Leitung" und „Leadership". Im weiteren Verlauf werden generelle Aspekte des Managements aus der Betriebswirtschaftslehre und Sozialpsychologie kommend vorgestellt und „Entscheidungen treffen und kommunizieren" als Kernaufgabe des Managements identifiziert. Ausgewählte für das Gesundheitswesen spezifische Ansätze werden vorgestellt und die Perspektive mit neueren branchenübergreifenden Ansätzen erweitert, die als Antworten auf übergreifende Herausforderungen für eine optimierte berufsübergreifende Zusammenarbeit entwickelt wurden. Neuere Konzepte, wie das agile Management und die laterale Führung, werden kompakt dargeboten. Gemein ist diesen Methoden, dass sie berufsgruppenübergreifend ausgelegt sind, um ihren Zweck zu erfüllen.

Kap. 7 ist der Versuch einer Synthese der in den vorherigen Kapiteln dargestellten „Puzzleteilen" zu einem Konzept für ein interprofessionelles Management. Die Dimensionen, die für deren Gestaltung als relevant identifiziert wurden, werden aufgeführt. Dabei stellt sich u. a. die Frage, wie die Rolle eines interprofessionellen Managers aussehen könnte.

In der Summe ist dieses Buch im agilen Sinne als ein „Minimal Viable Product" (MVP) zu verstehen, d. h. eine vorläufig vollständige und nutzbare Darstellung des Konzepts „Interprofessionelles Management im Gesundheitswesen", welches über weitere Inkremente, d. h. überarbeitete und/oder erweiterte Ausgaben, die auf Nutzerfeedback – also Ihr Feedback – beruhen, optimiert wird.

Abb. 1.3 Interprofessionelles Management

Die Leser soll mit diesem Buch befähigt werden, aktuelle Managementkonzepte zu nutzen, um die interprofessionelle Zusammenarbeit im Gesundheitswesen zu fördern und zielführend zu strukturieren (Abb. 1.3).

Literatur

Anger, A., & Liberatore, F. (2022). Management im Gesundheitswesen: Die Schweiz

Braun, B., et al. (2019). Impact of interprofessional education for medical and nursing students on the nutritional management of in-patients. *GMS J Medical Educaton, 36*(2)

Brinkmann, A., et al. (2003). Balanced Scorecard. *Der Anaesthesist, 10*(52), 947–956.

Bücking, B., et al. (2018). Unfallchirurgisch-geriatrisches Co-Management in der Alterstraumatologie. *Orthopädie und Unfallchirurgie up2date, 13*(4), 343–356

Gruber, T., & Ott, R. (2022). *Rechnungswesen im Krankenhaus: Finanzbuchhaltung, Kosten- und Erlösmanagement* (2. Aufl.). KG: MWV Medizinisch Wissenschaftliche Verlagsgesellschaft mbH & C.

Kortekamp, S. (2021). *Interprofessionelles Medikationsmanagement für die stationäre Langzeitpflege: Analyse und Optimierungspotentiale des Ist-Zustandes*, Dissertation, Universität Witten/Herdecke

Nessizius, S., Rottensteiner, C., & Nydahl, P. (Hrsg.). (2017). *Frührehabilitation in der Intensivmedizin: Interprofessionelles Management.* München: Elsevier.

o. A. (2022). Neurointensivmedizin: Interprofessionelles Delir-Management, *Anästhesie Nachrichten, 4*, 136–137

Röhrig, A., et al. (2018). Aktuelle Einblicke in die Anämie im Alter. *Zeitschrift für Gerontologie und Geriatrie, 3*, 343–347.

Rothe, U. (2010). *Zur Effektivität und Effizienz der integrierten Versorgung am Beispiel Diabetes: Ein Beitrag zur Versorgungsforschung.* Dresden, Techn: Univ., Habil.-Schr.

Vogd, W. (2011). *Soziologie der organisierten Krankenhausbehandlung* (S. 315–324). Velbrück Wissenschaft

Wesselborg, B., et. al. (2019). Interprofessional nutrition management – implementation and evaluation of a course for medical and nursing students using research-based learning method. *GMS Journal of Medial Education, 36*(6)

Welz-Spiegel, C. (2022). *Interprofessionelle Kommunikation*, Studienbrief, Titel Nr. 1826–01, SRH Fernhochschule, Riedlingen

World Health Organization (2010). Framework for Action on Interprofessional Education & Collaborative Practice, verfügbar unter: https://www.who.int/publications/i/item/framework-for-action-on-interprofessional-education-collaborative-practice. aufgerufen am 16. 2023

Professionalität

2

Als Grundlage der Gestaltung und Management von guter Zusammenarbeit zwischen den Berufsgruppen im Gesundheitswesen wird in diesem Kapitel geklärt, was eine Profession ist und wie sich Professionen im Gesundheitswesen entwickelt haben. Dazu gibt es ergänzende Ausführungen, welche gesellschaftliche Funktion ihnen zukommt und wie sie sich im Gesundheitswesen konkretisieren.

Von Professionalität wird erwartet, dass sie sich in der iterativen, routinierten und zugleich fallspezifischen Anwendung bewährter Problemlösungstechniken manifestiert und dass sie auf den aktuellen wissenschaftlichen Erkenntnisstand zurückgreift. Die „normale" Koordination im Gesamtprozess der Gesundheitsversorgung unterstellt, dass kein intensiver Abstimmungsaufwand erforderlich ist, da sich die Koordination aus der Komplementarität professionell Handelnder ergibt.[1]

Innerhalb des Krankenhauses betrachten sich die *Chefärzte* aufgrund ihrer professionellen Fachkompetenz als aktiv beteiligte Hauptverantwortliche im Gesamtprozess. Sie fühlen sich zusätzlich verantwortlich für die Vermittlung von Werten, Einstellungen, Kenntnissen und Fähigkeiten, um die Professionalität Untergeordneter weiterzuentwickeln.[2]

In Theorie und Praxis hat sich mit der Ausdifferenzierung der Berufsgruppen die kontroverse Diskussion um Professionalität verstärkt, um berufliche Identitäten, Status und methodische Kompetenzen zu klären. Pfadenhauer verweist darauf, dass für die inhaltliche Bestimmung von *Professionalität* bzw. *professionellem Handeln* zwischen den individuell handelnden Personen (Wer?), der Handlung von Professionellen und deren

---

[1] Vgl. Atzeni, G.; Schmitz, C.; Berchtold, P. (2017), S. 24.
[2] Vgl. Schmitz, C.; Berchtold, P. (2008), S. 174.

© Der/die Autor(en), exklusiv lizenziert an Springer-Verlag GmbH, DE, ein Teil von Springer Nature 2023
C. Welz-Spiegel und F. Spiegel, *Interprofessionelles Management im Gesundheitswesen*, https://doi.org/10.1007/978-3-662-67654-7_2

Inhalt (Was?) sowie der Qualität ihres Handelns (Wie?) zu differenzieren ist.[3]. Das Was
ist zu verstehen als „Handeln, das formal und informal geltenden (bzw. in einem Arbeits-
kontext gültigen) Verhaltensanforderungen entspricht bzw. genauer: das von einer …
relevanten Kollegenschaft als ‹den formalen und informellen Standards entsprechend›
wahrgenommen wird".[4]

Der empirische Bezug zeigt, dass professionell Handelnde durch ihre organisationale,
meist die Professionalität beschneidende, Einbettung in individuell zu lösende Konflikte
gegenüber divergierenden Erwartungen an Professionalität geraten können. Darüber hinaus gilt es, den gesellschaftlichen und kulturellen Kontext zu beachten, der Einfluss auf
die konkrete Ausgestaltung von Professionalität haben kann.[5] Die „kontextualisierte Professionalität"[6] ist in der Regel nur eine Annäherung an eine idealtypische Professionalität, da sie in einem Aushandlungsprozess mit weiteren Organisationsbeteiligten gerät.
Das Verhältnis zwischen Profession und Organisation betrachtet man deshalb als interaktionistisch.[7]

Das Kapitel liefert für die Bildung des Verständnisses von Professionalität einen konzeptionellen Überblick, welcher in Kap. 3 um das Konzept der „Interprofessionalität" erweitert wird.

2.1   Was ist eine Profession? – Eine Begriffsklärung

Der in der Soziologie gebrauchte Begriff der „Profession" kommt ursprünglich aus dem
angelsächsischen Raum. Der Begriff des „Berufes" war in Deutschland geläufiger. Er bezeichnet das Aneignen und Ausüben von bestimmten Kompetenzen und Fertigkeiten.[8]

Der US-amerikanische Soziologe Hesse hat die Liste der Charakteristika von Professionen untersucht und stellte heraus, dass die Berufstätigkeit einer Profession auf einer
langandauernden theoretischen Spezialausbildung beruht.[9]Sie unterscheidet sich klar von
der ausschließlich handwerklichen Tätigkeit.[10]

---

[3]Vgl. Pfadenhauer, M. (Hrsg.) (2005), S. 9

[4]Pfadenhauer, M. (Hrsg.) (2005), S. 12.

[5]Vgl. Hollenstein, L. (2018), S. 81.

[6]Siehe Nadai, E.; Sommerfeld, P. (2005), S. 186.

[7]Vgl. Hollenstein, L. (2018), S. 6–12.

[8]Vgl. Bollinger, H. (2018a), S. 23–24.

[9]Vgl. Hesse, H.A. (1972).

[10]Umgangssprachlich wurde in Deutschland im 19. Jahrhundert das Handwerk als Profession bezeichnet.

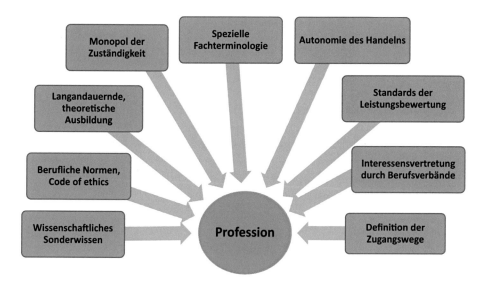

Abb. 2.1 Merkmale des Professionsbegriffes. (Quelle: Eigene Darstellung) in Anlehnung an Pundt (2015)[11]

Die in der Literatur angeführten Merkmale für Professionen sind nicht im Sinne von normativen Moralvorstellungen zu verstehen, sondern ergaben sich aus der Beobachtung professionellen Handelns (Abb. 2.1).[12]

Nach Beyermann können diese Merkmale den folgenden drei Dimensionen zugeordnet werden:

- **Qualifikation:** Dies beinhaltet die Akademisierung der Berufsausbildung, die Ausprägung eigener Fachterminologien sowie Forschungstätigkeiten zur weiteren wissenschaftlichen Fundierung.
- **Gesellschaft und Sozialwesen:** Professionen sind spezielle Berufe, die personenbezogene Dienstleistungen an der Gesellschaft erbringen, was häufig durch eine eigene Berufsethik kodifiziert wird. Hinzu kommt ein hohes Maß an Handlungsautonomie, um die eigene Problemlösungskompetenz vollständig einbringen zu können. Diese beinhaltet die gesellschaftlich geteilte Reputation und Möglichkeit in das Leben anderer Menschen einzugreifen und Sachverhalte verbindlich zu deuten.
- **Berufsvertretung:** Hierunter sind organisierte Berufsvertretungen, wie z. B. die Ärztekammer, zu verstehen, die nach außen die Profession vertreten und nach innen

---

[11] Vgl. Hurrelmann, Klaus (2015). Gesundheitsberufe und gesundheitsberufliche Bildungskonzepte, S. 17–43.

[12] Vgl. Stüwe, G. (2019), o.S.

eine kollegiale-kooperative Selbstkontrolle ausüben sowie relativ unabhängig von staatlicher Kontrolle sind.[13]

In der Gesundheitsversorgung bringen Professionen Interaktions- und Selbstreflexionskompetenz ein. Sie besitzen Wissenschaftsorientierung, Beobachtungsgabe, Erfahrungen aus der Übertragung von abstraktem Wissen in den praktischen Alltag, Kenntnisse der strukturierten Intervention und der Patientenanliegen.

Hat sich eine Definition in der deutschen Professionssoziologie etabliert und wenn ja, welche?

In der oben beschriebenen Abbildung sind zentrale Merkmale für den Professionsbegriff genannt, die in den Diskussionen, ob eine Berufsgruppe eine Profession ist oder nicht, herangezogen werden.

In vielen Diskursen zur Definition von „Profession" wird insbesondere auf die spezialisierte, wissenschaftliche Ausbildung und das daraus entstandene abstrakte Wissenssystem verwiesen.[14] Folgende Definition bringt aus Sicht der Autoren die Diskussion mit den zentralen Merkmalen von Professionen auf den Punkt:

> **Definition Profession**
> „Mit Profession werden Expertenberufe im Dienstleistungsbereich bezeichnet, die in einem gesellschaftlich relevanten Problemfeld wissenschaftlich begründbare Leistungen erbringen. Der Fokus liegt hier auf der Ausrichtung und dem Nutzen für die Gesellschaft."[15]

Den klassischen Professionen werden Ärzte, Rechtsanwälte und Theologen zugeordnet.[16] Mit dem Entstehen der modernen Medizin im 19. Jahrhundert kommt die Profession des Arztes auf, die im Sinne des analytischen Kerns des Begriffs, die Krankheitsdefinition und Krankenbehandlung umfasst.

Die Diskussion um Professionen in den letzten 30 Jahre schließt weitere Gesundheitsberufe (z. B. Physiotherapie, Ergotherapie, Logopädie, Pflegeberufe, Hebammenberuf) und die Sozialarbeit mit ein. Die genannte Gesundheitsberufe scheinen der Dominanz der Medizin etwas entgegensetzen zu wollen.[17] Am Merkmal der „Handlungsautonomie" entfacht sich die Diskussion, ob die nichtärztlichen Gesundheitsberufe in ausreichendem Maße selbstständig sind, damit sie als Profession bezeichnet werden können.

---

[13] Vgl. Stüwe, G. (2019), o.S. und Klotz, S. (2020), S. 806–807.

[14] Vgl. Bollinger, H. (2018), S. 25 und Hollenstein, L. (2018), S. 111–112.

[15] Siehe Klotz, S. (2020), S. 806.

[16] Vgl. Stüwe, G. (2019), o.S.

[17] Vgl. Bollinger, H. (2018a), S. 23–35.

Die Diskussion dehnt sich mittlerweile sogar auf die klassische Profession des Arztes aus, weil infrage gestellt wird, ob in Zeiten ökonomischer Beschränkungen und organisationaler Einflussnahme Handlungsautonomie noch gegeben ist. In diesem Kontext wird der Begriff der „Deprofessionalisierung" gebraucht.[18]

In den folgenden Abschnitten wird das Verständnis von Profession und Professionalisierung anhand ihrer historischen Entwicklung sowie den verschiedenen in der Professionssoziologie vorherrschenden Ansätzen vertieft. Der Abschn. 2.4 fasst die Unterschiede und den Zusammenhang von Profession und Professionalisierung zusammen, bevor die Rolle des Patienten ergänzt und einzelne Berufsgruppen (Professionen) im Detail betrachtet werden.

2.2 Historische Entwicklung im Gesundheitswesen

In diesem Abschnitt gehen wir der Frage nach, welche zurückliegenden und neueren Entwicklungen auf die Ausgestaltung und den Status von Gesundheitsberufen einwirken, insbesondere unter Berücksichtigung der soziologischen Professionstheorie.

Gesundheitsberufe sind vom Sachverständigenrat zur Begutachtung der Entwicklung im Gesundheitswesen definiert als „Berufe innerhalb des Versorgungssystems, deren Tätigkeitsinhalte unmittelbar darauf abzielen, Krankheiten oder gesundheitliche Beeinträchtigungen zu diagnostizieren, zu heilen, zu lindern oder zu verhüten".[19] Im Folgenden wird diese Definition zugrunde gelegt.[20]

Die Gesundheitsberufe stellen mit ca. fünf Millionen Beschäftigten eine gewichtige und wirtschaftlich bedeutsame Größe im deutschen Arbeitsmarkt dar.[21]

Der Begriff der Profession kommt vom lateinischen Wort *professio* und bezeichnete zu Beginn des 19. Jahrhunderts Tätigkeiten, mit denen Menschen ihren Lebensunterhalt verdienten. In Deutschland entwickelten sich daraus berufliche Traditionen und Ausbildungen in Handwerk und Handel. Im Unterschied dazu werden die Berufe im angelsächsischen Raum nicht als Profession betrachtet.

Diese differenzierten Entwicklungen geraten häufig aus dem Blick, wenn das angelsächsische Professionsverständnis im Diskurs in Deutschland zugrunde gelegt wird.[22]

Ende des 19. Jahrhunderts entwickelte sich im Rahmen der fortschreitende Industrialisierung Fachberufe heraus, die bezogen auf gewerblich-technische Berufe meist dem männlichen Geschlecht vorbehalten waren. Frauen waren eher in personenbezogenen

---

[18]Vgl. Bollinger, H. (2018b), S. 85–102 und Höppner, H.; Zoege, M. (2020), S. 799–800.

[19]Siehe SVR 2008, S. 72.

[20]Vgl. Kälble, K.; Borgetto, B. (2016), S. 384.

[21]Vgl. Reiber, K.; Weyland, U.; Burda-Zoyke, A. (2017), S. 9

[22]Vgl. Veit, A. (2002), S. 10–13.

Dienstleistungen (pflegerische, soziale oder haushälterische Arbeit) beschäftigt, deren Ausbildung schulberuflich organisiert war und einen vergleichsweise niedrigen Professionalisierungsgrad aufwiesen. Als Startpunkt für die spätere Entwicklung zur Dienstleistungsgesellschaft waren die Berufe aber sehr bedeutsam.[23] Die Pflege wurde zunächst als Hilfsdienst der Theologie im Sinne der Nächstenliebe und Dienst am Mitmenschen und später der Medizin in der Umsetzung naturwissenschaftlicher Erkenntnisse am Patienten verstanden.[24]

Zu den sogenannten „alten", tradierten Professionen gehören die Ärzte, wie auch die Juristen und Theologen. Die Berufsgruppe der Ärzte wird als Prototyp für die Definition von „Profession" verwendet. Soziologen beschreiben prozessual die Entwicklung zur „Profession" von der Gruppierung laienhaft ausgeführter Tätigkeiten ausgehend über einen Beruf mit einer definierten Ausbildung. Die Akademisierung wird als ein wichtiger Baustein zur Erreichung des „Professions"-Status propagiert. Diese wird allerdings in den handlungstheoretischen Professionsansätzen nicht als hinreichend angesehen, es wird zusätzlich die Anerkennung einer herausgehobenen Handlungskompetenz gefordert. Werden ergänzend machttheoretische Ansätze in die Analyse hinzugezogen, ist der Professionscharakter einer Berufsgruppe einer stärkeren dynamischen Betrachtung unterzogen, da sich ändernde Interessen, Marktgegebenheiten, staatliche Regulierungen und Ressourcenverfügbarkeiten, auch in entgegengesetzter Richtung, zu einer Deprofessionalisierung führen können.

„In unserem Sprachgebrauch bedeutet ‚Deprofessionalisierung' jedoch den historischen Übergang von der Profession zum Beruf, das heißt, den allmählichen Verlust jener Momente, in denen die Profession über den ‚gewöhnlichen' Beruf hinausgeht; Deprofessionalisierung in diesem Sinne ist also ein Prozess der ‚Verberuflichung' vormals professioneller Arbeitsprozesse. Damit wird die ärztliche Profession zu einem Beruf ‚wie jeder andere'."[25]

Das heißt, der Professionsstatus ist nicht allein über die Merkmale der Berufsgruppe bestimmbar, sondern abhängig von historischen und gesellschaftlichen Rahmenbedingungen.[26]

Später haben sich sogenannte „neue Professionen" im „Schatten des Staates" und als Arbeitsleistungen innerhalb von Organisationen des Wohlfahrtsstaates gebildet. Die neuen Professionen werden nicht als aus sich selbst heraus entstanden betrachtet, sondern durch eine wohlfahrtsstaatliche Funktionsbestimmung.

---

[23] Vgl. Friese, M. (2017), S. 29–30.

[24] Vgl. Veit, A. (2002), S. 101.

[25] Siehe Bollinger, H.; Hohl, J. (1981), S. 443.

[26] Vgl. Kälble, K. (2005), S. 221–223.

Oevermanns sieht die weitere Professionalisierung von Berufen durch die Rationalisierung gesellschaftlicher Problemlösung getrieben und umgesetzt durch vermehrte Funktionsspezialisierungen und Arbeitsteilung.[27]

Weitere Treiber der Professionalisierung sind auf der einen Seite demographische Veränderungen, epidemiologische Entwicklungen, Änderung rechtlicher Rahmenbedingungen, die sich wandelnden Patientenansprüche und der medizinisch-technische Fortschritt und auf der anderen Seite der Kostendruck im Sinne der Finanzierbarkeit des Gesundheitswesens. Diese Treiber setzen in Summe die Berufe im Gesundheitswesen einem stärkeren Innovations- und Veränderungsdruck aus.[28] Für die Gesundheitsberufe folgt daraus eine steigende Komplexität im Tätigkeitsprofil bzw. das Entstehen neuer Tätigkeitsfelder und damit einhergehend einen erhöhten Qualifikationsbedarf.

Bildungspolitisch hat der sogenannte Bolognaprozess Veränderungen im akademischen Bildungssystem angestoßen. Die Befähigung der Lernenden, „komplexe Aufgaben in unvorhersehbaren Situationen selbstständig zu beurteilen, Probleme zu lösen und die Aufgabenergebnisse zu kontrollieren und zu analysieren"[29] sind jetzt die Ziele. Diese haben eine weitergehende Auswirkung auf die Strukturierung der Ausbildungen für Gesundheitsberufe.[30]

Im internationalen Vergleich besteht in der akademischen Ausbildung für das Gesundheitswesen erheblicher Nachholbedarf. Daher wird eine Akademisierungsquote von 10 bis 20 % für das Gesundheitswesen angestrebt.[31] Die nachzuholende Professionalisierung ist eine große Herausforderung und eine Chance der Modernisierung.[32]

Bezogen auf die Pflege gab und gibt es fortwährend soziologische Diskussionen über ihren Professionsstatus, der zu uneinheitlichen Ergebnissen führt. Seit den 1990er-Jahren sind Fortschritte in der Professionalität reklamiert worden, insbesondere mit Verweis auf eine verstärkte Akademisierung der Ausbildung, die durch die oben genannten Treiber angestoßen wurde.

Die normative Sichtweise, dass der Endzustand der ‚Profession' erreicht werden kann, wird als theoretisch nicht haltbar abgelehnt. Eine vergleichende Analyse zwischen Großbritannien und Deutschland zeigt unterschiedliche Professionsverläufe, bei der beispielsweise der deutsche Weg als ‚top-down' vom Staat kommend und der britische als ‚bottom-up' aus den Berufsgruppen heraus beschrieben wird.[33]

Zu erwarten ist, dass existierende Berufsgruppen durch technologische Entwicklungen, wie Telemedizin, Robotik, Orthetik/Prothetik oder smarter Systeme, wie

---

[27] Vgl. Nagel, U. (1997), S. 46–48.

[28] Vgl. Kälble, K. (2005), S. 216.

[29] Siehe Büchter, K. (2015), S. 102.

[30] Vgl. Kälble, K.; Borgetto, B. (2016), S. 383–384 und.

[31] Vgl. Weiß, R. (2017), S. 6

[32] Vgl. Friese, M. (2017), S. 41–45.

[33] Vgl. Kälble, K. (2005), S. 215–224.

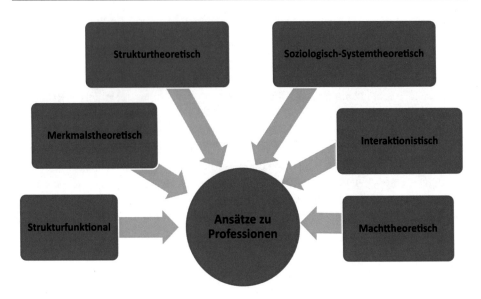

Abb. 2.2 Professionstheoretische Ansätze. (Quelle: Eigene Darstellung)

z. B. Health Care Apps, oder gesetzliche Initiativen zur Versorgungsstruktur, v. a. im häuslichen Umfeld, weitere Veränderungen erfahren werden, die wiederum Anpassungen in Aus- und Weiterbildung erfordern.[34]

2.3   Professionstheorien

Ihren Ursprung haben die Professionstheorien in der angloamerikanischen Professionssoziologie im Zeitraum um den 1. Weltkrieg. Die Theorien befassen sich aus soziologischer Perspektive mit Fragestellungen bzw. *Ansätzen* zu Professionen, Professionalisierung, Professionalität und professionellem Handeln. Seit den 1990er-Jahren haben diese Fragestellungen im Zusammenhang mit empirischer Rekonstruktion der Ansätze neuen Schwung erhalten. Hierbei werden in der Literatur eine große Anzahl von Ansätzen diskutiert, von denen eine Auswahl nachfolgend zusammenfassend dargestellt sind (Abb. 2.2):

- **Der strukturfunktionalistische Ansatz:** Der Ausgangspunkt dieses im Diskussionsverlauf frühen Ansatzes (1960/70er-Jahre, verknüpft mit den Soziologen Parsons und Goode) ist die deklarierte Notwendigkeit moderner Gesellschaften eine

---

[34]Vgl. Gödecker, L.; Shamsul, B.; Babitsch, B. (2017), S. 169–171 und Kaufhold, M. (2017), S. 277–278.

Ausdifferenzierung von Leistungen und Funktionen vorzunehmen. Professionen verkörpern diesen Ansatz und zeichnen sich dadurch aus, dass sie Dienstleistungen für die Gesellschaft erbringen, indem sie die Probleme lösen, die von den Betroffenen (Klienten) nicht selbst gelöst werden können. Professionen sind in ihrem Handeln dem eigenen Wissensgebiet verpflichtet und haben die dafür notwendige Autonomie und Mechanismen der Selbstkontrolle.

- **Der merkmalstheoretische Ansatz:** Dieser Ansatz greift auf den struktur-funktionalistischen Ansatz zurück und definiert Profession anhand von Merkmalen, was bereits in Abschn. 2.1 erfolgt ist.[35] Dabei können Merkmale wie Handlungsautonomie und Monopol der Zuständigkeit die Neugestaltung der Arbeitsteilung behindern. Danach gelten „Professionen als stabiles und institutionalisiertes Ergebnis von Machtkämpfen um Monopolisierung von Status und Privilegien auf dem Wege (…) des Ausschlusses anderer Berufsgruppen".[36] Aus diesen Merkmalen leitet sich die Bedeutung der paternalistischen Kategorien Macht, Ansehen, Privilegien und Positionen ab, was mit Blick auf zunehmend komplexere chronische Erkrankungen, die ein breiteres Spektrum der Versorgung benötigen, in Widerspruch mit der Gemeinwohlorientierung kommen könnte. Damit stellt sich die Frage, wo sich die Patientenorientierung wiederfindet. Bezugnehmend auf diesen Ansatz wird für die Pflege das Ziel „Profession" als nicht erreicht angesehen.

- **Der strukturtheoretische Ansatz:** Die beiden zuerst genannten Ansätze gelten als die klassischen Professionstheorien. Oevermann kritisierte den alleinigen Fokus auf institutionelle und gesellschaftliche Erscheinungsformen von Professionen, d. h., wie sie organisiert sind, aber nicht, was sie tun,[37] und ergänzte in seinem Ansatz eine Handlungsorientierung im Sinne der Problembearbeitung als zentrales Element. Dies bedeutet, dass sich eine Profession durch Handeln als *stellvertretende Krisenbewältigung* für den Klienten auszeichne, wobei diese eine Verbindung zwischen ihrem erworbenen Expertenwissen und der Praxis herstellt.[38] „Unter universellem Wissen versteht die Professionstheorie, dass der Professionelle sein therapeutisches Handeln sowie das entsprechende Planen und Überprüfen in jedem Schritt begründen kann. Die Begründungsinstanzen hierfür sind dann einerseits die Fachwissenschaft (hier Medizin oder Pflegewissenschaft), auf der anderen Seite der Anteil des berufseigenen Erfahrungswissens."[39] Der Klient gibt temporär ein Teil seiner Autonomie auf, um den Professionsangehörigen sein Wissen einsetzen zu lassen, welches im Ergebnis die Autonomie des Klienten wieder herstellen soll. Dies impliziert, dass die Tätigkeit nicht standardisiert und daher nicht ex ante definierbar ist. Sie muss

---

[35] Vgl. Hollenstein, L. (2018), S. 57–96 und Schmidt, A. (2008), S. 839–840.

[36] Siehe Helsper, W.; Krüger, H.-H.; Rabe-Kleberg, U. (2000), S. 9–10.

[37] Vgl. Cassier-Woidasky, A.-K. (2012), S. S. 163–177.

[38] Vgl. Grawe, B.; Aguado, M. (2021), S. 11.

[39] Siehe Siebolds, M.; Weidner, F. (1998), S. 46.

fallspezifisch bestimmt und durchgeführt werden. Dieser Ansatz wird im Kontext des
Sozial- und Gesundheitswesens als bedeutsam erachtet.[40]

- **Der soziologisch-systemtheoretische Ansatz:** Dieser Ansatz baut auf dem struktur-
  funktionalistischen Ansatz auf und geht auf Luhmann zurück, der die Gesellschaft
  als ein nicht-hierarchisches System diverser funktionaler Subsysteme betrachtet, die
  Prinzipien der Systembildung unterliegen. Professionen bilden sich in den Funktions-
  systemen aus, wo es um die Transformation personaler Probleme geht, wie z. B. von
  Krankheit in Gesundheit, die nicht rein durch Technikeinsatz zu lösen sind, sondern
  unter hohem Handlungsdruck bei niedriger Ergebnissicherheit erfolgen.
- **Interaktionistische Ansätze:** Ausgangspunkt interaktionistischer Ansätze sind individuelle und kollektive Interessenslagen, die zu politischen Aushandlungsprozessen
  führen und daher Räume eröffnen, um durch historische Strukturen geprägte Arbeits-
  teilungen zu verändern. Die Ansätze gehen auf Everett C. Hughes und die sogenannte
  Chicagoer Schule und für die Übertragung nach Deutschland auf Fritz Schütze zurück. Im Gegensatz zu den vorherigen Ansätzen stehen nicht mehr Faktoren und
  Funktionen im Mittelpunkt, sondern Menschen mit Identität und Legitimation, die
  durch ihre Handlungen Strukturen und Organisationen hervorbringen. Professionen
  werden zu interaktionistisch entstandenen Gebilden, die empirisch rekonstruiert und
  als solche gedeutet werden, unterschiedliche Formen annehmen können und vom
  organisatorischen und kulturellen Kontext abhängen. Dadurch wird Professionsentwicklung zu einem dynamischen Prozess, der die Gültigkeit etablierter Arbeits-
  teilungen infrage stellt.[41] Schütze zeigt Handlungsparadoxien auf, die sich zum ersten
  aus widersprüchlichen Anforderungen und interaktionistischen Vernetzungen, zum
  zweiten aus der Behandlung von Unvereinbarkeiten sozialer Prozesse und drittens
  durch Unwägbarkeiten und eintretenden Risiken ergeben.[42] Strauss hat dies als Theorie der „ausgehandelten Ordnung" entwickelt.
- **Machttheoretische Ansätze:** Machttheoretische Ansätze betrachten den Einfluss von
  Entscheidungen in Organisationen und Umwelteinflüsse auf Berufe/Professionen und
  somit deren Abhängigkeiten. Professionen entstehen durch Aushandlungskämpfen,
  die ihnen einen gesellschaftlich anerkannten Status verschafft. Moderne Ansätze betrachten Macht im Sinne von *Empowerment*.[43]

Aufbauend auf die dargestellten professionstheoretischen Ansätze erfolgt im nächsten
Kapitel die begriffliche Bestimmung der Professionalisierung und deren Abgrenzung zur
Profession.

---

[40]Vgl. Schwarz, R. (2008), S. 54.

[41]Vgl. Cassier-Woidasky, A.-K. (2012), S. S. 178.

[42]Vgl. Helsper, W.; Krüger, H.-H.; Rabe-Kleberg, U. (2000), S. 8–15 und Cassier-Woidasky, A.-K.
(2012), S. 163.

[43]Vgl. Cassier-Woidasky, A.-K. (2012), S. S. 177.

2.4   Unterschied zwischen Profession und Professionalisierung

Aus der Diskussion verschiedener professionstheoretischer Ansätze kommend wird in diesem Abschnitt die Essenz der Gemeinsamkeiten identifiziert.

Ausgangspunkt ist das sogenannte *Theorie-Praxis-Problem*. In der Praxis gibt es schon immer medizinisches, pflegerisches oder psychologisches Handeln, ohne dass dieses sich in Berufen manifestierte. Im Laufe der Zeit wurde das Wissen gesammelt, systematisiert und durch Ausbildung weitervermittelt. Dadurch wird ursprüngliches Alltagshandeln zu professionalisiertem Handeln. Es wird zwischen ursprünglichem, alltäglichem, erfahrungsbasiertem Handeln und dem auf Expertenwissen und Berufspraxis basierenden unterschieden, das sich in Berufen und Organisationen manifestiert.

Der *Professionelle* hat die Funktion, diese beiden Welten in Interaktion zu integrieren. Die *Profession* stellt den Berufstypus der Moderne dar, der entstandene Differenzen und Distanzen durch *Vermitteln und Integrieren* überwinden soll. Historisch haben sich diese durch eine zunehmende Funktionsdifferenzierung herausgebildet und bedürfen aus gesellschaftlicher Perspektive der Integration. Aus dem gesellschaftlichen Bedarf heraus entsteht die Diskussion, welche Berufsgruppen als Profession zu bezeichnen sind.

Wie im Abschn. 2.1 beschrieben, sind Professionen herausgehobene Tätigkeiten, die *bestimmte Merkmale aufweisen* und *funktional von gesellschaftlicher Bedeutung* sind, also mehr als eine *Verberuflichung* und *Wissenssystematisierung* aufweisen. Die Wissenssystematisierung ist zu einer *Verwissenschaftlichung* weiterzuentwickeln und um eine *Sozialdimension* im Sinne der gesellschaftlichen Lösungsanbietung zu ergänzen.

Als Pate für dieses klassische Professionalisierungskonzept standen die traditionellen Professionen Arzt, Jurist und Theologe. Mit Verweis auf die in Abschn. 2.3 beschriebene Diskussion zu professionstheoretischen Ansätze unterliegen auch die Berufsgruppen organisatorischen Zwängen und interaktionistisch geprägten Aushandlungsprozessen. In einer Wissensgesellschaft werden *stellvertretende* Entscheidungen für den Klienten bzw. Patienten von diesem nicht mehr per se akzeptiert. Eine Definition über Merkmale bildet einen Maßstab, mit dem sich die Distanz einer Berufsgruppe zum Status der Profession bestimmen lässt. Somit sehen sich die klassischen Professionen einem Autonomieverlust ausgesetzt, der die Diskussion der Deprofessionalisierung initiiert.

Gleichzeitig ist diese Definition eine idealtypische Verengung. Moderne Professionsansätze *rekonstruieren handlungsorientiert,* um eine innere Logik des *professionellen Handelns* aufzuzeigen. Die Definition über idealtypische Merkmale lässt vielfach den Status der Profession als unerreichbar erscheinen.

Professionalität erfordert eine akademisierte Berufsausbildung, welche den Berufsausübenden formell anerkannt berechtigt, z. B. mittels Lizenz, Zertifikat etc., an anderen Personen zu ihrem Wohl tätig zu werden. *Professionalität* hat eine positive Semantik, indem sie sich von nicht-professionellem Handeln abhebt. Sie ist eine Form der gesellschaftlichen *Zuschreibung*, welche Macht und Status verleiht. Daher wird

Professionalität auch aus machttheoretischen Überlegungen angestrebt oder um die „Weiblichkeitsfalle" sozialer Berufe aufzubrechen.[44]

Die neuere Diskussion (etwa seit Beginn der 80er-Jahre) verschiebt den Schwerpunkt von Merkmalen und gesellschaftlicher Funktion auf das Handeln des Professionellen bzw. die *Interaktion zwischen Professionellem und dem Patienten*. Anders ausgedrückt: Die Betrachtung verlagert sich von einem statischen Konzept mit Begriffen wie Funktion, Struktur und Merkmalen zu einem dynamischen Konzept mit Begriffen wie Prozess, Interaktion und Akteur. Im Fokus stehen somit nicht mehr die Merkmale, um die Existenz von Profession zu bestimmen, sondern die Reproduktion des Handelns in der Praxis, um eine inhärente Handlungslogik zu identifizieren. Dabei unterliegt professionelles Handeln *funktionalen Anforderungen* und *strukturellen Zwängen*. Diese Handlungslogik unterscheidet sich von anderen Logiken, wie Verwaltung (bürokratisches Handeln), Markt (wirtschaftliches Handeln) und Lebenswelt (alltägliches Handeln), um eine eigenständige konzeptionelle Berechtigung zu haben. Begrifflich zusammengefasst, ist die Logik des professionellen Handelns die *Professionslogik*.

Ein besonderes Kennzeichen professionellen Handelns sind die Widersprüchlichkeit bzw. die *Paradoxien*, welche sich durch konfliktäre Handlungsanforderungen und -ziele ergeben, die nicht auflösbar, aber in der Praxis zu bewältigen sind.[45] Brunkhorst kennzeichnet professionelles Handeln wie folgt:

- *Leistungsorientierung statt Zuschreibung (Attribution):* Die Legitimation entsteht durch Fachautorität, welche durch Leistung und Qualifizierung zu erwerben ist.
- *Universalismus statt Partikularismus*: Solidarität, allgemeiner Wertekonsens und allgemeingültige wissenschaftliche Erkenntnis stehen vor Abgrenzung und tradierter Ordnung.
- *Spezifität statt Diffusität:* Statt eine Person ganzheitlich und damit unklar umrissen zu betrachten, werden nur ihre funktionale Rolle und die personellen Aspekte, die für das Rollenkonzept erforderlich sind, gesehen.
- *Affektive Neutralität statt Affektivität:* Im Handeln sind eine Distanziertheit und Versachlichung auszumachen.
- *Kollektivitätsorientierung statt Selbstorientierung:* Der gesellschaftliche Wert und die dafür erforderliche Solidarität werden höher eingestuft als die Orientierung an Eigeninteressen.[46]

Während die **Profession** eine Berufsgruppe beschreibt, die bestimmte Kriterien erfüllt, umfasst die **Professionalisierung** im ersten Schritt den Weg von der ehrenamtlichen

---

[44]Vgl. Geissler, B. (2013), S. 19–30.

[45]Vgl. Schmidt, A. (2008), S. 836–844. Bei Schmidt, A. (2008) findet sich hierzu auf Seite 844 eine Abbildung anhand von sogenannten Patern Variables am Beispiel des Arztes.

[46]Vgl. Brunkhorst, H. (1992), S. 51–53.

bzw. alltäglichen Tätigkeit hin zur Verberuflichung und im zweiten Schritt den Weg vom Beruf zur Profession. Professionalisierung ist im Kern ein Entwicklungsprozess in Richtung Beruf bzw. Profession. Hierbei sind zwei Ebenen zu unterscheiden:

1. Die individuelle Ebene, die die biographische Entwicklung der Qualifizierung des Einzelnen zu einer Fachkraft beschreibt.
2. Die kollektive Ebene, die eine gesamte Berufsgruppe umfasst, die sich zunehmend akademisiert, um sich zur Profession zu entwickeln.[47]

Im engeren Sinne beinhaltet Professionalisierung nur den zweiten Schritt, den beispielsweise beratende, erzieherische und soziale Berufsgruppen durch eine erfolgte stärkere Akademisierung ihrer Ausbildung für sich in Anspruch nehmen, woraus sie wiederum einen Anspruch auf Verbesserung ihres Einkommens und soziale Anerkennung stellen.

Offen ist, welche anderen Berufsgruppen die Professionalisierung anstreben werden. Im Abschn. 2.6 werden verschiedene Berufsgruppen des Gesundheitswesens vorgestellt, ohne zu bewerten, ob diese die Kriterien einer Profession erfüllen.[48]

2.5   Die Rolle des Patienten

Im Reallexikon der Medizin wird der Patient „als Kranker in ärztlicher Behandlung" definiert.[49] Der Begriff kommt aus dem Lateinischen: patiens = erduldend, leidend.

Der Menschen, der als Kranker in die Situation der ärztlichen Behandlung kommt, was ambulant, stationär oder eine poststationäre Rehabilitation sein kann, nimmt die Rolle des Patienten an und erlebt diese ambivalent (Abb. 2.3):

Aus Sicht des Patienten charakterisieren folgende soziologischen Merkmale die Interaktionsbeziehung mit einem Arzt bzw. Behandler:

- begrenzte bis keine Auswahlmöglichkeit des Behandlers,
- kurzes Zeitfester der Interaktion mit dem Behandler,
- Verlust der sozialen Rolle,
- Patient ist mehr Kommunikationsobjekt als tatsächlich Involvierter (insbesondere bei Visiten im Krankenhaus),
- im Krankenhaus: wechselnde, bisher unbekannte, Interaktionspartner,
- Erfahrung von professioneller Distanz,
- Vorerfahrungen des Patienten mit vergleichbaren Situationen,

---

[47]Vgl. Ehlert, G. (2019).
[48]Vgl. Geissler, B. (2013), S. 19–30.
[49]Vgl. Urban, H. (1977), S. 62.

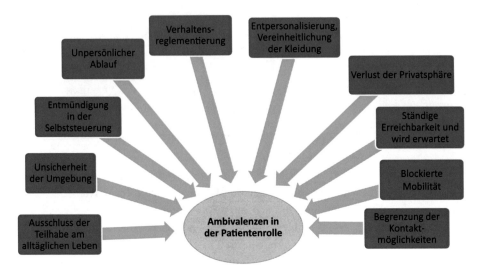

Abb. 2.3 Ambivalenzen in der Patientenrolle[50]

- unterschiedliches Situationserleben: individuell (Patient) vs. routiniert (Behandler),
- Kontrolle und Anweisung prägen die Kommunikationsinhalte.[51]

Das soziologische Verständnis der Krankenrolle hat sich im Laufe der Jahre verändert. Die frühe Rolle des Kranken, des Patienten, wurde bereits 1951 vom Parsons mit folgenden Merkmalen definiert. Es handelt sich um einen Menschen, der aus gesundheitlichen Gründen eine Krankheit erfährt und einen vorübergehenden Kompetenzverlust sowie ein verändertes Verhalten erlebt. Der Mensch verhält sich aus gesundheitlicher Beeinträchtigung deviant. Nach Parsons hat er als kranker Mensch ein Recht darauf, für sein Verhalten in der Krankenrolle nicht verantwortlich gemacht zu werden. Parsons begründet dies damit, dass ein kranker Mensch sich aus eigener Kraft nicht heilen kann. Er könne sein krankheitsbedingtes, deviantes Verhalten selbst nicht ändern. Somit war früher die Anweisung des behandelnden Arztes rein normativ mit der Patientenrolle verknüpft. Es waren klar definierte Rollen, in denen der Arzt allein entscheidet, was zur Genesung getan werden muss. In der Patientenrolle gibt sich der Betroffene der Behandlung und somit der Krankenrolle hin und wird von sozialen Verpflichtungen entlastet. Der Arzt erwartete vom Patienten Folgebereitschaft und Kooperation, damit er schnellstmöglich gesund wird.

---

[50] Eigene Darstellung basierend auf Smit, S. (2003).

[51] Vgl. Smit, S. (2003).

Der kranke Mensch ist nach Parsons dazu verpflichtet, fachkundige, professionelle Hilfe in Anspruch zu nehmen, um seine Erkrankung zu beenden.[52]

Bis Mitte des 19. Jahrhunderts spielte die Selbstbestimmung und Mitverantwortung des Patienten im Behandlungsprozess keine bedeutsame Rolle. Entscheidend war der behandelnde Arzt mit seiner medizinischen Fachkompetenz. Die Meinung des Patienten war bedeutungslos. Er wurde zum Objekt des Geschehens. Die Behandlung erfolgte anhand der Diagnose, war entpersonalisiert und fußte auf dem aktuellen Erkenntnisstand des Behandlers. Die Kommunikation ereignete sich generell über und nicht mit ihm.

Mit Beginn der 1970er-Jahre veränderte sich das Kommunikationsverhalten. Die Information des Patienten wurde in Diagnosen und Therapie einbezogen. Zu Beginn der 1980-Jahre entstanden die ersten selbstorganisierten Patientengruppen zum gegenseitigen Erfahrungsaustausch und zur Unterstützung der Bewältigung insbesondere chronischer Erkrankungen.

Die Rechte des Patienten wurden vermehrt diskutiert und etabliert. Die Information und Selbstbestimmung des Patienten sind seit den 1990er-Jahren fest verankert und werden von allen Parteien gefordert. Der Sachverständigenrat für die Konzertierte Aktion im Gesundheitswesen (SVRKAiG) beschäftigt sich seit 1994 mit der Frage einer stärkeren Eigenverantwortung des Patienten, auch in finanzieller Hinsicht. Der Patient wird in den Behandlungsprozess einbezogen und seine Mitbestimmung bzw. Zustimmung zur therapeutischen Intervention wird im Bedarfsfall eingefordert.[53]

Durch das patientenorientierte Entscheidungsmodell (Shared Decision Making) ist die individuelle Behandlung ein Aushandlungsprozess zwischen Patienten und Behandler. Die Interaktionsform der partizipativen Entscheidungsfindung ist das neue Verständnis, in dem der Patient mit dem Arzt gemeinsam Entscheidungen trifft. Er wird in diesem Kontext als Co-Produzent seiner Gesundheit gesehen, da sich ohne ihn kein Behandlungserfolg einstellt. Neben der medizinischen Behandlung von Krankheiten umfasst das die Prävention.

Im heutigen Sprachgebrauch wird mit dem Patienten eine Person bezeichnet, die ärztliche Dienstleistungen oder Dienstleistungen anderer Heilbehandlungsprofessionen in Anspruch nimmt. Der Arzt ist dabei zugleich Anbieter seiner Dienstleistung als auch Berater des Patienten. Allerdings gibt es deutliche Unterschiede in der ärztlichen Dienstleistung zu anderen Dienstleistungen, da diese zu 99 % vom Patienten als Versicherungsnehmer nachgefragt werden. Die Informationsasymmetrie zwischen Anbieter und Nachfrager ist stärker ausgeprägt als bei anderen Dienstleistungen, d. h., es ist keine Konsumentensouveränität vorhanden. Der Anbieter, also der Therapeut, muss sich deshalb seiner besonderen ethischen Verantwortung, die die Grundlage für ein Vertrauensverhältnis bildet, bewusst sein. Die Qualität der Dienstleistung ist für den Patienten in der Regel weder vorher noch nachher klar messbar. Es handelt sich um ein Vertrauensgut,

---

[52]Vgl. Parsons (1958).
[53]Vgl. Kick, H. A. (2006), S. A1208.

Tab. 2.1   Situative Konstellation und Rollenaspekte[54]

Rollenaspekte	Patient	Kunde
Anthropologische Beziehungskonstellation	Not-Hilfe-Beziehung	Geschäftsbeziehung
Status	nicht frei bestimmbar	frei bestimmbar
Motivation	Krankheit: Not	Bedarf: Wunsch
Aktualisierung	nicht können/können	nicht wollen/wollen
Freiheitsgrad	krank - abhängig	mündig - autonom
Zielwert	Entlastung	Anforderung
Ethik	Schonung/Privilegien des Patienten	Gleichheit/Fairness der Partner

insbesondere wenn dem Patienten die therapeutischen Abläufe nicht transparent gemacht werden bzw. er sich diese nicht aus den bekannten Krankheitssymptomen ableiten kann.

Kick hat aus Sicht des Nachfragers die Unterschiede zwischen Patient und Kunden gegenüberstellend beschrieben (siehe Tabelle). Im Unterschied zum Kunden sucht der Patient aus einer empfundenen Notsituation heraus die Dienstleistung als Hilfe. Seine Schutzbedürftigkeit und die Fürsorgenotwendigkeit beeinflussen Art und Ablauf der Dienstleistung, die der Arzt dem Patienten zu erbringen hat, auch wenn sie seinen wirtschaftlichen Interessen zuwiderlaufen. Patienten und Behandler haben jeweils Verpflichtungen zu erfüllen, die in Kunden-Dienstleister-Beziehungen so generell nicht gelten, wie Aufklärung, Verschwiegenheit und Sorgfalt durch den Arzt und Offenheit und Ehrlichkeit durch den Patienten Tab. 2.1.

Der Kunde dagegen möchte in eine Geschäftsbeziehung eintreten, um sich einen Wunsch erfüllen zu lassen.[55]

Mit dem Leitwort „Patientenorientierung" wird die Stellung des Patienten gegenüber dem Arzt stärker hervorgehoben.

In der Diskussion zur Reform des Gesundheitswesens in Deutschland spielt die Ausgestaltung der Beziehung zwischen Arzt und Patient keine bedeutende Rolle. In der internationalen Forschung wird das Patientenverhalten und deren Bestimmungsfaktoren explizit modelliert und analysiert.

Ulrich und Schneider haben das gesundheitsrelevante Verhalten des Patienten innerhalb der Arzt-Patienten-Beziehung untersucht, welches mehr umfasst als die Compliance des Patienten, d. h. den Empfehlungen und Anweisungen des behandelnden Personals Folge zu leisten. Allerdings ist die Compliance auch nicht zu vernachlässigen, damit sich ein Behandlungserfolg einstellen kann.

---

[54] Quelle: Kick, H. A. (2006), S. A1207.
[55] Vgl. Kick, H. A. (2006), S. A1206-A1208.

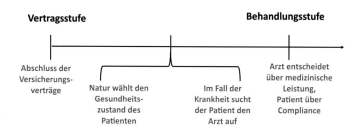

Abb. 2.4 Modellstufen des Double-Moral-Hazard-Problems[56]

Die Autoren rechnen ebenfalls das Konsumverhalten, sportliche Aktivitäten sowie die subjektive Einschätzung des Patienten über seinen Gesundheitszustand mit ein. Ulrich und Schneider interessierten sich für die Faktoren, die das Patientenverhalten sowie das Verhältnis zwischen Arzt und Patient beeinflussen. Das Verhältnis lässt sich mit dem Principal-Agent-Modell beschreiben, wobei der Arzt der Agent des Patienten ist und seinen Vorteil durch die existierende Informationsasymmetrie als Handlungsspielraum derart ausnutzen könnte, um seinen wirtschaftlichen Erfolg zu maximieren. Er kann Einfluss auf die Nachfrage des Patienten nehmen, was wiederum die Anzahl der Kontakte des Arztes, die Kosten und den Umfang der Dienstleistung beeinflusst. Viele Untersuchungen beschränken sich auf diese Betrachtung des Arztes und vernachlässigen die Einbeziehung des Patientenverhaltens.[57]

Ein Moral-Hazard-Problem beschreibt die Konstellation, dass opportunistisches Verhalten der besser informierten Person, die Kosten für andere Personen und für die Allgemeinheit in die Höhe treiben kann (Abb. 2.4). Beim Double-Moral-Hazard-Problem ist dies beiden Beteiligten möglich. Wie bereits oben erwähnt, stehen dem Arzt Handlungsoptionen zur Ausgestaltung der medizinischen Dienstleistung offen, um seinen wirtschaftlichen Erfolg zu steigern, ohne dass dies für den Patienten erkennbar ist. Der Erfolg der Behandlung wird zusätzlich durch das Patientenverhalten bestimmt, was wiederum dem Arzt nicht vollständig transparent ist. Damit ist der Rahmen für die Analyse geschaffen.

Die erste zu analysierende Hypothese ist, dass der Auslöser für einen Versicherungsfall, d. h. das Vorliegen einer Krankheit, die subjektive Einschätzung des Einzelnen ist.[58] Die zweite These ist, dass die Nachfrage des Patienten nach medizinischer Dienstleistung durch die Diagnose des Arztes und die Therapieempfehlung bestimmt wird. Ein dritter Bestimmungsfaktor des Nachfragevolumens seitens des Patienten ist die

---

[56] Siehe Ulrich, V.; Schneider, U. (2004), S. 5

[57] Vgl. Ulrich, V.; Schneider, U. (2004), S. 2–5.

[58] Bei einer Untersuchung gaben 18 % der Befragten (ambulante Patienten) an, dass sie bereits bei einer geringen Befindlichkeitsstörung den Arzt aufsuchen.

mangelnde Kostentransparenz bei gleichzeitiger Übernahme der Kosten durch die Versicherung, was die Nachfrage eher ausweitet (Hypothese 3).

Für die Analyse stellt sich die Herausforderung, geeignete Indikatoren zu bestimmen, die gesundheitsrelevantes Verhalten des Patienten und die medizinische Leistung des Arztes als abhängige Variablen messen können, da diese nicht direkt beobachtbar sind. Für das gesundheitsrelevante Verhalten wurde ein Messkonstrukt aus Gesundheitseinstellung, Konsumverhalten und Ausübung sportlicher Aktivitäten gewählt. Als erklärende Variablen wurden für die Analyse verschiedene Daten aus dem sozioökonomischen Panel des Deutschen Instituts der Wirtschaft von 1999 verwendet, wie beispielsweise die Bereitschaft, die Kosten für medizinische Leistung selbst zu übernehmen.

Die statistische Analyse ergab, dass die beiden abhängigen Variablen „medizinische Leistung des Arztes" und „gesundheitsrelevantes Verhalten" des Patienten nicht unabhängig voneinander sind, also keine unabhängigen Entscheidungsprozesse sind. Das gesundheitsrelevante Verhalten bestimmt den individuellen Gesundheitszustand und damit auch den Arztbesuch. Unklar ist, ob dies auch umgekehrt gilt, d. h. der Arztbesuch direkten Einfluss auf das gesundheitsrelevante Verhalten hat. Das hängt von der Art der Krankheit und der vom Arzt bereitgestellten Informationen ab.

Die ersten beiden oben genannten Hypothesen sind somit statistisch verifizierbar. Mit Blick auf die dritte Hypothese lautet die Empfehlung, aus gesundheitspolitischer Sicht Präventionsanstrengungen zu verstärken, um damit das gesundheitsrelevante Verhalten so zu beeinflussen, damit die Nachfrage nach medizinischer Leistung sinkt. Des Weiteren ist eine stärkere Einbeziehung des Patienten in den Leistungserstellungsprozess zu empfehlen, um ihm mehr Kostentransparenz zu geben. Das wirkt besonders dann, wenn die Verträge so gestaltet sind, dass ein Anreiz für gesundheitsbewusstes Verhalten gegeben ist. Die Abhängigkeiten zwischen gesundheitsrelevantem Verhalten, Arztbesuch und medizinischer Leistung sind zu berücksichtigen.[59]

Im 21. Jahrhundert wird die individuelle Mitwirkungspflicht zur Gesunderhaltung und zur Krankheitsbewältigung vom Patienten eingefordert.

Mit fortschreitender wissenschaftlicher Erkenntnis und gesellschaftlicher Aufklärung erfolgt eine verstärkte Zuordnung von Verantwortung auf den Patienten. Mit dem Patientenrechtegesetze aus dem Jahre (2013) wird die Mitwirkung des Patienten in Behandlungsprozessen über zusätzliche Informations- und Aufklärungspflichten durch den Arzt ermöglicht.[60] Mit dem Gesetz zur Verbesserung der Rechte von Patientinnen und Patienten vom 20. Februar 2013 wurden erstmalig Patientenrechte für die individuelle Patientenbehandlung gegenüber Leistungserbringern und Krankenkassen verankert.[61]

---

[59]Vgl. Ulrich, V.; Schneider, U. 2004), S. 5–22.

[60]Vgl. Borgetto (2016), S. 370–377.

[61]Vgl. Bundesministerium für Gesundheit (2014), o. S.

Das Gesetz

- kodifiziert das Behandlungs- und Arzthaftungsrecht im Bürgerlichen Gesetzbuch (BGB),
- fördert die Fehlervermeidungskultur,
- stärkt die Verfahrensrechte bei Behandlungsfehlern,
- stärkt die Rechte gegenüber Leistungsträgern,
- stärkt die Patientenbeteiligung und
- baut die Patienteninformationen aus.[62]

Im Zuge der Änderungen der Leistungsvergütung von Gesundheitsdienstleistungen findet in der Regel eine aktive Suche und Auswahl durch die Patienten selbst statt, was eine Annäherung an die Kundenrolle bedeutet. Leistungen werden transparent gemacht und umfassend im Vorfeld kommuniziert. Patienten können sich dadurch vorab für die Angebote entscheiden.

Aus Wettbewerbssicht haben die Anbieter Vorteile, denen es gelingt, bedarfsorientierte Angebote zu entwickeln und zu etablieren. Je besser hierbei auf die Bedürfnisse und auf unausgesprochene Erwartungen von potenziellen Patienten eingegangen werden kann, desto höher ist die Wahrscheinlichkeit der Inanspruchnahme und der Kundenzufriedenheit.

Die Wahlfreiheit wird nicht in allen Situationen gegeben sein. In bestimmten Krankheitssituationen, z. B. Notfällen oder Spezialbehandlungen, ist sie begrenzt oder gar nicht vorhanden.

Viele Patienten und/oder deren Angehörige informieren sich heutzutage gezielt im Vorfeld einer Behandlung, bewerten die Informationen und kommen in der Regel gut vorbereitet in ein Arztgespräch. Sie besprechen ihre aktuellen Erkenntnisse, recherchierte wissenschaftliche Expertisen und Alternativen. Sie möchten den Behandlungsprozess nachvollziehen können und erwarten vom Behandler die Respektierung ihrer persönlichen Gedanken, Einstellungen und Handlungsmuster. Die tatsächliche Wahl der Behandlungsalternative wird besprochen und abgestimmt. Mitentscheidend sind eingebrachte Vorinformationen hinsichtlich Qualität, Sinnhaftigkeit und Nutzen der vorgeschlagenen Behandlung. Ein Risiko kann durch eine Informationsüberflutung eintreten, die zu Irritationen und Ratlosigkeit führt.

Ein der Patientenerwartung entgegenlaufender Aspekt der modernen Medizin ist die Fokussierung auf die Visualisierung von Zahlen, Daten und Fakten über technologische Mittel der Diagnostik, was die Gefahr birgt, dass der Behandler zum Beobachter wird, der sich primär auf die ermittelten Befunde stürzt und den Patient wieder zum Objekt macht. Es findet kein partizipativer Dialog mit dem Patienten statt.[63]

---

[62]Vgl. Gesetz zur Verbesserung der Rechte von Patientinnen und Patienten.
[63]Vgl. Bay, R. H. (2021), S. 119.

Patienten sind heute immer seltener die Geduldigen. Sie sollen und wollen auch selbstbewusste, mündige Partner des Arztes sowie Mitgestalter im Gesundheitswesen werden. Sie sind nicht mehr nur vertrauende Kranke, sondern auch selbstbewusste Beitragszahler, aufgeklärte Partner und individuell informierte Personen. Mündige Patienten wollen mitentscheiden und selbst bestimmen. Partnerschaftliche und partizipative Entscheidungsfindungen zwischen Arzt und Patienten in Behandlungsprozessen sind angestrebte Kommunikationsziele. „Medizin ist vielmehr zu begreifen als situative Antwort auf die konkrete Not menschlichen Seins, und für diese Antwort ist das Verstehen des Patienten gerade keine Nebensache, sondern die Sache selbst."[64]

Die zu verhandelnden Inhalte beinhalten die Behandlungsleistungen und ökonomischen Rahmenbedingungen (Leistungsvergütungen). Die Einbeziehung in Entscheidungs- und Informationsprozesse erfordert aktive Mitsprache und Selbstbestimmung des Patienten.

Damit hat sich das Bild vom Behandler als alleinigen Entscheider („der Arzt entscheidet, was gemacht wird") verändert. Seitdem ist das Bestreben, in der Patientenkommunikation aktiv zu informieren sowie Patientenzufriedenheit und Absicherung der Behandlungen zu fokussieren. Kommunizierte Informationen dienen der Planung, der Durchführung und der Sicherstellung von Ergebnissen in allen Phasen der Gesundheitsversorgung und somit der Patientensicherheit.

Dazu sind Patientenkompetenzen erforderlich. Die Patientenakademie fördert das Wissen von Patienten und hat dazu vier Ebenen benannt: Patienten benötigen Wissen in den Bereichen der Selbstkompetenz, Beziehungskompetenz, Sozialkompetenz und der Demokratiekompetenz (Abb. 2.5).[65]

- **Selbstkompetenz:** Den erforderlichen Eigenbeitrag zur Bewältigung der Krankheit einbringen können.
- **Beziehungskompetenz:** Die Beziehung zu den beteiligten Behandlern gestalten können, sodass der erforderliche Wissenstransfer vom Professionellen an den Patienten gelingt.
- **Sozialkompetenz:** Die Fähigkeit, sich mit anderen Patienten mit vergleichbarer Betroffenheit austauschen zu können, z. B. in einer Selbsthilfegruppe.
- **Demokratiekompetenz:** Die Fähigkeit, sich in politische Gremien einzubringen und Gehör zu verschaffen, um die Sicht des Patienten einzubringen.

Das Sozialgesetzbuch formuliert an und für den Patienten als Versicherten folgende Pflichten und Rechte:

---

[64] Maio, G. (2021), S. 15.
[65] Vgl. Patientenakademie Deutschland (2022).

Abb. 2.5 Vier Bereiche der Patientenedukation[66]

- Pflicht zur frühzeitigen Beteiligung an gesundheitlichen Vorsorgemaßnahmen.
- Pflicht zur aktiven Mitwirkung bei der Krankenbehandlung und Rehabilitation.
- Recht auf Erhalt, Wiederherstellung und Verbesserung des Gesundheitszustandes.
- Recht auf Förderung der gesundheitsbezogenen Selbstkompetenz.[67]

Das Sozialgesetzbuch formuliert die Verantwortung jedes gesetzlich Versicherten im Gesundheitswesen, für seine Gesundheit eigenverantwortlich aktiv zu werden und selbstbestimmt Möglichkeiten der Gesundheitsprävention zu nutzen. Dies ist eine gesellschaftliche Veränderung der Patientenrolle. Die Rolle des informierten Patienten heute kommt der Rolle des Kunden angebotener medizinischen Dienstleistungen näher. Insofern ist die von Kick getroffene Unterscheidung zwischen Patienten- und Kundenrolle nicht generell für Dienstleistungskonstellationen im Gesundheitswesen zutreffend. Der Patient ist in vielen Situationen nicht mehr derjenige, der das passive Erdulden und Erleiden einer Krankheit über sich ergehen lässt.

Die Weltgesundheitsorganisation formuliert den Anspruch zur Stärkung der gesundheitlichen Eigenverantwortung wie folgt: „Dem von der WHO vorgegebenen Ziel, den Menschen in modernen Gesellschaften einen größtmöglichen Teil derjenigen Verantwortung für Gesundheit und Lebensführung nicht bloß aus ökonomischen, sondern vor allem aus persönlichkeitsstabilisierenden Gründen zurückzugeben, die sie fast völlig an mehr schlecht als recht funktionierende Professionen und Institutionen verloren zu haben scheinen, kommen Konzept und Vorgehensweisen der Gesundheitsförderung besonders entgegen. Denn sie findet vorzugsweise in Situationen (z. B. repräsentativ

---

[66] Eigene Darstellung.
[67] Vgl. SGB V, § 1.

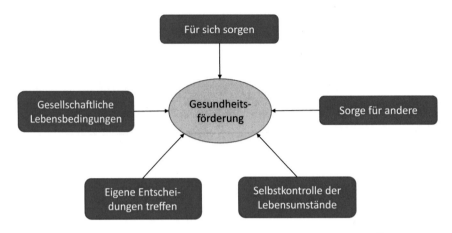

Abb. 2.6 Grundansatz der WHO zur Gesundheitsförderung für Patienten (1989)[68]

besetzten Arbeitsgemeinschaften, Qualitäts- und Gesundheitszirkeln) und unter kommunikativen Bedingungen statt, die im Unterschied zur Experten kontrollierter und initiierter Kommunikation auf die Ermöglichung eines Höchstmaßes an Transparenz, Bedürfnisbefriedigung und Partizipation angelegt sind."[69]

Patienten werden im Rahmen der Gesundheitsprävention zur Übernahme der individuellen Verantwortung für ihre Gesundheit und den Krankheitszustand benannt.

Zur Stärkung der Rolle des Patienten gibt es die sogenannte Empowerment-Bewegung. Unter Empowerment wird in den Sozialwissenschaften ein Prozess bezeichnet, in dem Menschen lernen, ihr Leben mittels verfügbarer Ressourcen und in Autonomie selbstständig zu meistern.[70] Die Autonomie und Entscheidungsmöglichkeiten des Patienten sollen bestmöglich genutzt werden. Der Arzt stellt Informationen und Unterstützungen bereit, sodass der Patient seine Erkrankung selbstständig managen, Ressourcen identifizieren und anwenden kann. Seine Kompetenzen, Ziele und Selbstbestimmung sollen zur Krankheitsbewältigung genutzt werden.

In der Ottawa Charta der WHO von 1986 wird der Patienten-Empowerment-Ansatz fokussiert. Hier heißt es, dass Gesundheit dann entsteht, wenn folgende Aspekte in den Mittelpunkt rücken (Abb. 2.6):

In der Durchführung von gesundheitsfördernden Maßnahmen durch Gesundheitsdienstleister sollen folgende Grundsätze beachtet werden:

---

[68] Eigene Darstellung, in Anlehnung an Weltgesundheitsorganisation (1986).

[69] Schnabel, P. E. (2009), S. 93.

[70] Vgl. Rappaport (1987), S. 121–148.

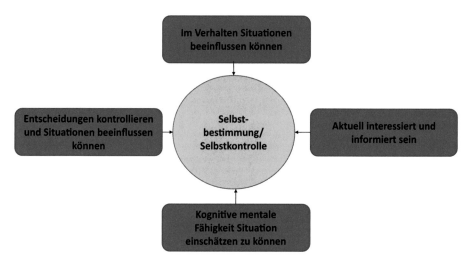

Abb. 2.7 Voraussetzungen zur patientenzentrierten Selbstbestimmung

- Partizipation (aktive Beteiligung des Patienten),
- Empowerment (Befähigung des Betroffenen zu selbstbestimmtem Handeln),
- Protektive Faktoren (Aufbau und Stärkung von persönlichen und umweltbezogenen Gesundheitsressourcen),
- Ganzheitlichkeit (Berücksichtigung von Verhaltensweisen und Verhältnissen des Betroffenen),
- Setting-Ansatz (Berücksichtigung der alltäglichen Lebensumwelt),
- Vernetzung, Transfer und Nachhaltigkeit (Zusammenarbeit auf unterschiedlichen Ebenen, Übertragbarkeit von Maßnahmen in den Alltag und sinnvolles Vorgehen in Anbetracht erwarteter Entwicklungen).

Voraussetzungen für die Selbstbestimmung des Patienten in der Gesundheitsversorgung sind Informationsvermittlung, Patientenpartizipation und gute Patientenedukation. Damit wird dem Patienten ermöglich, sich selbst einzuschätzen, zu kontrollieren und selbstbestimmt zu handeln (Abb. 2.7).

Begibt sich der Patient geplant oder ungeplant in Behandlung hat er ausgesprochene und unausgesprochene Anforderungen und Erwartungen (Abb. 2.8). Er setzt Standard- bzw. Basisleistungen voraus und wählt spezielle Leistungen (Leistungsfaktoren) aus. Darüber hinausgehende zusätzliche Leistungen überraschen ihn positiv und werden seine Zufriedenheit bestärken.

Wenn es in der Patientenbehandlung gelingt, solche Begeisterungsfaktoren einzubringen, kann diese Leistungssteigerung zu einem überproportionalen Nutzen beitragen. In der Kommunikation und Interaktion mit Patienten sollte der Fokus auf die folgenden Fragen gelegt werden: „Was braucht der Mensch?" und „Was könnte im Rahmen der

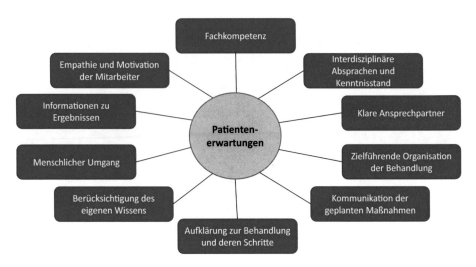

Abb. 2.8 Patientenerwartungen in der Kommunikation und Interaktion[71]

Kundenorientierung eingebracht werden?" Patienten wurden lange Zeit gar nicht als Kunden wahrgenommen, sondern viel mehr als Ware.

Der neue, kritische Patient im ökonomisierten Zeitalter hat freie Arzt- und Krankenhauswahl; somit müssen sich auch Krankenhäuser zunehmend mit Marktmechanismen auseinandersetzen und sich damit in einem Feld der Konkurrenz mit anderen Krankenhäusern platzieren.[72]

Aus dem Umstand des immer stärker werdenden Wettbewerbs ergibt sich, dass für den Patienten neben dem Leistungsangebot der menschliche Faktor ein wichtiger Entscheidungsparameter für die Wahl der Behandlung ist. Wer bei den Patienten besser ankommt, wem es gelingt, in der Qualität der Zusammenarbeit Synergieeffekte hervorzubringen, wer die Motivation seiner Mitarbeiter hebt und innere Kündigungen senkt, wer also eine gute Mannschaft aufbauen und zusammenhalten kann, der wird bei einem gesicherten Versorgungsauftrag einen Vorsprung bekommen und am Markt bestehen können.

Folgende Kundenanforderungen bzw. Patientenerwartungen sollten erfüllt werden:

Das Verhalten des Patienten in der Interaktion mit behandelnden Personen wird wie folgt typologisiert:

- **Der vorbildliche Patient**: Der vorbildliche Patient akzeptiert seine Rolle und Lage, übergibt soweit erforderlich die Kontrolle an den Behandler und lässt sich aktiv in die Behandlung einbeziehen. Wenn möglich, beendet er nach Besserung seine Nachfrage nach weiterer Behandlung und wird wieder selbstständig.

[71] Quelle: Eigene Darstellung.

[72] Vgl. Bayer, M.; Jaeck, T. (2006), S. 43.

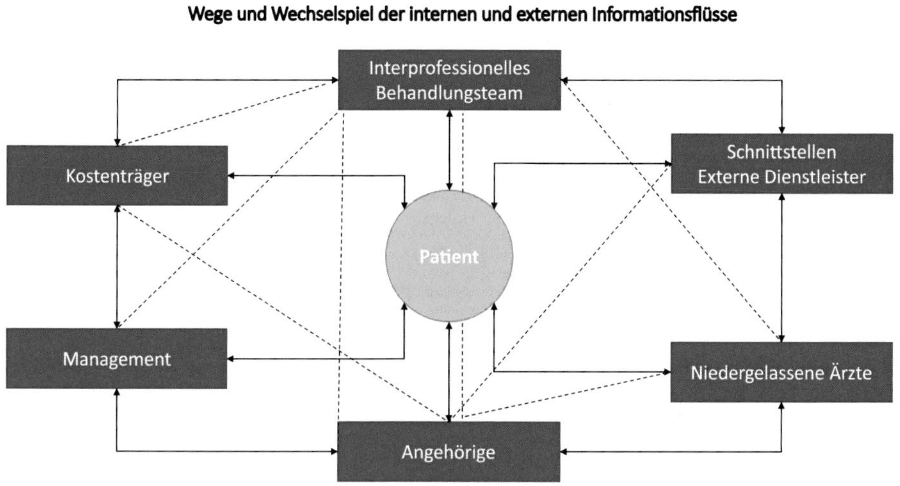

Abb. 2.9 Wege und Wechselspiel der internen und externen Informationsflüsse

- **Der prüfende Patient:** Dieser Patiententypus tut sich schwer, die Kontrolle abzugeben, hinterfragt die gegebenen Informationen, reagiert ablehnend und kontrollierend. Stärkere Dominanz seitens der Behandler führt meist zu stärkerer Ablehnung. Häufig ist beim Patienten die Ursache Angst, die idealerweise vom Behandler erkannt und angesprochen wird, um die Chancen auf eine Verhaltensänderung des Patienten zu erhöhen.
- **Der „kindliche" Patient:** Der Patient sucht klammernd die emotionale Zuwendung vom Personal und will keine Mitverantwortung übernehmen. Die Herausforderung ist, den Patienten als Erwachsenen zu betrachten und zu behandeln.
- **Der „vernünftige" Patient:** Er ist für andere Personen Unterstützung und Ratgeber, tut sich aber schwer seine eigenen Gefühle und Nöte wahrzunehmen. Er überlässt sich kooperativ seinem Schicksal. Wenn es dem Behandler gelingt, dem Patienten den Weg zu sich selbst zu öffnen, kann dies den Genesungsprozess unterstützen.

In Summe ergibt sich ein Netz an Informationsflüssen (Abb. 2.9).

Dem Patienten sind diese auf die Behandlung bezogenen Informationsflüsse in der Regel nicht vollständig transparent. Insbesondere im klinischen Alltag sind vielfältige Kommunikationskanäle zur Abstimmung der Patientenversorgung vorhanden. In der Patientenversorgung sind verschiedene Berufsgruppen mit ihrem Wissen, ihren Kompetenzen und Handlungsmöglichkeiten sowie persönlichen Einstellungen sich gegenseitig ergänzend involviert. Sie wirken im unmittelbaren Patientenbezug in der Diagnostik, Therapie und Prävention in der ambulanten und stationären Versorgung mit. Dabei wird meist davon ausgegangen, dass die Hauptverantwortung bei der ärztlichen Berufsgruppe liegt. Darüber hinaus gibt es Berufsgruppen, die nicht direkt mit dem Patienten arbeiten.

2.6   Professionen im Gesundheitswesen

In Kap. 2 wurden bereits die Grundzüge der soziologischen Diskussion um Professionen
im Gesundheitswesen anhand verschiedener Ansätze und historischer Entwicklungen
aufgezeigt.

Dieses Buch hat das Management der interprofessionellen Zusammenarbeit im Fokus.
Daher wird für den weiteren Verlauf der konzeptionellen Entwicklung die Diskussion
nicht weitergeführt, ob ein spezifischer Gesundheitsberuf im soziologischen Sinne den
Tatbestand einer Profession erfüllt.

Insbesondere das gemäß dem merkmalstheoretischen Ansatz zu erfüllende Merkmal der Handlungsautonomie hat Auswirkungen auf die Zusammenarbeit zwischen
den Berufsgruppen, die wir später betrachten. Zusammenfassend ist festzuhalten, dass
Gesundheitsberufe, wie Physiotherapie, Ergotherapie, Logopädie, Hebammenkunde und
Pflege, vom Status des Hilfsberufs kommend nach Professionalisierung bzw. professionellem Handeln streben.

Anfang der 1970er-Jahre wurden vom Wissenschaftsrat erste Empfehlungen zu einer
stärkeren Akademisierung der Gesundheitsberufe formuliert, neben der akademischen
Ausbildung wird die Etablierung einer eigenständigen Forschung vorgeschlagen.

Weitere Treiber der Professionalisierung sind Forderungen nach Qualitätssteigerung
und bessere Problemlösungskompetenz, die dem übergreifenden Ziel der Verbesserung
der Gesundheitsversorgung dienen. Prinzipien der evidenzbasierten Medizin finden zunehmend in weiteren Gesundheitsberufen Anwendung. Hinzu kommt die Komplexi-
tätssteigerung durch das vermehrte Auftreten von Multimorbidität und chronischen Erkrankungen sowie die Verlagerungen von Versorgungshandlungen vom stationären in
den ambulanten Bereich.[73]

Diese Treiber sind für das Management der Zusammenarbeit zu berücksichtigen, um
zukunftsweisende Gestaltungsimpulse formulieren zu können. Auch ist zu beobachten,
dass sich die dem Gesundheitswesen zuzuordnenden Professionen immer mehr speziali-
sieren und ausdifferenzieren. Das führt zu einer verstärkten Fragmentierung der Gesundheitsversorgung mit der Entstehung neuer Professionen, wie z. B. des Operations-
technischen Assistenten (OTAs).[74]

So wurde in einem Pilotprojekt zum prozessorientierten Controlling totaler Hüft- und
Knieprothesen der komplette Wertschöpfungsprozess der Patientenversorgung vor dem
Krankenhausaufenthalt, im Krankenhaus und nach dem Krankenhausaufenthalt dokumentiert und mit Experten validiert. Die Analyse ergab, dass insgesamt 47 Professionen
im Prozess involviert waren. Ein Beleg für den hohen Spezialisierungsgrad.[75] Dies zeigt

---

[73]Vgl. Klotz, S. (2019), S. 803–807.

[74]Vgl. Dietrich, M.; Rau, N. (2017), S. 220 und S. 99.

[75]Vgl. Gautschi, N.; Mitterlechner, M.; Möller, K, (2022), S. 221–222.

den Bedarf auf, die einzelnen Berufsgruppen in der interprofessionellen Zusammenarbeit auszubilden und mit sozialer Kompetenz auszustatten, um komplexe Versorgungsprozesse effizient und zielführend gesteuert zu bekommen.[76]

In Deutschland arbeiten rund 12 % der Gesamtbevölkerung, das sind ca. 5,7 Mio.
Personen, in den unterschiedlichen Berufsgruppen des Gesundheitswesens. Die Heterogenität der Berufsgruppen wird durch die unterschiedlichen Qualifikationsanforderungen
widergespiegelt.[77]

Im Folgenden werden exemplarisch einige Gesundheitsberufe vorgestellt, um die Art
der Spezialisierung zu verdeutlichen und Unterschiede aufzuzeigen.

2.6.1   Die Berufsgruppe der Ärzte

Der Arzt wird historisch als klassische Profession gesehen, da er für die Gesellschaft
eine wichtige, spezifische Dienstleistung erbringt. Ihm wird hohes Ansehen und große
gesellschaftliche Macht zugeordnet. Er handelt auf Basis erworbener Spezialkenntnisse
und einer eigenständigen Berufsordnung. Die Bundesärzteordnung beinhaltet eine
gesetzlich geregelte Bezeichnung für den Beruf des Arztes. Ärzte sind Berufstätige, die
Heilkunde am Menschen ausüben, d. h. Krankheiten erkennen und behandeln, aber auch
die Gesundheit schützen. In der Bundesärzteordnung heißt es: „Ärztinnen und Ärzte
dienen der Gesundheit des einzelnen Menschen und der Bevölkerung. […] Aufgabe der
Ärztinnen und Ärzte ist es, Leben zu erhalten, die Gesundheit zu schützen und wieder-
herzustellen, Leiden zu lindern, Sterbenden Beistand zu leisten und an der Erhaltung der
natürlichen Lebensgrundlage im Hinblick auf ihre Bedeutung für die Gesundheit der
Menschen mitzuwirken (Abb. 2.10).“[78]

Der Arzt muss die Einhaltung dieser Grundsätze über ein Gelöbnis bestätigen.

In der Berufsordnung für die in Deutschland tätigen Ärztinnen und Ärzte werden
exemplarisch Pflichten gegenüber Patienten, Behandlungsgrundsätze und folgende Verpflichtungen dargelegt:

„Jede medizinische Behandlung hat unter Wahrung der Menschenwürde und unter
Achtung der Persönlichkeit, des Willens und der Rechte der Patientinnen und Patienten,
insbesondere des Selbstbestimmungsrechts, zu erfolgen. Das Recht der Patientinnen und
Patienten, empfohlene Untersuchungs- und Behandlungsmaßnahmen abzulehnen, ist zu
respektieren.“[79]

---

[76] Vgl. Klotz, S. (2020), S. 805.

[77] Vgl. Hanke-Ebersoll, M. (2022), S. 214.

[78] MBO-Ä, § 1.

[79] (MBO-Ä 1997 –*) in der Fassung des Beschlusses des. Deutschen Ärztetages vom 5. Mai 2021
in Berlin Kapitel II. Pflichten gegenüber Patientinnen und Patienten, MBO-Ä, § 7.

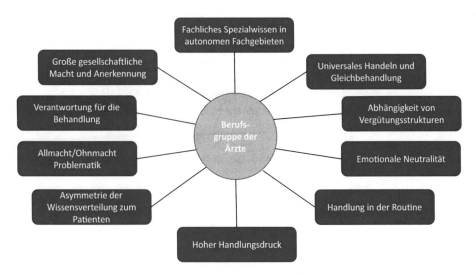

Die landesspezifischen Ärztekammern nutzen die Vorgaben für ihre Berufsordnungen

Abb. 2.10 Besonderheiten der Berufsgruppe der Ärzte[80]

Der Arzt ist weisungsunabhängig von nichtärztlichen Dritten und hat die Verantwortung für Anordnungen von Leistungen und für die Verordnungen und Koordination von Abfolgen. Behandlungsleistungen sind vom Arzt selbst zu erbringen und können in bestimmten Fällen delegiert werden.[81]

Die landesspezifischen Ärztekammern nutzen die Vorgaben für ihre Berufsordnungen und sollen damit zur Umsetzung und Weiterentwicklung des Arztberufes beitragen. Sie regeln die für den einzelnen Arzt geltenden Pflichten gegenüber Patienten, den Berufskollegen und der Ärztekammer.

Folgende Inhalte werden dort geregelt:

- Pflichten im Rahmen der Berufsausübung,
- Schweigepflicht,
- Aufklärungspflichten,
- Dokumentationspflichten,
- Fortbildungsverpflichtung,
- Haftpflichtversicherung,
- Regelungen zu Werbung,
- Gemeinsame Berufsausübung,
- Wahrung der ärztlichen Unabhängigkeit.

---

[80] Quelle: Eigene Darstellung.
[81] Siehe MBO-Ä.

2.6.2   Die Berufsgruppe der Pflegenden

Bedingt durch den Strukturwandel im Gesundheitswesen und den laufenden Anpassungsnotwendigkeiten haben sich die Arbeitsschwerpunkte der Pflegenden verändert. Pflegende müssen den gesamten Ablauf von Behandlungen koordinieren und die Kommunikation mit allen Beteiligten leiten. Pflege umfasst die autonome und kollaborative Versorgung von Individuen aller Altersstufen, Familien, Gruppen und Gemeinschaften, ob gesund oder krank, in verschiedenen Settings. Pflege beinhaltet die Förderung von Gesundheit, die Verhütung von Krankheit und die Sorge für kranke, behinderte und sterbende Menschen. Zu den zentralen Pflegeaufgaben (ICN 2003) gehören Anwaltschaft für den Patienten, Förderung einer sicheren Umgebung, Forschung (Pflegewissenschaften) sowie Mitwirkung bei der Gestaltung der Gesundheitspolitik und des Patienten- und Gesundheitssystemmanagements. Die Pflegenden haben in der Behandlung den höchsten zeitlichen Anteil im Kontakt zum Patienten und zu den Angehörigen. Daher kommt ihrer Befähigung in der Patientenorientierung, -beobachtung, -begleitung und -unterstützung eine besondere Bedeutung zu. Sie müssen Bedürfnisse erkennen, Veränderungen wahrnehmen und pflegerische Handlungen vornehmen. Pflegende haben den größten Abstimmungs- und Koordinationsaufwand mit allen Beteiligten zu gewährleisten. Sie sind zentraler Ansprechpartner und Kommunikations- und Informationsschnittstelle zu allen Beteiligten.

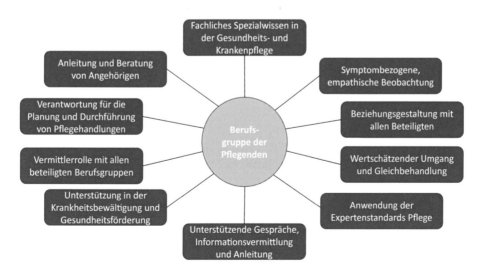

Abb. 2.11 Besonderheiten der Berufsgruppe der Pflegenden[82]

---

[82] Quelle: Eigene Darstellung.

Pflegerische Führungskräfte haben zudem die Aufgabe, politische und organisations-interne Vorgaben verantwortlich umzusetzen. Das bedeutet eine erhöhte Verantwortung in der Gestaltung der Zusammenarbeit und Kommunikation (Abb. 2.11).

2.6.3   Die Berufsgruppe der Apotheker

Apotheker sind Experten für Arzneimittel (Pharmazeuten). Sie haben die Berechtigung, ihre Kunden mit Medikamenten und Hilfsmitteln zu versorgen. Sie beraten in Themen, die Gesundheit, Medizin und Hygiene betreffen. Der Apotheker stellt auch Medikamente selbst her. Er darf im Gegensatz zum Arzt allerdings keine Behandlungen vornehmen.

Der Beruf des Apothekers existiert seit über 750 Jahren als dieser im „Edikt von Sa-lerno" (1241) vom Arztberuf abgetrennt wurde. Seitdem dürfen im Königreich Sizilien nur Apotheker Inhaber einer Apotheke sein, zusätzlich wurden die Arzneimittelpreise gesetzlich reguliert. In Deutschland ist der erste Apotheker, Meister Heinrich der Apo-theker, für das Jahr 1406 belegt.

Voraussetzung für die Berufsausübung heute sind ein Universitätsstudium der Phar-mazie, abgeschlossen mit drei Staatsexamen, sowie ein einjähriges Praktikum und eine erteilte Berufserlaubnis (Approbation). Das Studium beinhaltet die Arzneimittelher-stellung, -prüfung, -wirkungen (inklusive Wechsel- und Nebenwirkungen) sowie Physio-logie und klinische Pharmazie. Die Berufsbezeichnung „Apotheker" ist als Titel ge-schützt.

Die Vorgaben hierzu gibt die Bundesapothekerordnung. Apotheker arbeiten v. a. in Apotheken, aber auch im Krankenhaus, in der Industrie, Forschung und Verwaltung. Sie zählen zu den akademischen Heilberufen. Analog zu den Ärzten gibt es mit der Bundes-apothekerkammer (BAK) eine berufspolitische Interessenvertretung, die für Fragen der Aus-, Fort- und Weiterbildung, des Berufsrechts und für Fragen der Arzneimittelsicher-heit und der pharmazeutischen Qualität zuständig ist.[83]

Fachlich unterstützt werden sie von weiteren pharmazeutischen Berufen, wie pharma-zeutisch-technische Assistenten (PTA). Hinzu kommen weitere nicht-pharmazeutische Berufe wie pharmazeutisch-kaufmännische Angestellte (PKA), Apothekenhelfer und Apothekenfacharbeiter.

2.6.4   Die Berufsgruppe der medizinischen Fachangestellten (MFA)

MFA arbeiten überwiegend in Arztpraxen. Sie leisten ihren berufsspezifischen assistie-renden Beitrag als Bindeglied zwischen Arzt und Patienten in medizinisch-pflegerischen Bereichen zur Prävention, zur Wiederherstellung der Gesundheit und Unterstützung bei

---

[83] Vgl. Bundes-Apothekerordnung, § 2.

chronischen Erkrankungen, bei Notfällen und in organisatorischen und administrativen Aufgabenstellungen in Gesundheitseinrichtungen. Sie haben eine Assistenzfunktion und dienen als wichtiger Vermittler in der Kommunikation zwischen den Beteiligten.

Sie wirken auch in der Vor- und Nachsorge mit, führen Diagnostik, Hygienemaßnahmen, Labortätigkeiten und administrative Verwaltungsarbeiten durch. Sie nehmen z. B. Blut ab, wechseln Verbände oder setzen Spritzen. Im Umgang mit Medikamenten und deren Nebenwirkungen sowie Einnahmemöglichkeiten sind sie ebenfalls ausgebildet. Gemäß § 28 SGB V können die Kassenärztliche Bundesvereinigung und der Spitzenverband der Krankenkassen ärztliche Leistungen festlegen, die im ambulanten Bereich durch MFAs übernommen werden dürfen.[84]

Weitere Schwerpunkte liegen in den kaufmännischen Bereichen der Organisation, Kommunikation, Information, Dokumentation und Abrechnung sowie im Ablauf- und Praxismanagement.

Die Berufsbezeichnung medizinischer Fachangestellter (MFA) existiert erst seit 2006 als staatlich anerkannter Ausbildungsberuf und lag im Jahr 2021 mit einer Steigerung von 14,1 % zum Vorjahr bei den Frauen an Platz 1 der Ausbildungsberufe in Deutschland, allerdings mit einer hohen Abbruchquote. Verantwortlich für die Ausbildung sind die jeweiligen Landesärztekammern.[85] Vorläufer war die Ausbildung zum Arzthelfer bzw. zur Arzthelferin, auch veraltet Sprechstundenhilfe genannt.[86] In Deutschland gibt es ca. 0,5 Mio. ausgebildete MFAs.

2.6.5   Die Berufsgruppe der technischen Assistenten in der Medizin (MTA)

Die Entstehung des Berufsbildes des MTAs liegt über 125 Jahre zurück und ist auf die Entdeckung und Nutzung der Röntgenstrahlung für diagnostische Zwecke zurückzuführen. In Deutschland gibt es ca. 100 Schulen, die die Ausbildung in den vier Fachrichtungen Radiologie, Laboratoriumsmedizin, Funktionsdiagnostik und Veterinärmedizin durchführen.

Zur Berufsgruppe gehören entsprechend der medizinisch-technische Laboratoriumsassistent (MTLA), der medizinisch-technische Radiologieassistent (MTRA), der medizinisch-technische Assistent für Funktionsdiagnostik (MTAF) und der veterinärmedizinisch-technische Assistente (VMTA). MTRAs werden beispielsweise dazu ausgebildet, hoch komplexe Diagnosegeräte, wie MRTs (Magnetresonanztomographie) zu bedienen, die für einige medizinischen Diagnosen unabdingbar sind. Eine Akademisierung ist gefordert, aber nicht umgesetzt. Da jede fünfte MTRA-Stelle in deutschen

---

[84]Vgl. Hibbeler, B. (2012), S. A 623.

[85]Vgl. Ärztekammer Schleswig–Holstein (2022).

[86]Vgl. Dudenredaktion (o. D.)

Krankenhäusern unbesetzt ist, soll die schulische Eingangsschwelle für die Ausbildung nicht zu hoch angesetzt werden, um mehr Kandidaten für die Ausbildung zu erhalten. Röntgenaufnahmen werden daher häufig ersatzweise durch MFAs gemacht.[87]

2.6.6   Die Berufsgruppe der Physiotherapeuten

Die Physiotherapeuten sind hier exemplarisch für therapeutische Gesundheitsfachberufe genannt. Sie arbeiten auf der Grundlage der ICF (International Classification of Functioning, Disability and Health)-Komponenten, in der beeinträchtigte Körperstrukturen und -funktionen von Patienten bezogen auf Aktivitäten und Partizipation sowie unter Berücksichtigung der Umweltfaktoren (z. B. Hilfsmitteleinsatz) beschrieben sind. Sie zählen zu den formal anerkannten und zertifizierten Berufen.

Seit 1994 ist die Ausbildung für Deutschland einheitlich im Masseur- und Physiotherapeutengesetz (MPhG) festgelegt, dauert in der Regel drei Jahre und wird sowohl von privaten wie auch öffentlichen Fachschulen durchgeführt. Ergänzend gibt es akademische Abschlüsse im Bereich der Physiotherapie (Bachelor of Science in der Physiotherapie). Der permanente Fortschritt der Behandlungsmethoden macht die ständige Weiterbildung obligatorisch. Die Krankenkassen verlangen die Teilnahme an speziellen Fortbildungen mit anschließender Prüfung, um bestimmte Leistungen abrechnen zu können. Der Einsatzbereich reicht von Krankenhäusern über Physiotherapiepraxen, Rehabilitationseinrichtungen, Fitness-Studios, Wellnesshotels bis hin zu Sportvereinen. Im Jahr 2021 waren 222.500 sozialversicherungspflichtige Beschäftigte in dieser Berufsgruppe tätig.[88]

Die Beauftragung des Physiotherapeuten erfolgt meist auf eine ärztliche Verordnung. Dieser nimmt selbstverantwortlich die physiotherapeutische Diagnostik vor und erstellt einen für den Patienten passenden individuellen Behandlungsplan. Die letzte Entscheidungsinstanz bezüglich der Therapie bleibt der Arzt. Daher ist eine gute Abstimmung mit dem Arzt erforderlich (Abb. 2.12).

2.6.7   Die Berufsgruppe der Sozialarbeiter

In der Tätigkeit der Sozialarbeit werden Patienten, Klienten und Angehörige in schwierigen Lebenslagen fachlich und persönlich beraten, unterstützt und begleitet. Die Sozialarbeit im Gesundheitswesen kümmert sich um die individuelle Bewältigung der verschiedenen Probleme im Zusammenhang mit Krankheit und Krankheitsfolgen, Behinderung und Pflegebedürftigkeit. Auch die Organisation von medizinischen,

---

[87] Vgl. Hartmann, T. (2018), S. 4-
[88] Quelle: Beschäftigten-Statistik der Bundesagentur für Arbeit.

Abb. 2.12   Besonderheiten der Berufsgruppe der Physiotherapeuten[89]

beruflichen und sozialen Leistungen der Prävention, der Behandlung und Rehabilitation und Pflege gehören zu den Tätigkeiten der sozialen Beratung.

Sozialarbeiter haben neben den Interessen des Patienten auch die des Arbeitgebers, des Rechtssystems und der Sozialpolitik zu berücksichtigen. In diesem Setting verhandeln Sozialarbeiter stellvertretend für ihre Patienten mit verschiedenen Institutionen, wie z. B. Krankenversicherungen, Behörden und ambulanten Diensten, um Ressourcen zu beschaffen.

Die Ausbildung erfolgt über ein Studium (mindestens Bachelorabschluss in der Fachrichtung „Soziale Arbeit") und einem Anerkennungsjahr in der Praxis. Mit dem Terminus „soziale Arbeit" (von engl. „social work") wird die Wissenschaftsdisziplin bezeichnet, die die traditionellen Berufsgruppen Sozialarbeit und Sozialpädagogik umfasst.

Die Tätigkeit erfordert eine hohe soziale Kompetenz und psychische Belastbarkeit, da der direkte Kontakt mit dem Patienten im Vordergrund steht (Abb. 2.13).

2.6.8   Die Berufsgruppe der Krankenhaus- bzw. Klinikmanager

Je nachdem, ob der Beschäftigungsort ein Krankenhaus oder eine Klinik ist, lautet die Berufsbezeichnung Krankenhaus- bzw. Klinikmanager. Die folgenden Ausführungen umfassen inhaltlich beide Berufsbezeichnungen, unabhängig von der konkreten Bezeichnung im Text.

---

[89] Quelle: Eigene Darstellung.

Abb. 2.13 Besonderheiten der Berufsgruppe der Sozialarbeiter[90]

Krankenhausmanager sind Wirtschaftsexperten, die das Krankenhaus auf Basis von Zielen und Informationssystemen steuern. Dabei spielt Trägerschaft, Größe und Spezialisierungsgrad des Krankenhauses sowie die aktuelle (wirtschaftliche) Problemlage eine entscheidende Rolle.

Der Klinikmanager trifft auf Basis von bereitgestellten Informationen in die Zukunft gerichtete Entscheidungen. Die Informationen stammen nicht allein aus dem Rechnungswesen, sondern beinhalten auch Qualitätskennzahlen aus der Medizin und Pflege, Pläne der einzelnen Bereiche sowie Mitteilungen über die regionalen Geschehnisse im Markt. Die Daten dienen der Objektivierung, ersetzen aber in der schnelllebigen Zeit nicht die interne und externe interprofessionelle Kommunikation.

Der Klinikmanager sollte sich auch mit gesundheitlichen Themen und der Auswirkung auf die Mitarbeiter in Medizin und Pflege auseinandersetzen. Er muss sich bewusst sein, dass seine Mitarbeitenden unter einem hohen zeitlichen Handlungsdruck stehen, um interprofessionell zusammenzuarbeiten.

Aufgrund der Vielfalt von Anforderungen und Herausforderungen im Gesundheitswesen braucht ein Klinikmanager zusätzlich Führungs- und Praxiserfahrung, um gute Entscheidungen treffen zu können. Dazu gehört eine starke Moderationskompetenz, um die Sichtweisen und Interessen der in den Kernprozessen beteiligten Berufsgruppen, insbesondere der Ärzte und Pflege, integrieren zu können. Idealtypisch hat der Krankenhausmanager ein gesundheitswissenschaftliches und/oder betriebswirtschaftliches Studium absolviert.

---

[90] Quelle: Eigene Darstellung.

Der Klinikmanager muss beurteilen, ob das Erreichen der kurz-, mittel- und lang-fristigen Finanz- und Qualitätsziele gewährleistet ist, oder ob eine Kurskorrektur zu in-itiieren notwendig wird. Er ist somit mittelbar für die Patientenversorgung zuständig.[91]

2.6.9 Die Berufsgruppe der Mitarbeiter mit Managementfunktion

Hierunter fallen Mitarbeiter, die mit Planungs-, Organisations-, Personaleinsatz-, Füh-rungs- sowie Kontrollaufgaben (Managementfunktionen) in Gesundheitsorganisationen betraut sind, die sich auf einzelne Sachfunktionen (klassischerweise Produktion, Ein-kauf, Finanzierung und Vertrieb) beziehen können.

Gesundheitsorganisationen sind Organisationen, die Dienstleistungen bereitstellen, um die Nachfrage nach Gesundheitsleistungen zu bedienen. Im angloamerikanischen Raum umfasst die Managementfunktion zusätzlich die Planung, Steuerung und Kontrolle von Verbänden der Selbstverwaltung und staatlichen Organen mit Bezug zu den Gesund-heitsorganisationen. Dieser Sichtweise soll im weiteren Verlauf nicht gefolgt werden.[92]

Ein Master im „Management in der Gesundheitsversorgung" oder vergleichbare Studiengänge qualifizieren für den Einsatz in unterschiedlichen Funktionsbereichen.

2.6.10 Die Berufsgruppe der Verwaltungsmitarbeitenden

Unter diese Berufsgruppe fallen Sozialversicherungsfachangestellte der Fachrichtung allgemeine Krankenversicherung, Kaufmann/-frau im Gesundheitswesen, medizinische Dokumentationsassistenten und Fachangestellte für Medien- und Informationsdienste der Fachrichtung medizinische Dokumentation.

Kaufmänner/-frauen im Gesundheitswesen planen und organisieren Verwaltungsvor-gänge, Geschäftsprozesse und Dienstleistungen im Gesundheitswesen. Sie erhalten ihre Qualifikation über eine dreijährige duale Ausbildung.

2.7 Die vier Subsysteme: Cure, Care, Control und Community

Glouberman und Mintzberg haben über mehrere Jahre hinweg das Management von Krankenhäusern beobachtet und als Ergebnis ihrer Beobachtung vier Subsysteme identi-fiziert: Cure (dt. Heilung), Care (dt. Fürsorge), Control (dt. Steuerung) und Gemeinschaft (dt. Gemeinschaft).

---

[91] Vgl. Thiex-Kreye, M. (2011), S. 209–211.

[92] Vgl. Busse, R.; Schreyögg, J. (2006), S. 3–6.

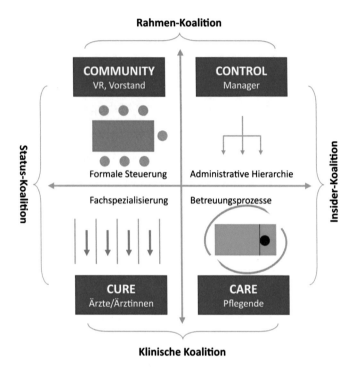

Abb. 2.14 Differenzierte Subsysteme im Krankenhaus[93]

Sie kamen zu dem Ergebnis, dass die organisatorischen Probleme weder in einem der Subsysteme bzw. Quadranten (siehe Abb. 2.13) gelöst werden noch in allen vier von ihnen, die getrennt voneinander arbeiten. Das Subsystem **Care** wird durch die Profession der Ärzte und **Cure** durch die Profession der Pflegekräfte gebildet. Ihr professionelles Selbstverständnis unterscheidet sich grundlegend. Die Ärzte orientieren sich an und profilieren sich in ihrer Fachdisziplin und haben die Entscheidungsmacht bezüglich der Behandlung. Die Pflegekräfte kümmern sich um die Bedürfnisse des Patienten, koordinieren die dazu erforderlichen Aktivitäten und orientieren sich innerhalb der Organisation. Das Subsystem **Control** umfasst die betriebswirtschaftliche Managementfunktion im Sinne der Steuerung von Ressourcen (Betten, Budget, Planstellen etc.). Das vierte Subsystem **Community** wird durch die Gemeinschaft derer gebildet, die gegenüber der Außenwelt/Öffentlichkeit Verantwortung für die Gesamtorganisation tragen.

Jedes dieser Subsysteme weist ein eigenes Selbstverständnis auf, d. h. folgt seinen eigenen Zielsetzungen und Rationalitäten.

---

[93] Quelle: Eigene Darstellung, in Anlehnung an Schmitz, C.; Berchtold, P. (2008), S. 170.

Neben der statischen Aufteilung ist die temporäre Bildung von Koalitionen jeweils zwischen zwei Subsystemen zu beobachten, um bestimmten Interessen mehr Macht zu verleihen, wie in der nachfolgenden Abbildung dargestellt. Im Gegensatz dazu weisen die Subsysteme, die diagonal zueinander dargestellt sind, die größte Distanz zueinander auf. Insbesondere gibt es einen starken Antagonismus zwischen Ärzten (Cure) und Management (Control), da sich die Ärzte die Freiheit des Handelns im Rahmen ihrer Fachdisziplin wahren möchten, während das Management dieses über steuerbare Strukturen unter Kontrolle zu bekommen versucht. Zwischen Care und Community wird ebenfalls eine schwache Verbindung unterstellt (Abb. 2.14).[94]

Nach Mintzberg sind die Subsysteme zur Krankenversorgung nicht nur auf Organisationsebene vorhanden, sondern auch Strukturmerkmale des Gesundheitssystems selbst. Hier steht Cure für den stationären Akutbereich, Care für die Grundversorgung und Rehabilitation, Control für die Krankenkassen und Versicherungen und Community für Staat und Politik.

Zwischen den Subsystemen auf Gesamteben existieren ebenfalls Unterschiede in Kultur und Grundverständnis. Cure steht für medizinische Spezialisierungen, auch in Einrichtungsformen, zur Behandlung von Krankheitsbildern. Care bildet die erforderlichen Dienstleistungen und deren Koordination rund um den Patienten ab.[95]

Literatur

Ärztekammer Schleswig-Holstein (2022). Medizinische Fachangestellte mehr wertschätzen, https://www.aeksh.de/aktuelles/medizinische-fachangestellte-mehr-wertschaetzen. Aufgerufen am 29. Dez. 2022

Atzeni, G., Schmitz, C., & Berchtold, P. (2017). Die Praxis gelingender interprofessioneller Zusammenarbeit, Studie im Auftrag der SAMW, *Swiss Academies Reports,* 12(2)

Bay, R. H. (2021). *Erfolgreiche Gespräche durch aktives Zuhören* (10. Aufl). expert verlag

Bayer, M., & Jaeck, T. (2006), *Qualitätsmanagement im Krankenhaus - Organisationsbindung von Mitarbeitern und Zufriedenheit von Patienten*

Bollinger, H., & Hohl, J. (1981). Auf dem Weg von der Profession zum Beruf. Zur Deprofessionalisierung des Ärzte-Standes, In *Soziale Welt, 32* (S. 440–463), Nomos-Verlag Baden-Baden

Bollinger, H. (2018a). Die Definition von Profession und Beruf, In: Klinke, S., & Kadmon, M. (Hrsg.), *Ärztliche Tätigkeit im 21* (S. 21–37). Jahrhundert – Profession oder Dienstleistung, Springer Verlag

Bollinger, H. (2018b). Deprofessionalisierung des Ärztestandes revisited, In: Klinke, S., Kadmon, M. (Hrsg.), *Ärztliche Tätigkeit im 21. Jahrhundert – Profession oder Dienstleistung* (S. 85–102), Springer Verlag.

---

[94] Vgl. Schmitz, C.; Berchtold, P. (2008), S. 169–170.

[95] Vgl. Schmitz, C.; Berchtold, P. (2008), S. 177–178.

Brunkhorst, H. (1992). Professionalität, Kollektivitätsorientierung und formale Wertrationalität. Zum Strukturproblem professionellen Handelns aus kommunikationstheoretischer Perspektive, In Dewe, B., Ferchhoff, W., Radtke, F.-O. (Hrsg.), *Erziehen als Profession* (S. 49–69).

Büchter, K. (2015). Berufsbildung im Betrieb – Zur historischen Entwicklung von Steuerung, Standards und Lernorten, In Seifried, J.; Bonz, B. (Hrsg.): Berufs- und Wirtschaftspädagogik, Hohengehren, S. 91–112

Bundesministerium für Gesundheit (2014). Patientenrechtegesetz, verfügbar unter: https://www.bundesgesundheitsministerium.de/service/begriffe-von-a-z/p/patientenrechtegesetz.html. Aufgerufen am 11. Okt. 2022

Busse, R., & Schreyögg, J. (2006). Management im Gesundheitswesen – eine Einführung in Gebiet und Buch. In J. Schreyögg & C. Gericke (Hrsg.), *Busse, R* (S. 1–8). Springer Verlag: Management im Gesundheitswesen.

Cassier-Woidasky, A.-K. (2012). Professionsentwicklung in der Pflege und neue Formen der Arbeitsteilung im Gesundheitswesen. Hindernisse und Möglichkeiten patientenorientierter Versorgungsgestaltung aus professionssoziologischer Sicht, In Bauer, U. (Hrsg.), *Zur Kritik schwarz-gelber Gesundheitspolitik, Jahrbuch für kritische Medizin und Gesundheitswissenschaften* (S. 163–184). Bd. 47,

Dietrich, M., & Rau, N. (2017). Kundenmanagement in der Integrierten Versorgung. In R. Busse, J. Schreyögg, & C. Gericke (Hrsg.), *Management im Gesundheitswesen, 4* (S. 220–233). Auflage: Springer.

Dudenredaktion (o.D.). Arzthelferin, In: Duden online, https://www.duden.de/rechtschreibung/Arzthelferin. Aufgerufen am 29. Dez. 2022

Ehlert, G. (2019). Professionalisierung, socialnet Lexikon, 15.10.2019, https://www.socialnet.de/lexikon/6019. Aufgerufen am 9. Dez..2022

Friese, M. (2017). Care Work. Eckpunkte der Professionalisierung und Qualitätsentwicklung in personenbezogenen Dienstleistungsberufen, In Weyland, U., Reiber, K. (Hrsg.), *Entwicklungen und Perspektiven in den Gesundheitsberufen – aktuelle Handlungs- und Forschungsfelder* (S. 29–49). Berichte zur beruflichen Bildung, Bundesinstitut für Berufsbildung,

Gautschi, N., Mitterlechner, M., & Möller, K. (2022). Instrumente und Anwendungsfelder eines prozessorientierten Controllings im Gesundheitswesen, In Kümpel, T., Schlenkrich, K., Heupel, T. (Hrsg.), *Controlling & Innovation 2022, Gesundheitswesen* (S. 207–226), Springer

Geissler, B. (2013). *Professionalisierung und Profession – Zum Wandel klientenbezogener Berufe im Übergang zur post-industriellen Gesellschaft, die hochschule* (S. 19–32).1/2013.

Gödecker, L., Shamsul, B., & Babitsch, B. (2017). Zukünftig erforderliche Kompetenzen für Angehörige der Gesundheitsberufe – Entwicklung eines Erhebungsinstrumentes zur Erfassung aktueller und zukünftiger Anforderungen im Kontext der Weiterbildung, In Weyland, U., Reiber, K. (Hrsg.), *Entwicklungen und Perspektiven in den Gesundheitsberufen – aktuelle Handlungs- und Forschungsfelder* (S. 165–183). Berichte zur beruflichen Bildung, Bundesinstitut für Berufsbildung.

Grawe, B., & Aguado, M. (2021). Professionalisierter supervisorischer Habitus – Professionstheoretische und curriculare Überlegungen, In puncto Standards, No. 1, Deutsche Gesellschaft für Supervision und Coaching. https://www.dgsv.de/wp-content/uploads/2021/03/In-puncto-Standards_1_Habitus_sw.pdf. Aufgerufen am 20. Febr. 2022

Hanke-Ebersoll, M. (2022). Fachkräftemangel in der Pflege? Beschreibungsansätze aus der Perspektive der Alternativen Wirtschaftstheorie (AWT). In D. Etterer & P. Plugmann (Hrsg.), *Grinblat, R* (S. 213–234). Springer Gabler: Innovationen im Gesundheitswesen.

Hartmann, T. (2018). Berufsbild und Berufsgeschichte. In T. Hartmann, M. Kahl-Scholz, & C. Vockelmann (Hrsg.), *Fachwissen MTRA, 2* (S. 3–30). Auflage: Springer.

Helsper, W., Krüger, H.-H., & Rabe-Kleberg, U. (2000). Professionstheorie, Professions- und Bio-graphieforschung – Einführung in den Themenschwerpunkt. *ZBBS Heft, 1*(2000), 5–19.

Hesse, H.A. (1972). Berufe im Wandel – Ein Beitrag zur Soziologie des Berufs, der Berufspolitik und des Berufsrechts.

Hibbeler, B. (2012). Viele Interessen, ein Patient, Deutsches Ärzteblatt, Jg. 109, Heft 13, 30. März 2012, S. A 623

Höppner, H., & Zoege, M. (2020). Entwicklung der Gesundheitsfachberufe in Deutschland und ihr Beitrag zu einer bedarfsorientierten Gestaltung des Gesundheitssystems. In R. Haring (Hrsg.), *Gesundheitswissenschaften* (S. 791–802). Springer.

Hollenstein, L. (2018). *Gesellschaft, Organisation, Professionalität, Zur Relevanz von Professions-politik in der Sozialen Arbeit, Dissertation, Edition Professions- und Professionalisierungs-forschung,* (Bd. 12). Springer.

Kälble, K. (2005). Die Pflege auf dem Weg zur Profession? Zur neueren Entwicklung der Pflege-berufe vor dem Hintergrund des Wandels und der Ökonomisierung im Gesundheitswesen. In A. Brink, J. Hädrich, A. Langer, & P. Schröder (Hrsg.), *Eurich, J* (S. 215–246). Springer Verlag: Soziale Institutionen zwischen Markt und Moral – Führungs- und Handlungskontexte.

Kälble, K., & Borgetto, B. (2016). Soziologie der Berufe im Gesundheitswesen, In Richter, M., & Hurrelmann, K. (Hrsg.), *Soziologie von Gesundheit und Krankheit* (S. 383–402). Springer Ver-lag.

Kälble, K., & Pundt, J. (2015). Einleitung. Gesundheitsberufe und gesundheitspolitische Bildungs-konzepte, In Kälble, K., & Pundt, J. (Hrsg.), *Gesundheitsberufe und gesundheitsberufliche Bildungskonzepte* (S. 15–36). POLLON University Press

Kaufhold, M. (2017). Herausforderungen an das betriebliche Bildungspersonal im Humandienst-leistungsbereich, In Weyland, U., & Reiber, K. (Hrsg.), *Entwicklungen und Perspektiven in den Gesundheitsberufen – aktuelle Handlungs- und Forschungsfelder* (S. 269–285). Berichte zur beruflichen Bildung, Bundesinstitut für Berufsbildung.

Kick, H. A. (2006). Ethische Verantwortung des Therapeuten, Deutsches Ärzteblatt, Jg. 103, Heft 18, 5. Mai 2006, S. A 1206–8

Klotz, S. (2020). Professionalisierung und Handlungsfelder in den Gesundheitsfachberufen. In R. Haring (Hrsg.), *Gesundheitswissenschaften* (S. 803–812). Springer.

Maio, G. (2021). *Den kranken Menschen verstehen.* Für eine Medizin der Zuwendung: Verlag Her-der, Freiburg.

Nadai, E., & Sommerfeld, P. (2005). Professionelles Handeln in Organisationen – Inszenierungen der Sozialen Arbeit. In M. Pfadenhauer (Hrsg.), *Professionelles Handeln* (S. 18–205). Wies-baden: VS Verlag.

Nagel, U. (1997). *Engagierte Rollendistanz: Professionalität in biographischer Perspektive.* Sprin-ger.

Olbrecht, H. (2019). Qualitative Methoden der empirischen Gesundheitsforschung. In R. Haring (Hrsg.), *Gesundheitswissenschaften* (S. 91–102). Springer.

Parsons, T. (1958). *Struktur und Funktion der modernen Medizin: Eine soziologische Analyse.* Westdeutscher Verlag.

Patientenakademie Deutschland (2022). Patientenbildung und Patientenkompetenz, verfüg-bar unter: https://www.patientenakademie-deutschland.de/patientenbildung-und-patienten-kompetenz/. Aufgerufen am 12. Sept. 2022

Pfadenhauer, M. (Hrsg.). (2005). *Professionelles Handeln.* Wiesbaden: VS Verlag.

Rappaport, J. (1987). Terms of empowerment/exemplars of prevention: Toward a theory for com-munity psychology. *American Journal of Community Psychology, 15*(2), 121–148.

Reiber, K., Weyland, U., & Burda-Zoyke, A. (2017). Herausforderungen und Perspektiven für die Gesundheitsberufe aus Sicht der Berufsbildungsforschung, In Weyland, U., Reiber, K. (Hrsg.), *Entwicklungen und Perspektiven in den Gesundheitsberufen – aktuelle Handlungs- und Forschungsfelder* (S. 9–27). Berichte zur beruflichen Bildung, Bundesinstitut für Berufsbildung.

Sachverständigenrat zur Begutachtung der Entwicklung im Gesundheitswesen, SVR (2008). *Gutachten 2007 – Kooperation und Verantwortung. Voraussetzungen einer zielorientierten Gesundheitsversorgung*

Schmidt, A. (2008). Profession, Professionalität, Professionalisierung. In Willems, H. (Hrsg.), *Lehr(er)buch Soziologie – Für die pädagogischen und soziologischen Studiengänge* (S. 835–864). Bd. 2.

Schmitz, C., & Berchtold, P. (2008). Managing Professionals – Führung im Krankenhaus. In Amelung, V. E., Sydow, J., & Windeler, A. (Hrsg.), *Vernetzung im Gesundheitswesen, Wettbewerb und Kooperation* (S. 167–180). Verlag W. Kohlhammer.

Schnabel, P.-E. (2009). Kommunikation im Gesundheitswesen – Problemfelder und Chancen. In R. Roski (Hrsg.), *Zielgruppengerechte Gesundheitskommunikation* (S. 33–58). Wiesbaden: Springer Fachmedien.

Schwarz, R. (2008). *Supervision und professionelles Handeln Pflegender.* Dissertation, Universität Koblenz-Landau

Siebolds, M., & Weidner, F. (1998). Interprofessionalität und Qualität. Probleme und Perspektiven der Kooperation zwischen Medizin und Pflege, In Mabuse 23 (1998), Heft 115, S. 44–49

Smit, S. (2003). *Rollen- und Organisationsmuster im Gesundheitswesen: Patientenrolle.* Arztrolle: Pflegerollen etc, GRIN Verlag GmbH, München.

Studie: Klinikmanager haben höheres Gehaltsplus als Ärzte (2018). Deutsches Ärzteblatt, Heft 4, 26. Januar 2018, S. 4

Stüwe, G. (2019). Profession. https://www.socialnet.de/lexikon/Profession. Aufgerufen am 14. Okt. 2022

Thiex-Kreye, M. (2011). Welche Informationen braucht ein Klinikmanager zur Steuerung eines Krankenhauses? In Goldschmidt, A. J. W., Hilbert, J. (Hrsg.), *Krankenhausmanagement mit Zukunft* (S. 209–217)

Ulrich, V., & Schneider, U. (2004). Die Rolle des Patienten im Rahmen der Arzt-Patient-Beziehung, Diskussionspapier 04-04, April 2004, Universität Bayreuth. https://www.researchgate.net/profile/Udo-Schneider-2/publication/238700186_Die_Rolle_des_Patienten_im_Rahmen_der_Arzt-Patient-_Beziehung/links/0a85e52e651ca69851000000/Die-Rolle-des-Patienten-im-Rahmen-der-Arzt-Patient-Beziehung.pdf. Aufgerufen am 4. Apr. 2022

Urban, H. (1977). *Reallexikon der Medizin und ihrer Grenzgebiete.* München: Urban & Schwarzenberg.

Veit, A. (2002). *Professionelles Handeln als Mittel zur Bewältigung des Theorie-Praxis-Problems in der Krankenpflege.* Dissertation, Friedrich-Alexander-Universität Erlangen-Nürnberg

Weiß, R. (2017). Forschungs- und Handlungsfeld: Gesundheits- und Pflegeberufe, In Weyland, U., & Reiber, K. (Hrsg.), *Entwicklungen und Perspektiven in den Gesundheitsberufen – aktuelle Handlungs- und Forschungsfelder* (S. 5–8). Berichte zur beruflichen Bildung, Bundesinstitut für Berufsbildung.

Weltgesundheitsorganisation (1986). Ottawa-Charta zur Gesundheitsförderung, verfügbar unter: https://www.euro.who.int/__data/assets/pdf_file/0006/129534/Ottawa_Charter_G.pdf. Aufgerufen am 13. Sept. 2022

Bundes-Apothekerordnung. https://www.gesetze-im-internet.de/bapo/index.html. Aufgerufen am 29. Dez. 2022

Gesetz zur Verbesserung der Rechte von Patientinnen und Patienten, v. 20.02.2013. https://www.
   bgbl.de/xaver/bgbl/start.xav?startbk=Bundesanzeiger_BGBl&jumpTo=bgbl113s0277.pdf#__
   bgbl__%2F%2F*%5B%40attr_id%3D%27bgbl113s0277.pdf%27%5D__1664179992962
(Muster-)Berufsordnung für die in Deutschland tätigen Ärztinnen und Ärzte (MBO-Ä), v.
   5.05.2021.   https://www.bundesaerztekammer.de/fileadmin/user_upload/_old-files/downloads/
   pdf-Ordner/Recht/_Bek_BAEK_MBO-AE_Online_final.pdf. Aufgerufen am 29. Nov. 2022
Sozialgesetzbuch, fünftes Buch (SGB V), zuletzt geändert durch Art. 2 des Gesetzes v. 16.09.2022,
   BGBl. I S. 1454.

Interprofessionalität

3.1 Chancen der Interprofessionalität

Die intersektorale, interprofessionelle Versorgung im Gesundheitswesen wird das Thema der Zukunft und ist eine Chance zur Zusammenarbeit und Weiterentwicklung der Gesundheitsberufe. Daraus ergeben sich Herausforderungen an das damit verbundene Prozessnetzwerk und an das Management der Zusammenarbeit in interprofessionellen Teams.

Um komplexe Fragestellungen bestmöglich zu bearbeiten, müssen sich die beteiligten Professionen austauschen, lösungsorientiert beraten und zusammenarbeiten.

Gerade in Situationen, in denen es zu komplexen Ereignissen und zu Verbesserungsbedarf von internen und/oder externen Prozessen gekommen ist, oder in Situationen, in denen Stillstand herrscht und sich fehlende Zieloptionen der Therapie, des Hilfebedarfs oder der Selbstbestimmung abzeichnen, ist es klug, dass die Professionen kooperieren.

Florence Nightingale, die wohl berühmteste Pflegefachfrau, hat bereits im 18. Jahrhundert darauf hingewiesen, dass Ärzte, Pflegende und Verwaltende regelmäßig miteinander ringen würden und dass das – der eigentlich interessante Punkt – zum Wohle der Patienten wäre. Die Dominanz einer Berufsgruppe allein führe zu mangelhaften Therapieergebnissen. Erst in der gegenseitigen Reibung entstehen gute Lösungen. In ihrem fortdauernden Ringen haben die Berufsgruppen eine vielschichtige Historie des Konfliktes als auch des Respekts mit- und füreinander entwickelt. Eine Geschichte, die sich immer weiter fortsetzt, auch aktuell im strukturellen Spannungsfeld der Anforderungen aus der Gesundheitsökonomie.

Die Förderung der Zusammenarbeit der verschiedenen Professionen wird zukünftig zu einem zentralen Thema im Rahmen betrieblicher Neuorganisationen und fachlicher Schwerpunktbildungen im Gesundheitswesen werden. Im Rahmen der Spezialisierung der Gesundheitsdienstleistungen wird sicherzustellen sein, dass die Prozesse und

C. Welz-Spiegel und F. Spiegel, *Interprofessionelles Management im Gesundheitswesen*, https://doi.org/10.1007/978-3-662-67654-7_3

entstehenden Schnittstellen für die Beteiligten schlüssig und transparent sind. Die Abstimmungsprozesse zwischen den Professionen und den Beteiligten sollten transparent
umgesetzt werden.

Im Folgenden wird der Begriff „interprofessionelle Zusammenarbeit" definiert.

Nach Obrecht stellt interprofessionelle Zusammenarbeit „einen sozialen Prozess dar,
in dessen Verlauf unterschiedliche Berufsgruppen/Professionen im Hinblick auf die Lösung komplexer praktischer Probleme zusammenarbeiten, die mit den Mitteln der einzelnen beteiligten Professionen allein nicht zufriedenstellend bearbeitbar sind."[1]

Die WHO bezeichnet interprofessionelle Zusammenarbeit als die Zusammenarbeit
verschiedener Professionen, Patienten, Klienten, Angehörigen, aber auch Gesellschaften,
um interprofessionelles Arbeiten zu ermöglichen und so eine optimale Gesundheitsversorgung zu gewährleisten [2].

Das Konzept der Interprofessionalität wird in den Arbeiten von Pundt, Körner, Stößel und Kälble wie folgt dargestellt: „Von interprofessioneller bzw. berufsgruppenübergreifender Zusammenarbeit sollte nur gesprochen werden, wenn Angehörige unterschiedlicher Berufsgruppen mit unterschiedlichen Spezialisierungen, beruflichen Selbst-
und Fremdbildern, Kompetenzbereichen, Tätigkeitsfeldern und unterschiedlichem
Status im Sinne einer sich ergänzenden, qualitativ hochwertigen, patientenorientierten
Versorgung unmittelbar zusammenarbeiten, damit die spezifischen Kompetenzen jedes
einzelnen Berufes für den Patienten nutzbar gemacht werden."[3] Nach Obrecht stellt
interprofessionelle Zusammenarbeit „… einen sozialen Prozess dar, in dessen Verlauf
unterschiedliche Berufsgruppen/Professionen im Hinblick auf die Lösung komplexer
praktischer Probleme zusammenarbeiten, die mit den Mitteln der einzelnen beteiligten
Professionen allein nicht zufriedenstellend bearbeitbar sind."[4]

Interprofessionelle Zusammenarbeit ist eine Form der interprofessionellen Arbeit,
bei der verschiedene Berufe des Gesundheits- und Sozialwesens regelmäßig zusammenkommen, um Probleme zu lösen oder Dienstleistungen zu erbringen.[5] Das folgende

---

[1] Obrecht, W.: Interprofessionelle Kooperation als professionelle Methode. IN: Schmocker, B.
(Hrsg.): Liebe, Macht und Erkenntnis. Silvia Staub-Bernasconi und das Spannungsfeld Soziale
Arbeit. Luzern. 2006.

[2] Vgl.: World Health Organization/WHO. (2010). Framework for action on interprofessional education & collaborative practice. Health professions networks nursing and midwifery human resources
for health. Genf.

[3] Zitatquelle von Körner, M., Stößel, U. in Pundt, J., Kälble, K. (Hrsg) (2015): Gesundheitsberufe
und gesundheitsberufliche Bildungskonzepte. Kap. 13 Theorie und Praxis interprofessioneller Zusammenarbeit im Gesundheitswesen-Stellenwert und Bedeutung für die Gesundheitsversorgung
von morgen. U. Apollon Univ. Press, 1. Auflage, S. 370–371.

[4] Obrecht, W.: Interprofessionelle Kooperation als professionelle Methode. In: Schmocker, B.
(Hrsg.): Liebe, Macht und Erkenntnis. Silvia Staub-Bernasconi und das Spannungsfeld Soziale
Arbeit. Luzern. 2006.

[5] Vgl. Reeves, S.; Lewin, S.; Espin, S.; Zwarenstein; M. (2010), S. xiii.

exemplarische Beispiel stellt im Gegensatz zur Teamarbeit das interprofessionelle Nebeneinander im klinischen Alltag dar.

> **Beispiel für interprofessionelle Zusammenarbeit, in Abgrenzung zur Teamarbeit[6]**
> Auf einer großen allgemeinmedizinischen Station kooperieren Ärzte, Krankenschwestern, Ergotherapeuten, Physiotherapeuten, Apotheker und Sozialarbeiter, um die Patienten mit ihren verschiedenen Problemen zu versorgen.
>
> Im Allgemeinen arbeiten die Mitglieder der Station gut zusammen, kommunizieren meist nur kurz und wenn es nötig ist über Fragen der Patientenversorgung. Gelegentlich sitzen sie im Gemeinschaftszimmer, halten Small Talk oder frühstücken miteinander. Abgesehen von dieser Form der Interaktion und einem wöchentlichen interprofessionellen Treffen haben die für die Station tätigen Fachkräfte jedoch nicht das Gefühl, eine gemeinsame Teamidentität zu besitzen. Viele vermissen eine über die technischen Absprachen hinausgehende vertiefende Kommunikation, um den Bedürfnissen der Patienten gerecht zu werden.

Während andere Autoren die Begriffe „interprofessionelle Teamarbeit" und „interprofessionelle Zusammenarbeit" synonym verwendet haben, betrachten Reeves et. al. Teamarbeit als eine spezifische Art von Arbeit. Sie verwenden eine Definition des Begriffs „interprofessionelles Team", die nicht nur die üblichen professionellen „Verdächtigen" wie Medizin, Krankenpflege, Ergotherapie, Physiotherapie und Sozialarbeit einschließt, sondern auch die Perspektiven von Verwaltungsangestellten, Managern, Hilfspersonal, Gesundheitshelfern sowie Patienten und deren Betreuern/Angehörigen berücksichtigt. Sie betrachten interprofessionelle Teamarbeit als eine Aktivität, die auf einer Reihe von Schlüsseldimensionen beruht, dazu gehören:

- klare Ziele (das Hauptziel ist eine effektive Patientenversorgung),
- gemeinsame Teamidentität,
- gemeinsames Engagement,
- klare Rollen und Verantwortlichkeiten im Team,
- Interdependenz zwischen den Teammitgliedern,
- Integration zwischen den Arbeitsabläufen.

In diesem Sinne beschreibt das Beispiel (Abbildung) die interprofessionelle Zusammenarbeit aber keinen interprofessionellen Teamprozess.

Da in interprofessionellen Teams mehrere Berufsgruppen zusammenarbeiten, kann eine auf den Bedarf ausgerichtete lösungsorientierte Versorgung gelingen. Bezogen auf

---

[6] Reeves, S.; Lewin, S.; Espin, S.; Zwarenstein; M. (2010), S. 46 (aus dem Englischen übersetzt).

die patientenzentrierte Versorgung und den damit erforderlichen Kulturwechsel stellt
Herbert (2005) fest: „Die kollaborative, patientenzentrierte Praxis ist darauf ausgerichtet,
die aktive Beteiligung aller Disziplinen an der Patientenversorgung zu fördern. Sie fördert patienten- und familienzentrierte Ziele und Werte, bietet Mechanismen für eine
kontinuierliche Kommunikation zwischen den Pflegekräften, optimiert die Beteiligung
des Personals an der klinischen Entscheidungsfindung innerhalb und zwischen den Disziplinen und fördert den Respekt für die disziplinären Beiträge aller Fachkräfte."[7]

Wenn Fachleute ihre Sichtweise teilen und einen kollegialen Standpunkt einnehmen,
werden die Möglichkeiten zur Lösung eines Problems der Patientenversorgung verbessert. Durch die Einbeziehung der Patienten in das Team gibt dieser Ansatz ihnen die
Möglichkeit, ihr Wissen über die Pflege zu erweitern. Er bietet auch den Fachkräften die
Möglichkeit, ihr Wissen über den Patienten und seine Gesundheits- und sozialen Bedürfnisse zu ergänzen.[8]

Der Erfolg interprofessioneller Zusammenarbeit ist davon abhängig, dass Beteiligte
dazu befähigt werden, innerhalb der Strukturen von Gesundheitseinrichtungen und im
Rahmen gesetzlicher Regelungen effektiv und zum Wohle des Patienten zu kooperieren.
Forschungsergebnisse zeigen, dass es bei komplexeren Krankheiten unwahrscheinlich
ist, dass eine Berufsgruppe allein die Dienstleistungen mit guter Qualität erbringen kann.
Die Zusammenarbeit in Teams ist notwendig. Rafferty et al. (2001) schreiben „the value
of teamwork has an intuitive appeal".[9] Dazu sind gemeinsame Werte, Veränderungsbereitschaft, Agilität und Mitwirkung aller Beteiligten erforderlich.

Der Trend zu einer personalisierten Medizin benötigt die enge interprofessionelle, interdisziplinäre und kollegiale Zusammenarbeit von Expertenteams.[10]

3.2   Stellenwert der interprofessionellen Zusammenarbeit

Bereits in den 1970er-Jahren wurde die Zusammenarbeit zwischen Medizin und Pflege
als das zentrale Problem in der Krankenhausorganisation bezeichnet. Heute ist es ein
allgegenwärtiges Thema in Vorträgen und Kongressen der Gesundheitsberufe. Die Phasen und Schritte in der Versorgung von Patienten müssen zunehmend interprofessionell
kommuniziert und abgestimmt werden. Hierbei geht es um einen Perspektivwechsel
zwischen den Berufsgruppen, den Netzwerken und der Zusammenarbeit innerhalb und

---

[7] Herbert C.: Changing the culture: Interprofessional education for collaborative patient-centered
practice in Canada. IN: Journal of Interprofessional Care. 2005, S. 2 (aus dem Englischen übersetzt).

[8] Vgl. Reeves, S.; Lewin, S.; Espin, S.; Zwarenstein; M. (2010), S. 3–124.

[9] Rafferty A, Ball J & Aiken H (2001): Are teamwork and professional autonomy compatible, and
do they result in improved hospital care? Quality in Health Care; 10(Suppl); S. 32–37; S. 33.

[10] Vgl. Bamberg, C.; Beyer, S. (2022), S. 131.

außerhalb von Organisationen. Die interprofessionelle Kommunikation muss ausgebaut und das gegenseitige Abgrenzen von Leistungsbereichen überwunden werden.

Der Vorstand der Bundesärztekammer initiierte im Jahr 1989 eine regelmäßige Konferenz der Fachberufe im Gesundheitswesen. Diese Zusammentreffen haben das Ziel, ein gemeinsames Selbstverständnis der Berufsgruppen weiterzuentwickeln und den gegenseitigen Informationsaustausch zu fördern. Zudem sollen durch die Verbesserung der interprofessionellen Zusammenarbeit, die Interessen aller Beteiligten eingebracht werden. Die Vernetzung der Sektoren und eine stärkere Koordination zwischen den Leistungserbringern werden als zentrale Themen analysiert und erörtert. Im Kontext der aktuellen Herausforderungen und deren Auswirkungen auf das deutsche Gesundheitswesen sollen gemeinsame Lösungen erarbeitet und die sektorenübergreifende Versorgung sowie das Schnittstellenmanagement an den wechselnden Übergängen optimiert werden.

Dazu finden jährlich regelmäßige Konferenzen statt, um die aktuellen gesundheitspolitischen Entwicklungen und zukünftigen Auswirkungen zu bespreche. In der Gründungssitzung der Konferenz der Fachberufe im Jahr 1989 wurden zehn Thesen zur Kooperation der Professionen im Gesundheitswesen erarbeitet und verabschiedet. Darin werden die Ziele und der Stellenwert von Kooperation und Zusammenarbeit der Berufsgruppen in der Patientenversorgung formuliert.

Das eigene Arbeitsverhalten soll auf die anderen Berufsgruppen abgestimmt werden und damit zu einer besseren Zusammenarbeit beitragen.

Die gegenseitige Transparenz und der Informationstransfer sollen durch die Entwicklung von koordinierenden Arbeitsformen angestrebt und gefördert werden.[11]

Im aktuellen Klärungsprozess der Konferenz und den Arbeitsgruppen werden die Aufgaben- und Arbeitsverteilung der Berufsgruppen sowie die gegenseitige Unterstützung und Betrachtung der Grenzen, der Verantwortungen und beruflichen Kompetenzen behandelt. Die Bereitschaft, den sich weitreichenden Veränderungen anzupassen, sich einzubringen und abzusprechen wird von allen Beteiligten als notwendig erachtet und eingefordert.

Der gegenseitigen Information, Kommunikation und Konsultation der teilnehmenden Berufsgruppen wird ein großer Stellenwert zugesprochen. Die Sicherstellung der Zusammenarbeit, des Zusammenwirkens und der optimalen Kooperationen sind für alle Beteiligten wichtige Ziele. Die Arbeitsgruppe der Fachkonferenz erarbeitete hierzu eine Broschüre mit Lösungsansätzen. Inhaltlich wird darin die Weiterentwicklung der Steuerung und Koordinierung des Versorgungsprozesses und die gute Kooperation der Berufe im Gesundheitswesen aufgezeigt. Der Beitrag betrachtet die gegebenen, strukturellen und rechtlichen Rahmenbedingungen der koordinierten Patientenversorgung im Konsens

---

[11] Die 10 Thesen zur Kooperation der Berufe im Gesundheitswesen wurden in der Konferenz der Fachberufe im Gesundheitswesen bei der Bundesärztekammer in ihrer Gründungssitzung 1989 entwickelt und festgeschrieben. Siehe dazu: https://www.bundesaerztekammer.de.

und zeigt Möglichkeiten auf, wie Zusammenarbeit gelingen könnte. Die verbesserte Koordination kann zu besserer Prozesseffektivität und zu angemessenem personellem und wirtschaftlichem Ressourceneinsatz führen[12].

Im Pflegereport 2019 wird ausgeführt, dass die zunehmende Spezialisierung und Komplexität der Gesundheitsversorgung den professionellen Einsatz von Fachexperten erfordern. Die Spezialisierung von Fachexperten steht für die Stärke der Wissenschaft und des medizinischen Fortschritts. Die Gefahr in diesem Zusammenhang besteht in der immer stärkeren Abgrenzung der Arbeitsschritte. Die gemeinsame Kommunikation muss die Zusammenarbeit stärken und einen wichtigen Beitrag in der Vernetzung des gesamten Prozesses leisten, vor allem an den Übergängen von Schnittstellen. Dazu müssen Abläufe und Kommunikationsstrukturen im interdisziplinären und interprofessionellen Team etabliert werden. Stößel und Körner (2015) stellen wesentliche evidente Hindernisfaktoren in Bezug auf Bedingungen im interprofessionellen Lernen dar:

- kulturelle und historische Unterschiede der Berufe,
- bestehende Rivalitäten der Professionen,
- Unterschiede in Arbeitsabläufen,
- Einstellungen und Verhalten in der beruflichen Identität,
- Entscheidungskompetenzen und Verantwortlichkeiten.

Um erfolgreiches interprofessionelles Lernen zu ermöglichen müssen durch einheitliche Merkmale hinsichtlich Werten, Ablaufregelungen und Handlungen entwickelt werden, um bestehende Hindernisfaktoren zu überwinden.[13]

Durch die Festlegung von geeigneten Rahmenbedingungen, Ablaufschritten und Aufgaben kann die individuelle Patientenbehandlung im Gesamtteam interdisziplinär erfolgreich umgesetzt werden.[14] Durch die fließende Abstimmung und die Einbeziehung des Patienten im Gesamtprozess wird ein erfolgreiches Ergebnis gewährleistet. Die Einbeziehung des Patienten in die notwendigen Entscheidungen ist essentiell. Das ist ein Schwerpunkt im Interaktionsprozess der partizipativen Entscheidungsfindung. Der Patient muss aktiv informiert und im Gesamtprozess beteiligt werden. Er sollte aufgrund der gegebenen Informationen in der Lage sein, im Rahmen seiner Selbstbestimmung Vereinbarungen und Entscheidungen zu treffen und mitzutragen (Abb. 3.1).

---

[12]Vgl.: Broschüre: Prozessverbesserung in der Patientenversorgung durch Kooperation und Koordination zwischen den Gesundheitsberufen, 2011. Elektronische Ressource unter: https://www.bundesaerztekammer.de.

[13]Vgl.: Stößel, U., Köerner, M. in: Pundt, J., Kölbe, K. (Hrsg.) (2015): Gesundheitsberufe und gesundheitsberufliche Bildungskonzepte; Theorie und Praxis interprofessioneller Zusammenarbeit im Gesundheitswesen-Stellenwert und Bedeutung für die Gesundheitsversorgung von morgen, Apollon Univ. Bremen, S. 373–376.

[14]Vgl. Behrend/Maaz/Sepke/Peters (2020).

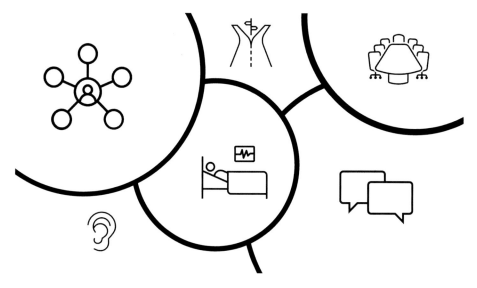

Abb. 3.1 Komplexität von Entscheidungen

Dazu ist eine geeignete Gesprächskultur und eine respektvolle Wertehaltung zu etablieren. Mit dem Patienten sollen unter Einbezug seiner Krankheits- und Lebenssituation, auf Augenhöhe Entscheidungen diskutiert, evaluiert und auf der Grundlage von Alternativen sinnvoll getroffen werden. Die interprofessionellen Leistungen in diesen komplexen Prozessen unterstützen den Behandlungserfolg und die Prozessqualität.

In folgenden Situationen ist interprofessionelle Zusammenarbeit dienlich:

- bei der Beratung und der Unterstützung zur Gesunderhaltung,
- bei Handlungsbedarf außerhalb von Routineprozessen,
- für Patienten mit chronischer Erkrankung,
- für Patienten mit psychosozialem Hilfebedarf,
- in der berufsgruppenübergreifenden Fallberatung,
- bei der Begleitung und Beratung von Angehörigen,
- im Innovationsmanagement zur Neuentwicklung von Leistungen/Angeboten,
- in der sektorenübergreifenden Expertenberatung.

Ergänzend dazu können individuelle Prozesse und Handlungen eine bedarfsorientierte, interprofessionelle Zusammenarbeit notwendig machen. Weitere interne und externe Partner können hinzugezogen werden.

Verschiedene Studien zeigen auf, dass interprofessionelles Arbeiten für eine erfolgreiche Patientenversorgung entscheidend ist. Um das zu erreichen, werden geeignete Rahmenbedingungen, gemeinsame Ziele, interprofessionelles Fachwissen, Kommunikationsfähigkeiten, Flexibilität und Veränderungsbereitschaft aller Beteiligten benötigt. Zum Gelingen

ist ein hoher berufsgruppenübergreifender zeitlicher Einsatz zur Klärung von offenen
Punkten und Problemstellungen über interprofessionelle Kommunikation mit den Beteiligten erforderlich.

3.3 Voraussetzungen der interprofessionellen Zusammenarbeit

Interprofessionelle Kommunikation und Kooperationen sind die führenden Instrumente
zum Gelingen des langfristigen Unternehmenserfolgs und der Zukunftssicherung. Dazu
müssen Lösungen in der Zusammenarbeit und im Gesamtkontext der Gesundheitseinrichtung berücksichtigt werden.

Der aufgabenbezogene Informationsaustausch, die Interaktionsfähigkeit und die Festlegung von prozessbezogenen Entscheidungskompetenzen müssen im Rahmen von interprofessioneller Zusammenarbeit weiterentwickelt und sinnvoll gestaltet werden. Die
verschiedenen Blickwinkel und das Fachwissen und die Kompetenzen aller Berufe sollen
einbezogen, wertschätzend wahrgenommen und in interprofessionellen Teams für die gemeinsame Problemlösung genutzt werden. Dabei stellen das Managen und Steuern des
Zusammenwirkens eine besondere Aufgabe und Verantwortung dar.

Durch die zukünftige Entwicklung von digitaler Kommunikation werden Schnittstellen überwunden und Informationstransparenz schneller erfolgen. Die Ergebnisse werden sich positiv auf den Behandlungserfolg für den Patienten auswirken.[15]

Wenn komplexe Fragestellungen über eine Disziplin hinausgehen, können unterschiedliche Berufsgruppen mit ihrem fachlichen Wissen dazu beitragen, Perspektiven,
Denkansätze und Impulse in Zusammenhänge einbringen und so einen Lösungsprozess
herbeiführen.

Die gegenseitige Akzeptanz, gute Verhandlungs- und Verständigungsprozesse
sowie der Austausch von Informationen haben in diesem Zusammenhang eine besondere
Bedeutung. Dazu sind von den Teilnehmenden bestimmte Fähigkeiten notwendig
(Abb. 3.2).

Idealerweise entwickelt sich in den Organisationen eine neue Kultur im gegenseitigen
Verständnis der Berufsgruppen. In der Koordinierung und Steuerung betrieblicher Abläufe erfolgt in der gemeinsamen Umsetzung das Heraustreten aus der Arbeitsteilung hin
zu einem zielgerichteten, interprofessionellen Versorgungsprozess.

Dazu müssen die Planungs-, Umsetzungs- und Überwachungskompetenzen, die auf
die Prozesse einwirken, geeignet sein. Die Einführung interprofessioneller Zusammenarbeit in der Gesundheitsversorgung ermöglicht, auf Bedürfnisse der Organisation und

---

[15]Vgl.: Advisory Committee on Interdisciplinary Community-Based Linkages (ACICBL) (2019):
Preparing the Future Health Care Workforce for Interprofessionel Practice in Sustainable, Age-
Friendly Health System, 17. Report.

Abb. 3.2 Übersicht der Voraussetzungen und persönlichen Fähigkeiten zur interprofessionellen Zusammenarbeit

der Beteiligten (nach Mitgestaltung und Mitbestimmung) einzugehen und die berufliche Zufriedenheit zu erhöhen. Damit könnten die Arbeitsplätze im Gesundheitswesen attraktiver und fachlich interessanter werden.

3.4   Einflussfaktoren der interprofessionellen Zusammenarbeit

Die Frage, was die interprofessionelle Zusammenarbeit beeinflusst und wie dieses gesteuert werden kann, wird vielfach untersucht. Dazu werden aktuelle Ergebnisse zu Einflussfaktoren in einer aktuellen Studie[16] von Gurtner, S., Wettstein, M. dargestellt. Die Studie untersuchte, welche Anreize und Hindernisse für die interprofessionelle Zusammenarbeit in Gesundheitseinrichtungen aktuell bestehen. In den Untersuchungsergebnissen wurden folgende Einflussfaktoren als besonders relevant bewertet:

- organisatorische Einflüsse (Aufbau- und Ablauforganisation),
- positive Vorbildfunktion der Führungsverantwortlichen,
- festgelegtes Besprechungswesen zur Interaktion,
- individuelle Einflussfaktoren der Mitwirkenden (Offenheit, Kritikfähigkeiten und Vertrauen).

---

[16] *Gurtner/Wettstein* (2019).

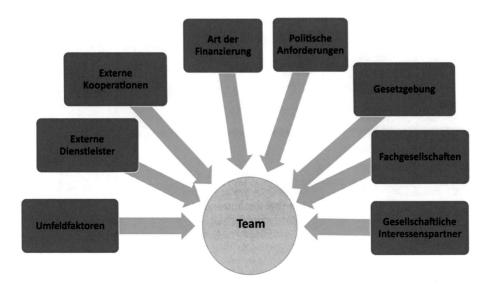

Abb. 3.3 Einflussfaktoren aus dem Kontextbezug auf interprofessionelle Zusammenarbeit

3.4.1 Einflüsse der Kontextbedingungen

Unter Kontextfaktoren[17] versteht man die umgebenden und einwirkenden Faktoren auf Systeme. Die Faktoren haben in der dezentralen Zusammenarbeit und im Gesamtkontext innerhalb und außerhalb der Gesundheitseinrichtung Auswirkungen und müssen berücksichtigt werden. In Studienergebnissen von Gurtner und Wettstein (2020) wird deutlich, dass insbesondere die Kontextabhängigkeit der Interprofessionalität als grundlegendes Problem erkannt wurde (Abb. 3.3).[18]

3.4.2 Organisatorische Einflussfaktoren

Neben den Kontextfaktoren wirken innerbetriebliche Einflüsse auf den Erfolg der gemeinsamen Kommunikation in der Zusammenarbeit. Diese müssen von der Organisation und deren Verantwortlichen berücksichtigt und in geeigneten Strukturen (Besprechungswesen, Arbeitsbedingungen) etabliert werden. Mit dem Heraustreten aus der eigenen

---

[17]Vgl.: In der DIN EN ISO 9000:2015 wird der Begriff Kontext für die Kombination von Themen bezeichnet, die eine Auswirkung auf die Vorgehensweise einer Organisation haben kann. Quelle: Beuth Verlag (2019). Normen zum Qualitätsmanagement. Sonderdruck, 7. Auflage, Berlin, S. 27.

[18]Vgl.: Gurtner, S., Wettstein, M. (2020). Interprofessionelle Zusammenarbeit im Gesundheitswesen – Anreize und Hindernisse in der Berufsausübung. Eine Studie im Auftrag des Bundesamtes für Gesundheit BAG, Förderprogramm «Interprofessionalität im Gesundheitswesen» 2017−2020. Berner Fachhochschule, Departement Wirtschaft, Institut Unternehmensentwicklung

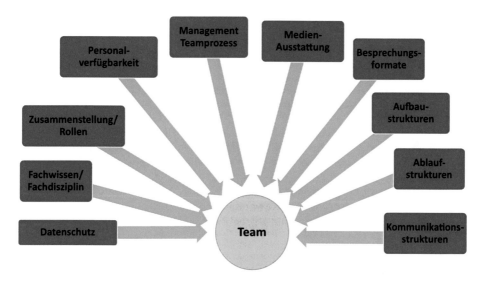

Abb. 3.4 Einflussfaktoren der Organisation auf interprofessionelle Zusammenarbeit

Arbeitsteilung der Mitwirkenden hin zu einem gemeinsamen interprofessionellen Versorgungsprozess entwickelt sich in den Organisationen ein gemeinsames Verständnis der Berufsgruppen untereinander (Abb. 3.4).

3.4.3 Individuelle Einflussfaktoren

Die Interaktionsfähigkeit, der aufgabenbezogene Informationsaustausch und die Festlegung von prozessbezogenen Entscheidungskompetenzen müssen im Rahmen von interprofessioneller Teamarbeit gestaltet werden. Die Mitwirkenden müssen untereinander, die Arbeitsgruppen für sich selbst und mit anderen, den jeweilige Gesamtprozess abstimmen und an der selbstorganisierten Lösungsfindung mitarbeiten. Die dazu notwendige positive innere Haltung und Bereitschaft zu kooperieren sind wichtige Voraussetzungen für den Erfolg. Hierbei sollten die jeweiligen Einflussfaktoren der Beteiligten (Arbeitsbelastungen, Persönlichkeiten, Autonomie) mit Respekt und gegenseitiger Wertschätzung beachtet werden.

Die Studie von[19] zu den Einflussfaktoren ging unter anderem der Frage nach, welche Maßnahmen die interprofessionelle Zusammenarbeit aus Sicht der Befragten positiv beeinflussen. Es wird vielfach bestätigt, dass Kommunikation der Schlüssel zur guten

---

[19] Gurtner, S., Wettstein, M. (2020). Interprofessionelle Zusammenarbeit im Gesundheitswesen – Anreize und Hindernisse in der Berufsausübung. Eine Studie im Auftrag des Bundesamtes für Gesundheit BAG, Förderprogramm «Interprofessionalität im Gesundheitswesen» 2017–2020. Berner Fachhochschule, Departement Wirtschaft, Institut Unternehmensentwicklung

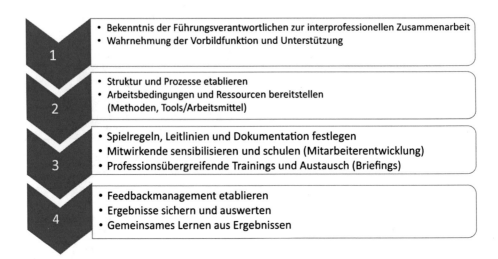

Abb. 3.5 Organisatorische Strukturmerkmale für interprofessionelle Zusammenarbeit. In Anlehnung an Gurtner/Wettstein (2019)

Zusammenarbeit ist, aber es genauso auf Vertrauen und Respekt zwischen den Professionen ankommt. Die Studienergebnisse verdeutlichen, dass die interprofessionelle Zusammenarbeit dann erfolgreich ist, wenn die Mitwirkenden im Rahmen der gesetzlichen Vorgaben tragfähige organisatorischen Strukturen vorfinden. Geeignete Rahmenbedingungen sind zu etablieren, um hinderliche Einflussfaktoren gemeinsam lösungsorientiert zu bewältigen. Dazu lassen sich folgende individuelle Merkmale für erfolgreiche Interprofessionelle Zusammenarbeit ableiten: Selbstbewusstsein, fachliche Kompetenz, Offenheit und Kritikfähigkeit, Vertrauen in Teammitglieder, Kommunikationsfähigkeit, Kenntnis und Verständnis anderer Berufsgruppen, kein hierarchisches Denken und kein Denken in traditionellen Rollen (Abb. 3.5).

Bei der Etablierung und Umsetzung von interprofessioneller Zusammenarbeit ist auch die betriebliche Arbeitsatmosphäre bedeutsam. Eine kollegiale Arbeitsatmosphäre, in der alle Beteiligten auf Augenhöhe miteinander agieren, wird als grundlegend für die Etablierung neuer interprofessioneller Beziehungen gesehen. Wiederholte interprofessionelle Reflexionen, z. B. in einer Stationsbesprechung, können die Umsetzung verstärken, Verantwortlichkeiten klären und die Zusammenarbeit optimieren.[20]

3.4.4 Sozialpsychologische Einflussfaktoren

Alle Beteiligten im Team wirken mit ihren Erfahrungen und persönlichen Eigenschaften in der jeweiligen beruflichen Aufgabe mit. Sozialpsychologische Aspekte sind das

---

[20]Vgl. Braun, B.; et al. (2019), S. 14.

respektvolle, proaktive Einbringen eigener Kenntnisse und gegenseitiges Verständnis anderer Berufsgruppen.

Die Bedeutung der horizontalen interprofessionellen Abstimmungsprozesse wird zukünftig höher sein als die hierarchische Koordinierung und Anweisung. Das methodische Betrachten der Zusammenhänge mittels interaktiver Prozesse wird die zukünftige Koordination von interprofessionellen Prozessen prägen. Daraus könnten sich neue Aufgabenprofile im Management in der Gesundheitsversorgung ergeben.[21]

Die Arbeitsweisen, in denen sich Berufsgruppen zusammenfinden, um Prozesse zu betrachten, abzustimmen und zu verbessern, basieren auch heute schon auf interprofessioneller Kommunikation und Kooperation. Die projektbezogenen und aufgabenbezogenen Arbeitsteams, mit Mitwirkenden aus unterschiedlichen beruflichen Aufgaben, Fachrichtungen und weiteren Personen, sind heute schon im Rahmen des Qualitäts- und Risikomanagements etabliert. In diesen praktischen Formen der Zusammenarbeit ist eine Zielsetzung, dass Kommunikation und Kooperation auf Augenhöhe erfolgreich stattfinden.

3.4.5   Konsequenzen und Empfehlungen aus identifizierten Einflussfaktoren

Zu den Einflussfaktoren, die auf interprofessionelle Zusammenarbeit einwirken, wurden bisher einige Studien durchgeführt.

Im Folgenden werden zunächst die Forschungsergebnisse der Studie von Gurtner/Wettstein (2020) beleuchtet. Diese Ergebnisse zeigen auf, dass die Qualität und wirtschaftliche Effizienz von interprofessioneller Zusammenarbeit die Versorgung steigern. Die betriebliche Etablierung und praktische Umsetzung des Ansatzes sind jedoch bisher nicht fest etabliert.

Die Studie untersuchte Faktoren, Anreize und Hindernisse, die den Einsatz der interprofessionellen Zusammenarbeit beeinflussen. Die Forschungsergebnisse zeigten auf, dass die Einflussfaktoren unterschiedliche Kombinationen und Auswirkungen darstellen. Förderlich wirkten sich klare Prozesse, Strukturen und Rahmenbedingungen aus. Die Befähigung der Mitwirkenden zur Umsetzung von interprofessioneller Zusammenarbeit wird förderlich gewertet. Das wird sichergestellt durch Anleitung, Schulung, Coachings und unterstützenden technischen Systemen. Verschiedene Teamaspekte und gemeinsame Aus- und Weiterbildung werden förderlich bewertet.[22] Aufgrund der Studienergebnisse werden Handlungsfelder zur Förderung der interprofessionellen Zusammenarbeit abgleitet.[23] Eine wichtige Rolle und Aufgabe wird der Gesundheitspolitik zugesprochen.

---

[21] Vgl. *Böhle/Bolte* (2002), S. 70.

[22] Vgl.: Gurtner/Wettstein (2020), S. 4

[23] Vgl.: Gurtner/Wettstein (2020), S. 5–7.

Sie muss die Schaffung der Transparenz über den Nutzen und die Relevanz von interprofessioneller Zusammenarbeit fördern, unterstützen und die Rahmenbedingungen dazu schaffen.

Die Vermittlung der Vorteile, dass interprofessionelle Zusammenarbeit auch die Wertschöpfung und die Versorgungsqualität verbessert, gilt es den Verantwortlichen und den Patienten aufzuzeigen.[24] Die rechtlichen Rahmenbedingungen in Entscheidungsprozessen und zur Verantwortungsübernahme müssen für die teilnehmenden Berufsgruppen geprüft und weiterentwickelt werden.

Als weitere Handlungsempfehlung sollte der Prozess der interprofessionellen Zusammenarbeit mittels Kennzahlen analysiert und bewertet werden. Empfohlen wird zudem, dass Anreize für Mitwirkende entwickelt und organisatorisch etabliert werden sollten. Auch die Neugestaltung von Ausbildung und Studium werden als wichtige Maßnahme zur Förderung der interdisziplinären Zusammenarbeit abgleitet.

Die Forschungsergebnisse dieser Studie geben wichtige Hinweise, wie interprofessionelle Zusammenarbeit gelingen und von den Verantwortlichen im Gesundheitswesen unterstützt werden kann. Es müssen Voraussetzungen und Strukturen geschaffen werden. Das bestätigen auch die bisherigen Studienergebnisse von D'Amour (2005), der die ausbildungsbezogenen, die institutionellen und systemischen Faktoren ebenfalls als grundlegende Merkmale Voraussetzungen ermittelt hatte. Als ergänzende Einflussfaktoren zu führte Gerber (2018) in seinen Forschungsergebnissen die Teammerkmale, wie Größe, Zusammensetzung, Koordination und Kommunikation und persönliche Wertschätzung, an.[25]

Eine weitere Untersuchung zu den Einflussfaktoren auf interprofessionelle Zusammenarbeit wurde von Reeves et al. (2010) durchgeführt. Sie entwickelten aus seinen Studienergebnissen zu den Einflussfaktoren einen interprofessionellen Rahmen, der aus vier Bereichen gebildet wird (Abb. 3.6).

- Relationale Faktoren: Faktoren, die interprofessionelle Beziehungen beeinflussen. Der Schwerpunkt liegt auf dem Verständnis, wie Macht, Hierarchie, Führung und Mitgliedschaft das Funktionieren (oder die Dysfunktion) des Teams beeinflussen.
- Prozessuale Faktoren: Aspekte, die mit dem Verständnis verbunden sind, wie die von den Teammitgliedern tatsächlich angewandten Arbeitspraktiken die Teamarbeit beeinflussen. Der Schwerpunkt liegt auf der Untersuchung, wie sich beispielsweise Zeit, Raum und Aufgabenkomplexität auf die Teamarbeit auswirken.
- Organisatorische Faktoren: das lokale Umfeld, in dem das interprofessionelle Team arbeitet. Der Schwerpunkt dieses Bereichs liegt auf dem Verständnis der Organisationsstrukturen, in denen das Team eingebettet ist, und dem Engagement/ Unterstützung durch die der Organisation.

---

[24] Vgl.: Gurtner/Wettstein (2020), S. 46.
[25] Vgl.: Gurtner/Wettstein (2020), S. 46–47.

Abb. 3.6 Kategorien
der Einflussfaktoren auf
Interprofessionalität. (Eigene
Darstellung)

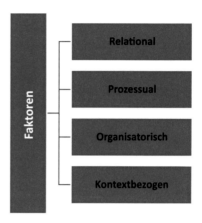

- Kontextbezogene Faktoren: das breite kulturelle, politische, soziale und wirtschaftliche Umfeld, in dem das Team verortet ist. Der Schwerpunkt liegt auf dem Verständnis, wie strukturelle Einflüsse die interprofessionelle Teamarbeit beeinflussen können.[26]

3.5   Berufliche Rollen und Bedeutungen in der interprofessionellen Zusammenarbeit

Die Kommunikation in medizinischen Teams erhält durch die Komplexität der Gesundheitsleistungen und der Notwendigkeit der interprofessionellen Versorgung eine wesentliche Bedeutung. Daher müssen klare Kommunikationsstrukturen in den Teams vereinbart werden. Die Kommunikation der Berufsgruppen untereinander und die Koordination
der Behandlung im Sinne des Patienten sind wichtige Voraussetzungen für eine erfolgreiche Zusammenarbeit. Sie umfassen den Informationsaustausch von behandlungs-
relevanten Informationen, Aufgabenvereinbarungen und koordinative Prozesse.

Die Ausführungen von Reeves et al.[27] zeigen auf, dass sich gute Interprofessionalität
in der Beziehungsqualität der Zusammenarbeit der Berufsgruppen darstellt. Im Allgemeinen funktioniert ein Team dann „gut", wenn jedes Mitglied eine Rolle hat. Jeder
kennt die eigenen Verantwortlichkeiten und Aktivitäten der anderen Rollen im Team.
Ein gegenseitiges Verständnis für die persönlichen Nuancen, die der Einzelne in seine
Rolle einbringt, wird eingebracht. Die verschiedenen Berufsgruppen der Organisation
in den Bereichen Managementprozesse und unterstützende Dienstleistungen wirken im
Gesamtprozess mit ihren Aufgaben und Verantwortungen ebenfalls mit.

---

[26]Vgl.: Reeves, Scott; Lewin, Simon; Espin, Sherry; Zwarenstein; Merrick (2010). Interprofessional Teamwork for Health and Social Care
[27]*Reeves* (2010).

Abb. 3.7 Merkmale von
Rollen

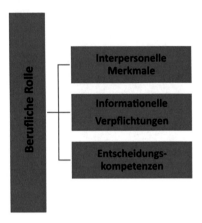

Die Rollen und Aufgaben der Akteure in der Versorgung von Patienten werden vor allem dann diskutiert, wenn es zu Störungen in Prozessen kommt. Wenn es zu Verzögerungen und/oder zu Fehlern in Prozessen kommt, werden Tätigkeiten der einzelnen Berufsgruppen erörtert und dann zur Verantwortung gezogen. Die Einflussfaktoren auf Arbeitsbedingungen und Kommunikationsflüsse wirken sich bei allen Beteiligten aus. Die begleitende Informationsweitergabe, die Abstimmung an Schnittstellen und das verantwortliche Handeln der Berufsgruppen ergeben gleichermaßen Chancen und Risiken für den Gesamtprozess.

Die Mitwirkenden der verschiedenen Professionen bringen unterschiedliche formelle und informelle Rollen in die Zusammenarbeit ein. Bei formellen Rollen werden bestimmten Positionen dem jeweiligen Berufsbild spezifisch zugeordnet. So wird einem Bereichsleiter die formelle Rolle eines Vorgesetzten zugeordnet. Die informellen Rollen werden durch personenspezifische Merkmale, wie Persönlichkeit, Einstellungen und Erfahrung einer Person zusätzlich zu den formellen Rollen zugewiesen. Sie äußern sich durch das Verhalten, der Art der Ausübung und damit verbundenen Erwartungen.

Die individuelle Persönlichkeit zeigt sich in der individuellen Ausübung der Aufgaben innerhalb der Rollen.[28] In jeder Berufsgruppe werden interpersonelle (Merkmale der jeweiligen Person), informationelle (Aufgaben im Informationstransfer) und Entscheidungsrollen (zugewiesene Entscheidungskompetenzen/Autonomie) zugewiesen und gelebt (Abb. 3.7).

3.6   Formen von interprofessioneller Zusammenarbeit

3.6.1   Einführung in die Zusammenhänge

In Gesundheitseinrichtungen existieren verschiedene Arten der Zusammenarbeit von Berufsgruppen. Sie sind in der Regel im Rahmen der Aufbauorganisation (Station,

---

[28] Vgl. *Eickhoff* (2007), S. 4–7.

Bereich etc.) fest verankert und arbeiten teilautonom. Ergänzend werden bedarfsorientiert abteilungsübergreifende Teams einberufen, um einen gemeinsamen Lösungsprozess in einer Problemstellung oder eine zusätzliche Aufgabenstellung zu bearbeiten.
Für die Zusammensetzungen von Teams und deren Zusammenarbeit werden bisher keine
einheitlichen Definitionen festgelegt.

Allen Formen gemeinsam ist die Notwendigkeit der effektiven Kommunikation
mit zeitnahem Informationstransfer. Es werden Informationen verarbeitet und Entscheidungen getroffen. Wer jedoch Entscheidungen trifft und verantwortet ist unterschiedlich. In der Literatur werden verschiedene mögliche und Formen der Zusammenarbeit in der Gesundheitsversorgung exemplarisch ausgeführt: die interdisziplinäre und
berufsgruppenbezogene Teamarbeit, die berufsgruppenübergreifende interprofessionelle
und multiprofessionelle Teamarbeit sowie die interprofessionelle Zusammenarbeit.

Zur Verdeutlichung der verschiedenen Formen der Zusammenarbeit folgt die exemplarische Darstellung der möglichen Unterscheidungsmerkmale und deren Ausgestaltung.

3.6.2   Interprofessionelle Zusammenarbeit

Eine Form der Teamarbeit im Gesundheitswesen ist die interprofessionelle Zusammenarbeit. Diese Zusammenarbeit wird als eine Art und Weise des Interagierens beschrieben,
das Individuen mit unterschiedlichen Professionen zu einem gemeinsam geteilten Verständnis über Behandlungsprozesse zusammenbringt.

Situativ und in zeitlich begrenzter Vernetzung von Fachexperten wird gearbeitet, um
Lösungen für das weitere Vorgehen zu finden. In der folgenden Abbildung wird skizziert,
wie die Zusammenarbeit miteinander vernetzt ist.

Eine Fragestellung steht im Mittelpunkt, und der verantwortliche Behandler sorgt für
den Informationsaustausch. Er führt alle Erkenntnisse der Fachexperten zusammen und
bewertet und entscheidet über das weitere Vorgehen und Handeln.

Die interprofessionelle Zusammenarbeit ermöglicht den Beteiligten, Erkenntnisse
und Verständnisse durch Interaktion zu erfahren und auszutauschen. Innerhalb ihrer
Berufsgruppe hätten sie diese Erkenntnisse allein nicht erlangen können. Die interprofessionelle Zusammenarbeit gewinnt demnach dort an Bedeutung, wo die einzelnen
Professionen mit ihrem Fachwissen nur einen Teil der komplexen Anforderungen ab-
decken können.[29]

Die disziplinübergreifenden Teams werden in der Literatur unter anderem als trans-
disziplinäre Teams bezeichnet. Es werden disziplinübergreifende Kompetenzen in einer
spezifischen Fragestellung eingesetzt. Ziel ist die Ableitung einer gemeinsamen Vorgehensweise auf gemeinsamer Entscheidungsbasis. Gerade in der Betreuung von chronisch kranken Menschen, Menschen mit besonderem psychosozialem Bedarf und in

---

[29]Vgl: Weiss, D. (2019), S. 13 ff.

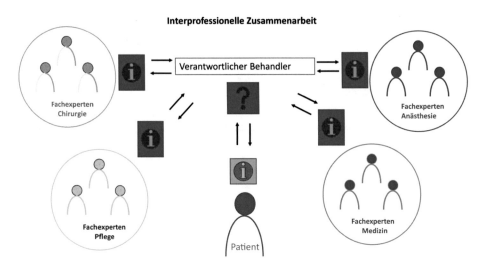

Abb. 3.8 Disziplinübergreifende Teams

Situationen, die das Heraustreten aus der Standardversorgung (Best-Practise) fordern, ist die interprofessionelle Zusammenarbeit in einem Team ein wichtiger Ansatz. Dazu sind Offenheit, Fairness und wertschätzender Umgang untereinander wichtige Voraussetzungen für die konstruktive Kommunikation, Interaktion und erfolgreiche interprofessionelle Zusammenarbeit. Gemeinsame, behandlungsbezogene und ökonomische Zielsetzungen sind aufeinander abzustimmen und festzulegen (Abb. 3.8).

3.6.3 Interdisziplinäre Teamarbeit

In der interdisziplinären Teamarbeit arbeiten medizinische Fachdisziplinen in der Patientenversorgung koordinativ und partizipativ zusammen. Sie legen ein gemeinsames Behandlungsziel fest und tauschen fachliche Informationen mittels multilateraler Kommunikation aus. Wie im Folgenden bildlich dargestellt, finden innerhalb einer Disziplin, z. B. in der Anästhesie, Abstimmungen und Planungen statt. Diese fließen in die gemeinsame Behandlung der anderen Disziplinen, z. B. Chirurgie, ein.

Dies wird sichergestellt, indem auf Leitungsebene der Abteilungsverantwortlichen der Disziplinen, Absprachen zu weiteren Planungen und Vorgehensweisen getroffen (z. B. OP-Planung, Aufteilung von Räumen und Geräten etc.). Das Behandlungsziel ergibt sich aus dem Zusammenwirken aller Disziplinen.

In der interdisziplinären Teamarbeit findet eine berufsgruppenübergreifende Koordination und Abstimmung im gemeinsamen Prozess der Berufsgruppen, der Disziplinen statt. Entscheidungsverantwortlich ist der Verantwortungsträger der jeweiligen Disziplin. In der interdisziplinären Teamarbeit werden alle Beteiligte partizipativ in die

Abb. 3.9 Interdisziplinäre
Zusammenarbeit

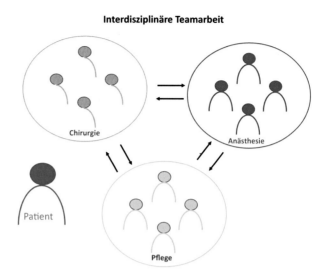

Kommunikation und Interaktion einbezogen. Entscheidungen werden aufgrund der Informationen der einzelnen Berufsgruppen vom verantwortlichen Behandler der Fachrichtung (Profession) getroffen.

In dieser Teamarbeit besteht eine bewusste Abhängigkeit der jeweiligen Handlungen und daher ist ein zielführender Austausch zu Koordination des Patientenprozesses der Professionen notwendig und gewünscht (Abb. 3.9).

3.6.4   Berufsgruppenbezogenen Teamarbeit

In der berufsgruppenbezogenen, aufgabenspezifischen Teamarbeit werden im Team innerhalb einer Berufsgruppe in einem Bereich (z. B. Pflegedienst, Ergotherapie, Physiotherapie) zeitnahe Absprachen zu Tätigkeiten und Aufgaben getroffen.

Diese beinhalten in der Regel planerische Abstimmungen und Klärung von prozessbezogenen Handlungen im Team der jeweiligen Berufsgruppe. Eine etablierte, strukturierte Kommunikationsform ist z. B. die tägliche Übergabe bei Schichtwechsel oder die Dienstbesprechungen innerhalb der Berufsgruppen (Abb. 3.10).

3.6.5   Interprofessionelle Teamarbeit

In beruflichen Kooperationen und der Kommunikation verschiedener Fachdisziplinen und Berufsgruppen zeigt sich die interprofessionelle Teamarbeit.

Im Miteinander erfolgt auf Augenhöhe die Abstimmung der Abfolge des Zusammenwirkens in der Patientenversorgung. Die folgende Abbildung zeigt den Prozessfluss der

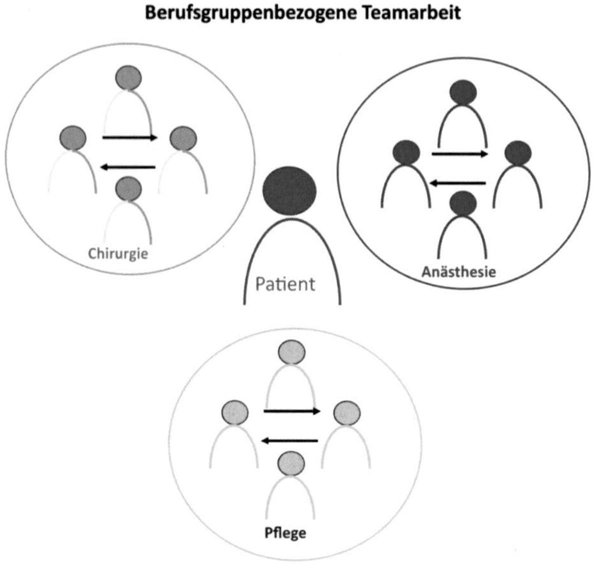

Berufsgruppenbezogene Teamarbeit

Abb. 3.10   Berufsgruppeninterne Zusammenarbeit

verschiedenen beteiligten Berufsgruppen. Es ist die häufigste Form des Zusammenwirkens von Professionen für den Gesamtablauf in der Patientenversorgung und verdeutlicht die vielfältigen Abhängigkeiten und Schnittstellen.

Der Gesamtprozess muss untereinander koordiniert und abgestimmt werden. Ökonomische Behandlungsvorgaben und Steuerungsmechanismen fließen in den Prozessablauf ebenfalls mit ein (z. B. Verweildauersteuerung). Je nach Aufgabenstellung ist in
der Regel der behandelnde Arzt der Entscheidungsverantwortliche.

Die beruflichen Kompetenzen werden eingebracht, miteinander ausgetauscht und
abgestimmt (wer übernimmt welche Aufgaben?). Eine Umsetzung erfolgt zeitnah im
Patientenprozess. Hier ist intensive Kommunikation mit den Beteiligten erforderlich.
Dazu finden direkter Austausch, gemeinsame Besprechungen, Übergaben und Visiten zu
einem Patientenverlauf statt. Grundvoraussetzung ist eine gute Kultur im Miteinander,
Offenheit für die Ansichten der Beteiligten und die Einstellung, das bestmögliche Vorgehen zur Zielerreichung abzustimmen (Abb. 3.11).

3.6.6   Multiprofessionelle Teamarbeit

In der Unterscheidung zur Interprofessionalität werden folgende Merkmale in der Literatur beschrieben: In der multiprofessionellen Behandlungsführung erfolgt die Teamarbeit
schwerpunktmäßig in einem gleichzeitigen Nebeneinander, in dem jede Disziplin autonome Entscheidungen in enger Abstimmung mit dem behandelnden Arzt trifft.

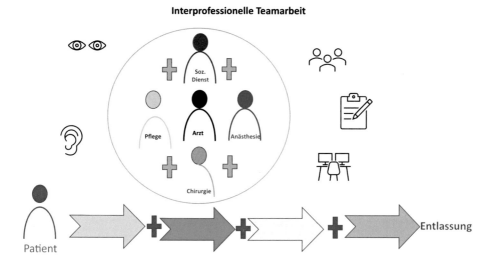

Abb. 3.11 Interprofessioneller Patientenprozess

Die intensive bilaterale Abstimmung und Kommunikation der Teammitglieder mit dem behandelnden Arzt sind hierbei führend. In der folgenden Abbildung wird aufgezeigt, dass die direkte berufsgruppenübergreifende Kommunikation nicht fokussiert ist.

In multidisziplinären Teams arbeiten die verschiedenen Berufsgruppen unter einem ärztlichen Leiter im Rahmen einer festgelegten organisatorischen Struktur. Der Arzt ist Ansprechpartner, legt die Ziele und Vorgehensweisen parallel fest und kommuniziert diese direkt mit den einzelnen Berufsgruppen. Untereinander wird wenig abgestimmt und koordiniert. Die Summe der Teilleistungen der Mitglieder im Team ergeben das Gesamtergebnis (Abb. 3.12).

3.7   Ansätze der Interprofessionalität

Die vorangegangenen Abschnitte befassten sich mit den Gründen und Rahmenbedingungen, die eine Verlagerung des Fokus von Professionalismus hin zur Interprofessionalität erforderlich machen. Als zentrale Treiber wurden u. a. die alternde Gesellschaft und die Zunahme multipler, chronischer Erkrankungen genannt.[30] Die tiefgreifenden ökonomischen Wandlungsprozesse in den Gesundheitsorganisationen führten und führen zu Veränderungen der ärztlichen Entscheidungsprozesse.

---

[30]Vgl. Schrappe, M. (2018), S. 436.

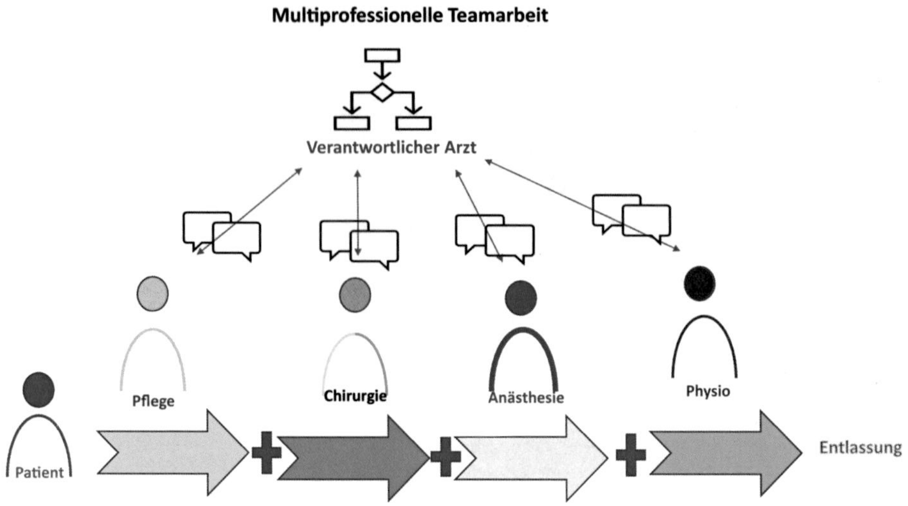

Multiprofessionelle Teamarbeit

Abb. 3.12 Der Arzt als Hauptansprechpartner

Dieser Abschnitt befasst sich mit den im wissenschaftlichen Diskurs zur interprofessionellen Zusammenarbeit zu beobachtenden Ansätzen. Mittels einer Metaanalyse von 188 Veröffentlichungen im Zeitraum von 1960 bis 2011 haben die kanadischen
Wissenschaftler Haddara und Lingard zwei Ansätze (auch als Stränge bezeichnet) identifiziert. Die Analyse berücksichtigt sowohl einzelne Gesundheitsorganisationen, wie z. B.
das Krankenhaus, also auch Teams, wie z. B. ein Palliativteam.

Diese werden als emanzipatorischer (siehe Abb. 3.13b) und utilitaristischer Ansatz
(siehe Abb. 3.13a) bezeichnet (Abb. 3.13).[31]

3.7.1 Der emanzipatorische Ansatz

Emanzipatorisch bedeutet sprachliche auf Emanzipation gerichtet bzw. dieses betreffend.
Emanzipation wiederum kommt vom lateinischen Wort *emancipatio,* worunter bei den
Römern der juristische Vorgang der Entlassung des Sohnes aus der väterlichen Gewalt
gemeint war, d. h., der Sohn wurde volljährig und damit selbständig. Dies ist ein von
außen initiierter Vorgang des Einräumens von Selbstständigkeit. Im Laufe der Jahr-
hunderte hat sich die Bedeutung des Begriffs in zu einer selbst initiierten Befreiung verändert.

Aus wissenschaftstheoretischer Sicht ist ein emanzipatorischer Ansatz einer, der den
Status Quo kritisch hinterfragt und damit auf eine Veränderung der Zustände zielt.

---

[31] Vgl. Haddara, W.; Lingard, L. (2013), S. 1509.

Der utilitaristische Ansatz: Zusammenarbeit erhöht den Nutzen

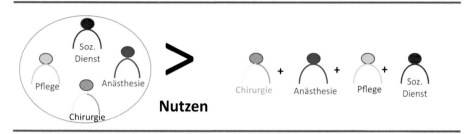

Nutzen

Der emanzipatorische Ansatz: Zusammenarbeit auf Augenhöhe

Abb. 3.13 Ansätze der Interprofessionalität

Der Ansatz beschränkt sich nicht auf die Beobachtung und logischen Erklärungen des Bestehenden, sondern umfasst auch die Bewertung nach zu benennenden Maßstäben. Habermas nennt dies das *emanzipatorische Erkenntnisinteresse*.[32]

Historisch wurden nur ausgewählte Berufsgruppen unter den Begriff Professionen (Ärzte, Juristen, Theologen und teilweise Lehrer) subsumiert. In den 1960er-Jahren wurde eine Erweiterung des Begriffs auch unter den Gesundheitsberufen diskutiert und vorgenommen. Die Professionalisierung der Pflege wurde u. a. dadurch vorangetrieben.

Der emanzipatorische Ansatz unterstellt, dass sich die Professionen im Gesundheitswesen nicht auf der gleichen Ebene befinden. Konkret betrachten sich nicht-ärztliche Professionen, insbesondere Pflegefachleute, gegenüber den Ärzten benachteiligt. In den Texten, die diesen Ansatz repräsentieren, finden sich Wörter wie „Macht" und „Dominanz". Zur Macht- und Dominanznivellierung bewegen sich die Forderungen zwischen Konfrontation und Stillschweigen.[33]

Eine stärkere Akademisierung der Pflegeberufe soll erreicht sowie die historisch gewachsene Dominanz durch Abflachung der Hierarchien gebrochen werden. Eine Zusammenarbeit „auf Augenhöhe" ist das Ziel und soll durch Forschungen über Teamarbeit

---

[32]Vgl. Scherer, A. G.; Marti, E. (2014), S. 18–24.

[33]Vgl. Haddara, W.; Lingard, L. (2013), S. 1509–1512.

flankiert werden. Der Zugewinn an Freiheit für nicht-ärztliche Gesundheitsfachleute ermöglicht es ihnen, ihre Expertise in die Patientenversorgung mit einzubringen.[34] Pflegefachleute werden zu aktiven Förderern der interprofessionellen Zusammenarbeit.[35] So ist z. B. das „Shared Leadership Model", ein Modell für die Steuerung klinischer Einheiten, entwickelt worden, welches sich auf die gemeinsame Führung durch Pflegekräfte und Ärzte stützt.[36]

Dieser konstruktive Ansatz enthält somit eine politisch normative Programmatik, welche sich insbesondere gegen ein Verständnis der interprofessionellen Zusammenarbeit richtet, das auf dem Prinzip der reinen Delegation von ärztlichen Aufgaben an die Pflege beruht. Das Delegationsmodell wird grundsätzlich von der Ärzteschaft unterstützt. Eingriffe in ihre Diagnose- und Therapiehoheit werden abgelehnt.[37]

Essenzielle Rahmenbedingung für den Erfolg des emanzipatorischen Ansatzes ist die Konformität mit vorhandenen gesellschaftlichen, ethischen und politischen Zielsetzungen.[38] Der hier beschriebene Ansatz geht konform mit einer weiteren, gesellschaftlichen Kritik an der Profession der Ärzte. Sie bezieht sich auf die Beziehung zwischen Arzt und Patienten, wie sie von Parsons in den 1960er Jahren aus der Sicht des Kranken beschrieben wurde. Parson unterstellte allerdings, dass der Kranke der durch den Arzt ausgeübten sozialen Kontrolle bedarf, um den Zustand der Krankheit zu überwinden.

Die von Parsons aus soziologischer Sicht geforderte ärztliche Dominanz (vergleichbar mit der Beziehung eines Erwachsenen zu einem Kleinkind) ist in der Praxis existent. Kritiker fordern im Sinne der gesellschaftlich sinkenden Akzeptanz von Dominanz einen emanzipatorischen Wandel. In der Medizinsoziologie entwickelten sich daraus Überlegungen, wie ein stärker symmetrisches zwischen dem Laien Patient und der Berufsgruppe Arzt ausgestaltet werden könnte.[39]

Die Forderung zur Emanzipation bezieht sich nicht direkt auf die interprofessionelle Zusammenarbeit, ist aber indirekt von Relevanz, da der Patient im Mittelpunkt interprofessioneller Aktivitäten steht und soll deshalb in diesem Kontext Erwähnung finden.

3.7.2 Der utilitaristische Ansatz

Utilitaristisch bedeutet sprachlich den Utilitarismus betreffend bzw. zu ihm gehörend. *Utilitas* kommt aus dem Lateinischen und bedeutet Nutzen, Vorteil. Der Utilitarismus ist

---

[34]Vgl. Kraienhemke, M. (2019), S. 50 und Haddara, W.; Lingard, L. (2013), S. 1513.

[35]Vgl. Prescher, T.; Wiesner, C.; Weimann-Sandig, N. (2021), S. 43; Atzeni, G.; Schmitz, C.; Berchtold, P. (2017), S. 17 und Moser, A.; Grosse, U.; Knüppel Lauener, S. (2020), P. 1

[36]Vgl. Haddara, W.; Lingard, L. (2013), S. 1513.

[37]Atzeni, G.; Schmitz, C.; Berchtold, P. (2017), S. 18, 51 und Bollinger, H. (2018), 95–96.

[38]Schmitz, C.; Atzeni, G.; Berchtold, P. (2020), S. 44.

[39]Vgl. Atzeni, G. (2018), S. 240 und Saake, I. (2018), S. 314–315.

eine Ethik, die den Zweck in den Mittelpunkt stellt. Das Ziel dabei ist, das Wohlergehen bzw. den Nutzen möglichst für alle Betroffenen zu maximieren. Das bedingt eine Abwägung mittels Kosten-Nutzen-Analyse, um per Saldo ein Übergewicht der positiven im Vergleich zu den negativen Konsequenzen zu ermitteln. Dies bedeutet in der Konsequenz, dass für einzelne Personen Nachteile entstehen dürfen bzw. deren Wohlergehen geschadet werden darf, wenn es dem Nutzen der Mehrheit dient. Der Utilitarismus ist in der heutigen Gesellschaft ein anerkanntes Prinzip für moralische Entscheidungen.

Als Begründer dieser Ethik gelten die englischen Sozialphilosophen *Jeremy Bentham* und *John Stuart Mill,* die das als „gut" titulieren, was das Glück vermehrt. Die britische Wohlfahrtsökonomie, einschließlich des Gesundheitssystems, fußt auf dieser Ethik. Der Utilitarismus gehört zu einer in der Medizinethik diskutierten moralischen Entscheidungs- und Handlungsleitlinie.[40] Somit bewegt sich der utilitaristische Ansatz für Interprofessionalität im Rahmen einer anerkannten übergreifenden Ethik, was deren Akzeptanz fördert.

Anderseits gibt ein zweiter, in der Medizinethik diskutierter, deontologische Ansatz Normen und Pflichten als Grundlage moralischen Handelns und Entscheidens vor. Rapp und Krüger stellen mit Bezug zu beiden Ethiken fest: „Tatsächlich handelt es sich dabei um das Aufeinanderprallen zweier auseinanderliegender Moralvorstellungen: die zumeist von den patientennahen Berufsgruppen vertretene deontologische Moralvorstellung und die eher von den patientenfernen Akteuren verkörperte teleologische beziehungsweise utilitaristische Moralvorstellung."[41]

Dies bedeutet, dass ein rein utilitaristischer Ansatz zur Förderung von Interprofessionalität bei patientennahen Berufsgruppen auf Widerstand stößt, wenn diese sich in ihrem deontologisch ausgerichteten Handeln eingeschränkt sehen, was im ungünstigen Falle zur Demotivation und Fluktuation in dieser Berufsgruppe führen kann.

Der utilitaristische Ansatz stellt mögliche Effizienz- und Effektivitätsvorteile durch Interprofessionalität in den Vordergrund. Er präferiert inhaltlich ein positivistisches, experimentelles Vorgehen, um Merkmale zu identifizieren, die die Patientenversorgung optimiert.[42]

Er ist demnach mehr aus einer ökonomischen Betrachtung getrieben, da Effizienz und Effektivität typische ökonomische Kategorien sind. Es geht um einen Zugewinn, der durch interprofessionelle Zusammenarbeit erreicht werden kann, insbesondere aus Sicht des Patienten (Patientenorientierung bzw. Patienten-Outcomes) und/oder eine Reduzierung der Gesundheitskosten bei gleichbleibendem Nutzen, z. B. durch die Vermeidung von Mehrfachuntersuchungen und geteilter Nutzung vorhandener Ressourcen.

Daher findet dieser Ansatz Anklang bei Personen, die sich in den Dienst der zunehmenden Ökonomisierung des Gesundheitswesens stellen und den effizienten Einsatz

---

[40]Vgl. Arndt, Sr. M. B. (2003), S. 18–19.

[41]Siehe Krüger, C.; Rapp, B. (2006), S. 320.

[42]Vgl. Haddara, W.; Lingard, L. (2013), S. 1509.

zunehmend knapper werdender Ressourcen optimieren wollen. Zentraler Begriff in der zuzuordnenden Literatur ist der des „Outcomes".[43]

Der utilitaristische Ansatz übersieht dabei, dass eine alleinige ökonomische Motivierung organisational keine interprofessionelle Zusammenarbeit gewährleistet, sondern die Impulse aus den beteiligten Professionen selbst kommen müssen.[44]

Die vergleichenden Merkmale sind in folgender Tabelle dargestellt (Tab. 3.1):

Die Ergebnisse von Haddara und Lingard zeigen auch, dass die Beziehung zwischen dem utilitaristischen und dem emanzipatorischen Ansatz weder eine Entwicklungslinie darstellt, noch dass die Gegensätze sich ausschließen. Vielmehr interagieren die beiden Ansätze auf verschiedene und komplizierte Weise miteinander.

Zum Beispiel können Veröffentlichungen, die am weniger konfrontativen Ende des emanzipatorischen Spektrums angesiedelt sind, von einer utilitaristischen Sprache durchdrungen sein, d. h., sie können die Macht nivellierenden Aspekte der interprofessionellen Zusammenarbeit betonen und gleichzeitig eine Beziehung zwischen Machtnivellierung und Vorteilen für die Patientenversorgung herstellen.[46]

Wenn der emanzipatorische Ansatz die Vorstellungen der nicht-ärztlichen, patientennahen Berufsgruppen und der utilitaristische vorrangig die der nicht-patientennahen Berufsgruppen unterstützt, bleibt die Frage offen, wodurch die Profession der Ärzte den Impuls zur interprofessionellen Zusammenarbeit erhalten bzw. worin aus deren Sicht der Nutzen besteht.

In Tab. 3.2 ist ein zusammenfassender Überblick der Charakteristika beider Ansätze dargestellt.

3.8 Lernformate zur Befähigung der interprofessionellen Zusammenarbeit

Die interprofessionelle Aus- und Weiterbildung wird als wichtiger Grundstein für die interprofessionelle Zusammenarbeit im Team gesehen.

Das Lernen ist interprofessionell, wenn zwei oder mehr Professionen mit-, von- und übereinander lernen.

---

[43] Vgl. Moser, A.; Grosse, U.; Knüppel Lauener, S. (2020), P. 2, Kraienhemke, M. (2019), S. 49 und Haddara, W.; Lingard, L. (2013), S. 1511.

[44] Vgl. Prescher, T.; Wiesner, C.; Weimann-Sandig, N. (2021), S. 43 und Atzeni, G.; Schmitz, C.; Berchtold, P. (2017), S. 18, 51.

[46] Vgl. Haddara, W.; Lingard, L. (2013), S. 1514.

Tab. 3.1 Analyseergebnisse der begutachteten Literatur zur interprofessionellen Zusammenarbeit im Gesundheitswesen und in der medizinischen Ausbildung (1960–2011)[45]

Name oder Symbol	Utilitarismus	Emanzipatorisch
Konzepte/zentrale Aussagen	• "Zusammenarbeit führt zu größerer Teameffizienz." • "Zusammenarbeit verbessert die Gesundheitsversorgung." • "Zusammenarbeit verbessert patientenbezogene Maßnahmen (z.B. Aufenthaltsdauer oder Sterblichkeit)." • "Zeitgemäße Gesundheitsversorgung ist abhängig von effektiven Teams." • "Zusammenarbeit führt zu größerer Arbeitszufriedenheit."	• "Zusammenarbeit ist Stärkung der nicht-medizinischen Professionen." • "Zusammenarbeit stärkt die einzelnen Berufsgruppen." • "Zusammenarbeit reduziert die medizinische Dominanz." • "Zusammenarbeit sichert das Überleben der nicht-medizinischen Professionen."
Begrifflichkeiten	• Von/im Zusammenhang mit Forschung: "Evidenz", "Ergebnisse", "Stringenz", "klinisch relevant", "Test", "Maßnahme", usw.	• Von/im Zusammenhang mit Befreiung: "kämpfen", "beherrschen", "befreien", usw. • Von/im Zusammenhang mit Opposition: "Konflikt", "Spiel", usw. • Anschaulich
Durch den Diskurs geschaffene Objekte	• Bestimmte Arten von Literatur (z. B. systematische Übersichten, randomisierte Kontrollstudien)	• Spezifische Art von Literatur (z. B. konstruktivistisch, Beschreibungen von Führungsmodellen mit gemeinsamer Entscheidungsfindung, Leitartikel, Kommentare, Meinungsartikel) • Akkreditierungsmodelle (z. B. Magnet Hospitals[3]) • Messinstrumente (z. B. die Jefferson-Skala[4])
Institutionen, die in diesem Diskurs Macht gewinnen	• Gutachter von Evidenz • Positivistische Fachzeitschriften und Forscher	• Nicht-medizinische Berufsverbände • Gemeinsame Praxisausschüsse
Repräsentative Titel	• "An evaluation of outcome from intensive care in major medical centers" (Knaus et al, 1986) • "The link between teamwork and patients' outcomes in intensive care units" (Wheelan et al, 2003)	• "Conceptual development of nurse–physician collaboration" (Jones, 1994) • "The doctor–nurse game" (Stein, 1967)

[xx] In den USA wurde in den 80er Jahren eine Studie erstellt, um Ursachen für Unterschiede zwischen Krankenhäusern in der Fluktuation von Pflegepersonal und in der Versorgungsqualität zu identifizieren. Es wurden 14 sogenannte Magnet Stärken von Krankenhäusern identifiziert, die auf Patienten und Pflegepersonal eine Anziehungswirkung haben. Daraus ist durch das ANCC (American Nurses Credentialing Center) ein Akkreditierungsverfahren entwickelt worden, über das weltweit über 500 Krankenhäuser zertifiziert sind.

[yy] Eine Skala zur Messung des Einfühlungsvermögens von an der Patientenversorgung Beteiligten, wie z.B. Ärzte und Pflegekräfte, welche von Dr. Mohammadreza Hojat an der Thomas Jefferson Universität entwickelt wurde.

[45] Siehe Haddara, W.; Lingard, L. (2013), S. 1511 (aus dem Englischen übersetzt).

Tab. 3.2 Zusammenfassende Charakteristika des utilitaristischen bzw. emanzipatorischen Strangs in der wissenschaftlichen Literatur[47]

	Utilitaristischer Strang	Emanzipatorischer Strang
Typische Aussagen	IPZ … … führt zu höherer Team-Effizienz. … verbessert die Leistungen in der Gesundheitsversorgung. … führt zu größerer Arbeitszufriedenheit. … ist eine pure Notwendigkeit in der heutigen Gesundheitsversorgung.	IPZ … … bedeutet Empowerment für nichtärztliche Berufsgruppen. … ermächtigt die einzelnen Fachleute. … reduziert die ärztliche Dominanz. … sorgt für Augenhöhe.
Hauptausrichtung	Der utilitaristische Diskurs konstruiert den Prozess der Zusammenarbeit im klinischen Setting als ein Mittel zur Gewinnung besserer Outcomes in der Gesundheitsversorgung.	Der emanzipatorische Diskurs der IPZ konstruiert IPZ als ein Korrektiv zur Dominanz der Ärzte über die Pflege.

3.8.1 Interprofessionelle Ausbildungen

Die interprofessionelle Ausbildung wird als wichtiger Grundstein für die interprofessionelle Zusammenarbeit im Team gesehen. Das Lernen ist interprofessionell, wenn zwei oder mehr Professionen mit-, von- und übereinander lernen. Bei den in der Ausbildung befindlichen Professionen zur interprofessionellen Teamarbeit wird ein wichtiger Sozialisierungsprozess angestoßen. Die Integration des interprofessionellen Lernens in die Ausbildung soll auf die spätere berufliche Zusammenarbeit vorbereiten.[48] Die Förderung der interprofessionellen Zusammenarbeit kann durch gemeinsame Lehrveranstaltungen der vielfältigen Kompetenzen zur Zusammenarbeit erfolgen. Das gegenseitige Kennenlernen von Arbeitssituationen und ein gemeinsames Verstehen für die berufliche Weiterentwicklung wird frühzeitig erlernt und erlebbar. Die Zusammenarbeit wird frühzeitig etabliert und kann die Versorgungsqualität verbessern. Die Bereitschaft der gemeinsamen, zielgerichteten Behandlung in der Praxis wird dadurch gefördert.

---

[47]Vgl.: Atzeni, G.; Schmitz, C.; Berchtold, P. (2017), S. 18.
[48]Vgl.: Partecke, Heß, Schäper, Meissner (2018), S. 146.

Seit wenigen Jahren ist eine kontinuierlich zunehmende Etablierung von interprofessionellen Ausbildungsstrukturen im Gesundheitsbereich in Deutschland festzustellen. Interprofessionelle Ausbildung (*interprofessional education,* kurz IPE) ist ein Prozess in dem die unterschiedlichen Gesundheitsberufe mit und voneinander lernen, um ihre Zusammenarbeit zu verbessern, z. B. mit der Methode des forschenden Lernens, interprofessionellen Anamnesegruppen oder Ausbildungsstationen.[49] Die Qualität der Patientenversorgung sowie die Zusammenarbeit und Arbeitszufriedenheit der Berufsgruppen im Gesundheitswesen wird dadurch nachweislich verbessert.[50]

Bisher ist die interprofessionelle Zusammenarbeit im deutschen Gesundheitswesen nicht explizit etabliert und reguliert. Beteiligte müssen selbst Lösungsansätze entwickeln, um diese Form der Zusammenarbeit gut und zielführend zu gestalten.

So analysierten Partecke et al. (2018) exemplarisch in ihrer Studie an der Universitätsmedizin Greifswald, dass interprofessionelles Lernen als Voraussetzung für interprofessionelle Zusammenarbeit zukunftsfähig ist. Sie untersuchten die Organisation der Arbeitsprozesse im Krankenhaus sowie die existierenden Strukturen für die Qualifizierung in der Medizin und der Pflege an einem Beispiel der Notfallmedizin aus der Universitätsmedizin Greifswald, welches insbesondere auf die Aus- und Weiterbildung in der interprofessionellen Zusammenarbeit zielt.

Der dort gewählte Lösungsansatz wurde bezogen auf seine Optimierungswirkung in der interprofessionellen Zusammenarbeit evaluiert. Das positive Evaluationsergebnis auch in dieser Studie hat dazu geführt, dass das Ausbildungskonzept sowohl im Medizinstudium als auch in der Ausbildung zur Gesundheits- und Krankenpflege an der Universitätsmedizin Greifswald integriert wurde. Zudem werden in weiteren Projekten das gemeinsame Lernen der Gesundheitsberufe gefördert und über intra- und interpersonelle Lehr- und Lernformate entwickelt. Eine interprofessionelle Aus- und Weiterbildung im Krankenhaus ist mit *hohem Koordinations- und Abstimmungsaufwand verbunden,*   da Dienstpläne unterschiedlicher Berufsgruppen häufig getrennt geplant werden.[51]

In der deutschen Praxis erweist sich die Umsetzung durch die lange Historie der getrennten Professionen als anspruchsvoll. Die gesetzliche Regelung der medizinischen Ausbildung sieht allerdings die Förderung der Bereitschaft zur Zusammenarbeit mit anderen Berufsgruppen im Gesundheitswesen vor. In der Fachberufekonferenz bei der Bundesärztekammer (BÄK) am 18.3.2015 befassten sich Vertreter von mehr als 40 Mitgliedsverbänden damit, wie die Zusammenarbeit zwischen den Professionen zum Wohle der Patienten verbessert werden könnte. Einigkeit bestand darin, dass die interprofessionelle Bildung schon zu Beginn des Studiums, der Ausbildung und des praktischen Berufslebens eine zentrale Rolle hat.

---

[49] Vgl.: Merke, P. (2022), S. 21.

[50] Vgl.: Wesselborg, B.; et. al. (2019), S. 10.

[51] Vgl. Redlich, A.; Kilburg, S.; Hoppe, A. (2022), S. 88.

In gemeinsamer Aus- und Fortbildung lassen sich relevante Informationen und Wissen für eine angemessene medizinische Versorgung mit gegenseitigem Austausch besser erlernen. Zudem werden damit Chancen in der qualifizierten Versorgung der zunehmenden Zahl multimorbider, chronisch kranker, älterer und pflegebedürftiger Patienten in Zukunft gesehen.

Verschiedene Forschungsberichte merken an, dass in gemeinsamen Bildungsangeboten der Gesundheitsberufe, vor allem das Erlernen der Kommunikation und Interaktion in multiprofessionellen, interdisziplinären Teams sehr gut praktizierbar ist[52]. Erkenntnisse der geeigneten Koordination und das Zusammenwirken von interprofessioneller Arbeit für den beruflichen Alltag werden frühzeitig vermittelt. „Gemeinsames Lernen schärft das Bewusstsein für den Beitrag anderer Berufsgruppen in der Patientenbetreuung und -behandlung und trägt damit zu einer Verbesserung der Gesundheitsversorgung bei", sagte dazu Dr. med. Max Kaplan, der damalige Vorsitzende der Fachberufekonferenz und Vizepräsident der Bundesärztekammer.[53]

Verschiedene Projekte zu interprofessionellen Ausbildungsstationen und interprofessionellem gemeinsamen Lernen wurden in Deutschland etabliert und haben sich in der gemeinsamen Zusammenarbeit bewährt. Zum Bereich der interprofessionellen Ausbildung und Lehre finden sich viele Hinweise auf bereits erfolgreich etablierte Strukturen.[54] Es lassen sich in einigen Fakultäten, z. B. Heidelberg, Halle, Freiburg, Bemühungen und Umsetzungen um die interprofessionelle Ausbildung in das Medizincurriculum feststellen.

Im Nationalen Kompetenzbasierten Lernzielkatalogs Medizin (NKLM)[55] wird beschrieben, dass Ärzte als Mitglied eines interprofessionellen Teams partnerschaftlich, respektvoll und effektiv zusammenarbeiten müssen. Erforderliche Kompetenzen werden dabei als kognitive Fähigkeiten, psychomotorische Fertigkeiten und professionelle Haltungen benannt, die im gemeinsamen Lernen zur Problemlösung befähigen sollen. Die erforderlichen Lerninhalte wurden im Verlauf des Medizinstudiums in verschiedeneren Lernkontexten gemeinsam vermittelt.

Die potentiell eigene Rolle in einem interprofessionellen Team wird im gemeinsamen interdisziplinären Lernen eingeübt und geklärt.

---

[52] Vgl.: Tewes, R. (2015): Interprofessionelle Kommunikation will gelernt sein, in Heilberufe, Das Pflegemagazin 2015, S. 20–22.

[53] Vgl.: *Gerst* (2015), A565.

[54] Hinweis: In diesen Ausführungen wird auf die vielfältigen Einträge von interprofessionellen Lernmöglichkeiten nicht eingegangen. Diese sind auf den Internetseiten der Organisationen, Kliniken und Bildungsträger einsehbar.

[55] Vgl.: „Nationaler Kompetenzbasierter Lernzielkatalog Medizin" (NKLM) bildet die Empfehlungen des Wissenschaftsrates (2008) zur Qualitätsverbesserung von Lehre und Studium in Deutschland. Umsetzung des Rahmenkonzepts des NKLM, elektronische Ressource: https://nklm.de/zend/ objective/list/orderBy/@objectivePosition/studiengang/Info

Beispielhaft wird dazu im hochschulübergreifenden Freiburger Qualifizierungs-programm, interprofessionelle Lehre in der Geriatrie in modularer, gemeinsamer Lehre als Lehrprogramm für Studierende verschiedener Professionen umgesetzt und die in-terdisziplinäre Versorgung im Bereich der Geriatrie fokussiert.[56] Studierende sollen ge-meinsam Lösungen für die speziellen Bedarfe geriatrischer Patienten im interdisziplinä-ren Team entwickeln.

Als Lernfeld eignen sich berufsgruppenübergreifende Themen mit hohem Praxis-bezug und Relevanz für die Patientenversorgung. Beispielhaft wurde am Universitäts-klinikum Düsseldorf das Thema Mangelernährung untersucht, inwieweit sich die inter-professionelle Ausbildung im Kurs „Interprofessionelles Ernährungsmanagement in der stationären und ambulanten Versorgung – *Stop Malnutrition!*" auf das stationäre Ernährungsmanagement positiv auswirkt. Dabei wurde der Ernährungszustand der Pa-tienten über sieben Monate hinweg untersucht.[57]

Die Universität des Saarlands etabliert „interprofessionelle Anamnesegruppen" in der Ausbildung am Patienten, um sowohl die berufsgruppenübergreifende Kommunikation als auch die mit dem Patienten zu trainieren. Studierende der Humanmedizin wie auch Auszubildende der Pflege und Orthoptik sind beteiligt. Als Weiterentwicklung befindet sich die „Interprofessionelle Ausbildungsstation Saar" (IPSAAR) in der Vorbereitung, wo Ärzte im praktischen Jahr und Auszubildende verschiedener Gesundheitsfachberufe selbstorganisiert und eigenverantwortlich das Management und die Patientenversorgung einer Station übernehmen.[58]

Aus den vielen deutschlandweiten Studien, Projekten und Bestrebungen zum ge-meinsamen frühen interdisziplinären Lernen, lässt sich zusammenfassen: Viele Hoch-schulen und Universitäten haben erfolgreiche Lernformate multiprofessioneller Aus-bildung und Studium zur frühen Etablierung der interprofessionellen Zusammenarbeit umgesetzt. Es ist davon auszugehen, dass die interprofessionelle Zusammenarbeit auch zukünftig fokussiert in die Weiterentwicklung der Curriculare der beruflichen Professio-nen im Gesundheitswesen einfließen wird. Interprofessionelle Lehre legt eine wichtige Grundlage für die gemeinsame lösungsorientierte Versorgung von Patienten. Die inter-professionelle Zusammenarbeit im Behandlungsteam, befähigt die Beteiligten zur Be-wältigung der zunehmenden Komplexität von Aufgabenstellungen in der Gesundheits-versorgung.

---

[56] Vgl.: Kricheldorff, C. et al. (2022): Pflegepädagogik, Interprofessionelle Teambildung neu den-ken, in Pflegezeitschrift, 5/2022/75.

[57] Vgl. Braun, B.; et al. (2019), S. 10–11.

[58] Vgl. Wirth, U. (2022), S. 190.

3.8.2 Simulationsbasiertes Lernen

Seit 2013 empfiehlt die WHO die Anwendung von simulationsbasierten Lernmethoden. Dazu werden Simulationsräume mit unterschiedlichen Szenarien der Patientenversorgung und des späteren Berufsalltags der Studierenden simuliert und zur Verfügung gestellt. Die Teilnehmenden an Trainingsmodellen üben darin die Arbeitsprozesse mit den Patienten.

Im Pflegeberufegesetz wurde im Jahr 2017 erstmals der Einsatz klinisch-praktischer Ausbildungsteile im Studium durch simulationsbasiertes Lernen an Hochschulen auf Bundesebene geregelt.[59]

Am 1. Januar 2020 trat das neue Pflegeberufegesetz in Kraft, das unter anderem im Rahmen der Hochschulischen Pflegeausbildung das simulationsbasierte Lernen in der akademischen Pflege verankert. In der allgemeinen Literatur wird aufgezeigt, dass immer mehr Ausbildungseinrichtungen und Hochschulen Simulationsräume zu Übungen für die Praxis einrichten. Kerres, A. et al. belegen, dass das simulationsbasierte Lernen auf der Grundlage evidenzbasierter Praxis, das Erlangen von Wissen und Fertigkeiten ermöglicht und festigt sowie hilft, Haltungen zu entwickeln.[60]

Verschiedene Forschungsergebnisse zeigen auf, dass die simulationsbasierte Ausbildung im Gesundheitswesen mittlerweile weithin als leistungsstarke Maßnahme anerkannt ist, um klinisches Wissen zu verstärken, die Teamkommunikation zu verbessern und Skills zur Entscheidungsfindung einzuüben. Simulation dient auch dem Teamwork und der Kommunikation.

Die Erreichung der Lernziele und der Erwerb von medizinischen Skills ermöglicht medizinischem Personal neben Fachkompetenz auch Selbstvertrauen in der Arbeitshandlung zu erlangen. Damit wird eine qualitativ hochwertige Patientenversorgung sichergestellt.

Exemplarisch dazu wird auf das Simulationslernen im Bachelorstudiengang Pflege an der Technischen Hochschule Deggendorf eingegangen. Im Lern- und Transferzentrum werden praktische Lerneinheiten in speziellen Skillslabs (Räumlichkeiten mit realitätsnaher Ausstattung, Personen und Materialen) für Simulationstrainings in der klinischen und häuslichen Gesundheitsversorgung durchgeführt. In praktischen Lerneinheiten finden realitätsnahe Übungssituationen in verschiedenen Settings zur Simulation patientennaher Versorgung statt. Das Konzept des Simulationslernens wird von Fachpersonal in einem Trainingsteam geleitet und mit theoretischem und praktischen Wissensgrundlagen gelehrt. Das simulationsbasierte Lernen in einer realitätsnahen Situation ermöglicht auf der Grundlage evidenzbasierter Praxis, Wissen und Fertigkeiten zu erlangen und Haltung zu entwickeln. Intra- und interprofessionelle simulierte Lehrformate führen Lernende

---

[59] Vgl.: PflBG § 38 Abs. 3 Satz 4; elektronische Ressource in https://www.gesetze-im-internet.de/pflbg/__38.html.

[60] Vgl.: Kerres, Wissing, Wershofen (2021), S. 99.

zusammen, ermöglichen gemeinsame Situationsanalysen und stärken die Zusammenarbeit in einem frühen Station der beruflichen Entwicklung.[61]

Die Entwicklung und der Einsatz interprofessioneller Simulationstrainings in der Aus- und Weiterbildung in speziellen Settings, wie in der Notfallversorgung, in der Geburtshilfe und in Hochrisikobereichen der Patientenversorgung. Berufsgruppenübergreifende Fort- und Weiterbildungsangebote schaffen die Möglichkeit gemeinsames Wissen zu teilen und zu erlernen.

Interaktive, gemeinsame, berufsgruppenübergreifende Fortbildungen zu aktuellen Themen der klinischen und organisatorischen Schwerpunkte zeigen hohe Zufriedenheit und Wissenszuwachs der Teilnehmenden.

Für die interprofessionelle Fortbildung sind laut Behrend et al. (2020) Themen zu den Aspekten der Palliativmedizin, der Demenzerkrankungen, der Rehabilitation und der interkulturellen Versorgung geeignet. Einzelne Beispiele zeigten eine hohe Zufriedenheit der Teilnehmenden bei diesen Fortbildungen, an denen mehrere Berufsgruppen beteiligt waren.

Der abgegrenzte und geschützte Rahmen einer Fortbildung förderte den Austausch unterschiedlicher Meinungen und Erfahrungen. Behrend et. al führen im Weiteren aus, dass sich durch das interprofessionelle Lernen Chancen für eine verbesserte Zusammenarbeit aller an der Versorgung beteiligter Berufsgruppen ergeben.[62]

Literatur

Aguilera, R. V., & Cuervo-Cazurra, A. (2004). Codes of good governance worldwide: What's the trigger? *Organization Studies, 25*, 417–446.

ASOIF – Association of Summer Olympic International Federations (2022). Governance. Retrieved November 14, 2022, from https://www.asoif.com/governance

Bachmaier, B., Lammert, J., & Hovemann, G. (2012). Finanzwirtschaftliche Lizenzierung in den deutschen Profisportligen. *Sport & Gesellschaft – Sport and Society, 9*(3), 211–244.

Bourke, A. (2013). Sports governance in Ireland: Insights on theory and practice. In S. Soderman & H. Dolles (Hrsg.), *Handbook of research on sport and business* (S. 112–125). Elgar.

Chappelet, J.-L., & Mrkonjic, M. (2019). Assessing sport governance principles and indicators. In M. Winand & C. Anagnostopoulos (Hrsg.), *Research handbook on sport governance* (S. 10–28). Elgar.

Cuomo, F., Mallin, C., & Zattoni, A. (2016). Corporate governance codes: A review. *Corporate Governance: An International Review, 24*(3), 222–241.

Dawson, I., & Dunn, A. (2006). Governance codes of practice in the not-for-profit sector. *Corporate Governance, 14*(1), 33–42.

---

[61] Vgl.: Eberhardt, D. Obermeier, L. in Kerres, A., Wissing, C. et al. (Hrsg) (2021): Skillslab in Pflege und Gesundheitsberufen, Bad Wershofen, Springer Verlag, 2021, S. 111–125.

[62] Vgl.: Behrend et al. (2020): Interprofessionelle Teams in der Versorgung, Springer Verlag, Kap. 16.3, S. 205.

De Waegeneer, E., Devisch, I., & Willem, A. (2018). Ethical codes in sports organizations: An empirical study on determinants of effectiveness. *Ethics & Behavior, 27*(4), 261–282. https://doi.org/10.1080/10508422.2016.1172011

DiMaggio, P. J., & Powell, W. W. (1983). The iron cage revisited: Institutional isomorphism and collective rationality in organizational fields. *American Sociological Review, 48*(2), 147–160. https://doi.org/10.2307/2095101

DOSB – Deutscher Olympischer Sportbund (2013). DOSB Ethik-Code. Abgerufen am 14. November 2022, von. https://cdn.dosb.de/alter_Datenbestand/fm-dosb/downloads/dosb/DOSB_Ethik_Code.pdf

DOSB – Deutscher Olympischer Sportbund (2015a). Good Governance im deutschen Sport. Abgerufen am 14. November 2022, von https://cdn.dosb.de/alter_Datenbestand/fm-dosb/downloads/dosb/Broschuere_21x21cm_Good-Governance_20151016_Ansicht.pdf

DOSB – Deutscher Olympischer Sportbund (2015b). Good Governance: Muster-Verhaltensrichtlinien zur Integrität in der Verbandsarbeit. Abgerufen am 14. November 2022, von https://cdn.dosb.de/alter_Datenbestand/fm-dosb/downloads/dosb/MUSTER_VerhaltensRiLi_.pdf

Drori, I., & Honig, B. (2013). A process model of internal and external legitimacy. *Organization Studies, 34*(3), 345–376.

European Commission (2013). Principles of good governance in sport. Retrieved November 14, 2022, from https://ec.europa.eu/assets/eac/sport/library/policy_documents/xg-gg-201307-dlvrbl2-sept2013.pdf

Geeraert, A. (2018). The limits and opportunities of self-regulation: Achieving international sport federations' compliance with good governance standards. *European Sport Management Quarterly, 19*(4), 520–538. https://doi.org/10.1080/16184742.2018.1549577

Geeraert, A., Mrkonjic, M., & Chappelet, J.-L. (2015). A rationalist perspective on the autonomy of international sport governing bodies: Towards a pragmatic autonomy in the steering of sports. *International Journal of Sport Policy and Politics, 7*(4), 473–488. https://doi.org/10.1080/19406940.2014.925953

Guo, C. (2007). When government becomes the principal philanthropist: The effects of public funding on patterns of nonprofit governance. *Public Administration Review, 67*(3), 458–473.

Handschin, L. (2014). Good governance: Lessons for sport organizations? International Sports Law and Jurisprudence of the CAS. Bern, 117–128

Houlihan, B., & Green, M. (2009). Modernization and sport: The reform of Sport England and UK. *Sport. Public Administration, 87*(3), 678–698.

Hoye, R., & Cuskelly, G. (2007). *Sport Governance*. Elsevier Butterworth-Heinemann.

IOC – International Olympic Committee (2008). Basic universal principles of good governance of the Olympic and sport movement. Retrieved November 14, 2022, from https://stillmed.olympic.org/Documents/Conferences_Forums_and_Events/2008_seminar_autonomy/Basic_Universal_Principles_of_Good_Governance.pdf

Jonson, P. T., & Thorpe, D. (2020). Legal and regulatory aspects of sport governance. In D. Shilbury & L. Ferkins (Hrsg.), *Routledge handbook of sport governance* (S. 35–52). Routledge.

Juschus, A., Leister, R., & Prigge, S. (2016a). Die Corporate Governance Tabelle: Eine Bestandsaufnahme der Corporate Governance in der Ersten Fußballbundesliga (Teil A). *Zeitschrift für Corporate Governance, 5*, 212–220.

Juschus, A., Leister, R., & Prigge, S. (2016b). Die Corporate Governance Tabelle: Eine Bestandsaufnahme der Corporate Governance in der Ersten Fußballbundesliga (Teil B). *Zeitschrift für Corporate Governance, 6*, 245–251.

Kihl, L. A., Skinner, J., & Engelberg, T. (2017). Corruption in sport: Understanding the complexity of corruption. *European Sport Management Quarterly, 17*(1), 1–5. https://doi.org/10.1080/16184742.2016.1257553

Macharzina, K., & Wolf, J. (2012). *Unternehmensführung: Das internationale Management-wissen, Konzepte – Methoden – Praxis* (8., vollständig überarbeitete und erweiterte Ausgabe). Springer Gabler.

McLeod, J., Shilbury, D., & Zeimers, G. (2021). An institutional framework for governance convergence in sport: The case of India. *Journal of Sport Management, 35*, 144–157. https://doi.org/10.1123/jsm.2020-0035

Molander, E. A. (1987). A paradigm for design, promulgation, and enforcement of ethical codes. *Journal of Business Ethics, 6*, 619–631.

Nordberg, D., & McNulty, T. (2013). Creating better boards through codification: Possibilities and limitations in UK corporate governance, 1992–2010. *Business History, 55*(3), 348–374.

Regierungskommission Deutscher Corporate Governance Kodex (18. April 2022). Deutscher Corporate Governance Kodex. Abgerufen am 14. November 2022, von https://www.dcgk.de/de/kodex/aktuelle-fassung/praeambel.html

Reus-Smit, C. (2007). International crises of legitimacy. *International Politics, 44*, 157–174.

Schwartz, M. S. (2002). A code of ethics for corporate codes of ethics. *Journal of Business Ethics, 41*, 27–43.

Scott, W. R., & Meyer, J. W. (1983). The organization of societal sectors. In J. W. Meyer, W. R. Scott, & B. Rowan (Hrsg.), *Organizational environments: Ritual and rationality* (S. 129–154). Sage.

Seidl, D. (2007). Standard setting and following in corporate governance: An observation-theoretical study of the effectiveness of governance codes. *Organization, 14*(5), 705–727.

SIGA – Sport Integrity Global Alliance (n. D.). SIGA universal standards. Retrieved November 14, 2022, from https://siga-sport.com/siga-universal-standards/

Singh, J. B. (2011). Determinants of the effectiveness of corporate codes of ethics: An empirical study. *Journal of Business Ethics, 101*, 385–395. https://doi.org/10.1007/s10551-010-0727-3

Sport England & UK Sport (2021). A code for sports governance. Retrieved November 14, 2022, from https://sportengland-production-files.s3.eu-west-2.amazonaws.com/s3fs-public/2021-12/A%20Code%20for%20Sports%20Governance..pdf?VersionId=Q0JD6BVXB.VgwbGE-acG0zWsNPiWcGDHh

Sports Governance e.V. (o. D.). Sports Governance e.V. Abgerufen am 14. November 2022, von https://sportsgovernance.net/de/

Sports Governance Kodex (o. D. a). Der Sports Governance Kodex. Abgerufen am 14. November 2022, von http://www.sports-governance-kodex.org/index.php/der-kodex

Sports Governance Kodex (o. D. b). Die Kodex Kommission. Abgerufen am 14. November 2022, von http://www.sports-governance-kodex.org/index.php/kommission

Suchman, M. C. (1995). Managing legitimacy: Strategic and institutional approaches. *The Academy of Management Review, 20*(3), 571–610. https://doi.org/10.2307/258788

Thompson, A., Lachance, E. L., Parent, M. M., & Hoye, R. (2022). A systematic review of governance principles in sport. *European Sport Management Quarterly*. Advance online publication. https://doi.org/10.1080/16184742.2022.2077795

UNESCO – United Nations Educational, Scientific and Cultural Organization (2013). Declaration of Berlin. In *International Conference of Ministers and Senior Officials Responsible for Physical Education and Sport*, 5th, Berlin, 2013. Retrieved November 14, 2022, from https://unesdoc.unesco.org/ark:/48223/pf0000221114

von Schnurbein, G., & Stöckli, S. (2010). Die Gestaltung von Nonprofit Governance Kodizes in Deutschland und der Schweiz: Eine komparative Inhaltsanalyse. *Die Betriebswirtschaft, 70*, 495–511.

Walters, G., & Tacon, R. (2018). The 'codification' of governance in the non-profit sport sector in the UK. *European Sport Management Quarterly, 18*(4), 482–500. https://doi.org/10.1080/16184742.2017.1418405

Interprofessionelle Teamarbeit

4

4.1 Erfolgreiche interprofessionelle Teamarbeit

Der Wissenschaftler Peter Drucker beschäftigte sich viele Jahre mit Modellen der Zusammenarbeit. Er führte im Jahr 1988 dazu aus, dass der Wechsel von der Befehls- und Kontrollorganisation zu Organisation von Wissensspezialisten begonnen hat. Es beschrieb den wissensbasierten Organisationstyp, in dem Spezialisten ihre Kreativität in einem vorgegebenen Rahmen entfalten. Drucker prognostizierte, dass sich die Unternehmen der Zukunft eher zu einem Krankenhausbetrieb mit einer arbeitsteiligen Produktionsorganisation entwickeln werden.[1]

Im Krankenhaus sind hochspezialisierte Mitarbeitende in der Lage, effektiv in Behandlungsprozessen auf direktem Weg zusammenzuarbeiten. Auf der Grundlage von Konzepten, Standards oder schriftlichen Regelungen weiß jeder, was bezogen auf eine Indikation, Diagnose und Anordnung zu tun ist. Die Handlungen werden verantwortlich, engagiert und autonom ausgeübt. In Gesundheitseinrichtungen existieren verschiedene Arten von Teamarbeit. Sie sind in der Regel im Rahmen einer regulären Arbeitsorganisation (Station, Bereich etc.) fest verankert und arbeiten teilautonom. Allen gemeinsam ist die Notwendigkeit der effektiven Kommunikation mit zeitnahem Informationstransfer. Es müssen in der Regel schnell Informationen vermittelt und Entscheidungen getroffen werden. Durch die Einschätzung der jeweiligen Berufsgruppen im praktischen Alltag wird diese Form der informationsbasierten Organisationsstruktur selbstgesteuert umgesetzt.

---

[1] Gloger, B. (2016): Scrum, Produkte zuverlässig und schnell entwickeln, Carl Hauser Verlag, München, S. 36–38.

© Der/die Autor(en), exklusiv lizenziert an Springer-Verlag GmbH, DE, ein Teil von
Springer Nature 2023
C. Welz-Spiegel und F. Spiegel, *Interprofessionelles Management im Gesundheitswesen*,
https://doi.org/10.1007/978-3-662-67654-7_4

In ihren Handlungen können die Mitarbeitenden ihre Kreativität im jeweiligen organisatorischen Rahmen einbringen und entfalten. Der organisatorische Rahmen legt Qualitätsstandards, Prozesse und Regelungen fest, in denen die individuelle, persönlich geprägte Umsetzung erfolgt. Die Möglichkeit, sich kreativ mit dem eigenen Wissen, eigener Spezialisierung und beruflichen Erfahrungen einzubringen, wird als Stärke im Krankenhaus und im Gesundheitswesen gesehen. Mitarbeitende arbeiten somit an den Lösungen von komplexen Problemen.

Die Chance, sich engagiert, flexibel und mit eigenem beruflichen Wissen in Teams einzubringen, ist eine wesentliche Grundlage für Teamarbeit und den Behandlungserfolg. Das Managen und Steuern der Grundvoraussetzungen für die Teamarbeit, das Festlegen von Gesprächs- und Teamregeln und Kommunikationsstrukturen, sind von besonderer Bedeutung.

Auch im Teamsport oder im Orchester findet man ähnliche Zusammenhänge. Mitwirkende werden mit ihren jeweiligen Fähigkeiten zu einem gemeinsamen Ganzen zusammengeführt. Einem guten Team gelingt es, dass sich hervorragende Einzelspieler mit ihrer besonderen Performance und Wissen einbringen und an einem gemeinsamen Ziel arbeiten. Dazu gehört neben dem theoretischen Wissen, das praktische Können und die Überzeugung, aber auch die Toleranz gegenüber anderen.

In einem Interview mit dem Weltmeistertrainer der Deutschen Männer-Handballnationalmannschaft Heiner Brand (2008) stellt Jochen Kienbaum heraus, dass es einem Teamleiter gelingen muss, die Mitwirkenden zu begeistern, das gemeinsame Ziel verständlich zu vermitteln und den gemeinsamen Auftrag zu fokussieren. Voraussetzungen sind das eigene Engagement, Selbstsicherheit, Mut, Methodenkenntnisse und Freude an der Aufgabe. Die eigene Klarheit, Kommunikationsfähigkeit, Kritikfähigkeit und eine positive Einstellung zum Team zeichnen einen erfolgreichen Teamleiter aus. Der Erfolg von Teamarbeit liegt im Team.[2] Zu den notwendigen Strukturen, in denen Kreativität im Team zu Entfaltung kommen kann, müssen die Grundhaltungen für interprofessionelle Teamarbeit eingenommen werden: Vermittlung klarer motivierender Ziele, Respekt vor der Leistung des anderen, Verteilung der Aufgaben nach besonderen Fähigkeiten und Potenzialen des Einzelnen.[3]

Im Sinne der wissensbasierenden Organisation bindet die interprofessionelle Teamarbeit im Gesundheitswesen die informelle Ebene in formelle Strukturen ein. Das ist die Grundlage, sich in die verändernden Anforderungen der Organisationsprozesse flexibel einzubringen.

Reeves et al. betrachten Teamarbeit als eine gezielte Tätigkeit. Ellebracht et al. bezeichnen ein Team wie folgt: dass Personen zielorientiert zusammenarbeiten und selbstorganisiert planen, organisieren, durchführen, überwachen und verantworten. Ein Team

---

[2] Brand, H., Löhr, J. (2008): Projekt Gold Wege zur Höchstleistung - Spitzensport als Erfolgsmodell. Gabal Verlag, Offenbach, S. 156–157.

[3] Brand, H., Löhr, J. S. 175.

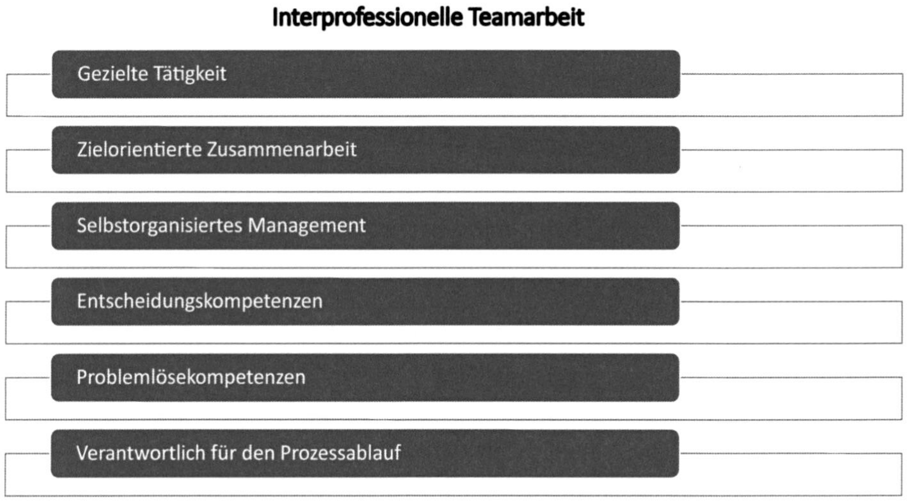

Interprofessionelle Teamarbeit

Gezielte Tätigkeit

Zielorientierte Zusammenarbeit

Selbstorganisiertes Management

Entscheidungskompetenzen

Problemlösekompetenzen

Verantwortlich für den Prozessablauf

Abb. 4.1 Prägende Merkmale der interprofessionellen Teamarbeit

hat eine hohe Selbstorganisation, Entscheidungskompetenz, Problemlösekompetenz und Verantwortung für einen gesamten Prozessablauf (Abb. 4.1).

„Selbstorganisation bedeutet nicht die Abwesenheit von Organisation, sondern gibt den klaren Hinweis, wo die Organisation erfolgt, nämlich durch das Team".[4]

Als Leitbild muss eine echte interprofessionelle Teamarbeit hervorstechen, wenn die regulierenden Instanzen Hierarchie und Führungskraft an Gewicht verlieren.[5]

Aus Führung, Klarheit der Zielsetzung, Beteiligung, Aufgabenorientierung, Unterstützung von Innovation, Entscheidungsfindung und Kommunikation/Integration besteht der Teamprozess. Der Prozess befasst sich damit, wie das Team durch Kommunikationsmuster geformt wird, wie sich Macht und Einfluss auf das Team auswirken und wie sich die Teambeziehungen entwickeln.[6]

Das Team kann durch eine kooperative Arbeitshandlung gemeinsame Abstimmungen treffen und Entscheidungen für die Durchführung von Prozessen und Lösungen vorbereiten. Im Rahmen der Qualitätsverbesserung ist das in der Regel eine planerische Kooperation.[7]

---

[4] Siehe Michaelis, Y. (2022), S. 129.

[5] Vgl. Otte, S. (2022), S. 21.

[6] Vgl.: Reeves (2010), S. 61–62.

[7] Vgl. Ellebracht (2002), S. 208–214.

Die dazu notwendigen, sachlichen und personellen Ressourcen müssen geschaffen werden und zur Verfügung stehen.[8] Der Führung und dem Management kommt eine wichtige Rolle zu. Sie müssen sich ebenfalls aktiv in Veränderungsprozesse einbringen, diese zulassen und persönlich dafür eintreten.

Dazu ist eine Vertrauenskultur der Führung gegenüber den Teammitgliedern zur Entfaltung von Kooperationen und Teamarbeit notwendig. In den Ausführungen von Hackman (1983)[9] werden aus organisatorischer Perspektive Voraussetzungen für eine erfolgreiche Teamarbeit beschrieben. Er bietet ein Modell an, in dem er fünf organisatorische Grundbedingungen formuliert, die Teamleistung erfolgreich beeinflussen:

- Der organisatorische Kontext, in dem das Team arbeitet, ist förderlich.
- Das Team hat gemeinsam eine überzeugende Richtung für seine Arbeit.
- Die Struktur des Teams erleichtert die gemeinsame Arbeit, z. B. gibt es eine offene Kommunikation zwischen den Teammitgliedern.
- Das Team hat Zugang zu praktischem Coaching, um den Mitgliedern zu helfen, ihre Leistung im Rahmen der Arbeit zu maximieren.
- Die Mitglieder sind gemeinsam für die Teamarbeit verantwortlich.

Interprofessionelle Zusammenarbeit entsteht bei der gemeinsamen Kommunikation, der Durchführung von Tätigkeiten, in der Abstimmung von Vorgehensweisen, Erkenntnisse auszutauschen und Vereinbarungen gemeinsam zu treffen. Dazu müssen die Planungs-, Kommunikations-, Umsetzungs- und Überwachungskompetenzen, die auf die Prozesse der Behandlung oder jeweiligen Fragestellung einwirken, entwickelt werden und geeignet sein.

Für die erfolgreiche und effektive Teamkommunikation müssen strukturierte Besprechungen und Wege etabliert sein. Das wird sichergestellt durch regelmäßige Besprechungen, professionsübergreifende Dienst- oder Fallbesprechungen und die anlassbezogenen Austauschmöglichkeiten. Ergänzend werden in den Berufsgruppen verschiedenen Besprechungsarten innerhalb des Teams umgesetzt.

Die fachspezifischen Beobachtungen, Meinungen und Ergebnisse müssen abgestimmt werden und einheitlich in die Patientenversorgung einfließen (Abb. 4.2).

In der Teamkommunikation muss die Bewältigung von belastenden Herausforderungen in der Patientenbehandlung Raum zur Auseinandersetzung haben (Supervisionen, Fallbesprechungen etc.). Wichtig für die Patienten und Angehörigen selbst ist es, dass Inhalte und Aussagen aus einem Team einheitlich sind.

---

[8]Vgl.: Reeves, S. (2017): Interprofessional Collaboration to improve professional practice and healthcare outcomes. Cochrane Database of Systematic Reviews 6, CD 000.072, ISSN (online), 1469–1493.

[9]Hackman, J.: A normative model of work team effectiveness. Technical Report No. 2, Research Program on Group Effectiveness. Yale School of Organization & Management, New Haven. 1983.

Abb. 4.2 Interprofessionelle Beratung in Teamarbeit

Für das Gelingen einer erfolgreichen interprofessionellen Teamkommunikation nennen Hirsmüller und Schröer folgenden Grundsätze: Verständlichkeit, Empathie, Wertschätzung, Vertrauen, Respekt vor anderen Ansichten und Ehrlichkeit.[11]

---

[11]Vgl. Hirsmüller, S.; Schöer, M. (2019). Interprofessionelle Teamarbeit als Ausgangspunkt für Palliativmedizin.

In Schnell, Schulz-Quach (Hg.): Basiswissen Palliativmedizin. Springer Verlag, Wiesbaden, S. 15

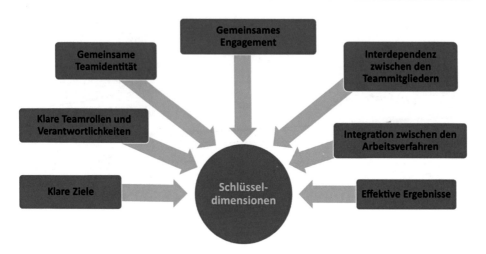

Abb. 4.3 Schlüsseldimensionen für interprofessionelle Teamarbeit. (Reeves)[10]

Wird die Bearbeitung von Ereignissen und Vorkommnissen in Teams bearbeitet, handelt es sich um situierte Kooperation, da sich diese aus nicht vorhersehbaren Anlässen ergeben.

Die Kommunikation ohne Zweckbindung, zum Beispiel beim gemeinsamen Mittagessen oder Pausengesprächen, ist im Gesundheitswesen ebenfalls eine wichtige soziale Interaktion, die für Kooperationen und Zusammenarbeit förderlich ist.

In der Teamarbeit können Probleme aktuell besprochen sowie effektiv und in der Regel zielführend von den Beteiligten bearbeitet werden. Probleme können dort schon im Vorfeld besprochen und durch präventive Maßnahmen vorgebeugt werden. In dem Kontext werden Kooperationen und interprofessionelle Kommunikation genutzt und dienen der weiteren Zusammenarbeit. Durch die Teamarbeit können auch wertvolle Kontakte geknüpft werden, die zukünftige Vorteile, auch über die Berufsgruppen hinaus, bringen.[12]

Reeves et. al. betrachten interprofessionelle Teamarbeit als eine Aktivität, die auf einer Reihe von Schlüsseldimensionen beruht (Abb. 4.3):

Für eine gute Teamarbeit müssen Kommunikationsstrukturen, Methoden, Medien und zeitliche Ressourcen und Absprachemöglichkeiten etabliert sein. Dazu werden in den Teams Übergaben (an zeitlichen Übergängen bei Personalwechsel in den Berufsgruppen) umgesetzt. Ergänzt wird dieses durch schriftliche Informationen.

Auf der Grundlage einer Studie über das Team in der Primärversorgung haben West und Slater obige Überlegungen zu den Schlüsseldimensionen der interprofessionellen

[10]Vgl. Reeves (2010), S. 30–36.

[12]Hinweis: Im Text mit freundlicher Genehmigung überarbeitete Inhalte aus Welz-Spiegel, C. (2022): Studienbrief zur Interprofessionellen Kommunikation, SRH Fernhochschule – The Mobile University.

Teamarbeit sinnvoll erweitert. Sie fanden heraus, dass die Teammitglieder eine Reihe zusätzlicher Elemente der Teamarbeit als wichtig erachten, darunter:

- demokratische Ansätze,
- Bemühungen um den Abbau von Stereotypen und Barrieren,
- regelmäßige Zeit für die Entwicklung der Teamarbeit außerhalb des Arbeitsalltags,
- gute Kommunikation,
- ein einziger gemeinsamer Arbeitsort,
- gegenseitiges Rollenverständnis,
- die Entwicklung gemeinsamer Protokolle, Schulungen und Arbeitspraktiken,
- vereinbarte Prioritäten über Berufsgrenzen hinweg,
- regelmäßige und effektive Teamsitzungen,
- Teammitglieder, die sich gegenseitig schätzen und respektieren,
- gutes Leistungsmanagement.

Insgesamt wurde festgestellt, dass die Teamarbeit in all diesen Kontexten aus einem gemeinsamen Bedürfnis der Verantwortlichen und Beteiligten entsteht. Teamarbeit kann dazu beitragen, Probleme bei der Erbringung von Dienstleistungen zu lösen, die auf eine mangelhafte interprofessionelle Koordination und Kommunikation zurückzuführen sind.[13]

Es hat sich jedoch herausgestellt, dass effektive interprofessionelle Teamarbeit ein schwer zu erreichendes Ziel ist, da sie eine Reihe von Anforderungen und Einflussfaktoren mit sich bringt, die es zu bewältigen gilt. Diese wurden bereits im vorangegangenen Kapitel diskutiert und dargelegt.

Aus einer aktuellen Kooperation in einem Team entsteht in der Regel eine Kooperationsbeziehung. Mitarbeiter greifen gerne auf bereits bekannte Beziehungen zurück, in denen sie schon gute Zusammenarbeit erlebt haben.

Der Vorteil von Teamarbeit ist auch, dass eine erfolgreiche Arbeit an der Basis besser abgestimmt werden kann, weil sich die Mitwirkenden frühzeitig über Probleme und kritische Situationen austauschen.

Es werden mit den Beteiligten zeitnah Vereinbarungen getroffen, Tätigkeiten und Verantwortungen am Ort des Geschehens festgelegt.

Informelle Kooperationen und interprofessionelle Kommunikation führen zu positiven Auswirkungen und zu einem kooperativen Arbeitshandeln der Beteiligten.

Außerdem schafft die Teamarbeit gemeinsame Erfahrungsräume, die bei zukünftigen Situationen neben dem Fachwissen einzelner, auch schnelle Verständigung der Beteiligten bei Handlungsbedarf ermöglichen. Die Kenntnisse über das Fachwissen anderer, über die Abläufe sowie individuellen Fähigkeiten von Kooperationspartnern und die jeweiligen Anforderungen und das Hineinversetzen in die Lage der anderen Professionen sind positive Begleiterscheinungen von Teamarbeit.

---

[13]Vgl. Reeves (2010), S. 30–36.

In der interprofessionellen Teamarbeit ist es für den Erfolg bedeutsam, dass die Beteiligten zur Selbstverantwortung und Selbststeuerung befähigt werden. Dazu müssen die Rahmenbedingungen und der Teilnehmerkreis analysiert sowie der Auftrag und die Anforderungen gemeinsam festgelegt werden. Die Vorbereitung des Auftrages und der Aufgaben liegen in der Verantwortung des Teammanagers.

Er analysiert das multiprofessionell zusammengesetzte Team nach den Kriterien Fachwissen, berufliche Stellung und Persönlichkeit der Teilnehmer und passt dementsprechend seinen Moderationsprozess an.

Dem Manager kommt eine wichtige Aufgabe der Steuerung, Begleitung und Evaluation der IP-Teamarbeit zu. Das Managen von Teammitgliedern mit ihren unterschiedlichen Hintergründen stellt eine besondere Herausforderung in den verschiedenen Phasen der Teamarbeit und dem gemeinsamen Lernen dar.

Die anschließende Konkretisierung der Anforderungen im interprofessionellen Team prägt den Prozess der Selbstorganisation und Selbststeuerung der Teamarbeit. Dabei ist für eine erfolgreiche Teamarbeit wichtig, dass der Prozess mit den Beteiligten moderiert und mit passenden Methoden geleitet wird.

Dann werden die Informationen an Schnittstellen vermittelt und die Umsetzung kontrolliert.

Mithilfe der Moderation findet eine gemeinsame Planung statt. In der Arbeitsphase werden die Prozesse bearbeitet und Entscheidungen über Maßnahmen und Lösungsschritte abgestimmt und verantwortet.

Im Mittelpunkt der interprofessionellen Teamarbeit stehen die in Abb. 4.4.

Die Gestaltung der verschiedenen Phasen im interprofessionellen Team ist die Aufgabe und Entscheidung aller Mitglieder. Der gezielte Einsatz und das Einfordern der Expertise und der Mitwirkung der Beteiligten im interprofessionellen Team, sind durch den Manager im Teamprozess zu steuern und zu coachen.[14]

4.2   Voraussetzungen zur praktischen Umsetzung

Wie auch in klassischen Arbeitsgruppen ergeben sich in interprofessionellen Teams besondere Voraussetzungen zum Gelingen der Zusammenarbeit. Durch die in der Regel inhomogene Zusammensetzung der Teilnehmer, geprägt durch die unterschiedliche hierarchische Stellung in der Organisation, dem verschiedenen Wissensstand und Vorerfahrungen sowie den multiplen Zielen, wird der IP-Moderator vor hohe Anforderungen (methodisch und soziale Kompetenzen, diplomatisches Verhandlungsgeschick) gestellt.

---

[14]Ellebracht, H. (2002): Systemische Organisations- und Unternehmensberatung, Gabler, Wiesbaden, S. 103–109.

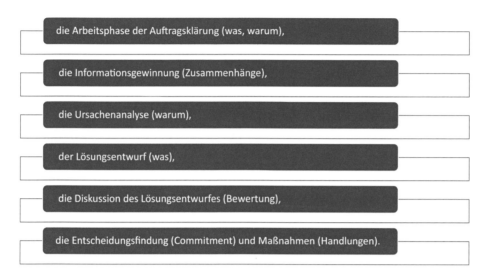

die Arbeitsphase der Auftragsklärung (was, warum),

die Informationsgewinnung (Zusammenhänge),

die Ursachenanalyse (warum),

der Lösungsentwurf (was),

die Diskussion des Lösungsentwurfes (Bewertung),

die Entscheidungsfindung (Commitment) und Maßnahmen (Handlungen).

Abb. 4.4 Kernelemente interprofessioneller Teamarbeit

Für den Erfolg der interprofessionellen Teams lassen sich allgemeine Voraussetzungen[15] ableiten (Abb. 4.5).

Folgende Erläuterungen sollen die Notwendigkeit der Grundvoraussetzungen unterstreichen.

- **Die explizite Klärung von Zweck und Zielen, Arbeitsweisen und Erwartungen an die Teilnehmenden durch den IP-Teammanager zu Beginn**.
  Damit verbunden sind die Analyse und Zusammenstellung der Teilnehmenden. Ergänzend dazu die Festlegung der Dokumentation (wie, wo) und die Umsetzung des Datenschutzes (notwendige Einwilligungen und Schweigepflichterklärungen).
- **Bereitschaft und Fähigkeiten der Teilnehmenden**
  Nach der Analyse und Bestimmung der Teilnehmenden wird in der direkten Kommunikation die Bereitschaft zur Mitwirkung abgestimmt und vereinbart.
- **Übereinstimmung der Auftragsziele mit den fachlichen und persönlichen Zielen der Teilnehmenden**
  Die unterschiedlichen Ziele und Interessen der Teilnehmenden werden auf das Arbeitsziel eingestimmt, geklärt und die Unterstützung der Teilnehmer eingefordert.
- **Relevante Vorinformationen zum Teamauftrag transparent vorlegen**
  Im Rahmen der Vorbereitungen und Zusammenstellung der auftragsbezogenen Informationen, werden Mitwirkende aufgefordert, ihre vorhandenen Informationen zur Verfügung zu stellen und diese einzubringen (Zeitfenster vereinbaren). Auf die Vertraulichkeit und den Datenschutz im Umgang mit den Informationen ist hinzuweisen.

---

[15]Vgl.: Amstutz, J. (Hrsg) (2019): Kooperation kompakt, Verlag Budrich, Opladen, S. 31–32.

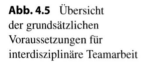

Abb. 4.5 Übersicht
der grundsätzlichen
Voraussetzungen für
interdisziplinäre Teamarbeit

- **Die Beauftragung, die Handlungsoptionen, Ressourcen (zeitlich, personell), Ver-antwortungen und Zuständigkeiten (Einflussmöglichkeiten) müssen geklärt und kommuniziert sein**
  Zu Beginn der IP-Teamarbeit muss eine mündliche und/oder schriftliche Beauf-tragung sowie Zustimmung der Verantwortlichen eingeholt werden. Der innerbetrieb-liche Informationstransfer zum Arbeitsauftrag des IP-Teams wird durch die Ver-antwortungsträger transparent in den relevanten Ebenen übermittelt.
- **Flexibler und phasenbezogener Methodeneinsatz in der Teamarbeit**
  Die Abfolge der Meetings sollte zwar strukturiert, aber offen genug zur Selbst-bestimmung vom IP-Manager gestaltet werden. Somit wird die Möglichkeit gegeben, sich mitzuteilen, in Dialoge und Diskussionen zu kommen und die verschiedenen Perspektiven auszutauschen. Durch geeigneten Methodeneinsatz sollte die selbst-organisierte Lösungsfindung im IP-Team ermöglicht werden.
- **Die Bereitschaft der Teilnehmenden, Informationen und Wissen auszutauschen, Verlässlichkeit und gegenseitiges Vertrauen sollten eingebracht und vereinbart werden**
  Die Grundsätze und Regeln der interprofessionellen Teamarbeit werden zu Be-sprechungsbeginn erörtert, während der Zusammenarbeit beobachtet und immer wie-der eingefordert. Die Teilnehmenden sollten innerhalb des Teamworks die Möglich-keit bekommen, sich kennenzulernen. Negative Veränderungen der Teamarbeit müs-sen frühzeitig erkannt und dagegen geeignet interveniert, unter Umständen auch deeskaliert werden. Auf Mitsprache und Mitwirkung der Teilnehmenden ist in der Moderation zu achten und diese zu steuern. Die gegenseitige Akzeptanz, personen-bezogene Wertschätzung und gemeinsame Vertrauensbasis sind wichtige Erfolgs-faktoren für interprofessionelle Teamarbeit.

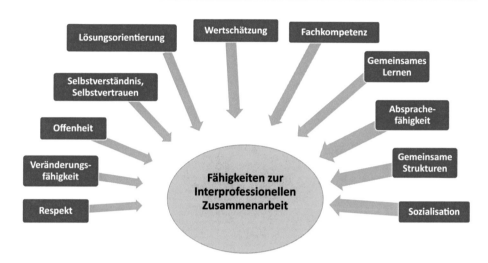

Abb. 4.6 Persönliche Fähigkeiten und Voraussetzungen für die interprofessionelle Zusammenarbeit

Die etablierte interprofessionelle Teamarbeit wird die verschiedenen Bedürfnisse der Berufsgruppen berücksichtigen und die Tätigkeiten in der Gesundheitsversorgung attraktiver und interessanter gestalten. Die Gestaltungsräume und Erfordernisse der Patientenversorgung werden aufgeteilt und gemeinsam getragen. Dieses führt zu Entlastungen Einzelner und kommt Wertvorstellungen und individuellen Anforderungen zur Berufsausübung (Familienfreundlichkeit, Arbeitszeitgestaltung) entgegen. In einem gut funktionierenden Team werden Entscheidungen gemeinsam getroffen und die Ergebnisse und Konsequenzen gemeinsam getragen. Walter (2022) prognostiziert, dass die besten Mitarbeiter sich dort bewerben, wo Innovationen, interdisziplinäres Denken und interprofessionelle Zusammenarbeit gefördert werden.[16]

Interprofessionelle Kommunikation entsteht bei der Durchführung von Tätigkeiten, wo es notwendig wird, Situationen und Vorgehensweisen zu besprechen, Erkenntnisse auszutauschen und Vereinbarungen gemeinsam zu treffen oder Entscheidungen mit vorzubereiten. Dabei haben die gegenseitige Akzeptanz, Verhandlungs- und Verständigungsprozesse neben dem Austausch von Informationen eine besondere Bedeutung. Von den Teilnehmenden werden bestimmte Fähigkeiten verlangt (Abb. 4.6).

---

[16]Vgl. Walter, D. (2022), S. 36.

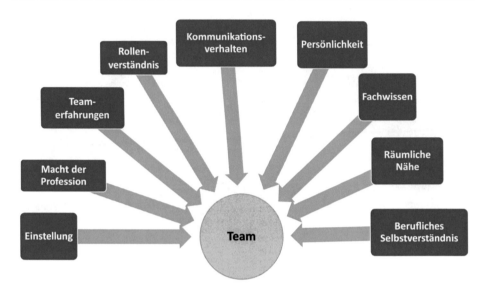

Abb. 4.7 Persönliches Mindset der Mitwirkenden im Team

4.3   Mindset der Teammitglieder (Grundhaltungen und Einstellungen)

Das Festlegen von Kommunikationsstrukturen, das Managen und Steuern der Grundvoraussetzungen für die Teamarbeit sind eine besondere Aufgabe und Verantwortung. Die Mitwirkenden müssen untereinander und die Arbeitsgruppen für sich selbst und mit anderen den jeweiligen Gesamtprozess abstimmen und alle arbeitsbezogenen Informationen vermitteln.

Der aufgabenbezogene Informationsaustausch, die Interaktionsfähigkeit und die Festlegung von prozessbezogenen Entscheidungskompetenzen müssen im Rahmen von interprofessioneller Teamarbeit gestaltet werden. Dabei stellt das Bereitstellen von Ressourcen, die zur Teamarbeit notwendig sind und diese beeinflussen, eine organisatorische Aufgabe dar (Abb. 4.7).

Gegenseitiges Verständnis, eine effektive Kommunikation und der arbeitsbezogene Informationsaustausch in den Versorgungsprozessen sind essentiell.

Die Forschungsergebnisse zu den Einflussfaktoren von Gurtner und Wettstein zeigen auf, dass die Beteiligten von der Organisation befähigt werden müssen, effektiv und effizient in interprofessionellen Teams zu arbeiten.

Dazu sollte ein zielführendes Schulungs- und Entwicklungsprogramm etabliert werden, das zur individuellen Vorbereitung auf die interprofessionelle Teamarbeit dient. Gurtner und Wettstein empfehlen in ihrer Zusammenfassung eine individuelle Analyse, um daraus Weiterentwicklungsmaßnahmen zu den erforderlichen Kompetenzen abzuleiten und ergänzend dazu die Etablierung unterstützender Maßnahmen

Selbstbewusstsein,

fachliche Kompetenz,

Offenheit und Kritikfähigkeit,

Vertrauen in Teammitglieder,

Kommunikationsfähigkeit,

Kenntnis und Verständnis anderer Berufsgruppen,

kein hierarchisches Denken,

Kein Denken in traditionellen Rollen

Abb. 4.8 Individuelle Einflussfaktoren. In Anlehnung an Gurtner und Wettstein (2019)

für die Teamarbeit selbst (z. B. Coaching, Teamtrainings). Einen Fokus sollte auf Kommunikationsfähigkeit, Offenheit und Kritikfähigkeit gelegt werden.

Zudem sollten schon in der beruflichen Grundausbildung fachliche Kenntnisse zur Teamarbeit, zur Lösung von Problemen, konstruktivem Umgang mit Kritik eingeübt und in den Mittelpunkt gestellt werden. Auch das Erlernen effizienter Kommunikation, die Fähigkeiten zur Übernahme von Verantwortung und gegenseitiges Vertrauen seien wichtige zukünftige Fähigkeiten für das interprofessionelle Arbeiten in Teams.[17]

Teamentwicklungsmaßnahmen unterstützen im Team die Etablierung einer offenen Kommunikation, die Klärung von Aufgaben und Rollen sowie die gemeinsame Zielfindung. Sie gehen gezielt auf Schwächen und Probleme im Arbeitsprozess ein. Dadurch sollen Stress, Leistungsminderung und gesundheitliche Einbußen der Mitarbeiter vermieden werden.[18]

Die Studie von Gurtner und Wettstein[19] trägt mit ihren Erkenntnissen zum Verständnis bei, wie es möglich ist, interprofessionelle Zusammenarbeit auf den unterschiedlichen Ebenen (individuell, organisational, politisch) zu fördern und entsprechende Barrieren abzubauen.

Neben den organisatorischen Einflussfaktoren wurden individuelle Einflussfaktoren, die interprofessionelle Teamarbeit fördern, ermittelt (Abb. 4.8).

Wenn Abrechnungsmodalitäten und die flexible Gestaltung von Verantwortung möglich sind, werden diese gesetzlichen Einflussfaktoren als positiv stimulierend benannt.

---

[17] Vgl. *Gurtner/Wetttstein* (2019).

[18] Vgl. Welp (2019), S. 22.

[19] Vgl. *Gurtner/Wettstein* (2019), S. 37.

Für die praktische Umsetzung von interprofessioneller Teamarbeit wurden folgende Inhalte aufgezeigt:[20]

- Visualisierung der Prozesse,
- Prozess- und Strukturhandbuch,
- problemorientierte Workshops,
- formelle Besprechungen mit den Führungsverantwortlichen, Coaching und Video-training, Assessmentverfahren,
- ICT (Information Communikation Technology) unterstützte Kommunikation
- und Kommunikationstrainings.

4.4   Förderliche Maßnahmen in interprofessioneller Teamarbeit

Ergänzend zu den bekannten Studienergebnissen, werden im Folgenden noch weitere förderliche Einflussfaktoren für den Erfolg von interprofessioneller Teamarbeit auf-gezeigt.

Aus praktischen Projekten im Gesundheitswesen lässt sich beobachten, dass Mit-arbeitende sich grundsätzlich offen zeigen, wenn Sie eine sinnvolle Aufgabe erkennen, die Chance haben Lösungen zu erarbeiten, sich gebraucht wissen und etwas gerne tun.

Mitarbeitende tun etwas gerne, wenn sie darin Anerkennung und Befriedigung er-halten. Daher muss es dem Leiter eines interprofessionellen Teams gelingen, die Kreativität, Mitwirkung und Potenziale der Teilnehmenden zu aktivieren und zu führen.

Dieses wird sichergestellt, indem der Manager des Teams folgende Grund-kompetenzen und Fähigkeiten einbringt:

- Er sorgt für eine gute Arbeitsatmosphäre,
- wendet geeignete Methoden und Techniken im teamzentrierten Arbeiten an und
- beherrscht Interaktionsstrukturen.

Die Umsetzung der interprofessionellen Teamarbeit gelingt durch die Steuerung der Selbstorganisation in Lösungsprozessen durch zielgerichtete Moderation der Beteiligten.

Die gemeinsame Verantwortungsübernahme und die aktive Beteiligung im Pro-zess müssen methodisch geleitet und strukturiert werden. Teamarbeit sollte über ge-meinsames Reflektieren bewertet werden, zu weiteren Erkenntnissen und Wissens-zuwachs führen. Die positive Zufriedenheit der Mitwirkenden über die Ergebnisse und der Spaß an der Zusammenarbeit sind wesentliche Motivationen für den langfristigen Er-folg von interprofessioneller Teamarbeit in Gesundheitsorganisationen.

---

[20]Vgl.: ebenda, S. 39.

Das Gelingen von interprofessioneller Teamarbeit wird durch den Einsatz von Methoden und mit Kenntnissen zu Führungstechniken erfolgreich. Dazu folgen in diesem Buch eigene Kapitel mit diesbezüglichen Inhalten und praktischen Empfehlungen.

4.5 Aufbau und Etablierung

Zu Beginn der interprofessionellen Teamarbeit wird die gemeinsame Arbeitsgrundlage geschaffen. Interprofessionelle Teamarbeit soll Prozesse verbinden, verbessern und auch den Mitwirkenden Spaß machen. Damit dieses gelingt werden wichtige Aspekte im Folgenden erläutert.

4.5.1 Teamregeln

Empfehlenswert ist die Festlegung von Teamregeln im Sinne von Leitsätzen der Zusammenarbeit.

Exemplarische Inhalte von Teamregeln sind:

- Commitment zu gemeinsamen Zielen und gemeinsames Tragen der Verantwortung,
- gegenseitige Rücksichtnahme,
- Kompromissbereitschaft und Verständnis,
- gegenseitige Anerkennung und Achtung,
- ausreden lassen,
- Schutz des Gesagten im Team: Gesagtes wird nicht nach außen getragen,
- Unterstützung in der Konsensfindung,
- jeder bringt sich ein,
- laterale, selbstbestimmte Teamführung,
- Entscheidungen werden gemeinsam getroffen,
- Konflikte werden auch als Chance gesehen,
- Offenheit gegenüber Neuerungen,
- Bereitschaft zur Veränderung,
- Unterstützung von Veränderungsprozessen,
- Offenheit zum gemeinsamen Lernen.

Mit der Vereinbarung und dem Commitment auf eine gemeinsame Haltung wird ein erster Schritt für eine positive Teamkultur ermöglicht.

Abb. 4.9 Schritte im
Teamablauf

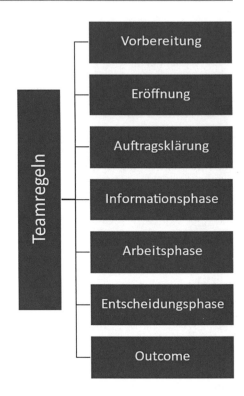

4.5.2   Management des Ablaufs von interprofessionellen Teams

Im Folgenden wird ein Managementprozess zum Ablauf der interprofessionellen Teams beispielhaft dargestellt: Diese Empfehlungen sind für Teams, die zu einer kurzen Sequenz zusammenarbeiten sowie für interprofessionellen Teams die in der Organisation fest etabliert sind und eventuell in regelmäßigen Abständen über einen längeren Zeitraum zusammenarbeiten (Abb. 4.9 und Übersicht).

> **Schritte im Teamablauf: Inhaltliche Schwerpunkte der Schritte in einer Teamsequenz**
> **Vorbereitung durch Teammanager.**
>
> - Auftragsklärung und Fragestellungen einholen
> - Organisation der Rahmenbedingungen
> - Auswahl, Ansprache und Einladung der Mitwirkenden
> - Analyse der teilnehmenden Rollen

Begrüßungsrunde mit Vorstellung der Mitwirkenden

- Name
- Profession
- Was eingebracht werden kann

Vorstellung der Teamregelungen

- Vorstellung der Leitsätze
- Commitment zur Einhaltung einholen

Vorstellung des Auftrages und der Zielsetzung

- Aufgabenstellung
- Grenzen, Chancen und Risiken
- Rahmenbedingungen
- Zeitlicher Ablauf

Informationsphase

- Darstellung des Sachverhalts
- Austausch der Informationen

Arbeitsphase

- Gemeinsame Festlegung, was aktuell bearbeitet werden soll
- Konsensfindung im Team dazu
- Wertschätzende Moderation
- Arbeitsprozess nach Aufgabenstellung
- Zur Mitwirkung motivieren
- Einsatz und Anwendung geeigneter Methoden
- Interaktionen und Diskussionen steuern

Entscheidungsphase

- Entscheidungen entwickeln
- Teamkonsens fokussieren und festlegen
- Ergebnissicherung

Outcome

- Zusammenfassung und Verabschiedung
- *Feedback bei Bedarf*:
  - Was war gut und ist gelungen?
  - Was sollte anders gemacht werden?
- Ergebnisse dokumentieren und veröffentlichen
- Betreffende Schnittstellen und Verantwortliche informieren

Bei weiteren Teamtreffen und Anschlussterminen empfiehlt es sich, zu Beginn einen Abgleich und Rückblick der vorangegangenen Teamarbeit vorzunehmen und gezielt anzumoderieren:

Soll/Ist-Abgleich zu den Punkten

- Was konnte bisher erreicht werden?
- Was konnten die Mitwirkenden in der Zwischenzeit bewegen und umsetzen?
- Welche Erkenntnisse und Hindernisse haben sich ergeben?

4.6 Entscheidungs- und Konsensfindung im interprofessionellen Team

Mitarbeitende der verschiedenen Professionen im Gesundheitswesen treffen innerhalb ihrer Aufträge und Verantwortungen regelmäßig eigenverantwortliche Entscheidungen.

Sie erhalten in der Regel einen Auftrag bzw. eine Anordnung, eine Verordnung oder einen allgemein gefassten Handlungsauftrag. Vergleichbar ist dies mit einem Managementauftrag, einem Projektauftrag oder einer Handlungsanweisung im Rahmen von vordefinierten Ressourcen (z. B. Rahmen, Budget etc.).

Professionen im Gesundheitswesen sind gewohnt, eigenverantwortlich im Rahmen ihrer Kompetenzen zu analysieren, zu planen und das umzusetzen. Handlungsautonomie und das entscheidungsfokussierte Denken und Handeln kennzeichnen Professionen im Gesundheitswesen. Diese besonderen Ressourcen und Stärken der Professionen prägen interprofessionelle Teams.

Grundvoraussetzungen sind in Problemlöseprozessen und in Prozessen der Entscheidungsfindung das positive Wahrnehmen, Aktivieren und Managen der Stärken und die Fokussierung auf eine Konsensfindung.

Die zunehmende Komplexität der Anforderungen, Abhängigkeiten und Fragestellungen im Gesundheitswesen führt oftmals dazu, dass einzelne Professionen überfordert sind und nicht weiterkommen. Die Kompetenzen, das Wissen und die Fähigkeiten anderer Professionen müssen daher zusammengeführt und bearbeitet werden. Die interprofessionelle Teamarbeit hat eine Koordinationsfunktion, weil sie weitere Schritte in Prozessen abstimmt und einleitet.

Das interprofessionelle Team erhält eine besondere Verantwortung, wenn Lösungen entwickelt und Entscheidungen erarbeitet, vorbereitet und getroffen werden müssen.

Ein fest etabliertes interprofessionelles Team hat durch die Wahrnehmung bestimmter regelmäßiger Aufgaben eine Repräsentationsfunktion.

Interprofessionelle Teamarbeit beinhaltet in der Regel die berufsgruppenüber-greifenden Funktionen der Analyse, der Koordination, der Lösungsentwicklung und einen Beitrag zur Entscheidungsfindung. Dies zeigt die besondere Bedeutung dieser Arbeitsform von interprofessioneller Teamarbeit für eine Gesundheitseinrichtung auf.[21]

Die gegenseitige Wertschätzung der Professionen innerhalb von IP-Teams leistet einen wichtigen Beitrag zur effektiven Zusammenarbeit. In der Moderation wird dies immer im Blick gehalten und von den Beteiligten eingefordert. Der Erfolg von Teams wird wesentlich durch das Einbringen des Wissens, der Vielfalt und der Entscheidungs-fähigkeiten der Mitwirkenden bestimmt.

Im klinischen Alltag zeigt sich das vor allem durch die interprofessionelle Heran-gehensweise bei behandlungsbezogenen Fragestellungen. Das wird von den Beteiligten durch frühzeitiges Erkennen von Symptomen, Kommunikation, Koordination und Ein-leitung von präventiven Maßnahmen zur Vorbeugung von Ereignissen in Behandlungen sichergestellt. Auch das Ändern von Vorgehensweisen im Sinne von Korrekturen und/ oder Anpassungen zählt dazu.

Notwendige Entscheidungen auf der Grundlage von Ergebnissen werden gemein-schaftlich im Team auf Augenhöhe der Mitwirkenden getroffen. Jeder im Team leistet im gemeinsamen Arbeitsprozess einen Beitrag zur Zielerreichung.

Der Erfolg oder Misserfolg gehört in die gemeinsame Verantwortung und kann nicht dem IP-Manager zugesprochen werden. Er hat die Aufgabe, diesen Prozess zu leiten und regelmäßig das Commitment aller Beteiligten einzufordern und sicherzustellen. Dazu werden die Beteiligten motiviert, aufgefordert und aktiv einbezogen.

Die Leitung der Diskussionen in Entscheidungsprozessen und in Lösungsprozessen oder die Festlegung von Maßnahmen obliegt dem Manager im Rahmen seiner Modera-tion. Die eigene Neutralität muss konsequent eingehalten werden.

Eine besondere Herausforderung für die Moderation von interprofessionellen Teams ist, die verschiedenen Professionen in ihrem Autonomiebestreben auszugleichen und das Zusammenwirken im aktiven gemeinsamen Teamprozess sicherzustellen.

Während des Gesprächsverlaufs kann es zu intensiven Diskussionen bis zu Konflik-ten aufgrund unterschiedlicher Meinungen und Interessen kommen. Das ist durchaus erwünscht, muss aber gut moderiert werden. Die Konsensfindung wird durch das Er-arbeiten einer gemeinsamen Lösung und gemeinsame Vereinbarungen sichergestellt.

---

[21] Vgl.: Nerdinger, et al.(2019): Arbeits- und Organisationspsychologie, Springer Verlag Heidel-berg, 4. Auflage, S. 120.

4.7   Entwicklungen durch Arbeitsprozesse in interprofessionellen Teams

Durch den Arbeitsprozess des Teams, der Entwicklung von Lösungen, den damit verbundenen Diskussionen, durch Informationsaustausch der Professionen und den Klärungsprozess in Konsensphasen entstehen neue Teamerfahrungen.

Teamerfahrungen prägen durch die Rückbesinnung auf ihre eigene Geschichte die Zukunft des interprofessionellen Teams und dessen weiteren Verlauf.

4.7.1   Teamveränderungen durch interprofessionelle Teamarbeit

Die Mitwirkenden haben etwas Neues geschaffen, neue Ziele erreicht oder gemeinsam Rückschläge erlebt. Das führt zu einem besonderen Zusammenhalt und kann positive Beziehungen zwischen den einzelnen Professionen entstehen lassen. Die gemeinsame Verpflichtung, das gemeinsame Wohlergehen und die Wertschätzung unterstützt und fördert neue Potenziale innerhalb und außerhalb der Teamarbeit. Diese Verbundenheit entwickelt gemeinsame Identität und Grundübereinstimmungen. Das führt zur Steigerung des Selbstwertgefühls der Mitwirkenden und findet Ausdruck im gegenseitigen Respekt und der Wertschätzung in den Arbeitsbeziehungen.[22] Die Kommunikation und Interaktion außerhalb des Teams werden durch die erzielten Ergebnisse positiv beeinflusst.

4.7.2   Bedeutung des Feedbacks in der interprofessionellen Teamarbeit

Das aktive Arbeiten in interprofessionellen Teams fördert die Flexibilität in der Organisation. Teamarbeit unterstützt durch das gemeinsame Reflektieren von Erfahrungen die Flexibilität, sich auf neue Situationen innerhalb und außerhalb der Organisationen einzustellen. Dadurch sind Teams fähig, schnell Veränderungen wahrzunehmen und sich rechtzeitig auf neue Bedingungen einzustellen. Das regelmäßige Einfordern von Rückmeldung im Team ist eine wichtige Voraussetzung zum gemeinsamen Lernen.

Feedback ist eine aktive Kommunikationsform der Rückmeldung zur Bestätigung bestehender und zum Schaffen von neuen Informationen. Es bedeutet die bewusste oder unbewusste Rückmeldung über ein wahrgenommenes Verhalten, verbal oder körpersprachlich. Über bewusste strukturierte Feedbacks lernen Personen voneinander und erkennen ihre Unterschiedlichkeiten.

---

[22]Vgl.: Ellebracht, H. et al. (2002): Systemische Organisations- und Unternehmensberatung, Gabler Verlag, Wiesbaden, S. 326–328.

Sich Feedback in der Zusammenarbeit zu geben, ohne sich gegenseitig anzugreifen, ist eine Chance, aber auch eine Herausforderung. Daher sollte ein Feedback freiwillig, in einem entwicklungsfördernden Setting unter der Einhaltung von strukturierenden Regeln erfolgen.

Eine kollegiale Arbeitsatmosphäre, in der alle Beteiligten auf Augenhöhe miteinander agieren, wird als grundlegend für die Etablierung neuer interprofessioneller Beziehungen gesehen. Wiederholte interprofessionelle Reflexionen, z. B. in einer Stationsbesprechung, können die Umsetzung verstärken, Verantwortlichkeiten klären und die Zusammenarbeit optimieren.

Reflexionen werden heute in vielfältigen Situationen genutzt, um aus erfahrenen Ergebnissen Verbesserungen abzuleiten.[23]

Interprofessionelle Teams sind bereit, gemeinsam zu lernen und daraus Anpassungsfähigkeiten zu schöpfen. Sie leisten dadurch einen wichtigen Beitrag in der organisatorischen Weiterentwicklung.

Durch den selbstbestimmten Arbeitsprozess übernehmen sie gemeinsame Verantwortung für die Konsequenzen. Durch gegenseitige Toleranz, Loyalität und aktive Mitwirkung zeichnen sie sich aus. Interprofessionelle Teams arbeiten mit starkem Sinnbezug in ihren Aufgaben und fördern das gemeinsame Identitätsgefühl durch Selbstorganisation, Konsensfähigkeiten und gemeinsame Entscheidungsfindungen (Abb. 4.10).

4.8   Konflikte in Teams gut managen

In interprofessioneller Teamarbeit führen unterschiedliche Positionen und Einstellungen immer wieder zu Konfliktsituationen. Über deren Entstehung, deren zielführende Bearbeitung und gutes Management im Team wird aufgrund der Wichtigkeit in diesem Abschnitt eingegangen.

Bezogen auf Organisationen und Teams lässt sich theoretisch argumentieren, dass keine Konflikte auftreten können, wenn die entsprechenden Regelungen vorab getroffen sind. Sicher lassen sich Beurteilungskonflikte reduzieren, wenn transparenter kommuniziert wird. Oder Verteilungskonflikte werden vermieden, wenn alle Beteiligten die Verteilung als gerecht erleben. Konflikte wird es aber weiterhin geben.

4.8.1   Grundlagen der Konfliktentstehung

Im Krankenhaus beklagen insbesondere Pflegekräfte Kommunikationsprobleme, wie das von Bundesärztekammer und Deutschem Pflegerat initiierte Modellprojekt „Interprofessionelle Kommunikation im Krankenhaus" aufzeigte. Auch andere Autoren haben

---

[23] Vgl. Fengler (2017).

Abb. 4.10 Ziele zum
teambezogenen Feedback

Kulturunterschiede in den Kommunikationsstilen der Berufsgruppen und damit einher-
gehenden Erwartungen an die Kommunikation aufgezeigt, die zu Konflikten führen.[24]
Bereits eine als unangemessen erlebte Äußerung kann einen Konflikt auslösen und eine
schwierige Situation entstehen lassen.

Es werden die *horizontalen* und die *vertikalen* Kommunikationswege und -barrieren
beschrieben. Die vertikale Barriere (hierarchische Kommunikation von oben nach unten)
begrenzt die zu kommunizierende Information und die Ebene in der Organisation, an die
diese weitergegeben werden. Barrieren fördern die Bildung unterschiedlicher Ansichten
von Mitarbeitern, die sich mangels kommunikativen Austausches verfestigen können.

Abgesehen von Kommunikationsproblemen und unterschiedlichen Kommunikationsstilen entstehen Konflikte durch divergierende Bedürfnisse, Erwartungen, Werte und Erfahrungen von Personen, die im beruflichen Alltag aufeinandertreffen.

Auslöser für Konflikte können Rücksichtslosigkeit, illoyales Verhalten, Ungerechtigkeit, ungeprüfte Annahmen, Unehrlichkeit, fehlende Toleranz, gegenseitiges Unverständnis
sowie Missgunst und Ungeduld sein. Folgende Vorgänge werden in der Kommunikations-
wissenschaft als Auslöser für die wesentlichsten Konflikte am Arbeitsplatz genannt:

- verschiedene Einstellung zur Arbeit in Bezug auf deren gewissenhafte Erledigung,
- Zuwiderhandlungen gegen informell etablierte Gewohnheiten,
- unangebrachtes Verhalten gemäß der zugeordneten Rolle,
- angeblich festgestellte Ungerechtigkeit,
- unzureichend begründete Entscheidungen.

---

[24]Vgl. *St.Pierre/Hofinger* (2020), S. 245.

In vielen Fällen haben die Konflikte eine Vorgeschichte, die auf Mangel an der Befriedigung grundlegender Bedürfnisse wie Anerkennung und Wertschätzung fußt.

Die Interaktion mit Patienten und Angehörigen kann ebenfalls zu Konflikten führen, wie auch bestimmte Organisationsformen (Prozesse, Strukturen, formale Aspekte) der Arbeit. Interaktionen zwischen Personen und damit zusammenhängende Konflikte finden in systemischen Strukturen statt und werden durch diese geprägt.[25]

Zwei Organisationsformen und deren Konfliktträchtigkeit seien exemplarisch genannt.

Eine besondere hierarchische Organisationsform ist die **Stab-Linien-Organisation,** Stabseinheiten sind Planungseinheiten, die einem Vorgesetzten zugeordnet sind, denen aber selbst keine Linieneinheiten untergeordnet sind, denen sie Weisung erteilen können. Häufig sind Mitglieder von Stabseinheiten Spezialisten, die die Macht ihres Vorgesetzten benötigen, um ihre Konzepte zur Umsetzung in der Linie zu bringen. Die wissenschaftliche Ausbildung und Sprache unterscheiden sich häufig von der der Linie, was zu Kommunikationsschwierigkeiten und Konflikten führt. Typische Beispiele für Stabseinrichtungen in Gesundheitseinrichtungen sind Qualitäts-, Prozess- und Risikomanagement sowie der Hygienebeauftragte.

Eine weitere konfliktträchtige Organisationsform ist die **Matrixorganisation,** die eine doppelte Hierarchie aufweist, da Mitarbeiter oder Teams zwei Vorgesetzte haben, die zwei verschiedene Steuerungsdimensionen darstellen, z. B. Linien- und Projektstruktur. Typische Nachteile sind:

- hohe Anzahl an Führungskräfte im Vergleich zu Mitarbeitern,
- hoher Bedarf an Kommunikation,
- mangelnde Transparenz des Entscheidungsprozesses,
- größerer Zeitbedarf bis zur Entscheidung.

Horizontale Barrieren werden häufig durch Team- und Abteilungsgrenzen gebildet, insbesondere, wenn der Instanzenweg über die Hierarchie einzuhalten ist. Die Position einer Person oder Gruppe im formalen Kommunikationsnetzwerk kann ein Anreiz bzw. eine Belohnung darstellen.

Formale Kommunikationsbarrieren können dazu führen, dass informelle Kommunikationskanäle über *informelle Gruppen* etabliert werden. Informelle Gruppen können aus dem Zweck der informellen Informationsbeschaffung entstanden sein, aber sich auch aus einer Gelegenheit zu sozialen Kontakten, Selbstdarstellung oder Prestige und Ansehen gefunden haben. Je stärker die Informationsbarrieren ausgeprägt sind, desto vermehrt werden häufig informelle Kommunikationskanäle gesucht.

Die Gruppengröße selbst wirkt sich auf das Konfliktpotenzial aus. Größere Gruppen bieten mehr Reibungsflächen (unterschiedliche Bewertungen von Nachrichten, Missverständnisse und Misstrauen) durch geringere Kohäsion, Teilgruppenbildungen und

---

[25] Vgl. Hoos-Leistner (2020), S. 129–130.

Kommunikationsschwierigkeiten. Im Krankenhaus ist dies durch zahlenmäßig unterschiedlich große Berufsgruppen, Anordnungsbefugnisse, Ausbildungshintergründe, Gehaltniveaus sowie gesellschaftliches Ansehen gegeben.[26]

Auch für informelle Kommunikationskanäle gibt es Barrieren, wie z. B. räumliche Distanz.

Sollte ein Kommunikationsprozess stattfinden, bedeutet dies nicht, dass das Verständnis über die Nachricht und deren Wirkung bei Empfänger und Sender identisch ist, da es sich nach McGuire (von ihm als Einstellungsänderung bezeichnet), um einen fünfstufigen Informationsverarbeitungsprozess handelt:[27]

McGuire betrachtet die Einstellungsänderung als einen Prozess, der mindestens fünf Verhaltensschritte umfasst, nämlich Aufmerken, Verstehen, Zustimmen, Behalten und Handeln. Der Informationsempfänger muss alle Schritte in der genannten Reihenfolge durchlaufen, damit Kommunikation ihre Überzeugungswirkung entfalten kann.[28]

Eine besonders extreme Form des sozialen Konfliktes in Organisationen ist das Mobbing. Die Entstehung kann meist folgenden Kategorien aufweisen:

- Die Organisation weist ein schlechtes soziales Klima mit starker Wettbewerbsorientierung und geringem Konfliktlösungspotenzial auf.
- Führungskräfte bieten keine soziale Unterstützung oder fördern selbst Mobbing.
- Personen werden durch „Personalarbeit" in die Kündigung gedrängt.
- Gekränkte Personen üben Rachsucht, oder „Sündenböcke" werden für existierende Konflikte gesucht.
- Die Persönlichkeit des Opfers erleichtert Mobbing.
- Die Kommunikation zwischen Tätern und Opfern ist gestört.[29]

Bei ungelösten zwischenmenschlichen Konflikten sind folgende Aspekte beobachtbar:

- trügerische und die Realität verzerrende Kommunikation,
- Betonung von Unterschieden,
- Skepsis, Bedenken und Abneigung,
- Aufzwingen eigener Positionen und Vorgehensweisen dem Gegenüber.

---

[26] Vgl. Hibbeler (2011), S. A 2138.

[27] Vgl. *Rüttinger/Sauer* (2016), S. 13–70.

[28] McGuire, W. J. (1969). The nature of attitudes and attitude change. In: Lindzey, G.; Aronson, G. E. (Hrsg.). The handbook of social psychology. Vol III. Reading: Addison-Wesley Pub. Co., S. 136–314.

[29] Vgl. *Rüttinger/Sauer* (2016), S. 241.

Bezogen auf das Konfliktverhalten wird zwischen zwei grundsätzlichen Strategien unterschieden: kompetitives (Pokerstrategie) und kooperatives (Problemlösungsstrategie) Verhalten und Erleben. Bezogen auf die Kommunikation wirkt sich das wie folgt aus:

Kooperative Akteure suchen die Kommunikation, informieren sich offen und ehrlich und streben eine gemeinsame Lösung an. Dazu werden folgende grundsätzliche Verhaltensweisen empfohlen:

- Erregungen kontrollieren, um möglichst auf der Sachebene zu bleiben,
- Vertrauen herstellen, indem eigene Gefühle benannt werden,
- offen kommunizieren, indem andere Meinungen zugelassen werden.

Kompetitive Akteure vermeiden die Kommunikation, halten ihre Informationen zurück und

- versuchen, Informationen über die Gegenseite auf Umwegen zu erhalten.
- Jede Partei versucht, nicht als Verlierer dazustehen. Die Konfliktlösung wird gemieden, wodurch das Potenzial zur Weiterentwicklung der Organisation nicht genutzt wird.

4.8.2 Konfliktgegenstände und Konfliktarten

Gesundheitseinrichtungen sind komplexe Organisationen mit vielfältigen Anforderungen und traditionellen Abläufen. In den Wechselwirkungen an den Schnittstellen findet Kommunikation statt, innerhalb und außerhalb. Der Patient selbst kommuniziert an vielen Stellen, diese werden als Kundenkontaktpunkte bezeichnet. In allen Prozessen kann es zu Widersprüchen kommen, die von den Beteiligten geregelt werden müssen. Die Widersprüche können Konflikte auslösen und den Arbeitsalltag belasten. Die Spannungsfelder beziehen sich auf organisatorische Aspekte und auf die Patientenprozesse selbst. Das Spannungsfeld in der direkten Arbeit mit dem Patienten kann über wahrgenommene Diskrepanzen des eigenen Verständnisses oder der eigenen Einstellungen zu Anforderungen entstehen.

Die Organisationspsychologie unterscheidet bezogen auf Teams bzw. Arbeitsgruppen zwischen Aufgaben- und Beziehungskonflikten.

Aufgabenkonflikte beziehen sich hier auf die Bearbeitung einer gemeinsame Aufgabe.[30] So hat beispielsweise die Arbeit am Patienten viele Schnittstellen, und die Aufgabenverteilung ist nicht immer klar und kann zusätzlich von Station zu Station abweichen, was schnell zu Missverständnissen führt, insbesondere wenn sich die Kommunikation zwischen Ärzten und Pflegern auf die Patientendokumentation beschränkt.

---

[30]Vgl. Solga (2014), S. 120.

Aufgabenkonflikte werden in Prozess- und Beurteilungskonflikte untergliedert. Beurteilungskonflikte beruhen auf unterschiedliche subjektive Beurteilungen von Vorgaben, Randbedingungen und Ergebnissen. Während sich Prozesskonflikte auf organisatorische Aspekte der Aufgabenerfüllung beziehen, wie Ressourcenverfügbarkeit, Aufgaben-, Belohnungs- und Verantwortungszuordnungen etc. Wenn Ressourcen so knapp sind, dass nicht alle Ansprüche befriedigt werden können, wird dies als Verteilungskonflikt bezeichnet, wobei die erlebte Gerechtigkeit eine wichtige Rolle spielt, d. h., es kann eine Mischung aus einem Prozess- und Beurteilungskonflikt sein. Wird die wahrgenommene Ungerechtigkeit zum zentralen Konfliktthema, taucht der Begriff des Gerechtigkeitskonfliktes auf.

Von den Aufgabenkonflikten abgegrenzt werden die Beziehungskonflikte, bei denen nicht die gemeinsame Arbeit der ursächliche Konfliktgegenstand ist. Im Krankenhaus treffen unterschiedliche Sozialisierungen der Professionen durch die Ausbildung sowie Werte, Verhaltensweisen und Ziele aufeinander, was Konfliktpotenzial für die generelle Zusammenarbeit beinhaltet, die essenziel für erfolgreiche medizinische Interventionen ist.[31] Die Unterkategorie „Wertekonflikte" seht für die Konflikte, die aus unterschiedlichen Wertvorstellungen und Sozialisierung der Professionen ausgelöst werden, welche auch ethische Fragestellungen umfassen. Eine weitere Unterkategorie Wahrnehmungskonflikte bezieht sich auf die eigene subjektive Wahrnehmung, nicht beachtet, verstanden oder gedemütigt zu werden.

Verschiedene Konflikttypen können sich in der Praxis vermischen. Häufig eskalieren Aufgabenkonflikte über die Zeit und werden zugleich zu Beziehungskonflikte.[32]

4.8.3   Konfliktentstehung wahrnehmen

Ein wichtiger Schritt zur Konfliktlösung ist der Abbau von Kommunikationsbarrieren.[33] Ein beobachtbares Phänomen ist, dass Konfliktparteien sich im Team zurückziehen, den Kontakt meiden und sich abschirmen. Dadurch können Missinterpretationen der gegenseitigen Handlungen entstehen. Stattdessen ist die Akzeptanz der Andersartigkeit jeder Person entscheidend.

Es muss miteinander gesprochen, zugehört und Aussagen überprüft werden. Eine professionelle Kommunikation sollte sich auf den Konfliktauslöser fokussieren, um eine Lösung für zukünftige Interaktionen zu finden. In einem klärenden Gespräch oder einem Konfliktlösungsgespräch muss in der Kommunikation geklärt werden, welche Interessen jede Konfliktparte selbst hat. Dazu sind gemeinsame berufliche Interessen zu finden. Behauptungen, die geäußert werden, entstammen der Wirklichkeit des Senders.

---

[31] Vgl. Spiegel (2020), S. 109–110; Welp (2019), S. 22.

[32] Vgl. Solga (2014), S. 120–121.

[33] Vgl. Spittka (2016), S. 4.

Der Empfänger kann diese nicht ändern, aber versuchen, durch Fragen diese zu verstehen. Mittels „Ich"-Botschaften vertritt er seinen eigenen Standpunkt.

Hierzu wird in der Literatur ein strukturierter Bearbeitungsprozess empfohlen, dem eine Analyse mit folgenden Fragen vorangestellt ist:

- Wer sind aus welchem Grund die Beteiligten am Konflikt?
- Was war der Konfliktauslöser?
- Was ist der Konfliktgegenstand?
- Welche Interessen und Bedürfnisse scheint es diesbezüglich zu geben?
- Welche Gefühlsäußerungen verdeutlichen das?
- Was sind die verfolgten Ziele?
- Was wurde bisher zur Lösung des Konfliktes getan?
- Was ist der eigene Einfluss auf den Konflikt?

Die Konfliktbeteiligten möchten zunächst gehört werden. Werden zusätzlich Bedürfnisse und Gefühle respektiert, ist dies eine gute Basis für die Erarbeitung eines Kompromisses.

Mit Verweis auf Klappenbach[34] unterscheidet Hoos-Leistner drei Konfliktmanagement Arten:

- **Problemlösend:** Der Ansatz analysiert, was das eigentliche Problem hinter dem benannten Problem ist, welches einen Konflikt auslöst.
- **Lösungsorientiert:** Der lösungsorientierte Ansatz analysiert nicht das Problem oder die Sachlage, sondern fokussiert sich auf die Lösungsfindung.
- **Institutionalisiert:** Hier gibt es eine dritte Partei, die die Konfliktlösung bestimmt und die Konsequenzen für die Konfliktbeteiligten aufzeigt. Ein Beispiel ist ein Schlichtungsverfahren. Dieser Ansatz kann bei Arbeitsstreitigkeiten ein Lösungsweg sein, wenn sich keine Lösung durch die Beteiligten selbst abzeichnet, was meist eine Beendigung der Beziehung impliziert.[35]

4.8.4 Konfliktlösungen

Berufliche Konflikte in Teams existieren und kommen immer wieder vor. Eine Konfliktsituation wird als hinderliches Problem empfunden, löst Unzufriedenheit aus und kann aggressives Verhalten bewirken. Konfliktsituationen können offen angesprochen werden, oder sie schwelen im Unklaren und beeinträchtigen die Zusammenarbeit. Mut und Bereitschaft sind erforderlich, um die Lösung eines Konfliktes anzugehen. Das Wahrnehmen und Erkennen von Konflikten ist der erste Schritt.

---

[34]Vgl.: *Klappenbach* (2013)).
[35]Vgl. Hoos-Leistner (2020), S. 128–131.

Er scheint zunächst nicht greifbar zu sein, aber Symptome zeigen sich, und es sollte darauf reagiert werden. Dazu ist es jetzt erforderlich, selbst für die eigenen Meinungen, Überzeugungen, Interessen oder Bedürfnisse einzustehen. Jeder nimmt den Konflikt anders wahr und deshalb unterscheiden sich die Ansichten der Beteiligten.

Individuelle Denk- und Fühlmuster führen zu Missverständnissen und Konflikten je nach Persönlichkeitstypus. Da es aber nicht die eine Wahrheit gibt, sollte eine zielgesteuerte Konfliktlösung angegangen werden, die von den Haltungen der Beteiligten sowie der Art der Kommunikation abhängt.[36]

Voraussetzung für eine kooperative Konfliktlösung ist, dass keine reine Wettbewerbssituation vorliegt, d. h. die Kooperation grundsätzlich eine Option ist.

Neben der reinen Lösung des Konfliktes, das gilt auch für Beziehungskonflikte, gehört ein Feedbackgespräch zur guten Kommunikation. In der oben erwähnten Conflicus-Studie hielten 80 % der Pflegekräfte und 80 % der Ärzte die informelle Nachbesprechung und Diskussion die beste Möglichkeit zur Konfliktlösung.[37]

4.8.4.1 Sachliche Konflikte

Situationen werden von Menschen divergierend wahrgenommen, woraus diese unterschiedlichen Pläne und Absichten ableiten. Ein Konflikt entsteht, wenn sich die Absichten ganz oder teilweise widersprechen. Zur Klärung des Konfliktes lassen sich im medizinischen Bereich Daten, Meinungen und Anzeichen hinzuziehen. Entweder führt dies zu einer Annäherung der Absichten oder zur Kompromissbildung.

Wenn der Konflikt konstruktiv ausgetragen wird, verschafft er allen Beteiligten ein Lernfeld, in dem diese ein umfassenderes Bild der Wirklichkeit erhalten und so zu einer besseren Lösung kommen können. Ein unterstützendes Werkzeug beschreibt Welp (2019) in der DESC-Formel (Describe, Express, Specify and Consequences). Nach dieser Formel wird der Sachverhalt aus eigener Perspektive möglichst rational beschrieben (Describe), das eigene Empfinden diesbezüglich ausgedrückt (Express), Handlungsalternativen aufgezeigt (Specifiy) und diese bewertet (Consequences).[38]

Wenn sich die Konflikte rein auf die Sachebene beziehen, lassen sie sich in der Regel über fachliche Argumente (Lehrmeinungen, Daten, Modelle) lösen.

4.8.4.2 Beziehungskonflikte

Da neben den Sachverhalten auch Personen involviert sind, lassen sich Konflikte nicht auf die Sachebene reduzieren. Insbesondere solche, die sich als zäh und nachhaltig erweisen, haben einen hohen Beziehungsanteil. Gerade in Notfallsituationen, wo es um Ressourcenkonflikte und harte sachliche Widersprüche geht, sind diese kaum zu lösen.

---

[36] Vgl. Hoos-Leistner (2020), S. 129–130.

[37] Vgl. *de Heer/Kluge* (2012), S. 252.

[38] Vgl. Welp (2019), S. 22.

Hier sollten Führungskräfte und Teammitglieder im Nachgang aktiv werden, wenn mehr Zeit verfügbar ist.[39]

4.8.4.3 Intrapersonelle Konflikte

Intrapersonelle oder innere Konflikte sind unvereinbare Tendenzen, die innerhalb einer Person existieren. Sie betreffen Ziele, Wünsche und Bedürfnisse in Verbindung mit den dazugehörigen Gefühlen. Meist treten solche Konflikte in einer Entscheidungssituation mit mehreren Alternativen auf und sind belastend, verunsichernd und störend. Man möchte den inneren Gleichgewichtszustand wiedererlangen.

Die Konfliktlösung startet mit der Erkenntnis, dass ein Konflikt vorliegt und der daran anschließenden Sach- und Gefühlslage. Dazu schlägt Hoos-Leistner folgende Fragen vor:

- Worum geht es genau?
- Welches Bedürfnis ist es?
- Ist es ein fehlendes oder als missachtet wahrgenommenes Bedürfnis?
- Welche Gefühle löst der Konflikt aus?
- Wer oder was hat dazu geführt, dass die Person im Konfliktzustand ist?[40]

Die eigenen Bedürfnisse und Gefühle sind als wichtig für das eigene Wohlbefinden oder als Lerngegenstand anzunehmen. Dem Konflikt sollte ein Name gegeben werden, damit für die weitere Bearbeitung eine Perspektive von außen eingenommen werden kann.

Bevor in die tiefere Analyse eingestiegen wird, sollte ein Weg, z. B. über innere Achtsamkeit, gefunden werden, um die körperliche Reaktion auf die wesentlichen Emotionen positiv zu beeinflussen. Das fördert eine wertschätzende innere Atmosphäre.

Die Analyse fragt dann nach Bedeutung und Ziel des Konfliktgegenstandes für die eigene Person. Danach wird nach Möglichkeiten in der eigenen Entwicklung oder sonstige positive Aspekte gesucht, um die Emotionen zu reduzieren.

Zum Schluss sind alle Idee innerlich zu prüfen, die einen Plan zur Beseitigung des Konfliktes darstellen. Hierzu ist die Nutzung eines Einzelcoachings oder einer Supervision hilfreich, um den Konflikt mittels Perspektivenwechsels zu bearbeiten und für zukünftige Konflikte daraus zu lernen.[41]

4.8.5 Der Konfliktmanagementprozess

Sollte es zu Störungen und Konflikten in Teams kommen, werden fünf aufeinander aufbauende Schritte empfohlen (Abb. 4.11).

---

[39] Vgl. *St.Pierre/Hofinger* (2020), S. 261–262.

[40] Hoos-Leistner (2020), S. 129.

[41] Vgl. Hoos-Leistner (2020), S. 128–130.

Abb. 4.11   Konfliktarten im Überblick

4.8.5.1 Klassische Konfliktmoderation

Nach Ellebracht ist Ziel einer Konfliktmoderation, einen gemeinsamen Weg zu gehen und für alle Beteiligten tragbare Lösungen und Vereinbarungen zu erarbeiten.

Moderation ist das aktive Steuern und Koordinieren eines Gesprächs mit mannigfachen Personen. In der Konfliktmoderation haben die Personen unterschiedliche Meinungen und Sichtweisen. Der Moderator ist neutral und ein methodischer Gesprächsleiter auf dem Weg der Deeskalation und der Problemlösung.

Der Moderator leitet das Gespräch aktiv und steuert den Verlauf, jedoch nicht die Inhalte. Er sorgt dafür, dass die Konfliktparteien miteinander kommunizieren und ihre Interessen zu einer Lösung entwickeln. Dazu muss er im Ablauf beide Faktoren der Sachebene (Inhalte) und der Beziehungsebene (Gesprächsklima) gleichermaßen berücksichtigen und steuern (Abb. 4.12).

Für die Moderation eines Konfliktes stehen verschiedene Techniken und systemische Instrumente zur Durchführung bereit. Die Kunst der erfolgreichen Konfliktmoderation besteht im Gelingen der Kommunikation zwischen den Parteien und bleibt immer wieder eine Herausforderung. Zur Konfliktlösung sollte eine neutrale Person die Moderation übernehmen. Sie vereinbart Gesprächsregeln und holt sich von den Beteiligten die Zustimmung ein, dass diese an einer Konfliktlösung und Konsensfindung mitwirken wollen. Dann beginnt die eine Partei ihre Sicht der anderen darzustellen. Dabei darf sie nicht unterbrochen werden. Es sind nur Verständnisfragen zugelassen. Der Moderator soll darauf achten, dass die Beteiligten miteinander das Gespräch (verbal und non verbal) führen. Der Zuhörer soll das Gesagte zusammenfassen. Dann berichtet der andere über seine Sicht der Dinge und wieder muss der Zuhörer dies wiederholen. Der Moderator fragt dann beide nacheinander, ob sie Neues erfahren haben und sich dadurch etwas verändert hat.

Im Konfliktmanagement gilt es zunächst die verschiedenen Ursachen zu identifizieren und zu analysieren. Dazu entwickeln die Beteiligten eine Ursachenanalyse und betrachten mögliche Einflussfaktoren auf den Konflikt. Der Moderator unterstützt bei der Herausarbeitung der Hauptursachen und leitet in den nächsten Schritt der Konfliktlösung

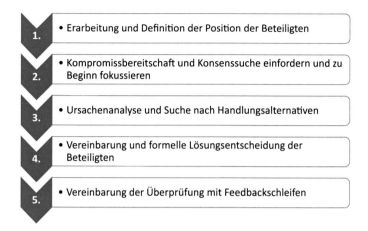

1. • Erarbeitung und Definition der Position der Beteiligten

2. • Kompromissbereitschaft und Konsenssuche einfordern und zu Beginn fokussieren

3. • Ursachenanalyse und Suche nach Handlungsalternativen

4. • Vereinbarung und formelle Lösungsentscheidung der Beteiligten

5. • Vereinbarung der Überprüfung mit Feedbackschleifen

Abb. 4.12   Die fünf Schritte im Konfliktmanagement. Nach Ellebracht (2002)[42]

ein. Eine Ursachenanalyse ist ein Prozess, mit dem die tiefere Ursache von problematischen Auswirkungen ermittelt wird. Hierbei werden die Einflussfaktoren bestimmt, die zu dem Konflikt geführt haben. Diese können in dem Arbeitsprozess, in der Ausstattung, bei den Patienten und bei den Teammitgliedern liegen.

Zur Entstehung eines Konfliktes können mehrere Ursachen zusammenkommen und auf ihn einwirken. Diese müssen dann zur weiteren Bearbeitung im Team besprochen, bewertet und dann nach Wichtigkeit priorisiert werden. Die Beteiligten entwickeln gemeinsam alternative Lösungsmöglichkeiten und einigen und entscheiden sich für die aus ihrer Sicht geeignetste. Die notwendigen Maßnahmen zur Umsetzung werden abgestimmt und deren Überprüfung festgelegt.[43]

Die Bedingungen für die Konfliktentstehung werden auf der Grundlage der Ursachenanalyse reflektiert. Präventive Maßnahmen können entwickelt werden, um diese Konfliktkonstellation nicht mehr entstehen zu lassen.

Vorgesetzte sollten Moderationsunterstützung anbieten, indem sie den Kontakt zwischen den Beteiligten herstellen, damit die Streitpunkte ausdiskutiert und mögliche Kompromisse aufgezeigt werden.

Weitere Punkte sind für die Konfliktlösung durch Unterstützung des Vorgesetzten zu beachten:

- Erst die Fakten sammeln, bevor ein Urteil gefällt wird.
- Zunächst Fragen stellen, um mehrere Lösungsmöglichkeiten anzuregen, statt eine bestimmte Lösung zu forcieren.

---

[42] Vgl.: Ellebracht (2002), S. 267.
[43] Vgl. Ellebracht (2002), S. 267.

- Allen Beteiligten die gleiche Möglichkeit geben, sich zu äußern.
- Objektive Entscheidungskriterien anstreben.[44]

Als Methode zur kooperativen Konfliktlösung dient ebenfalls die Harvard-Verhandlungstechnik (siehe dazu im Kapitel Methoden).

4.8.5.2 Umgang mit Konfrontationen in Konflikten

Zu Konfrontationen in Konflikten kommt es, wenn Meinungen, Interessen und Handlungsvorstellungen aufeinandertreffen. Fühlt sich einer der Gesprächspartner angegriffen und bedroht, kann ein Konflikt eskalieren. Das Gespräch ist blockiert und muss konstruktiv weitergeführt werden. Durch den Austausch von Vorschlägen und Gegenvorschlägen mit dem Ziel, eine Vereinbarung zu treffen, soll durch die Verhandlung der Konflikt entschärft werden. Stellvertretend für viele Methoden der Konfliktdeeskalation wird auf die VIR-Regel eingegangen. Dazu kann die partnerzentrierte Gesprächsregel VIR[45] für konfrontative Gesprächssituationen zur Deeskalation hilfreich sein. Das V steht für Verständnis, das I für Interesse, das R für Regelung (Abb. 4.13).

4.8.5.3 Passivität und Aggressivität

Das Kommunikationsverhalten bei der Konfliktlösung kann sich in Passivität, Aggressivität oder Beharrlichkeit äußern:

- **Passivität:** Die Person schwächt ihre Absichten ab, indem sie ihre Intentionen in Fragen oder „verweichlichte" Äußerungen packt. Kritische Aspekte werden nicht direkt angesprochen.
- **Aggressivität:** Aggressive Aussagen vermitteln klar und direkt die eigene Intention, nehmen aber keine Rücksicht auf den Empfänger, der die Inhalte als Anschuldigen auffasst und daher dazu neigt, diese abzuweisen.
- **Beharrlichkeit:** Diese Verhaltensweise befindet sich in der Mitte des Kontinuums und ist wichtig für die Lösung schwerer Konflikte.[46]

4.8.6   Konfliktmediation

Solga beschreibt **Mediation** als einen präskriptiven Handlungsansatz, bei dem in Konfliktsituationen eine neutrale Person, ein sogenannter Mediator, hinzugezogen wird. Diese neutrale Person steuert den strukturierten Kommunikationsprozess, um eine für

---

[44]Vgl. *Rüttinger/Sauer* (2016), S. 223–234.

[45]Vgl. *Schuh/Watzke* (1983), S. 106.

[46]Vgl. *St.Pierre/Hofinger* (2020), S. 248.

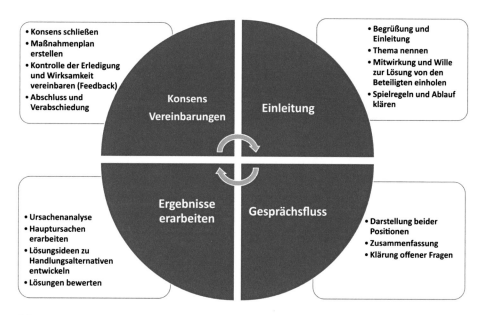

Abb. 4.13 Aufbau der Konfliktmoderation

alle zufriedenstellende Lösung zu erreichen.[47] Die Konfliktparteien erlangen über diesen Prozess Klarheit über ihre Gefühle oder Interessen und bewahren die Möglichkeit für eine einvernehmliche Lösung ohne Beendigung der Beziehung.

Es werden Handlungsempfehlungen zur Konfliktvermeidung und zur Konfliktbeilegung formuliert. Die Entscheidung über die Lösungen bleibt bei den beteiligten Parteien.[48]

4.8.7 Konflikte in der interprofessionellen Zusammenarbeit vermeiden

4.8.7.1 Wie können Konflikte vermieden werden?

Konflikte sind nicht grundsätzlich negativ zu bewerten und lassen sich nicht vermeiden, wenn Menschen, besonders unter Zeitdruck, miteinander arbeiten. Auch wenn Konflikte meist negativ bewertet werden, haben sie den positiven Effekt, dass sie Probleme aufdecken und Weiterentwicklung ermöglichen.[49] Zur Vermeidung von Gefährdungssituationen durch unvollständige Informationen, müssen die erkannten Probleme benannt

---

[47] Solga (2014), S. 129; Hoos-Leistner (2020), S. 131.

[48] Vgl. Solga (2014), S. 129.

[49] Vgl. Hoos-Leistner (2020), S. 128.

werden. Jeder sollte sich bewusst sein, dass jeder Beteiligte nur einen Ausschnitt der Wirklichkeit wahrnimmt und daher die verschiedenen Standpunkte unvermeidbar erscheinen. Konflikte gehören zur Teamarbeit und helfen im Falle gelingender Kommunikation für jeden Beteiligten entscheidende Informationen und Bewertungen zu erhalten, um die eigene Sicht zu ergänzen. Das Ziel ist, eine gemeinsame effektive und gute Zusammenarbeit für alle Beteiligte zu erreichen.

Besonders herausfordernd sind Konflikte mit unmittelbarer Sicherheitsrelevanz für den Patienten, weil unter hohem Zeitdruck unwiderrufliche operative Handlungen festzulegen sind oder sich eine Lage dynamisch verändert. Hier lautet die Empfehlung, „Beharrlichkeit", „Fürsprache" und „klärende Nachfrage" als Mittel zu verwenden.[50] Nachteile für den Patienten durch verzögerte Behandlungsentscheidungen oder ungenügende Symptomkontrolle sowie Nachteile für die Angehörigen durch Bildung von Misstrauen und vermehrter Angst sind zu vermeiden.[51]

Förderliche Strukturen zur Vermeidung von Konflikten in Gesundheitsorganisationen

Als hilfreiche und fördernde Strukturen zur Vermeidung von Konflikten in Spannungsfeldern wird Folgendes für die Gesundheitsorganisationen empfohlen:[52]

- Die direkte Kommunikation im Arbeitsalltag fördern
- Gegenseitige Ergänzung im fachlichen Austausch erlauben
- Sicheren Austausch von Informationen gewährleisten
- Achtsamkeit im Arbeitsalltag für sich selbst und für die Patienten üben

Im Folgenden werden organisatorische Gestaltungsmöglichkeiten beschrieben, die bestimmte Konfliktformen, insbesondere Beurteilungskonflikte, reduzieren.

4.8.7.2 Umgang mit Beurteilungskonflikten

Auf den ersten Blick scheint diese Konfliktform von geringer Bedeutung zu sein, da es sich hier um „Missverständnisse" handelt, die leicht aufzuklären sein müssten. Aber wenn Missverständnisse nicht frühzeitig erkannt werden, kann sich eine Dynamik bilden, die die Positionen verfestigt und ein Verlassen des Standpunktes ohne „Gesichtsverlust" schwer ermöglicht.

Die Beachtung von Beurteilungskonflikten ist für die Kommunikation vor allem in interprofessionellen Teams essentiell. Denn mangelnde Kommunikation fördert Gerüchte und provoziert Spannungen und Unsicherheiten. Zur Vermeidung von Beurteilungskonflikten tragen eine Förderung des Informationsangebots und deren Verarbeitung in

---

[50] Vgl. *St.Pierre/Hofinger* (2020), S. 254–262.

[51] Vgl. *Meraner/Sperner-Unterweger* (2016), S. 265.

[52] Vgl. Gutzelnig (2019).

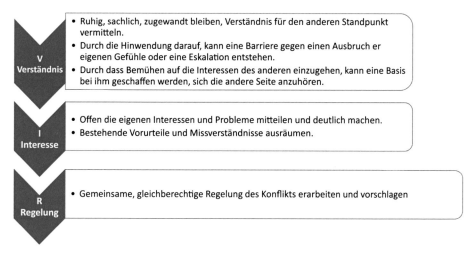

Abb. 4.14 VIR-Vorgehensmodell

einem offenen Kommunikationsklima bei. Das Kommunikationsklima wird entscheidend durch den Kommunikationsstil des Vorgesetzten geprägt.

Ein wesentliches Stilmerkmal ist die Unterscheidung in einseitige und zweiseitige Kommunikation. Bei der einseitigen Kommunikation redet nur eine Person, in der Regel der Vorgesetzte (Abb. 4.14).

Die Forschung hat folgende Unterschiede zwischen diesen beiden Kommunikationsformen ermittelt:[53]

- Die einseitige Kommunikation ist gegenüber der zweiseitigen schneller.
- Die zweiseitige Kommunikation ist exakter.
- Die zweiseitige Kommunikation vermittelt dem Empfänger mehr Sicherheit im richtigen Verständnis des Sachverhalts.
- Der initiale Sender kann sich bei der zweiseitigen Kommunikation durch den Empfänger angegriffen oder korrigiert fühlen, weil dieser möglicherweise Fehler aufdeckt.
- Sollte es mehr als einen Empfänger geben, könnte eine zweiseitige Kommunikation zu ungeordneten Störungen führen.

Zur Vermeidung von Beurteilungskonflikten sind folgende Aspekte der zweiseitigen Kommunikation wichtig:

- Die Möglichkeit zur Rückfrage verringert Missverständnisse und ermöglicht die Klärung von Einwänden.

---

[53] Vgl. Leavitt (1979).

- Die einseitige Information geht der Klärung von Fragen und einer Diskussion aus dem Weg, was einen offenen Informationsaustausch behindert.
- Wenn eine Führungskraft die einseitige Kommunikation bevorzugt, riskiert sie damit Missverständnisse und Beurteilungskonflikte, bietet ihr aber die Möglichkeit, die Verantwortung dafür den Empfängern zuzuordnen. Die einseitige Kommunikation kann in diesem Fall als Schwäche oder Unsicherheit interpretiert werden.[54]

Gottschall zeigt bereits 1973 anhand eines Beispiels aus der Organisationsentwicklung auf, wie eine kooperative Kommunikationskultur aussehen kann. In dem 1600-Personen-Betrieb wurden immer mehr Entscheidungen jenseits von Macht und Hierarchie getroffen. Der Autor kommt zu folgenden Erkenntnissen:

- Das Kommunikationsklima in den unteren bis mittleren Hierarchieebenen wird von den oberen geprägt.
- Nur die Veränderung von Organisationsstrukturen und Führungsstilen beseitig Kommunikationsbarrieren.
- Autoritäre Führung ist mit einseitiger Kommunikation und Aufrichtung von Barrieren verbunden, während partizipative Führung Voraussetzung für einen hohen Grad an Informationsaustausch ist.
- Vermehrte Informationen von oben steigert das Interesse der Mitarbeiter. Dagegen erweckt geringer Informationsfluss Desinteresse und erzeugt den Eindruck, dass kein Informationsbedarf besteht.
- Ein erhöhter Informationsaustausch reduziert Beurteilungskonflikte, kann aber durch die vermehrte Partizipation andere Konflikte erzeugen.[55]

Die Erkenntnisse von Gottschall weisen darauf hin, dass Kommunikation Beurteilungskonflikte vereitelt und die Ziele, Wertvorstellungen und Bedürfnisse anderer bekannt macht.

Auf der individuellen Ebene können Kommunikationstrainings die Informationsaufnahme und -verarbeitung verbessern, in denen gezielt die oben beschriebenen Schritte des Prozesses nach McGuire geübt werden.[56]

Die vielfach angebotenen Rhetorik- und Verkaufstrainings zielen allerdings in eine andere Richtung, wie von Zöchbauer und Hoekstra beschrieben. In deren Kommunikationstrainings mit Teilnehmern aus verschiedenen Institutionen (u. a. der Wirtschaft) wurde in Teilnehmerbefragungen ermittelt, dass der Wunsch besteht, auch die Argumentationsschwächen des Gegenübers zu entdecken, um darauf geeignet reagieren zu können. Sie wünschten Strategien in der Gesprächsführung, um den Gesprächspartner zu besiegen.

---

[54] Vgl. *Rüttinger/Sauer* (2016), S. 154–155.

[55] Vgl. Gottschall (1973), S. 154–158.

[56] Vgl.: Rüttinger, Sauer (2016), S. 159–162.

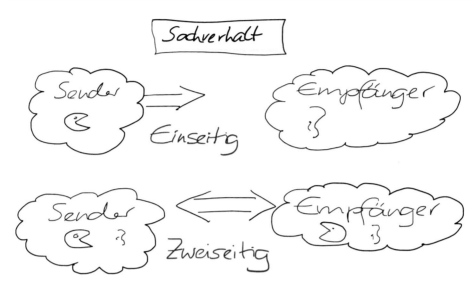

Abb. 4.15 Einseitige versus zweiseitige Kommunikation

Die Autoren interpretierten aus den Befragungsergebnissen vor allem, dass die Teilnehmenden im Sinne eines Wettkampfes Gesprächsverläufe und deren Ergebnisse gewinnen wollen, um als Sieger festzustehen. Das Konkurrieren mit anderen scheint ein wesentlicher Treiber dieser Einstellung zu sein.[57]

Dagegen sollten die Mitglieder von Teams versuchen, einen ganzheitlichen Blick auf die zu erbringende Leistung zu erhalten und konkurrenzbedingte Konflikte vermeiden. Die in Abb. 4.15 dargestellten Maßnahmen unterstützen dabei.

In der Organisationsstruktur sind sowohl vertikale als auch horizontale Kommunikationswege zu etablieren, um einen guten Informationsfluss und eine Integration von verschiedenen Gruppen in der Organisation zu gewährleisten. Ein partizipativer Führungsstil fördert die Einflussnahme Richtung Kooperation anstatt Wettbewerb. Konfliktvermeidung und eine vorgelebte gute Kommunikation sind Führungsaufgaben.[58]

Teamentwicklungsmaßnahmen unterstützen im Team die Etablierung einer offenen Kommunikation, die Klärung von Aufgaben und Rollen und die gemeinsamen Ziele. Sie gehen gezielt auf Schwächen und Probleme im Arbeitsprozess ein. Dadurch sollen Stress, Leistungsminderung und letztlich negative Konsequenzen auf den Gesundheitszustand

---

[57] Vgl. Zöchbauer, F.; Hoekstra, H. (1974). Kommunikationstraining. Heidelberg: Quelle & Meyer, S. 13–24.
[58] Vgl.: Vgl. *Rüttinger/Sauer* (2016), S. 186–234.

der Mitarbeiter vermieden werden.[59] Zur Standortbestimmung im Team und für das Verständnis ungeklärter Konflikte ist das Phasenmodell nach Tuckman[60] hilfreich.

Das Phasenmodell nach Tuckman erläutert die Entwicklung der Zusammenarbeit in Teams und besteht aus vier Phasen:

1. **Forming:** Zu Beginn der Teamarbeit lernen sich die Mitwirkenden erst einmal kennen. Es besteht Unsicherheit und Zurückhaltung.
2. **Storming:** Während der Teamsequenzen kann es zu Störungen und Konflikten kommen. Die Mitwirkenden vertreten ihre Meinungen, Positionen und fordern diese ein. Es kann zu Machtkämpfen und Widerständen kommen.
3. **Norming:** In dieser Phase werden unterschiedliche Standpunkte akzeptiert und gemeinsame Vereinbarungen erarbeitet. Ein Zusammengehörigkeitsgefühl in der Teamarbeit entsteht.
4. **Performing:** Das Team ist effektiv und arbeitet gut zusammen. Ziele und Aufgaben werden erreicht und Teamarbeit hat sich etabliert und ist wertsteigernd.

4.8.8 Konflikte im Spannungsfeld der Patientenversorgung

Organisatorische Regelungen und Ressourcenknappheit in der Gesundheitseinrichtung können Konflikte und Spannungen verursachen. In der Patientenversorgung kommen exemplarisch folgende Konfliktursachen zum Tragen:

- Notwendigkeit von Entscheidungen und das Warten darauf,
- Notwendigkeit von schnellen Lösungen,
- Probleme der Zusammenführung von Handlungen im Gesamtprozess,
- technische und personelle Ressourcenengpässe,
- Kommunikationsstörungen,
- Dokumentationslücken,
- indirekte Informationen.

Die klinischen Hochrisikobereiche, die zeitkritische Handlungen am Patienten durchführen müssen und durch das Handeln von vielen Akteuren einen hohen Abstimmungsbedarf haben, unterliegen einer hohen Konfliktgefahr. Dazu zählen exemplarisch neben dem Notfall- und OP-Bereich die Intensivstationen.

Intensivstationen sind ein komplexer Tätigkeitsbereich mit vielen beteiligten Professionen. Diese arbeiten unter hohem Zeit- und Entscheidungsdruck. Dies kann dazu führen, dass Konflikte zwischen den Berufsgruppen und mit Patienten auftreten. Dies

---

[59] Vgl. Welp (2019), S. 22.
[60] Vgl. Tuckman (1965), S. 384–399.

zeigte die 2009 veröffentlichte Conflicus-Studie, die 7498 Ärzte und Pflegekräfte von 323 Intensivstationen aus 24 Ländern bezüglich Prävalenz, Charakteristika und Risikofaktoren von Konfliktsituationen befragte. So berichteten 72 % aller Teilnehmer in der Woche vor der Befragung mindestens einen Konflikt erlebt zu haben, der zu 53 % als ernst klassifiziert und/oder zu 83 % als schädigend für den Teamzusammenhalt bewertet wurde. 70 % sahen eine nachhaltige negative Beeinflussung der zukünftigen Arbeitsqualität durch den Konflikt. Rund 1/3 der Konflikte ereignete sich zwischen den Berufsgruppen der Ärzte und der Pflegenden. Als Hauptursache aller Konflikte wurde ungenügende Kommunikation, v. a. in „End-of-life"-Situationen, angegeben.[61]

Die Mitarbeitenden in den Teams müssen sorgsam mit erkannten Spannungsfeldern umgehen, diese lösungsorientiert bearbeiten und für Entlastungen sorgen. Die unterschiedlichen Überzeugungen, Vorstellungen und Interessen der Mitarbeiter in Gesundheitseinrichtungen sind zielführend zu bündeln. Die Konfliktfähigkeit und das Aushandeln von fairen Kompromissen zur Erreichung von gemeinsamen Zielen ist in der Gesundheitsversorgung sehr wichtig.

Die aktive Kommunikation und Interaktion in einer guten Arbeitskultur im Team ist hilfreich. Der professionelle Umgang mit Konflikten zählt durch die Menge an Interaktionen mit Patienten, Angehörigen und Kollegen verschiedener Ebenen und Abteilungen zu den erforderlichen Schlüsselkompetenzen der Gesundheitsprofessionen.[62]

4.8.9   Verhandlungssituationen in der interprofessionellen Zusammenarbeit

Gerade in organisationalen und interorganisationalen Kontexten, die nicht durch hierarchische Macht bestimmt sind, müssen Konflikte über Verhandlungen gelöst werden.[63]

Zwei typische Verhandlungsfelder werden aus Sicht der sozialen Arbeit beschrieben. Sozialarbeit ist als Sozialdienst im Krankenhaus tätig und arbeitet mit den anderen Professionen zusammen. Die Darstellung lässt sich auf die Arbeit von anderen Professionen anwenden. Das erste Verhandlungsfeld ist das „anwaltliche Setting", wo ein Mitarbeiter einer Profession im Auftrag und/oder Interesse eines Patienten tätig wird. Das zweite Verhandlungsfeld ist das „organisationale Setting", wo ein Mitarbeiter in seinem organisationalen Kontext mit Vorgesetzten und/oder Kollegen über Aufgaben, Haltungen, Ziele etc. verhandelt.[64]

---

[61] Vgl. *Meraner/Sperner-Unterweger* (2016), S. 265; *de Heer/Kluge* (2012), S. 252.

[62] Vgl. Hoos-Leistner (2020), S. 204.

[63] Siehe Vollmer (2016), S. 255.

[64] Siehe *Götz/Käser* (2019), S. 181.

4.8.9.1 Das anwaltliche Setting

In diesem Setting verhandeln Sozialarbeiter (oder Mitarbeiter anderer Professionen) stellvertretend für ihre Klienten oder mit Vertretern von Organisationen, wie z. B. Krankenversicherungen oder ambulante Dienste, um Ressourcen zu beschaffen. Da die Ressourcen in der Regel nur begrenzt verfügbar sind und bestimmten Restriktionen in ihrer Verteilung unterliegen, werden sie zum Gegenstand von Verhandlungen. Verhandlungskompetenz ist eine zentrale Fähigkeit für Professionen, die regelmäßig in einem solchen Setting aktiv werden (müssen).

Häufig besteht in diesen Verhandlungen eine Machtasymmetrie zugunsten der Verwalter von externen Ressourcen.[65] Typische Verhandlungskonstellationen in diesem Setting werden mit folgender Abb. 4.16 and 4.17, aufgezeigt.

Die erfolgreiche Verhandlung zur Beschaffung eines externen Gutes für einen Klienten setzt häufig „Amtsautorität" voraus. Gute Kenntnisse des Verteilungssystems und persönliche Beziehungen zu den über die Ressourcen Verfügenden sind notwendig.

Neben der Verhandlungskompetenz sind weitere vier Aspekte unabdingbar, um im anwaltlichen Setting Erfolg zu haben:

- Kenntnisse über vorhandene Geldquellen, Zugangs-/Beantragungswege und Machtverhältnisse auf der Angebotsseite,
- Dokumentation der Ressourcen,
- aktueller Informationsstand,
- Beziehungspflege zu den verwaltenden Personen von Ressourcen, um Einfluss auf deren Entscheidungsspielräume zu Gunsten des Klienten nehmen zu können.[66]

4.8.9.2 Das organisationale Setting

Das organisationale Setting beschreibt die Verhandlungssituation zwischen Mitarbeitern auf unterschiedlichen Hierarchiestufen in der Organisation oder innerhalb eines Teams, insbesondere auch zwischen Professionen. Typische Verhandlungsgegenstände sind Zielfestlegungen, Aufgaben- und Ressourcenverteilungen sowie Abstimmungen über das Vorgehen. Im Unterschied zum anwaltlichen Setting vertreten die Mitarbeiter ihre eigenen Interessen. Auch hier spielen ungleiche Machtverteilungen eine Rolle, die z. B. durch Hierarchie und/oder Status erkennbar sind. Bezogen auf Hierarchie werden die Verhandlungsmöglichkeiten von Mitarbeitenden durch die Führungskultur der Organisation und den Führungsstil von Vorgesetzten beeinflusst. Zusätzlich wirkt sich auch hier die Verhandlungskompetenz des Einzelnen auf den Erfolg aus.

Das Verhandlungsgeschehen ist eine komplexe soziale Situation, da sowohl die Kontextbedingungen wie Organisationskultur, Führungsstil und Regeln der

---

[65] Übersetzt aus Schweizer Sprachraum und in Anlehnung an *Götz/Käser* (2019), S. 182.
[66] Siehe *Götz/Käser* (2019), S. 182–183.

Vermeidung von Situationen, die zur Einteilung in Gewinner und Verlierer führen.

-Betonung der Gesamtleistung und den Beitrag der verschiedenen Berufsgruppen, anstatt Hervorhebung von Einzelleistungen.

-Förderung der Kommunikation zur Abstimmung der Aufgaben zwischen Berufsgruppen.

-Rotation von Mitarbeitenden in den verschiedenen Teams zur Verbesserung des gegenseitigen Verständnisses.

Abb. 4.16 Management der Konfliktvermeidung in interprofessionellen Teams. In Anlehnung an Zöchbauer und Hoekstra

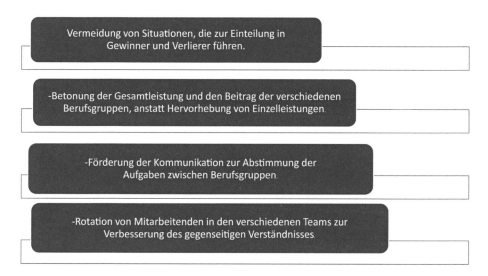

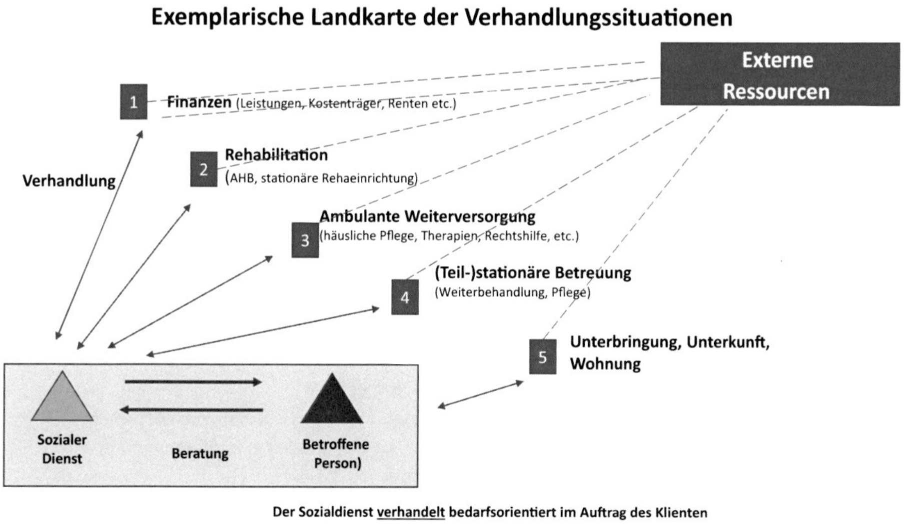

Abb. 4.17 Verhandlungsgegenstände des Sozialdienstes

Zusammenarbeit zu beachten sind, als auch, über die singuläre Verhandlungssituation hinaus, die weitere Zusammenarbeit und die Arbeitsatmosphäre berücksichtigt werden müssen.

Neben einer guten Verhandlungskompetenz sind folgende Aspekte für den Verhandlungserfolg entscheidend:

- eine sachliche Argumentation, die die eigene Sicht deutlich macht und Einfluss auf die des Gegenübers ausübt,
- fachliche und persönliche Kompetenzen, die auf den Verhandlungspartner ausstrahlen,
- die Beziehungsebene neben der sachlichen Ebene im Blick behalten,
- Beherrschung von Verhandlungsmethoden und -instrumenten.[67]

Literatur

Amstutz, J. (Hrsg.). (2019). *Kooperation kompakt* (S. 31–32). Verlag Budrich.

Brand, H., & Löhr, J. (2008). *Projekt Gold Wege zur Höchstleistung -Spitzensport als Erfolgsmodell.*, Bd. 175 (S. 156–157), Gabal Verlag.

de Heer, G., & Kluge, S. (2012). Kommunikation in der Intensivmedizin, Medizinische Klinik. *Intensivmedizin und Notfallmedizin, 107*(4), 249–254

Ellebracht, H. (2002). *Systemische Organisations- und Unternehmensberatung. Praxishandbuch für Berater und Führungskräfte.* Springer Gabler.

Fengler, J. (2017). *Feedback geben. Strategien und Übungen* (5. Aufl.). Beltz

Gloger, B. (2016). *Scrum, Produkte zuverlässig und schnell entwickeln.* Carl Hauser Verlag

Gottschall, D. (1973). Von einsamen Beschlüssen zu gruppendynamischen Prozessen. In Vilmar, F. (Hrsg.), *Menschenwürde im Betrieb* (S. 154–158). Rowohlt Taschenbuch.

Götz, E., & Käser, N. (2019). Kommunikation und Verhandeln in Kooperationsprozessen. In Amstutz, J., Kaegi, U., Käser, N., Merten, U., & Zängl, P. (Hrsg.), *Kooperation kompakt. Kooperation als Strukturmerkmal und Handlungsprinzip der Sozialen Arbeit* (S. 175–197). Budrich

Gurtner, S., & Wetttstein, M. (2019). Interprofessionelle Zusammenarbeit im Gesundheitswesen - Anreize und Hindernisse in der Berufsausübung. Eine Studie im Auftrag des Bundesamtes für Gesundheit BAG, Förderprogramm «Interprofessionalität im Gesundheitswesen» 2017−2020, verfügbar unter: https://www.bag.admin.ch/dam/bag/de/dokumente/berufe-gesundheitswesen/Interprofessionalitaet/Forschungsberichte1/Studie-M5_Anreize-IPZ_BFH_Schlussbericht.pdf. download.pdf/Studie%20M5_Anreize%20und%20Hindernisse%20in%20der%20IZP_BFH_Abschlussbericht.pdf. Zugegriffen: 19. Apr. 2023

Gutzelnig, C. (2019). Kommunikation im Krankenhaus. Hinderliche und förderliche Strukturen und Prozesse. In Brathuhn, S. (Hrsg.), *Herausforderung Kommunikation – Brücken und Wege* (S. 91–93). Leidfaden 2019 Heft 2, Vandenhoeck & Ruprecht.

Hackman, J. (1983). *A normative model of work team effectiveness.* Technical Report No. 2, Research Program on Group Effectiveness. Yale School of Organization & Management

Hibbeler, B. (2011). Ärzte und Pflegekräfte: Ein chronischer Konflikt. *Deutsches Ärzteblatt, 108.* Jg., Nr. 41, A-2138/B-1814/C-1794

Hirsmüller, S., & Schöer, M. (2019). Interprofessionelle Teamarbeit als Ausgangspunkt für Palliativmedizin. In M. W. Schnell & C. Schulz-Quach (Hrsg.), *Basiswissen Palliativmedizin* (S. 9–16). Springer.

Hoos-Leistner, H. (2020). *Kommunikation im Gesundheitswesen.* Springer.

Klappenbach, D. (2013). *Mediative Kommunikation. Mit Rogers* (2. Aufl.). Rosenberg & Co. konfliktfähig für den Alltag warden.

---

[67] Siehe *Götz/Käser* (2019), S. 184–185.

Leavitt, H. J. (1979). *Grundlagen der Führungspsychologie* (2. Aufl.). moderne industrie

McGuire, W. J. (1969). The nature of attitudes and attitude change. In G. Lindzey & G. E. Aronson (Hrsg.), *The handbook of social psychology* (Bd. III, S. 136–314). Addison-Wesley Pub. Co.

Meraner, V., & Sperner-Unterweger, B. (2016). Patienten, Ärzte und Pflegepersonal auf Intensiv-stationen: Psychologische und psychotherapeutische Interventionen. *Der Nervenarzt, 87.* Jg., Nr. 3, 264–268

Michaelis, Y. (2022). PRAXISBERICHT: Chefs wissen es (n)immer besser! Vier Pflegedienste auf dem Weg in die Selbstorganisation – eine Geschichte zum Mut machen und Anstiften. In Merke, P. (Hrsg.), *New Work in Healthcare : Die neue und andere Arbeitskultur im Gesund-heitswesen* (S. 123–132)

Nerdinger, et al. (2019), *Arbeits- und Organisationspsychologie* (4. Aufl.). Springer.

Otte, S. (2022). Reinvented PERMA - Positive Psychologie als Katalysator einer stärkenorientier-ten Selbstorganisation, In Merke, P. (Hrsg.), *New work in healthcare : Die neue und andere Arbeitskultur im Gesundheitswesen* (S. 21–32). Medizinisch Wissenschaftliche Verlagsgesell-schaft.

Reeves, S. (2010). *Interprofessional teamwork for health and social care.* John Wiley & Sons In-corporated

Reeves, S. (2017). Interprofessional collaboration to improve professional practice and healthcare outcomes. *Cochrane Database of Systematic Reviews, 6*, CD 000072, 1469–1493

Rüttinger, B., & Sauer, J. (2016). *Konflikt und Konfliktlösen. Kritische Situationen erkennen und bewältigen* (3. Aufl.). Springer

Schuh, H., & Watzke, W. (1983), Erfolgreich reden und argumentieren. Grundkurs Rhetorik, Hue-ber-Holzmann

Solga, M. (2014). Konflikte in Organisationen. In F. W. Nerdinger, G. Blickle, N. Schaper, & M. Solga (Hrsg.), *Arbeits- und Organisationspsychologie* (3. Aufl., S. 119–132). Springer.

Spiegel, A.-L. (2020). Die Kommunikatoren an Board im Blick. In Nolte, F., Spiegel, A.-L., & Schrabback, U. (Hrsg.), *Arbeitsbuch zu Change Management in Gesundheitsunternehmen. Wellenbrecher des Wandels - Praktische Übungen und Werkzeuge* (S. 99–111). Springer

Spittka, J. (2016). Kommunikation: Wie sich Konflikte im Team lösen lassen. *Deutsches Ärzte-blatt, 113.* Jg., Nr. 49, S. 2–4

St. Pierre, M., & Hofinger, G. (2020). *Human Factors und Patientensicherheit in der Akutmedizin* (4. Aufl.). Springer

Tuckman, B. W. (1965). Developmental sequence in small groups. *Psychological Bulletin, 63.* Jg., 384–399

Vollmer, A. (2016). Interprofessionelle Kooperation. In M. Dick, W. Marotzki, & H. A. Mieg (Hrsg.), *Handbuch Professionsentwicklung* (S. 251–262). UTB.

Walter, D. (2022). *Design Thinking Hospital: Das patientengerechte Krankenhaus.* MWV Medizi-nische Wissenschaftliche Verlagsgesellschaft mbH & Co. KG

Welp, A. (2019). Den Blickwinkel verändern. *Pflegezeitschrift, 72.* Jg., Nr. 12, 20–22

Zöchbauer, F., & Hoekstra, H. (1974). *Kommunikationstraining* (S. 13–24). Quelle & Meyer.

Methoden und Techniken für interprofessionelle Teamarbeit

5

5.1 Einleitung

Wie bereits beschrieben, arbeiten im Gesundheitswesen vor allem Menschen, die sich in der Regel gerne kreativ und selbstbestimmt in Vorgänge einbringen. Dieses Grundverständnis und die Bereitschaft der Zusammenarbeit bilden eine gute Ausgangslage für die interprofessionelle Teamarbeit. Ergänzend zu dem vorausgesetzten Engagement der Beteiligten, werden zielführend Methoden und Techniken zur Themenbearbeitung benötigt. In der allgemeinen Literatur wird eine Vielzahl von Methoden für Teamarbeit beschrieben und zur Verfügung gestellt. Die systematische Anwendung im klinischen Alltag ist aber gering.

5.2 Pilotstudie zur Methodenanwendung

In den Jahren 2007 und 2011 wurden Pilotstudien zur Situationsanalyse der Methodenanwendung im Qualitätsmanagement erhoben. Dazu wurden der Einsatz und der Nutzen von Methoden im Klinikalltag durch Qualitätsbeauftragte untersucht. Teilnehmende waren Qualitätsbeauftragte von Krankenhäusern in Deutschland.

Folgende Methoden wurden hinsichtlich Anwendung und Nutzen untersucht:

Projektmanagementmethoden

- Systematische Projektplanung, Projektsteuerung mittels Projektcontrolling, Netzplantechnik, Gantt-Diagramm

© Der/die Autor(en), exklusiv lizenziert an Springer-Verlag GmbH, DE, ein Teil von Springer Nature 2023
C. Welz-Spiegel und F. Spiegel, *Interprofessionelles Management im Gesundheitswesen*,
https://doi.org/10.1007/978-3-662-67654-7_5

Numerische Methoden

- Fehlersammelliste, Stabdiagramm, Kreisdiagramm, Visualisierung von Daten, Kuchendiagramm, Paretoanalyse, Korrelationsdiagramm, Histogramm, Verlaufsdiagramm, Radardiagramm, Benchmarking, Matrix-Diagramm

Nichtnumerische Methoden

- Mind-Map-Methode, Ursachen-Wirkungsdiagramm, Affinitäts-/ Verwandtschaftsdiagramm, Metaplantechnik, Brainstorming, Beziehungsdiagramm/Relationendiagramm, Portfolio-Diagramm, paarweiser Vergleich

Kennzahlensysteme

- Balanced Scorecard als Strategie- und Kennzahleninstrument, Kennzahlensysteme auf der Ebene der übergeordneten Qualitätsziele, Kennzahlensystem im Rahmen von Audits, Kennzahlensysteme im Rahmen von Managementbewertungen

TQM-Werkzeuge

- Qualitätsregelkarte/statistische Prozessregelung (SPR)
- FMEA (Fehlermöglichkeits- und Einflussanalyse)
- QFD (Quality Function Deployment)

Die Untersuchungsergebnisse aus 2007 und 2011 ergaben, dass die QM-Methode des Brainstormings die höchste Anwendungshäufigkeit und die höchste Nutzeneinschätzung im Krankenhaus im Jahr 2007 aufzeigte. Selten hingegen wurden vergleichende numerische statistische QM-Methoden im Untersuchungsbereich angewendet und mit geringem Nutzen eingeschätzt. Im Jahr 2011 wurde die Anwendung und der Nutzen der Methode Benchmark am höchsten bewertet.[1]

Mit der Untersuchung sollte unter anderem ermittelt werden, ob die QFD-Methode für Entwicklungen im Krankenhaus praktisch angewendet wird und wie die Befragten den Nutzen beurteilen. Die Untersuchungsergebnisse zeigten unter anderem, dass die Methode des „QFD" im untersuchten Bereich: „Krankenhaus" bis zum Erhebungszeitpunkt nicht angewendet wurde. Alle Befragten der Stichprobe haben keine praktische Anwendung und keinen Nutzen für ihre Krankenhauspraxis angegeben. Die Ursache dieser Ergebnisse muss noch in einer vergleichenden Erhebung untersucht werden.

---

[1] Vgl.: Ergebnisse veröffentlicht in Zeitschrift für Evidenz, Fortbildung und Qualität (Hrsg.): Welz-Spiegel, C. (2011): Anwendung und Nutzen von QM-Instrumenten im Krankenhaus, Elsevier Urban & Fischer Verlag, Berlin.

Es kann davon ausgegangen werden, dass die IT-gestützten, statistischen Methoden durch die betriebliche Fokussierung auf Datenanalysen und Datensteuerung in ihrer Anwendung und Nutzenbewertung heute deutlich erhöht sind.

Die Anwendung von Kreativitäts- und Konsensmethoden ist zum jetzigen Zeitpunkt in interprofessionellen Teams noch weiter ausbaufähig.[2]

5.3 Bedeutung des Methodeneinsatzes in interprofessioneller Teamarbeit

Die aktuelle Entwicklung im Gesundheitswesen und die zunehmende Notwendigkeit, Problemstellungen lösungsorientiert durch unterprofessionelle Teams zu bearbeiten, erfordert den Einsatz geeigneter Methoden.

Mit dem Einsatz passender Methoden wird Teamarbeit zu dem effizientesten Ansatz, um komplizierte und vielschichtige Aufträge zu bearbeiten. Teams arbeiten besser und schneller als einzelne Personen, da sie gemeinsam ein breites Wissen und unterschiedliche Perspektiven einbringen.

Die Erfahrungen der Arbeitsteams zeigen auf, dass gut strukturierte Methoden mit offener Arbeitsweise für die selbstorganisierte Problembearbeitung und Lösungsfindung sehr wertvoll sind. Das wird durch die Kombination von Strukturierung, Raum für Kreativität und aktivem Einbezug der Mitwirkenden möglich. Daraus lässt sich ein Gesamtzusammenhang der Erfolgsprinzipien ableiten (Abb. 5.1).

Die besonderen Anforderungen der Aufgabenstellungen steuern die Verteilung der jeweiligen Anteile und sind zu berücksichtigen. Das wird sichergestellt durch die Auswahl, Kombination und Beherrschung von geeigneten Methoden und Techniken. Dem Moderator kommt in diesem Zusammenhang in der Vorbereitung, Analyse, Planung und Durchführung von Teams eine wichtige Bedeutung zu. Er muss die sinnvolle Auswahl, den zielgerichteten Einsatz und die Beherrschung von Methoden gewährleisten. Es reicht nicht aus, Fachexperten zu einem Thema zusammenzubringen, sondern man muss methodisch die verschiedenen Ansichten leiten. Der Moderator oder der Teamleiter stellen einen Rahmen und Raum für die Arbeitsphase zur Verfügung, in dem sich die Beteiligten einbringen und die jeweilige Fragestellung gemeinsam bearbeiten und umsetzen.

In diesem Buch werden Tipps und eine exemplarische Methodenauswahl gegeben, um verschiedene Aufgabenstellungen in interprofessionellen Teams zu bearbeiten.

Es werden erprobte Methoden der zielführenden Zusammenarbeit aus klinischen Erfahrungen vorgestellt. Die Erfahrungen basieren aus komplexen und speziellen Aufträgen im klinischen Alltag aus vorwiegend berufsgruppenübergreifenden Teamzusammensetzungen.

---

[2] Zu dieser Einschätzung führten viele aktuelle Gespräche mit klinischen Beauftragten und eigenen internen Erfahrungen aus interprofessioneller Teamarbeit in deutschen Krankenhäusern.

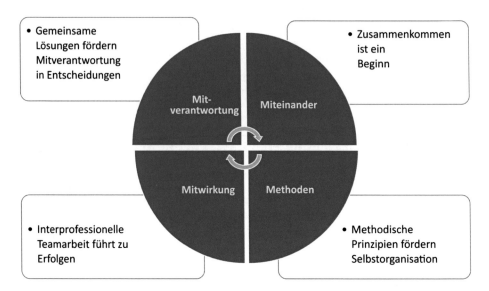

Abb. 5.1 Erfolgsprinzipien von interprofessioneller Teamarbeit

Das Buch soll helfen, Methoden kennenzulernen, deren Einsatz zielführend zu verwenden und erfolgreiche interprofessionelle Teamarbeit gelingen zu lassen. Bisherige Methoden und persönliche Vorgehensweisen sollen nicht ersetzt werden. Vielmehr soll Offenheit und Mut vermittelt werden, um Neues auszuprobieren und den eigenen Methodenschatz zu ergänzen. Vielleicht können neue Impulse die Teamarbeit beleben und den Erfolg und die Freude an der interprofessionellen Zusammenarbeit fördern.

Durch geeigneten Methodeneinsatz in der Bearbeitung von Aufgabenstellungen, werden zirkuläre Prozesse ausgelöst und dadurch das Potenzial der Kreativität gefördert.[3] Ebenso entsteht aus Teamarbeit ein kollektives Bewusstsein, und sie fördert den Wissenszuwachs und die methodisch unterstützten Ergebnisse. Im interprofessionellen Team werden Maßnahmen und Entscheidungen gemeinsam getroffen und gemeinsame Verantwortung für das Gesamtergebnis trotz unterschiedlicher Fähigkeiten, Fachwissen und Erfahrungen getragen.

Die entstehenden Synergien durch methodengestützten Wissensaustausch und Ideenentwicklung bei den Beteiligten sind sehr wertvoll. Neben den Methodenkenntnissen werden bei der Ideenentwicklung neue Impulse und Denkprozesse erarbeitet. Durch die verschiedenen Perspektiven der teilnehmenden Berufsgruppen und Lösungsvorstellungen der Beteiligten wird neues Wissen ausgetauscht. Der Prozess wird sichergestellt durch gute professionelle Teammoderation, Methodenkenntnisse und Teamführung.

---

[3] Vgl.: Baumann, M., Gordalla C. (2020), S. 131–133.

5.4   Anwendungsgebiete für den Einsatz von Methoden

Interprofessionelle Teams werden einberufen, um berufsgruppenübergreifende Frage-stellungen oder Aufgaben zu bearbeiten. Die Auslöser für die interprofessionelle Team-arbeit sind in der Regel anlassbezogen. Einige Teams sind in der Organisation fest eta-bliert und arbeiten langfristig in gleicher Besetzung zusammen. Dazu zählen neben den Routinebesprechungen im Klinikalltag exemplarisch folgende Teamkonstellationen:

- Projektarbeit zur Entwicklung neuer Abläufe,
- Entwicklungsteams zur Konzipierung neuer Angebote,
- Qualitätszirkel zur Erarbeitung bedarfsorientierter Prozessablaufänderungen,
- KVP-Workshops Bearbeitung von Verbesserungen (KAIZEN),
- einberufene Teams zur Erarbeitung von gemeinsamen Problemlösungen,
- Durchführung und Bearbeitung von Audits und Gefährdungen,
- Durchführung und Bewertung von Risikoanalysen,
- CIRS-Team zur Bearbeitung von gemeldeten Risiken und Beinahe-Vorkommnissen,
- Problemlöseteams zur Bearbeitung von aufgetretenen Ereignissen,
- Arbeitsgruppen zur Verbesserung der Patientensicherheit,
- Kollegiale berufsgruppenübergreifende Fokusteams,
- Durchführung von Szenarioanalysen,
- partizipative Entscheidungsprozesse,
- patientenbezogene Fallbesprechungen,
- interprofessionelle Therapieplanungen z. B. Tumorboards,
- gemeinsame Schadensfallanalysen,
- Morbiditäts- und Mortalitätskonferenzen,
- gesetzlich festgelegte Kommissionen,
- Bearbeitung von Klärungsbedarf mit Kooperationspartnern.

In diesen und weiteren Zusammenhängen können Methoden die Bearbeitung der ge-stellten Aufgaben unterstützen.

5.5   Besondere Vorbedingungen für interprofessionelle Teamarbeit

5.5.1   Komplexität und Freiräume

Für interprofessionelle Teamarbeit muss es einen Rahmen geben, der die Selbst-organisation der Lösungsprozesse ermöglicht.

Spezialisten in ihrem Fachbereich und in ihrem beruflichen Setting sind es gewohnt, autonome Entscheidungen zu treffen. Das Management der Arbeit der verschiedenen

Spezialisten der Professionen und der unterschiedlichen Persönlichkeiten und die Vielfalt der Aspekte sind wesentliche Anforderungen an eine interprofessionelle Teamarbeit.

Teams können ihre komplexen Aufgaben nur kreativ erfüllen, wenn Freiräume gewährt und Verantwortungen delegiert werden und wenn sie zur Prozessarbeit autorisiert und befähigt werden.

Der Erfolg von Teams ist davon abhängig, inwieweit es gelingt, bei komplexen Herausforderungen nicht umgehend in vorgefertigten Lösungen zu denken. Das gelingt durch geordneten Methodeneinsatz zur Analyse, Selbstorganisation und Offenheit für Veränderungen. Methodisch muss die Lösungsfindung in der Teamarbeit weitgehend offen, aber strukturiert sein. Das stellt die Besonderheit von interprofessionellen Teams dar.

Die Komplexität der Aufgabenstellungen in interprofessioneller Teamarbeit erfordert Offenheit für Verantwortungsgabe und die Bereitschaft der Mitwirkenden zum Nutzen kollektivem Wissens. Dazu muss Selbstorganisation im Team möglich sein und sich entwickeln können.

Das interprofessionelle Team wird durch den Moderator zusammengeführt und methodisch geleitet. Neben der Auftragsklärung, Vorbereitung und Nachbereitung werden während der Teamsitzung folgende Inhalte umgesetzt:

- Informationensammlung,
- Ausarbeitung, Moderation und Visualisierung der Inhalte,
- Erarbeitung von Konsens und Lösungen sowie Ergebnissicherung.

Durch die Anwendung von Tools und Techniken werden der Informations- und Kommunikationsfluss innerhalb des Teams gefördert und die Lösungsfindung sowie konsensfähige Ergebnisse erreichbar.

Der Moderator ist der methodische Helfer auf dem Weg der Informationsverarbeitung, im Analyseprozess und im Lösungsprozess. Er muss als neutraler Leiter das gemeinsame Ziel der Aufgabenstellung und die verschiedenen Interessen und Fähigkeiten der Beteiligten zu einem gemeinsamen Ergebnis zusammenführen.

Der Methodeneinsatz, die Visualisierung, die Förderung der Kreativität und der Mitarbeit sowie die Verlaufssteuerung sind wesentliche Aufgaben während der interprofessionellen Teamarbeit.

Dazu werden folgende Handlungen und Haltungen des Teamleiters empfohlen:

- freundliches wertschätzendes Miteinander fördern,
- gute Arbeitsatmosphäre schaffen,
- Aktivieren von Redebeiträgen und Teammoderation,
- methodisches Bearbeiten der Aufgabenstellung,
- Teamführen und Selbstorganisation ermöglichen,
- zuhören statt reden,
- Förderung des gemeinsamen Verständnisses untereinander,
- auf die Einhaltung der Teamregeln achten,

- Redebeiträge zu Sichtweisen, Perspektiven und Ideen sammeln,
- Klärung bei Meinungsverschiedenheiten,
- eigene Zurückhaltung,
- Statements zusammenfassen,
- Ergebnissicherung,
- Feedback fördern,
- Mitarbeit und Zusammenarbeit anerkennen.

In der interprofessionellen Teamarbeit ist es wichtig, zu Beginn Teamregeln zur Zusammenarbeit zu benennen und das Commitment der Beteiligten einzufordern. Die Teamregeln können je nach Arbeitsauftrag und Besprechungssequenz kurz oder ausführlicher eingebracht werden.

Für Regeln im Team benennt Baumann (2020) sieben Voraussetzungen, damit in Teamarbeit jeder Beteiligte sein Potenzial einbringen kann (Abb. 5.2):

1. faire Regeln formulieren,
2. realistisch einhaltbare Regeln,
3. für die jeweilige Aufgabenstellung zweckdienliche Regeln,
4. Akzeptanz von allen Beteiligten,
5. klare Kommunikation,
6. Moderator muss Vorbild sein,
7. Nichteinhaltung sanktionieren.[4]

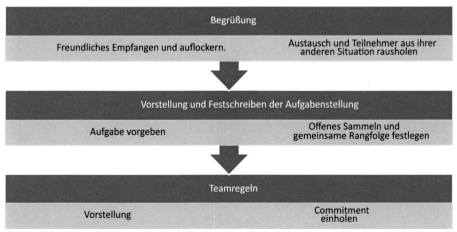

Abb. 5.2 Schritte in der Eröffnungsphase

---

[4]Vgl.: Baumann, M., Gordalla C. (2020), S. 39.

Folgende exemplarische Inhalte wären für Teamregeln denkbar:

- gegenseitige Wertschätzung,
- aktive Beteiligung erwünscht,
- andere Ausreden lassen,
- andere zu Wort kommen lassen,
- kurze Beiträge,
- Nachfragen bei Unklarheiten,
- andere Meinungen gelten lassen,
- konstruktive Kritik,
- Gesagtes muss zu Inhalt passen,
- Lösungsorientierung,
- Vertraulichkeit.

5.5.2 Grundhaltung in der Moderation von Teamformaten

Für die Moderation von interprofessionellen Teams ist es bedeutsam, dass Meinungen, Beiträge und Perspektiven der Teilnehmenden einbezogen und Gesagtes aufgenommen wird. Die entstehenden Inhalte werden gesichert und fließen in die Ergebnisse ein. Gespräche gilt es mit Interesse zu moderieren, den Austausch der inhomogen besetzten Teams zu fördern und der Selbststeuerung des Teams Raum zu geben.

Dies wird sichergestellt, indem die Arbeitsatmosphäre positiv gestaltet, das gute Miteinander gefördert, Konflikte deeskaliert und durch Pausen Veränderungen ermöglicht werden. Auf Änderungen muss seitens des Moderators flexibel reagiert und das Ziel im Auge behalten werden. Diesen Prozess gilt es zu beachten und die eigene Neutralität als Moderator zu bewahren.[5]

5.6   Einstieg in die Methodenübersicht

5.6.1 Übersichtsleitfaden für den Methodeneinsatz und das Turtle-Methoden-Modell

Die interprofessionelle Teamarbeit kann mit vielfältigen Methoden umgesetzt werden. Es folgen exemplarische Vorschläge zur Anwendung und Umsetzung in verschiedenen Fragestellungen.[6]

---

[5] Vgl.: Ellebracht, H. et al. (2002), S. 227–230.

[6] In der Literatur finden sich vielfältige weitere Methoden und Techniken. In dieser Abhandlung wird eine Auswahl von Methoden vorgestellt und stellt nicht den Anspruch auf Vollständigkeit dar.

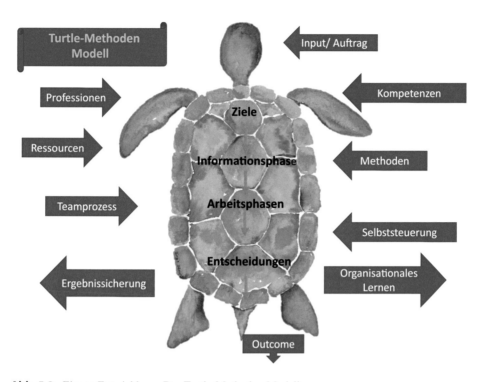

Abb. 5.3 Eigene Entwicklung: Das Turtle-Methoden-Modell

Neben den konkreten Anleitungen in einem Turtle-Methoden-Modell werden einige Methoden exemplarisch kurz umschrieben und zu Orientierung dargestellt. Die wiederkehrenden Gliederungspunkte der Turtle in den Methodenbeschreibungen erleichtern die Orientierung. Das Turtle-Methoden-Modell zeigt die Merkmale der Zielsetzung des Anwendungsprozesses mit Phasen bis zum Ergebnis auf. Es ist davon auszugehen, dass mit allen Methoden organisationales Lernen im interprofessionellen Team stattfindet (Abb. 5.3).

5.6.2 Methodensammlung der Liberating Structures

In der interprofessionellen Zusammenarbeit ist die Effektivität und gute Gestaltung der Teamarbeit von großer Bedeutung. Um einen Erfolg zu fördern, können Kreativtechniken für Teams hilfreich sein. Die Liberating Structures bieten Möglichkeiten, vom Standard abzuweichen, das Team zur Mitwirkung zu aktivieren und Einigungsprozesse zu erzielen. Liberating Structures sind eine Sammlung von 33 kreativen Techniken, die helfen, Komplexität zu managen, jedem Teammitglied eine Stimme in der Zusammenarbeit zu verleihen und die persönliche und gemeinschaftliche Leistung zu verbessern.

Traditionell verwendete Methoden erzeugen oft nur unzureichend ein produktives Miteinander. Kässer schreibt: „Liberating Structures sind für mich Workshops für eine bessere Welt! Denn so sollte Zusammenarbeit funktionieren: inklusiv, ergebnisorientiert und offen."[7]

Diese Sammlung wurde von Lipmanowicz und McCandless zusammengestellt und so beschrieben. Die Auswahl der konkreten Methode erfolgt auf Basis der angestrebten Ergebnisse.

Der Teammanager, der die Teamleistung bzw. Teamarbeit fördern möchte, um gute Ergebnisse zu erzielen, erhält eine Übersicht der anzuwendenden Methoden, die anpassbar und kombinierbar sind.

Jede dieser Methoden zur Organisation von menschlicher Zusammenarbeit lässt sich einheitlich mittels der folgenden fünf Gestaltungselemente beschreiben:

- Formulierung des Zwecks mittels einer Einladung,
- Möglichkeit der Teilnahme und Mitwirkung,
- genutzte Gruppenkonfigurationen,
- Ablauf und Zeitplanung und
- Raumgestaltung sowie benötigte Materialien.

Die Strukturen unterstützen interprofessionelle Zusammenarbeit, helfen zwischenmenschliche Probleme zu lösen, das Vertrauen in das Miteinander zu stärken und damit die Zusammenarbeit reibungsloser zu gestalten.[8]

5.6.3 Methoden zur Entwicklung von Ideen, Neuerungen, Visionen

Alle beschriebenen Methoden in dieser Phase fördern und fordern die Kreativität und Mitwirkung der Teilnehmenden. Sie bieten einen offenen Raum für die inhaltliche Arbeit und fördern die interaktive Arbeitsweise der Mitwirkenden. Durch das Einbeziehen der unterschiedlichen Personen und deren Wissen und Kenntnisse, sollen in der gegenseitigen Ergänzung neue Ideen und Perspektiven aufgezeigt und zusammengeführt werden. Die professionsübergreifende Zusammenarbeit wird durch die Zielvorgabe des Themas „was soll erreicht, erarbeitet werden" in einem offenen Rahmen fokussiert. Der Moderator gibt wenig Struktur vor, verweist auf die aktive Mitwirkung und fördert die Selbstorganisation der Teilnehmenden (Abb. 5.4).

---

[7]Vgl.: Kässer, A. (2022), S. 52.

[8]Vgl. Ebers, A.; Nieschalk, B. (2022), S. 35.

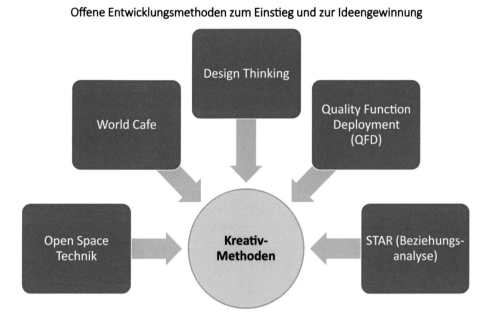

Abb. 5.4 Offene Kreativmethoden zum Einstieg in die Arbeitsphase der Ideenfindung

Wenn interprofessionelle Teams aufgefordert werden, etwas Neues zu entwickeln (Konzepte/neue Dienstleistungen), können Methoden von der Idee bis zur Konzeption eingesetzt werden. Die Methoden müssen ergebnisoffen sein.

Es gibt einen Auftrag zur Entwicklung eines Themas, eines Leistungsangebots, eines Konzeptes oder Sachverhalts. Jedoch ist die inhaltliche Bearbeitung und das Ergebnis vorher nicht einschätzbar und vordefiniert. Die Mitwirkenden bringen sich inhaltlich mit ihren Meinungen, Perspektiven und Ideen in den Verlauf selbstbestimmt ein.

Die Methoden zum Einstieg in die Zusammenarbeit bieten einen offenen Rahmen für die Ergebnisentwicklung. Die Teilnehmenden entscheiden durch ihre Mitwirkung über das gemeinsame Vorgehen.

5.6.3.1 Offene Arbeitsstruktur mit der Open-Space-Methode

Harrison Owen, der Entwickler der Methode, erfuhr aus den Rückmeldungen der Teilnehmenden, dass die entscheidenden Ergebnisse, in den Kaffeepausen zustande gekommen sind.Dort wurden die wichtigen Informationen untereinander ausgetauscht. Aus dieser Erkenntnis entwickelte Owen das methodische Vorgehen: die Open-Space-Technik[9]. Die Methode basiert darauf, dass es einen offenen Arbeitsrahmen in einem Raum

---

[9]Vgl.: Gloger, B., Rösner, D. (2017): Selbstorganisation braucht Führung, Hanser Verlag, München, 2. Aufl., S. 170–177.

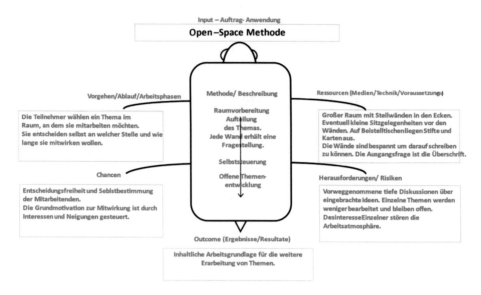

Abb. 5.5 Turtle Modell zur Open-Space-Methode

gibt, in dem jeder Teilnehmer entscheiden kann, woran er mitwirken möchte. Dorthin muss man sich begeben. Das zeitliche Mitwirken jedes Einzelnen ist unbegrenzt. Wer nicht mehr an einem Thema arbeiten möchte, verlässt den Arbeitsbereich. Dadurch könne die anderen ungestört weiterarbeiten und sich einbringen. Owens Grundannahme ist, dass Selbstorganisation durch einen Rahmen und offene Mitwirkungsthemen entsteht. Die Arbeitsmotivation der Teilnehmenden wird durch diese freiwillige, offene Entscheidungsmöglichkeit zur Mitwirkung erhöht und aufrechterhalten. Owen formulierte folgende Grundregeln (Abb. 5.5):

- Das, was erreicht werden soll, wird als Ziel vorgesehen, der Prozess dahin ist offen.
- Das Grundprinzip ist Freiwilligkeit.
- Jeder kann den Ort des Mitwirkens für sich selbst entscheiden und diesen immer frei verlassen.
- Jeder der teilnimmt, ist die richtige Person.
- Was geschieht, geschieht alternativlos.
- Das Ende tritt ein, wenn es zu Ende ist.
- Die Teilnehmenden entscheiden für sich, wo sie sich am besten einbringen können und wollen.
- Es wird auf Selbstorganisation der Teilnehmenden vertraut.

Tipps zur Durchführung einer Open-Space-Veranstaltung

Einladung In der Einladung werden die Problemstellung, die Aufgabenstellung und Zielsetzung mitgeteilt. Auf die Freiwilligkeit der Mitwirkung, auf die Offenheit des Ablaufes und die Möglichkeit, sich selbstorganisiert einzubringen wird hingewiesen.

Vorbereitung Schaffung einer Räumlichkeit, in der leitende Fragen an Flipcharts, Pinnwänden an verschiedenen Plätzen räumlich verteilt sind. Stifte, Moderationsmittel, eventuell Sitzgelegenheiten an den Plätzen werden bereitgestellt.

Begrüßung Teilnehmer begrüßen und Eröffnung der Veranstaltung. Erläuterung des Raumkonzeptes und Aufforderung der Teilnehmer, sich an den Platz zu begeben, an dem sie aktiv mitarbeiten möchten. Ermutigung, den Platz zu wechseln und im Raum zu einem anderen Thema weiterzugehen.

Durchführung Die Teilnehmenden orientieren sich und gehen zu einem Arbeitsbereich im Raum. Sie arbeiten so lange in der Sequenz mit, bis sie nichts mehr beitragen möchten oder können. Die damit verbundene Produktivität und Kreativität der Mitwirkung können nicht vorbestimmt werden. Der Arbeitsphase und Entstehung wird Zeit gegeben. Ein Wechsel zu einem anderen Thema wird selbstorganisiert durch die Teilnehmer vorgenommen.

Beendigung des Workshops Vor Ende des Meetings ermittelt der Moderator die Ergebnisse der verschiedenen Arbeitsplätze. Er erstellt eine Zusammenfassung und stellt diese Ergebnisse in ca. 20–30 Min vor. Die Inhalte dazu fügt er zuvor aus den Abschlussgesprächen in den verschiedenen Arbeitsbereichen zusammen. Er geht von Station zu Station. Die einzelnen Gruppen werden zur Präsentation ihrer Erkenntnisse aktiviert. In diesem Gespräch wird erläutert, was mit den Ergebnissen passiert und wie daran weitergearbeitet wird (Abb. 5.6).

5.6.3.2   Offene Arbeitsstruktur mit der World-Café-Methode

Die World-Café-Methode basiert wie die Open-Space-Technik auf einen offenen Raum zur Mitarbeit und Selbststeuerung der Teilnehmenden. Schwerpunkte in diesem Zusammenhang sind die offene Diskussion zu vorgegebenen Themen in Sitzgruppen. In jeder Sitzgruppe moderiert ein Ansprechpartner die Diskussion zu einer spezifischen Fragestellung. Die Fragestellungen an den Tischen sollen aufeinander aufbauen. Die klare Trennung zwischen den Frageinhalten ist bedeutsam und muss im Vorfeld gut geplant werden.[10]

---

[10]Vgl.: Geeignete Fragen entwickeln in: Brown, J., Isaacs, D. (2007): Das World Café, Carl-Auer-Systeme Verlag Heidelberg, S. 83–84.

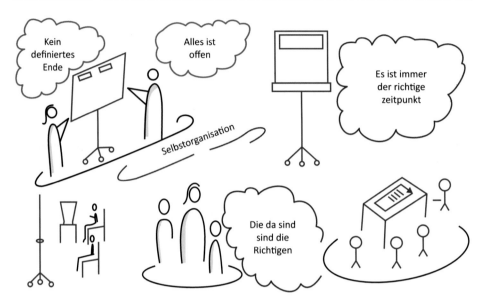

Abb. 5.6 Die Grundprinzipien der Open-Space-Technik

Es sollen möglichst viele Personen eingebunden und kollektives Wissen erarbeitet werden. Perspektiven, neue Ideen und Denkansätze werden in Kleingruppen mit Tischen (Caféprinzip) in einer entspannten Atmosphäre ausgetauscht und vertieft. Dazu finden parallele Tischrunden mit ca. 4–8 Personen statt. Das Gesagte einer Gruppe wird visualisiert, um Inhalte für alle sichtbar zu machen (z. B. auf dem Tisch direkt, Karten, Flipchart, Pinnwand). Nach ca. 20–30 min wechseln die Teilnehmenden der Gruppe in eine neue Tischgruppe mit einer anderen Fragestellung. Die dann neu hinzugekommenen Teilnehmer werden über die bestehenden Ergebnisse informiert. Das Erarbeitete wird in der weiteren Diskussion ergänzt. Die neuen Aspekte werden schriftlich hinzugefügt und von der nächsten Gruppe wieder ergänzt.

Am Ende findet eine Vorstellung der visualisierten Inhalte statt. Die Zusammenfassung der schriftlichen Inhalte könnte im Rahmen von Aushängen, Ausstellung/Vernissage oder über Fotodokumentation erfolgen. Dadurch wird sichergestellt, dass Gedanken weiterbearbeitet und berücksichtigt werden (Abb. 5.7).

5.6.3.3 Die Design-Thinking-Methode

Die Design-Thinking-Methode wird seit Mitte der 80er-Jahre in wissenschaftlichen und praktischen Beiträgen im Management von Organisationen fokussiert. Sie wird als interprofessioneller, multidisziplinärer, kundenorientierter Innovationsansatz und zur Problemlösung in den unterschiedlichsten Bereichen verwendet.[11]

---

[11]Vgl.: Kiefer, I.L., (2022): Der Beitrag des Design Thinking zur marktorientierten Unternehmensführung, Springer Gabler Verlag, Stuttgart, S. 11.

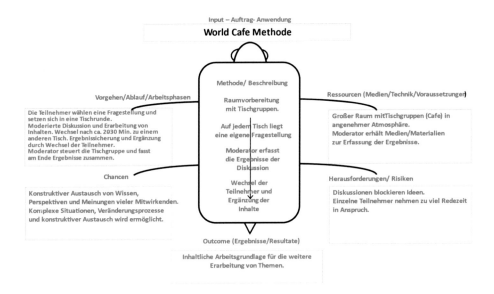

Abb. 5.7 Turtle-Modell: Die World-Café-Methode

Zur Anwendung der Design Thinking Methode wird ein Projekt einberufen und mit Interessierten aus verschiedenen Arbeitsbereichen gearbeitet. Ein Raum für Teamarbeit wird geschaffen, um aus Problemstellungen, Innovationen und Ideen, lösungsorientiert zu entwickeln. Das Projektteam (auch Thinktank = Denkwerkstatt genannt) erarbeitet in Workshops, schrittweise Ideen zur Lösung von komplexen Problemstellungen. Der Blick aus Kundensicht und seine Einschätzung zur Problem-/Fragestellung sind in der Bearbeitung leitend. Um die Sicht des Kunden in Situationen wahrzunehmen, werden in dieser Technik auch Rollenspiele durchgeführt und Simulationen vorgenommen. Die wahrgenommene menschliche Perspektive soll Innovationen anregen und zu zweckmäßigen und machbaren Lösungen führen.

Die Zusammenstellung der Mitwirkenden im Projekt ist eine wichtige Voraussetzung für den Erfolg. Dabei sollte auf eine möglichst inhomogene, interdisziplinäre, interprofessionelle und hierarchieübergreifende Zusammensetzung geachtet werden. Diese Diversität der Mitwirkenden sorgt für Perspektivenvielfalt und ist eine wichtige Grundlage. Eine kreativitätsorientierte innovationsfördernde Unternehmenskultur, die diese Arbeitsmethode unterstützt, wird als wesentliche Voraussetzung für die Nachhaltigkeit und den Erfolg der Teamarbeit benannt.[12]

Beispiele aus dem Gesundheitswesen konnten durch die Umsetzung der Design-Thinking-Methode in interprofessioneller Teamarbeit gute Erfolge aufzeigen. Die unterschiedlichen

---

[12]Vgl.: Walter, D. (2022): Design Thinking Hospital, MWV Medizinisch Wissenschaftliche Verlagsgesellschaft, S. 48; S. 114–150.

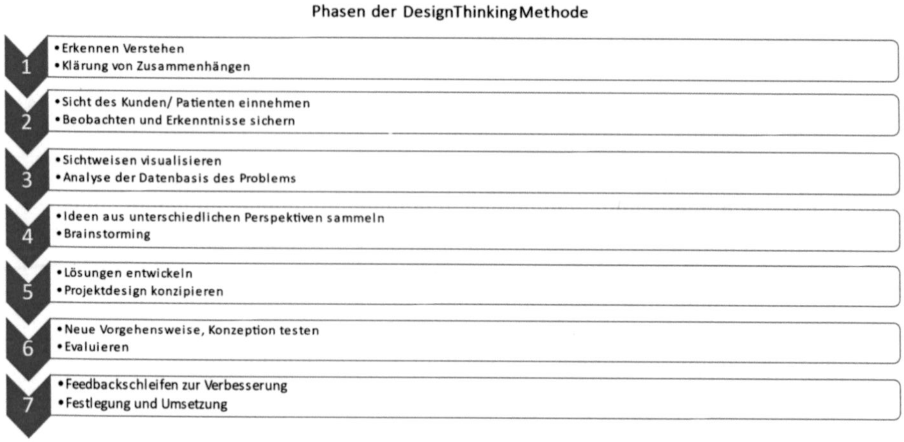

Phasen der DesignThinkingMethode

1	• Erkennen Verstehen • Klärung von Zusammenhängen
2	• Sicht des Kunden/ Patienten einnehmen • Beobachten und Erkenntnisse sichern
3	• Sichtweisen visualisieren • Analyse der Datenbasis des Problems
4	• Ideen aus unterschiedlichen Perspektiven sammeln • Brainstorming
5	• Lösungen entwickeln • Projektdesign konzipieren
6	• Neue Vorgehensweise, Konzeption testen • Evaluieren
7	• Feedbackschleifen zur Verbesserung • Festlegung und Umsetzung

Abb. 5.8 Die Schritte in der Design-Thinking-Methode

Mitwirkenden in der Patientenversorgung bringen sich mit ihrer jeweiligen Perspektive und Wissen ein, und bei Lösungen werden die Bedürfnisse der Patienten in den Mittelpunkt gestellt (Abb. 5.8).[13]

5.6.3.4 Die Quality-Funktion-Deployment-Methode

Die QFD-Methode wird zur Planung von Neuentwicklungen und Verbesserungen in der Industrie eingesetzt. Die Kundenbedürfnisse stehen dabei im Mittelpunkt: Was will der Kunde, wie wichtig ist ihm dies und wie kann das Ergebnis in eine Neuentwicklung integriert werden?

Es erfolgt eine systematische Analyse von Kundenanforderungen und Ableitung von Merkmalen zur Umsetzung.

In einer spezifischen Matrix: House of Quality werden die Kundenanforderungen mit den Qualitätsmerkmalen korreliert und bewertet.

Die QFD-Methode wurde von Prof. Akao im Jahr 1966 entwickelt und fand ihre Anwendung in Europa in den neunziger Jahren. Im Jahr 2007 wurden die ersten Schritte der Umsetzung im Gesundheitswesen in Deutschland verzeichnet.

Im Gesundheitswesen wird die QFD-Methode in umfassenden Entwicklungsprojekten mit interdisziplinären und interprofessionellen Teams hierarchieübergreifend angewendet.

Der Projektauftrag benennt das zu erreichende Ziel. Die Ideen und der Entwicklungsprozess sind offen.

---

[13] Vgl.: König, A. in Roder, N. Kaspar, N. (Hrsg): Ihr Krankenhaus 2030 – Sicher und stark für die Zukunft, Kohlhammer Verlag Stuttgart, Teil II S. 170–176.

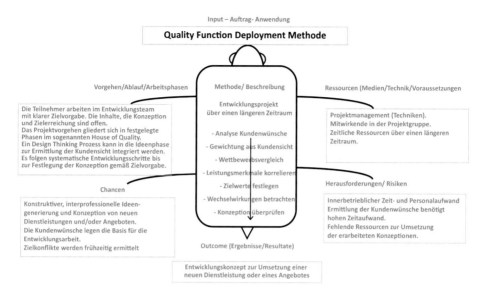

Abb. 5.9 Methoden-Turtle zur QFD

Eine Problemstellung steht nicht im Vordergrund, sondern ein Innovationsent-wicklungsprozess. Durch die Betrachtung und Würdigung der Kundenwünsche sowie der möglichen Ressourcen und Rahmenbedingungen können sehr kundenorientierte An-gebote entwickelt werden.

In der adaptierten QFD-Methode für das Gesundheitswesen können bei der Kon-zeption die besonderen Risikogesichtspunkte mitbetrachtet, korreliert und systematisch einbezogen werden.[14] Eine Kombination mit der Open-Space- und der Design-Thin-king-Methode ist möglich. Die Projektlaufzeit der Konzeption liegt je nach Zielsetzung, mit monatlichen Treffen zwischen 6–12 Monaten. Zwischen den gemeinsamen Team-sequenzen werden parallel Themen von Kleinteams weiterbearbeitet.

Die Zusammensetzung des Entwicklungsteams ist wie bei der Design-Thinking-Me-thode sehr wichtig. Innovationsfreudigkeit der Mitwirkenden, professionsübergreifende Perspektivenvielfalt und eine kreativitätsfördernde Unternehmenshaltung ermöglichen effektive und nachhaltige Entwicklungen. Dazu müssen Rahmenbedingungen der Team-arbeit (zeitlich, persönlich und strukturiertes Projektmanagement) zur Verfügung gestellt werden (Abb. 5.9).

5.6.3.5 Methode STAR zur Beziehungsanalyse im Meetingeinstieg

Die STAR-Methode zur Beziehungsanalyse ist eine Technik aus den Liberating Structu-res. Zu Beginn einer Teamsequenz kann es förderlich sein, dass die Teilnehmenden sich

---

[14]Vgl.: Siehe dazu: Anwendungsprozess der adaptierten QFD im Gesundheitswesen in: Welz-Spiegel, C. (2014),S. 80–103.

kennenlernen und ihre Beziehung zueinander im Arbeitsalltag erläutern. Damit kann die gemeinsame Zielsetzung und Identität der Teilnehmenden gefördert werden.

In der STAR-Matrix (Generative Relationships) werden vier Bereiche mit folgenden Merkmalen differenziert:

S: Verschiedenheit (Separateness),
T: Abstimmung (Tuning),
A: Handeln (Action),
R: Grund der Zusammenarbeit (Reason).

Es werden bestehende Interaktionsmuster und Überschneidungen in Teamzusammensetzungen aufgezeigt. Das gemeinsame Verständnis und Voraussetzungen in der interprofessionellen Teamarbeit werden durch Offenlegung transparent.

STAR-Kompass der produktiven Beziehungen

S – Verschiedenheit (Separateness): das Maß der Unterschiedlichkeit bzgl. Perspektive, Expertise und Hintergrund der Mitglieder
T – Abstimmung (Tuning): das Maß von intensivem Zuhören, Reflexion und gemeinsamen Verständnis von Herausforderungen
A – Handeln (Action): die Anzahl von Möglichkeiten, um an Ideen zu arbeiten oder gemeinsam innovativ zu sein
R – Grund der Zusammenarbeit (Reason): die Vorteile, die sich durch die Zusammenarbeit ergeben

---

Die gemeinsame Ausgangslage verdeutlicht eventuelle Distanzen und bietet eine Chance der Schaffung einer gemeinsamen, strategischen Arbeitsbasis. Unter Umständen findet zu Beginn eine Klärung und Vereinbarung dazu statt. Auch während der gesamten Teamarbeit über mehrere Termine kann eine Standortbestimmung mittels der STAR-Matrix hilfreich sein. Eine regelmäßige Retrospektive auf das Erreichte und die Zusammenarbeit fördern deren Stärkung und die Eigenverantwortung.[15]

Eine Reflexion im Anschluss an die Anwendung fördert das Verständnis dafür, wie die Ergebnisse mithilfe der Methode erzielt wurden, und fördert die Reproduzierbarkeit für die zukünftige Nutzung.

Die vier Bereiche können zum Fokus auf die Teamdynamik und Ergebnisse thematisch angepasst und modifiziert werden (Abb. 5.10).

---

[15] Vgl. Ebers, A.; Nieschalk, B. (2022), S. 48.

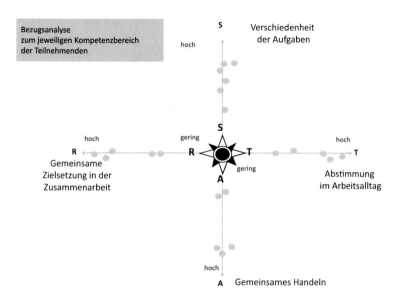

Abb. 5.10 Exemplarische STAR Matrix eines Teams

5.6.4 Das Arbeiten mit Konsenstechniken

Methoden zur Konsensfindung werden in Klärungsprozessen bei konkreten Fragestellungen eingesetzt. Die Vorgehensweisen führen zur systematischen, gemeinsamen
Lösung durch inhaltliches Zusammentragen der Problemstellung, Einflussfaktoren
und Ursachenanalysen. Die weitere Bearbeitung wird über methodische Strukturen aufeinander aufbauend geleitet. Die oben genannten exemplarischen Methoden könnten
zur zukünftigen systematischen Aufgabenbearbeitung zielführend eingesetzt werden
(Abb. 5.11).

5.6.4.1 Die 8-Schritte-Methode
Der renommierte Experte für Veränderungsprozesse John P. Kotter entwickelte für
Wandlungsprozesse in Unternehmen einen Achtstufenplan, um einen erfolgreichen
Wandel zu erzielen. Kotter sieht den offenen, professionell gestalteten Umgang mit Veränderungen in Unternehmen als eine der größten Herausforderungen der Zukunft. Aus
seinen Erfahrungen und Forschungsergebnissen in der Unternehmensberatung leitete er
folgende Schritte für einen erfolgreichen Veränderungsprozess ab:

1. die Dringlichkeit auf allen Ebenen aufbauen,
2. Zusammenwachsen der Führungsverantwortlichen aufbauen,
3. Vision und Strategie entwickeln,

Konsenstechniken zur methodischen Bearbeitung von Problemstellungen

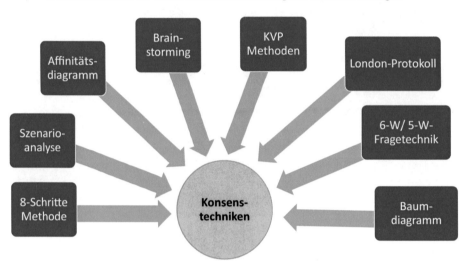

Abb. 5.11 Methoden zur Bearbeitung von Problemen und schwierigen Situationen

4. die Vision des Wandels vermitteln,
5. Befähigung der Mitarbeitenden auf allen Ebenen,
6. schnelle Erfolge erzielen,
7. Erfolge konsolidieren und daraus weitere Veränderungen ableiten,
8. die erzielten Ergebnisse in der Kultur verankern.[16]

Kotter fokussiert dabei die wichtigen Grundhaltungen im Leadership von Organisationen. Die Planungen, Budgetierung, Organisation, Personal, Controlling sieht er als wesentliche Managementaspekte. Diese managen den Unternehmensalltag durch Gewährleistung hoher Stabilität von Prozessen und Kontrollen. Zu wenig genutzt sieht er das eigentliche Führen, das Leadership in Organisationen und das Festlegen von in die Zukunft gerichtete Ausrichtung und Entwicklung von Visionen und Strategien. Die Ausrichtung der Mitarbeitenden auf die Zukunft sieht Kotter als wichtige Führungsaufgabe. Das Motivieren derjenigen, die zur Umsetzung von Strategien und Visionen gebraucht werden, soll fokussiert werden.

Die Motivation der Mitarbeitenden, um Teams und Kooperationen zu bilden, ist eine wichtige Grundhaltung im Leadership. Durch Kommunikation und Motivation gelingt es, Mitarbeitende in die Lage zu versetzen, den Veränderungsprozess zur Zukunftssicherung erfolgreich zu bewältigen und den Erfolg mitzugestalten.

---

[16]Vgl.: Kotter, J.P., (2011): Leading change – wie Sie Ihr Unternehmen in acht Schritten erfolgreich verändern, Vahlen Verlag München, S. 32–134.

Kotter sieht im Leadership das Potenzial, sinnvolle Veränderungen zu bewirken und die Mitarbeiterperformance positiv zu führen. Leadership in interprofessionellen Teams gibt Mitarbeitenden die Motivation und Inspiration zur Umsetzung von Aufgaben. Leadership setzt bei den Beteiligten Kräfte frei zur Bewältigung von Widerständen, trotz aller Hindernisse in Aufgaben und in Veränderungsprozessen.[17] Im interprofessionellen Management muss demzufolge auch die Betonung auf Leadership liegen. Das wird sichergestellt durch die Motivation und Befähigung der Beteiligten, um gemeinsame, tragfähige Teamarbeit für die Unternehmensbelange zu erzielen.

Aufgrund seiner Beratungserfahrungen in Großunternehmen erkannte John Kotter acht wichtige Hindernisse, die den Erfolg von Veränderungsprojekten beeinträchtigen. Er entwickelte dagegen jeweils präventive Maßnahmen, um Fehler und Störungen abzuwenden. Kotter definierte acht Phasen von Veränderungsprozessen in Projekten. Er entwickelte zu jeder Phase Gegenmaßnahmen zur Vermeidung von Fehlern und Störungen. Die sogenannten 8-Schritte-Methode ist hilfreich zur Führung und praktischen Steuerung von Veränderungsprozessen.

In interprofessionellen Teams sind die Schritte bei kleinen und großen Veränderungsprozessen nützlich. Auch für die systematische Bearbeitung von bereits aufgetretenen Störungen, Problemen oder Fehlern können die acht Schritte für die Teamarbeit eingesetzt werden.

In einem konkreten Problemlöseprozess werden die in Abb. 5.12 dargestellten Schritte empfohlen.

Auf der Grundlage der 8-Schritte-Methode kann eine Protokollvorlage erstellt werden, die die einzelnen aufeinanderfolgenden Schritte berücksichtigt. Damit wird eine Gesamtübersicht des Bearbeitungsverlaufs einer Teamarbeit zusammengefasst und abbildbar.

Das Dokument wird 8-D-Report genannt. Im Zusammenhang mit dem Beschwerde- oder auch Reklamationswesen wird es im industriellen Bereich verwendet (Abb. 5.13).

5.6.4.2 Brainstorming

Als Erfinder dieser QM-Methode wird Alex F. Osborn (1957) in der Literatur benannt. Er begann bereits in den 40er-Jahren mit der Entwicklung dieser Methode und verfolgte damit folgende Ziele: das Verbannen von negativer Atmosphäre durch Aufstellung eines Regelwerkes, das Ausschalten von Blockaden, die Förderung des intuitiv-schöpferischen Denkens sowie die Aktivierung des Unterbewusstseins.[18] Die Methode basiert auf freien Assoziationen, die entstehen, wenn verbal geäußerte Ideen andere Ideen der Zuhörer auslösen. Nach Gertz entstand die Idee zu dieser entwickelten Methode vor dem

---

[17] Vgl.: Kotter (2011), S. 21–24.

[18] Vgl.: Wagner, K.: Kreativität in: Leyendecker, B., Pötters, P. (Hrsg.), (2022): Werkzeuge für das Projekt- und Prozessmanagement – Klassische und moderne Instrumente für den Management-Alltag, S. 165–167.

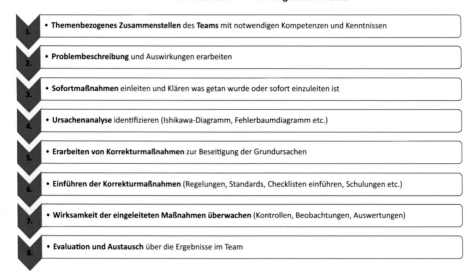

Abb. 5.12   Die 8-Schritte-Methode nach Kotter

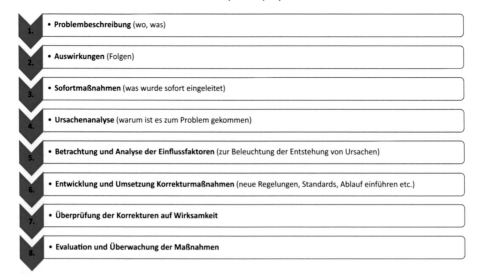

Abb. 5.13   Bearbeitungspunkte in Anlehnung an den 8-D-Report

folgenden Erfahrungshintergrund: Osborn hatte verschiedentlich beobachtet, dass der kreative Fluss durch Kritik und übereilte Bewertung stark behindert und beeinträchtigt wurde. Er definierte folgende Grundregeln für den größtmöglichen Erfolg von Brainstorming-Sitzungen:

* definieren und Abgrenzen des zu lösenden Problems,
* sammeln und visualisieren von Gedanken zur Ideenfindung,
* Gesagtes wird nicht direkt kritisiert,
* bewerten der Ideen und finden von Lösungen.

Brainstorming wird von König als Klassiker unter den Kreativitätstechniken beschrieben. Es ist die älteste und wohl auch bekannteste Methode. Das Brainstorming ist eine gruppenorientierte Methode zur Unterstützung der Ideenfindung und der gemeinsamen Problembewältigung. Das Ziel der Methode ist, die kreativen Potentiale der Gruppenmitglieder zur Entfaltung zu bringen und auf eine bestimmte Problemstellung zu konzentrieren, um so in kurzer Zeit eine große Anzahl von Lösungsvorschlägen zu finden.[19] Im Rahmen von Teamworkshops wird das Brainstorming vor allem bei der Ideenfindung, Problemermittlung, -analyse und -lösung eingesetzt. Das englische Wort Brainstorming setzt sich zusammen aus „brain" Gehirn und „storming" stürmen, durcheinanderwirbeln. Es geht also darum, eine Gruppe zu bewegen, ihre Gehirne „wirbeln" zu lassen, um zu neuen, kreativen Lösungsansätzen zu gelangen. Der Begriff Brainstorming hat sich im Deutschen etabliert und wird heute nahezu in jeder Konferenz oder Sitzung verwendet, deren Ziel die Gewinnung neuer Ideen bzw. der Ideenaustausch ist. Es ist eine Methode der freien Assoziation.

Vorteile:

* Förderung der Gruppenarbeit und Kommunikation,
* Gesagtes wird direkt visualisiert,
* erhöhte Akzeptanz von Lösungen durch Einbindung der Beteiligten,
* viele Ideen in kurzer Zeit,
* Erweiterung des Lösungsspektrums,
* Förderung der Kreativität und neuer Ideen,
* einfach erlernbar und durchführbar,
* Stärkung des Wir-Gefühls im Team.

Nachteile:

* Zielerreichung ist nicht garantiert,
* Kreativitätsbehinderung durch dominante Gruppenmitglieder,

---

[19]Vgl.: König, D. (Hrsg.): Deutsches Methoden Institut; Profiguide Methoden; Verlag für Deutsche Wirtschaft, Bonn; 2005, S. 64.

- bei komplexen Problemstellungen ist die Gesamtfokussierung erschwert,
- die Methode ist bei Spannungen in der Gruppe ungeeignet.

5.6.4.3 Kontinuierliche Verbesserung durch KVP-Workshops

Die Etablierung von regelmäßigen Arbeitsteams zur Bearbeitung von Frage- oder Problemstellungen hat sich im Gesundheitswesen bewährt. Das wird durch Qualitätszirkel (interne/extern), durch Entwicklungsteams, Verbesserungsteams oder durch KVP-Workshops sichergestellt. Dazu werden bedarfsorientiert Teams eingesetzt, Projektgruppen einberufen oder regelmäßig in der Organisation verankerte Treffen umgesetzt.

Ziel der Vorgehensweise ist die systematische Einbeziehung von Mitarbeitenden, um mit deren Wissen und Wahrnehmungen Verbesserungen und/oder Veränderungen einzuleiten.

Idealerweise werden Teilnehmende aus verschiedenen Bereichen, Hierarchien interprofessionell einbezogen und beteiligt.

Der kontinuierliche Verbesserungsprozesses (KVP) dient der ständigen Verbesserung, der Kostensenkung und der Erhöhung der Arbeitszufriedenheit der Mitarbeitenden.

Der Kundennutzen steht im Mittelpunkt. Zielsetzung ist es in diesem Prinzip, alle betrieblichen Leistungsprozesse auf wertschöpfende Abläufe zu konzentrieren und das prozessorientierte Denken zu fokussieren. Daher sollen alle Prozessschritte so gestaltet werden, dass Verschwendung vermieden und die Effektivität und Effizienz gewährleistet werden.

Die kontinuierliche Verbesserungsarbeit wird im KVP-Prinzip fest etabliert und in der Unternehmenskultur wirksam wahrgenommen. Kontinuierliche Verbesserungsarbeit sollte selbstverständlich sein und im Alltag von allen Beteiligten getragen werden. Im Verständnis der KVP-Teamarbeit werden zwei Ansätze verfolgt: einerseits die bedarfsorientierte kontinuierliche Verbesserung bei bekannten Problemen und andererseits das Suchen nach Optimierung von Prozessen im Alltag.

Diese Grundhaltung ist in japanischen Unternehmen häufig als Kaizen-Ansatz der kontinuierlichen Verbesserung fest verankert. Im Sinne des Kaizen sollen in einem nicht endenden Prozess unter der Einbeziehung aller Beteiligten Verbesserungen immer stattfinden. Das wird sichergestellt über kleine Schritte der Verbesserungen und der ständigen Suche nach Optimierungen. Ziel ist die Produktivitätssteigerung durch Vermeidung von Verschwendungen mittels effizienter und effektiver Prozesse.

Wenn im Gesundheitswesen die KVP-Workshoparbeit etabliert wird, finden interprofessionelle Treffen in fest eingeplanten Zyklen (meistens monatlich) statt. Zielsetzungen sind hier der Bericht über aktuelle Verbesserungen, aktuelle Problemstellungen und der Austausch über Optimierungsbedarf.

Die Verbesserungsarbeit ist in der Organisation fest verankert, und die Mitwirkung der Mitarbeitenden ist erwünscht. Klinische Beispiele zeigen auf, dass der interprofessionelle Austausch, die Patientenprozesse und die Unternehmenskultur sehr positiv

Abb. 5.14 Grundhaltungen für KVP-Workshops

durch die KVP-Workshops beeinflusst werden.[20] Die KVP-Workshoparbeit basiert auf den Prinzipien des Kaizen, dem fortwährenden Prozess der niemals endet (Abb. 5.14).[21]

5.6.4.4 Szenarioanalysen

Die Szenarioanalysen werden methodisch zur Betrachtung von Situationen, die sich zukünftig ergeben oder wahrscheinlich entwickeln können, verwendet. Szenariotechniken werden eingesetzt, um Situationen, die in der Zukunft liegen, durchzuspielen und Prognosen zu analysieren.[22] Es werden Sachverhalte des Ist-Zustandes und den möglichen Sollzuständen prognostiziert. Danach werden Alternativentwicklungen und die dadurch entstehenden Szenarien (Chancen/Risiken) beschrieben. Der Begriff Szenario steht in der Regel mit einem Risiko im Zusammenhang und soll klären: *Was wäre wenn...* im positiven und negativen Sinne.

Ein Szenario ist eine konkrete Darstellung eines Risikos mit Annahmen über mögliche Zusammenhänge von Ursachen und Abfolgen von Ereignissen. Im Risikomanagementprozess ist die Szenarioanalyse die zentrale Methode zur Kommunikation

---

[20] Beispielhaft findet die KVP Arbeit seit vielen Jahren mit positiver Innen- und Außenwirkung in der BBT Gruppe Anwendung. Das KVP-System wurde bereits 2006 in den Teilhabediensten und Seniorendiensten der BBT-Gruppe erfolgreich implementiert und seitdem ständig weiterentwickelt.

[21] Vgl.: Ellebracht, H., et. Al. (2002), S. 188–189.

[22] Vgl.: DIN EN 31.010 (VDE 0050–1):2010–11, S. 39–41.

der Risikobewertung und Trendanalyse. Damit wird aufgezeigt, wie sich Chancen oder Bedrohungen auf einen Zusammenhang auswirken.[23] Die Entwicklung von sich unterscheidenden Merkmalen (positive Entwicklung oder negative Entwicklung), die zukünftig eintreten können, werden betrachtet und auf die Zukunft ausgerichtet bewertet. Es können Veränderungen zwar nicht eindeutig vorhergesagt werden, jedoch die Auswirkungen betrachtet. Ziel ist es, die Belastbarkeit und Stabilität der Organisation auf der Grundlage der Ergebnisse durch Maßnahmen darauf auszurichten.

Die Methode unterstützt Unternehmen bei der Analyse potenzieller Unsicherheiten, um basierend darauf strategische Entscheidungen abzuleiten.

Dazu werden sechs Phasen aufeinanderfolgend benannt:

- Festlegung des Ziels, des Anwendungsbereichs und der Rahmenbedingungen der Szenarioanalyse,
- umfassende Kontextanalyse des Anwendungsbereichs: Erfassung und Priorisierung der politischen, rechtlichen, ökonomischen, gesellschaftlichen, technologischen und ökologischen Einflussfaktoren,
- Erstellung der identifizierten Schlüsselfaktoren in die Zukunft (Trendszenario) und deren mögliche Entwicklung im positiven Fall (best case) und im negativen Fall (worst case),
- Ableitung von Konsequenzen der Szenarien bezogen auf die damit verbundenen Risiken,
- Entwicklung von Handlungsoptionen zur Bewältigung,
- Ableitung und Vereinbarung der weiteren Strategie und Maßnahmenplanung (Abb. 5.15).[24]

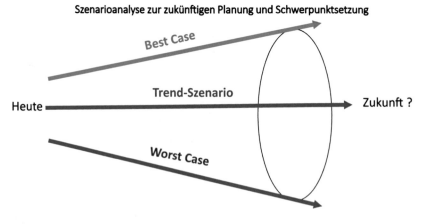

Abb. 5.15 Exemplarische Darstellung der Szenarien

[23] Vgl.: Austrian Standards International (Hrsg), (2021), S. 43.
[24] Vgl.: ÖNORM D 4900:2021–01, S. 14.

5.6.4.5 Schwerwiegende Ereignisse methodisch mit dem London-Protokoll bearbeiten

Das London-Protokoll zur Systemanalyse klinischer Zwischenfälle wurde von Sally Taylor Adams und Charles Vincent[25] auf der Grundlage von Forschungsarbeiten von James Reason entwickelt. Das Unfall-Ursachen-Modell von Reason ist die Grundlage für das Vorgehen im London-Protokoll. Im Vorgehen bietet das London-Protokoll eine systematische Struktur zur Analyse und zur Bearbeitung von sehr schwerwiegenden Ereignissen. Das Vorgehen ermöglicht die systematische Problemanalyse und wurde für den medizinischen Bereich entwickelt. Der Auslöser ist ein schwerwiegendes Ereignis mit Schadensfolgen, die Einberufung und Anwendung dieser Methode erfolgt durch die Entscheidung der Unternehmensleitung. Diese legt ein interprofessionelles Expertenteam zur Erarbeitung des Falls fest.

In dem Vorgehen wird ein Schadensfall unter der Betrachtung aller systematischen Bestandteile detailliert untersucht. Organisatorische Bedingungen, anzuwendende Regeln, die Handlungen und das Verhalten einzelner am Fall beteiligten Personen, die Abläufe und die gesamte Nachweisführung wird einer Gesamtbetrachtung unterzogen. Ziel ist es, das Gesamtverständnis über die Schadensentstehung zu erarbeiten und deren Wechselwirkungen zu erkennen. Aus diesen umfassenden Erkenntnissen heraus erfolgt ein Maßnahmenkatalog zur zukünftigen Vermeidung eines ähnlichen Falls. Ergebnisse können zur Änderung des Gesamtsystems oder zur Modifizierung der Regeln führen, letztendlich auch dazu, dass Leistungen aufgrund ihres Gefährdungspotenzials nicht mehr angeboten werden.

Die London-Protokoll-Methode wird nach Bedarf auch für weniger schwerwiegende Ereignisse abgewandelt eingesetzt. Gemeinsames Ziel ist es dabei, durch eine systematische, strukturierte Ereignisanalyse von Zusammenhängen geeignete Maßnahmen zur zukünftigen Prävention zu erarbeiten. Die Zusammensetzung des Teams ist meist interprofessionell, externe Fachexperten werden nicht immer zwingend dazu gebeten. Die Dokumentationsanalyse, die Interviews der Beteiligten und der zeitliche Aufwand sind geringer ausgeprägt. Der Vorteil der methodischen Vorgehensweise im London-Protokoll ist auch in der abgewandelten Version für die interprofessionelle Bearbeitung von aufgetretenen Ereignissen sehr gut nutzbar und hilfreich (Abb. 5.16).

5.6.4.6 Die Methoden der 5-W und 6-W Fragetechniken

Im Zusammenhang mit der Bearbeitung von Problemen und der Suche nach Verbesserungen, sind Fragetechniken wesentliche Grundinstrumente für den Moderator zur Gesprächsstrukturierung. In allen Zusammenhängen ist die sogenannte „Warum"-Fragetechnik leitend. Sie ist ein Mittel zur Ermittlung von Ursachen. In fünf Schritten wird immer weiter hinterfragt, warum etwas ausgelöst wurde.

---

[25] Siehe dazu die übersetzte deutsche Version: Patientensicherheit Schweiz (Hrsg), (2007): Systemanalyse Klinischer Zwischenfälle – Das London-Protokoll.

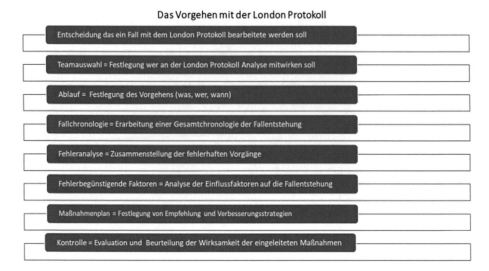

Das Vorgehen mit der London Protokoll

Entscheidung das ein Fall mit dem London Protokoll bearbeitete werden soll

Teamauswahl = Festlegung wer an der London Protokoll Analyse mitwirken soll

Ablauf = Festlegung des Vorgehens (was, wer, wann)

Fallchronologie = Erarbeitung einer Gesamtchronologie der Fallentstehung

Fehleranalyse = Zusammenstellung der fehlerhaften Vorgänge

Fehlerbegünstigende Faktoren = Analyse der Einflussfaktoren auf die Fallentstehung

Maßnahmenplan = Festlegung von Empfehlung und Verbesserungsstrategien

Kontrolle = Evaluation und Beurteilung der Wirksamkeit der eingeleiteten Maßnahmen

Abb. 5.16 Überblick über die Schritte im London-Protokoll auch für abgewandeltes Vorgehen in Anlehnung an Taylor-Adams und Vincent

Zum Verständnis wird zu Beginn das Problem definiert: *„Was, wann, wo, wie oft, Auswirkungen"*.

Mit den leitenden W-Fragen „warum" findet ein Soll-Ist-Abgleich zur Problemstellung statt. Es folgt die Fokussierung auf die Wirksamkeit von etablierten Kontrollen, die Erarbeitung von Ursachen und die Identifikation von Haupteinflussfaktoren. Ziel ist es, mit den 5-W-Fragen an die Wurzel der Hauptursache zu kommen.

Für die Gesprächsführung sind die in Abb. 5.17 dargestellten Grundhaltungen wichtig.

Die 6-W-Fragetechnik ist eine weitere Strukturierung von Gesprächssequenzen zur Erarbeitung von konkreten Handlungen im Team. In der Regel werden mit der 6-W-Technik schrittweise Inhalte von Maßnahmenplänen für Teams und für das Projektmanagement vereinbart und protokolliert. Damit wird sichergestellt, wie es in einem Zusammenhang weitergehen und wie der Ablauf stattfinden soll (Abb. 5.18).

5.6.4.7 Baumdiagramm

Das Baumdiagramm ist eine kreative Methode, um von einem Thema ausgehende Abhängigkeiten aufzuzeigen. Es können entweder negative Folgen oder auch Möglichkeiten in einem Lösungsprozess aufzeigt werden.

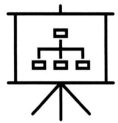

Abb. 5.17 Regelkreis
wichtiger Aspekte in der
Gesprächsführung der
5-W-Fragetechnik

Exemplarische 6-W-Fragetechnik

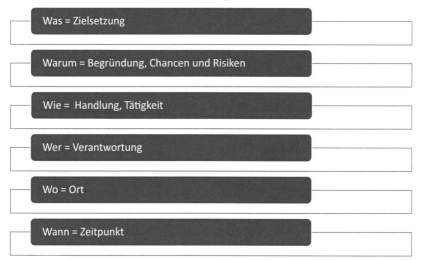

Abb. 5.18 Merkmale der 6-W-Fragetechnik

Bei der Erarbeitung werden ausgehend von einem Thema logische Zusammenhänge in Untergruppen nacheinander folgend abgeleitet. Mit der gemeinsamen Entwicklung der grafischen Darstellung werden die Komplexität und die Abhängigkeiten der
verschiedenen Ebenen aufgezeigt. Das Ergebnis lässt mit den Verzweigungen einen Fluss
vom Allgemeinen zum Speziellen erkennen.[26]

Durch die grafische Darstellung werden Beziehungen zwischen Merkmalen und ihre
Zusammenhänge durch Verbindungslinien dargestellt. Diese Verästelung ist der Namens-

---

[26]Vgl.: Helmold, M. (2020), S. 241–242.

geber der Methode. Das Diagramm ist eine Möglichkeit, um die Konsensfindung in Teams aufzuzeigen.

Das Baumdiagramm kann methodisch als Fehlerbaum für wahrscheinliche Folgen eines Problems eingesetzt werden. Dazu wird ein Hauptproblem in logische Untergruppen mit Einzelergebnissen, die zu Zuständen/Fehlerfolgen führen können, zergliedert und visuell dargestellt.

Die Methode eignet sich besonders zum Aufschlüsseln von komplexen Problemen und deren Abhängigkeiten sowie in der Szenarioanalyse zur Einschätzung der Eintrittswahrscheinlichkeit von Folgen ihrer Anwendung. Mit der Fehlerbaumdarstellung wird die Darstellung der Mehrdimensionalität von Strukturen, Funktionen und möglichen Folgen visualisiert. Auf der erarbeiteten Grafik kann dann eine Prioritätsbewertung mit Handlungsbedarf (Punktevergabe) im Teamkonsens erfolgen.

Die Baummethode findet zudem in der Wahrscheinlichkeitsrechnung (z. B. Nutzwertanalysen) Anwendung und zur grafischen Darstellung in der Statistik.

Vorteile:

- schneller Überblick der Zusammenhänge und Komplexität,
- gemeinsame visuelle Strukturierung im Team,
- gute Hierarchisierung von Zusammenhängen,
- Bewertung von Handlungsbedarf und Priorisierung möglich,
- Bewertung von Eintrittswahrscheinlichkeiten,
- Konsensfindung auf sachlicher Basis möglich,
- Ableitung von effektiven Gegenmaßnahmen zur Prävention,
- gut verwendbare Ausgangslage für die Weiterbearbeitung.

Nachteile:

- Darstellung von wechselseitigen Beziehungen fehlt,
- Zeitaufwendig in der Erstellung,
- die eigentliche Komplexität ist nicht immer vollständig abbildbar.

5.6.4.8 Affinitätsdiagramm

Das Affinitätsdiagramm wird im Rahmen eines Brainstormings erarbeitet und strukturiert Inhalte in Gruppen. Es ist ein Werkzeug, bei dem visualisierte Fakten, Ideen und Meinungen aus Brainstorming-Ergebnissen oder Metaplan-Techniken zu zusammengehörigen Ideenfamilien (Clustern) unter einem einheitlichen Oberbegriff zusammengeführt werden.[27] Das Affinitätsdiagramm hilft bei der Formulierung, Strukturierung und Konkretisierung eines Problems und führt moderiert zur Konsensfindung innerhalb einer Gruppe.

---

[27]Vgl.: Leyendecker, B., Pötters, P. (2022), S. 56–59.

Nach Henning findet dieses Diagramm bei der Lösung von Problemen, bei denen eine Vielzahl von schwer überschaubaren und ungeordneten Informationen vorliegen, praktische Anwendung. Durch die Anwendung dieser Methodik ist es einfacher, das vorliegende Problem einzugrenzen und einen Gruppenkonsens bezüglich der Problemstellung herbeizuführen. Es werden Informationen zu einem Bereich gesammelt und in mehreren Schritten zu Gruppen und übergeordneten Gruppen zusammengefasst. Daraus lassen sich dann Zusammenhänge, wie beispielsweise die Problemstruktur und die Lösungsmöglichkeiten, ableiten. Das Affinitätsdiagramm eignet sich zur Sortierung von komplexen Zusammenhängen im Team. Dies wird sichergestellt durch die Sammlung und Strukturierung von Informationen und Erarbeitung von Gruppierungen. Mittels dieser Methode lassen sich Lösungsmöglichkeiten und weitere Untersuchungsschwerpunkte erarbeiten.

Vorteile:

- Ähnliche problembeschreibende Informationen werden zusammengefasst.
- Die Meinungen aller Teilnehmenden werden berücksichtigt.
- Die Methode fördert die Konsensbildung zwischen den Teammitgliedern durch anschließende Diskussion der gesammelten Ideen.
- Problemstellung und Problemschwerpunkte werden deutlich.
- Meinungen und Perspektiven werden berücksichtigt.
- Kreativität wird angeregt und fördert ungewöhnliche Ideen.

Nachteile

- Das Ergebnis ist abhängig von den Teilnehmenden und hat daher einen subjektiven Charakter.
- Bei komplexen Problemen ist Strukturierung schwierig.

5.6.5 Einsatz von Methoden zur Analyse von Sachverhalten und Zusammenhängen

Methoden zur Analyse kommen zum Einsatz, wenn Informationen, erkannte Ursachen und Zusammenhänge zu bearbeiten oder zu vertiefen sind. Sie werden dann angewendet, wenn es um die Betrachtung von Ergebnissen, ihre Bewertung und deren Konsequenzen geht. Für diese Phase der Teamarbeit muss ausreichend Zeit zum Austausch, zur Klärung, zur Fokussierung und Herkunft von Problemstellungen sein. Die Analysemethoden legen die Grundlage für die Verbesserung von Prozessen und zur Lösungsentwicklung. Das wird durch die Betrachtung von Ursachenzusammenhängen ermöglicht (Abb. 5.19).

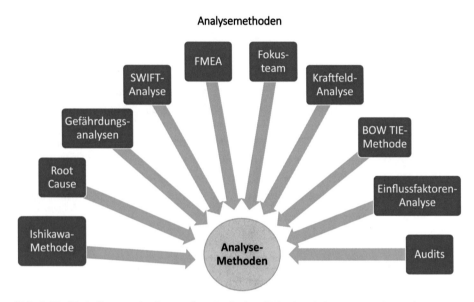

Abb. 5.19 Techniken zur Analyse und methodischen Weiterbearbeitung von Erkenntnissen

5.6.5.1 Methodisches Arbeiten mit Gefährdungsanalysen

Gefährdungsanalysen am Arbeitsplatz müssen in Deutschland im Gesundheitswesen verpflichtend durchgeführt werden.[28] Arbeitgeber müssen routinemäßig Gefährdungsbeurteilungen für ihre Beschäftigten zur Risikoerkennung und Risikominimierung am Arbeitsplatz vornehmen. Gefährdungsanalysen betrachten Prozesse, Systembedingungen und Handlungen, um mögliche Ursachen für Gefährdungen zu ermitteln. Dabei wird der Möglichkeit des Auftretens eines Ereignisses, das damit verbundene Risiko und die Suche von präventiven Maßnahmen beurteilt.

Ziel des Gesetzes ist die Gewährleistung der Sicherheit und des Gesundheitsschutzes der Arbeitnehmer.

Arbeitgeber sind zur Einführung und Umsetzung von Schutzmaßnahmen verpflichtet, um Gefahrenverhütung umzusetzen. Der Arbeitgeber kann Aufgaben und Pflichten auf geeignete Mitarbeiter übertragen (ArbSchG § 7, § 13), bleibt aber in jedem Fall verpflichtet, die Erfüllung der übertragenen Aufgaben zu kontrollieren.

Die Beschäftigten haben ihrerseits die Hinweise des Arbeitgebers zu beachten und dafür Sorge zu tragen, dass durch ihre Tätigkeit andere Personen nicht gefährdet werden (ArbSchG § 15). Sie sind ferner verpflichtet, festgestellte Mängel, die Auswirkungen auf Sicherheit und Gesundheit haben können, dem Arbeitgeber zu melden (ArbSchG § 16).

---

[28] Gesetz über die Durchführung von Maßnahmen des Arbeitsschutzes zur Verbesserung der Sicherheit und des Gesundheitsschutzes der Beschäftigten bei der Arbeit (Arbeitsschutzgesetz – ArbSchG), in: Bundesministerium der Justiz: https://www.gesetze-im-internet.de/arbst_ttv_2004/__3.html § 5 Beurteilung der Arbeitsbedingungen.

Dazu müssen die Interaktionen, die Arbeitsplätze, die Arbeitsmittel und die Arbeitsprozesse präventiv überwacht werden. Es müssen Gefährdungen beurteilt und Maßnahmen bei Gefährdungspotenzialen abgleitet und umgesetzt werden. Ergebnisse aus
den Gefährdungsanalysen und deren Beurteilungen von physischen und psychischen
Belastungen am Arbeitsplatz sind Bestandteil des betrieblichen Arbeits- und Gesundheitsschutzes. Hauptziele sind die Reduzierung von Gefahren, Maßnahmenableitung und
Analyse der Trendentwicklung von Gefahren am Arbeitsplatz.

Gefährdungsanalysen werden in der Regel am Arbeitsplatz und im Arbeitsbereich
vorgenommen.

Dazu findet in sieben Schritten ein kollegiales Gespräch, über die Beobachtung und
Beurteilung von Gefahrenpotenzialen statt. Das wird sichergestellt durch fachliche Begutachtung unter dem Einsatz von spezifischen Checklisten. Anhand von festgelegten
Themen und Sicherheitsaspekten erfolgen die Bewertung von Risiken und die Ableitung
von präventiven Schutzmaßnahmen:

- Eintrittswahrscheinlichkeit, dass eine Gefahr passiert (Stufe 1 gering bis 5 hoch),
- Schadensfolgen, wenn eine Verletzung des Mitarbeitenden verursacht wird (Stufe
  1–5),
- Risikoprofil aus der Kombination der Bewertung, woraus die notwendigen Maß-
  nahmen/Schutzmaßnahmen abgeleitet werden.[29]

5.6.5.2 Methodisches Arbeiten mit einem Fokusteam zur Gefährdungsanalyse

Ein Fokusteam ist eine unabhängige Kleingruppe von Teilnehmenden, die in einem Bereich ein offenes Gespräch zur Analyse von Risiken und Gefahren moderieren und leiten.
Das Kleinteam ist vergleichbar mit einem Team von Auditoren oder Visitatoren, die in
einem Bereich eine Begutachtung vornehmen. Die Zusammensetzung des Fokusteams
kann interdisziplinär und interprofessionell mit mehreren Beteiligten durchgeführt werden. Das Fokusteam ist eine kollegiale, interprofessionelle Besprechung von Gefahrenpotenzialen mit unabhängigen Personen des Bereichs.

In ihrem Gespräch bezieht das Fokusteam die Sicht der Mitarbeitenden der Bereiche
ein und fokussiert die geäußerten Inhalte. Eine Vorstrukturierung durch Checklisten erfolgt nicht. Darin besteht der Unterschied zu der klassischen Arbeitsplatzbegehung, einer
Visitation oder einem Audit. Die Mitarbeitenden stellen vielmehr offene Fragen und
bringen sich kollegial in das Gespräch ein. Dabei werden die erkannten Gefahren, wo ein
Handlungsbedarf besteht, thematisiert.

Durch die unterschiedliche fachliche Besetzung des Fokusteams können verschiedene
Gesichtspunkte berücksichtigt werden. Idealerweise werden drei Personen für ein Fokusteam eingesetzt, z. B. aus den Bereichen: Organisationsentwicklung, QM, Hygiene,

---

[29]Vgl.: https://www.bgw-online.de/bgw-online-de/themen/sicher-mit-system/gefaehrdungsbeurtei-
lung/sieben-schritte.

Arbeitssicherheit. Jeder Teilnehmer im Fokusteam bereitet sich mit offenen Fragen für seinen Schwerpunkt vor. Die Gesprächsleitung wird vor der Begehung festgelegt.

Eine gute Einstiegsfrage trägt entscheidend zur positiven Entwicklung des Gesprächs über Gefahrenpotentiale, Entstehung und Ursachen bei. Das Fokusteam vermittelt das Vertrauen, dass die Mitarbeiter selbst die Spezialisten sind und ihren Bereich selbst im Blick haben und überwachen. Mitarbeitende vor Ort sehen die Ursachen für Gefahren im Arbeitsalltag und können Lösungen mitentwickeln. Die unterschiedlichen Perspektiven der Teilnehmenden im Fokusteam ermöglichen eine umfassende Betrachtung des Bereichs und einen intensiven Austausch über mögliche Präventionsmaßnahmen.

Methodisch kann die SWIFT-Analyse integriert werden. Die Mitglieder des Fokusteams analysieren und besprechen im Anschluss die Erkenntnisse. Auf der Grundlage von Gefahren und Ursachen stimmen sie gemeinsam Präventionsmöglichkeiten ab und entwerfen einen Maßnahmenvorschlag. Die Ergebnisse werden dann den Verantwortlichen zur Entscheidung und Weiterverfolgung zugeleitet.[30]

Die Grundannahme ist, dass die Mitarbeitenden am Arbeitsplatz sehr gut in der Lage sind, Gefahrenpotenziale wahrzunehmen und selbstgesteuert in das Gespräch einzubringen. Der Vorteil liegt im Zusammenwirken verschiedener Perspektiven und Wissensaustausch. Sechs Augen sehen mehr als zwei. Jede zusätzliche Person sieht vielleicht Dinge, die den anderen nicht aufgefallen wären. Das führt zu selbstorganisierten Lösungsvorschlägen, und präventive Prozessverbesserungen können abgeleitet werden.

5.6.5.3 Die SWIFT-Methode

Eine weitere Form der Analyse zur Beurteilung von Gefahren ist die SWIFT-Methode (Structured What-If-Technik). Es ist ein teambasiertes Vorgehen, in dem die Teilnehmenden zur Ermittlung von Risiken durch wiederkehrende Fragestellung: „was wäre wenn…" des Moderators im Gespräch geleitet werden.[31] Dazu kann eine Strukturierung über eine Checkliste hilfreich sein und zur Dokumentation eingesetzt werden.

Anhand der Checkliste erfolgt die Analyse bezogen auf die Folgen bei Änderungen, bei Neuerungen von Prozessen, Strategien und Schwerpunkten. Die dabei entstehenden Risiken werden ermittelt und hinsichtlich ihrer Eintrittswahrscheinlichkeit bewertet (Tab. 5.1).

Folgende Vorgehensweise ist für diese Methode empfehlenswert (Abb. 5.20):

Vorteile der SWIFT-Methode

- teambasiertes Vorgehen zur Entwicklung eines Risikoszenarios,
- geeignete Grundlage zur Ableitung von Maßnahmen,

---

[30] Der Begriff „Fokusteam" in diesem Zusammenhang, wurde von der Autorin im praktischen Klinikkontext entwickelt und zur Umsetzung geführt.

[31] Vgl.: DIN EN 31.010 (VDE 0050–1): 2010–11, S. 37–39.

Tab. 5.1 Exemplarische Checkliste SWIFT-Liste zur What-If-Analyse

Was wenn?	Warum (Ursache)	Warum nicht? (Maßnahmen)	Was kann passieren?	Was ist zu tun? (Handlungen)
Themen				
…				
…				
…				
…				

Abb. 5.20 Schritte in der praktischen Anwendung der SWIFT-Methode

- breites Anwendungsspektrum von kleinen bis großen Themen,
- Vorerfahrungen der Teilnehmenden wirken nur gering ein,
- geringer Vorbereitungsaufwand.

Nachteile

- Ergebnisse hängen sehr von der Teammoderation ab.
- Risiken können übersehen werden.
- Bei sehr komplexen Zusammenhängen eher ungeeignet.

5.6.5.4 Methodisches Vorgehen mit der Root-Cause-Analyse

Die Root-Cause-Analyse kommt aus dem technischem industriellem Bereich, um Ursachen nach aufgetretenen Störungen und Fehlern zu finden. Zusammenhänge werden nach ihrer tieferliegenden Hauptursache untersucht, um daran eine Lösung von der „Wurzel" her zu beheben. Das wird sichergestellt durch das immer weitere Hinterfragen nach den Ursachen, um Probleme systematisch zu verhindern. Dazu werden auch Einflussfaktoren (warum eine Ursache entstanden ist) betrachtet, die auslösende Faktoren sein können. Die Root-Cause-Analyse (RCA) hat sich im Laufe der Jahre aus verschiedenen Branchen entwickelt. Die 5-Warum-Fragetechnik ist eine Methode der RCA, die zur Ermittlung der Fehlerursachen eingesetzt wird.

Die 5-W-Fragetechnik (warum und wie) kann in der Root-Cause-Analyse hilfreich sein. Systematisch wird die transparenteste Ursache betrachtet, nachgefragt, warum diese Ursache entstanden ist und was dazu geführt hat. Daraufhin werden weitere Ursachen gesucht, die zu der bearbeitenden Ursache geführt haben. Wenn die „Wurzel" – die tiefliegende Ursache – gefunden ist, werden für die zukünftige Vermeidung des Problems geeignete Gegenmaßnahmen erarbeitet. Werden in der Root-Cause-Analyse Ursachen gefunden, die auch bisher nicht erkannte oder auch bereits bekannte Probleme ausgelöst haben, können diese mitentfernt werden.

Die Root-Cause-Analyse wird vor allen dann angewandt, wenn vergleichbare Abläufe z. B. im Operationsbereich, auf Stationen oder im Aufnahmebereich parallel stattfinden. Das Auftreten von Ereignissen in einem Bereich kann in vergleichbaren Situationen eine bisher unerkannte Ursache für zukünftige Ereignisse darstellen. Die Umsetzung einer Root-Cause- Analyse ist zeitaufwendig, aber kann zu sehr guten Ergebnissen führen. Daher lohnt sich der Einsatz, vor allem in interprofessionellen Teams, da hier viele Perspektiven und Wissen in die Analyse und Präventionsmaßnahmen einfließen.

In der Erarbeitung von Ursachen mittels der Root-Cause-Analyse sind folgende Schritte zu beachten:

- Der gemeinsame Fokus muss auf die Ermittlung der Ursachen ausgerichtet sein: „Warum, woher, wie" ist ein Ereignis entstanden?
- Die Suche nach mehreren Ursachen muss leitend sein (vertiefende 5-W-Fragen).
- Die sachlichen und konkreten Zusammenhänge sollten erarbeitet und visualisiert werden.
- In die Ableitung von Lösungen und Maßnahmen der zukünftigen Prävention sollten alle vorher ermittelten Zusammenhänge einfließen. Daher ist die vorangegangene Dokumentation wesentlich.

5.6.5.5 Analyse und die Bedeutung von Einflussfaktoren

Ferner gilt es, die Einflussfaktoren im Zusammenhang einer Ursache zu betrachten, die zu einem Ereignis geführt haben. Ereignisse und unsichere Handlungen können durch organisatorische Faktoren ursächlich ausgelöst werden. Daher ist es in verschiedenen Fällen wichtig, an diesen Einflussfaktoren Ursachen zu entdecken und Änderungen vorzunehmen. Die organisatorischen Einflussfaktoren werden in Abb. 5.21 dargestellt.

Abb. 5.21 Organisatorische Einflussfaktoren die ursächlich auf Ereignisse einwirken können[32]

5.6.5.6 Die Fehler-Möglichkeits-Einfluss-Analyse (FMEA)

Die FMEA- (Failure Mode and Effects Analysis) Methode ist ein teamorientiertes Bewertungsmodell zur Einschätzung von Gefahren und Risiken.[33] Ziel der FMEA ist es, mögliche Gefahrenpotenziale frühzeitig gemeinsam zu erkennen, Ursachen zu identifizieren und deren Auswirkungen zu bewerten. Mit der FMEA-Methode wird das Ziel verfolgt, mögliche Fehler oder Schwächen in Prozessen in einer frühen Phase zu identifizieren und je nach Bewertung Gegenmaßnahmen präventiv abzuleiten und einzusetzen. Ein erkanntes analysiertes Risiko soll möglichst vermieden oder vermindert werden.

Die Methode wurde ursprünglich 1940er-Jahren von der US-amerikanischen Militärbehörde zur Problemerkennung entwickelt und später in der Luftfahrtindustrie übernommen. In den 1960er-Jahren fand sie Einsatz und Weiterentwicklung in der NASA, um Probleme frühzeitig erkennen zu können. Seit den 1970er-Jahren setzt die Auditmobilbranche die FMEA in der Entwicklung in allen Phasen ein. Inzwischen findet die FMEA in vielen Branchen in der Fehlervermeidung zur präventiven Risikoanalyse Anwendung. Die strukturierte Methode findet vor allem in der industriellen Produktentwicklung, in der Konzeption von neuen Dienstleistungen und in Ablaufprozessen Anwendung. Der Zeitpunkt der Anwendung ist flexibel, von regelmäßig im Alltag bis zu monatlichen oder einmaligen Bewertungen.

---

[32] In Anlehnung an ÖNORM D 4902–1:2021–01, S. 25.
[33] Vgl.: Von Eiff, W. (Hrsg.), Menningen, R., Senninger, N.(2014), S. 163–169.

Im Gesundheitswesen wird die FMEA vorwiegend im Risikomanagement in Prozessabläufen und zur Festlegung von Standards eingesetzt. Zur Durchführung können verschiedenen Varianten gewählt werden: Qualitativ mit der Einschätzung von Gefahren, Ursachen und Gegenmaßnahmen. Quantitativ mit der Bewertung von Gefahren hinsichtlich ihrer Auftretenswahrscheinlichkeit, ihrer Möglichkeit der Voraberkennung des Eintretens und der damit verbundenen Schadensfolge. Mit den ermittelten Werten kann eine Risikoprioritätszahl ermittelt werden. Eine Gefahr kann auch mit einer qualitativen Einschätzung (gering - mittel - hoch) bewertet werden.

Die Risikoprioritätszahl (RPZ) setzt sich aus drei Beurteilungskriterien zusammen:

- die **A**uftretenswahrscheinlichkeit (1 gering – 10 hoch),
- die **E**ntdeckungswahrscheinlichkeit (10 vor dem Auftreten nicht erkennbar – 1 im Vorfeld erkennbar),
- die **B**edeutung (wenn etwas passiert 1 gering – 10 hoch).

Die Bewertungsregel ist für jedes Merkmal von 1–10. Aus der Multiplikation der Ergebnisse ergibt sich die Risikoprioritätszahl (**RPZ**). Der Maximalwert liegt daher bei 1000. Werte ab 100 sollen beachtet werden. Jedoch zeigt die tägliche Anwendung, dass Gefahren und erkannte Risiken grundsätzlich mit Präventions- und Gegenmaßnahmen erarbeitet werden sollten. Betrachtete Risiken sollten immer hinsichtlich möglicher Präventivmaßnahmen abgesichert werden. Ergebnisse fließen in einen Maßnahmenplan ein.

Die Durchführung einer FMEA-Anwendung findet in einem Team mit Mitarbeitenden aus einem Bereich statt. Der Moderator leitet das Team an und bleibt neutral. Folgende Schritte sind vorzunehmen (Abb. 5.22):

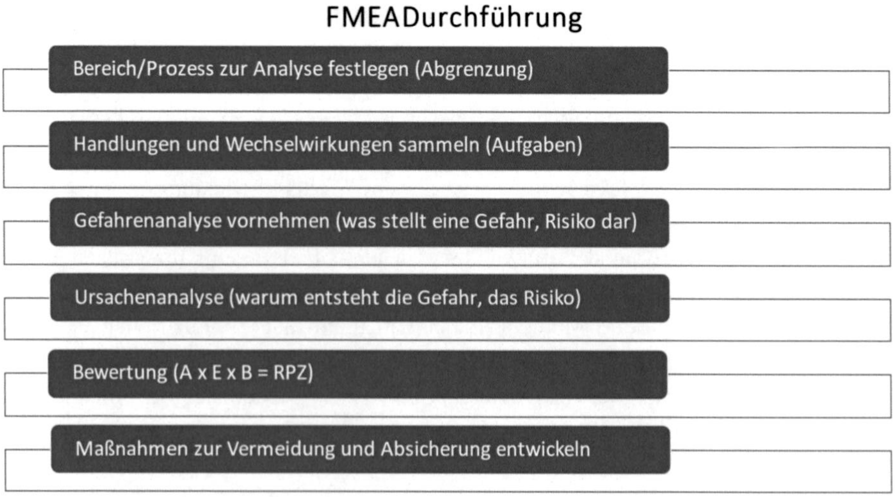

FMEADurchführung

Bereich/Prozess zur Analyse festlegen (Abgrenzung)

Handlungen und Wechselwirkungen sammeln (Aufgaben)

Gefahrenanalyse vornehmen (was stellt eine Gefahr, Risiko dar)

Ursachenanalyse (warum entsteht die Gefahr, das Risiko)

Bewertung (A x E x B = RPZ)

Maßnahmen zur Vermeidung und Absicherung entwickeln

Abb. 5.22 Wichtige Schritte in der Anwendung der FMEA Methode

Die Dokumentation und Visualisierung kann mittels elektronischer Tools, Vorlagen, mittels Flipchart anhand vorgefertigter Tabelle im Team vorgenommen und später übertragen werden.

Vorteile der FMEA-Methode:

- kann die Sensibilisierung eines Teams auf Prozesssicherheit fördern,
- eine Methode zur Offenlegung einer aktuellen Risikolage in einem Bereich,
- dienlich zur Einzelprozessanalyse, um Handlungsketten zu betrachten,
- Unterstützung der Fokussierung und Konsensfindung im Team auf notwendige Maßnahmen,
- geeignete Methode zur Risikobeurteilung und Maßnahmensteuerung.

Nachteile:

- Objektivierung in der Dienstleistungsbranche nicht immer einfach,
- anspruchsvolle Bewertungsphase,
- subjektive Bewertungen müssen Konsens finden,
- Wiederholbarkeit ist in der Dienstleistung aufgrund ständiger Veränderung erschwert,
- wird die Methode zu selten angewendet, fehlen die Vergleichbarkeit und die Routine.

5.6.5.7 Die Ishikawa-Methode

Die Ishikawa-Methode wurde Anfang der 1940-Jahre von ihrem Namensgeber Kaoru Ishikawa, einen der Begründer der TQM-Bewegung in Japan,[34] entwickelt. Die Ishikawa-Methode (auch Fischgräten- oder Ursache-Wirkungs-Diagramm, 5-M-Methode genannt) ist ein einfaches visuelles Hilfsmittel für Teamarbeiten in Form einer Fischgräte. Zielsetzung ist die Analyse von Ursachen, die zu einer Problemstellung oder Ereignissen geführt haben. Im Rahmen eines Brainstormings werden mögliche Einflussfaktoren und Ursachen zu vorher geclusterten Überschriften/Bereichen (z. B. Patient, Organisation, Abläufe, Mitarbeitende, Technik, Material) strukturiert erfasst.

Sie hilft bei der Sammlung und Strukturierung, um ein möglichst vollständiges Bild von allen Einflussgrößen und von deren gegenseitigen Abhängigkeiten und Ursachen aufzuzeigen. Visuell kann diese Fischgräte mit ihren Überschriften auch für andere Themen genutzt werden. So können beispielsweise Aspekte, die zur Patientensicherheit

---

[34] Vgl.: Geiger, Walter/Kotte, Willi (2008), S. 131.

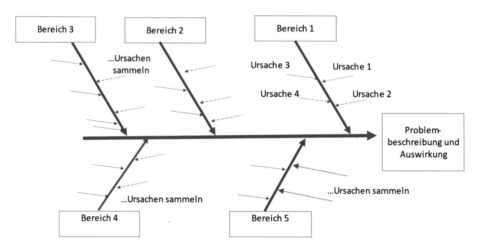

Abb. 5.23 Mögliche Vorlage eines Ishikawa-Diagramms

beigetragen werden, in einem Team mittels Brainstorming erfasst und dargestellt werden. Man beginnt mit dem Thema (Kasten auf der rechten Seite) und sammelt in vorgruppierten Überschriften die dazugehörigen Merkmale (Fischgräten von links nach rechts) (Abb. 5.23).

Im Grundmodell der Ishikawa-Methode werden mögliche Ursachen eines Problems systematisch und visuell analysiert.[35] Das Diagramm zeigt im Ergebnis die Vielfalt und Mehrdimensionalität von Zusammenhängen zu einem Problem auf. Damit können die Beziehungen zwischen potenziellen Ursachen und Auswirkungen abgeleitet werden. Das Diagramm hat die Form eines Fisches: Die Wirkung (das Problem) bildet den Kopf und die Ursachen muss man sich als die Gräten vorstellen, daher der Name Fischgrätendiagramm (Abb. 5.24).

Die Anwendung der Methode dient der:

- gemeinsamen Sammlung von Problemursachen,
- Offenlegung von tiefgehenden Gründen,
- Förderung des gemeinsamen Verständnisses,
- systematischen Ursachenanalyse bei komplexen Problemstellungen,
- Visualisierung von Ursachenzusammenhängen.

---

[35]Vgl.: Kaminske, Gerd/Brauer, Jörg-Peter (2021): ABC des Qualitätsmanagements; Carl Hanser Verlag, München, 5. Auflage, S. 74–76.

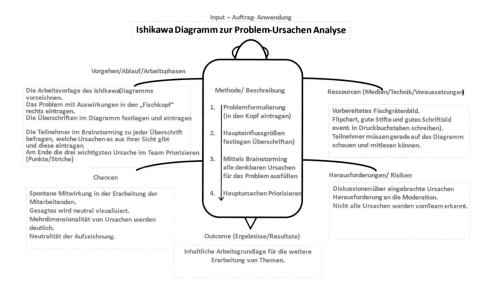

Abb. 5.24   Methoden-Turtle zum Ishikawa-Diagramm

Die Methode ist anwendbar bei:

- Bearbeitung von Ereigniszusammenhängen,
- Mehrdimensionalität von Ereignissen (Root Cause),
- Verbesserungsprojekten in Prozessen und Dienstleistungen,
- interprofessionellen Klärungen und in interdisziplinären Teams,
- der Bewertung und Priorisierung von Ursachen hinsichtlich ihrer Wichtigkeit,
- der Vorbereitung von Maßnahmen zur Problemlösung.

Vorteile:

- Teamarbeit ermöglicht vielseitige Betrachtungsweise,
- strukturiertes Vorgehen bei der Problemanalyse,
- leicht erlernbar und anwendbar,
- gute Übersichtlichkeit von Zusammenhängen durch Visualisierung,
- gute Grundlage in Problemlöseprozessen,
- ohne Vorbereitung für die Teilnehmer sofort einsetzbar,
- Visualisierung macht die Ergebnisse einprägsam,
- Mithilfe des Ursache-Wirkungsdiagramms werden die Ergebnisse der Ursachenanalyse sofort dokumentiert, keine gesonderte Auswertung erforderlich,
- Arbeit im Team fördert die Kreativität, die Konsensbildung und die Identifizierung mit den Ergebnissen.

Nachteile:

- unübersichtlich und umfangreich bei komplexen Problemen,
- Wechselwirkungen und zeitliche Abhängigkeiten werden nicht erfasst,
- keine Bewertung und Gewichtung,
- Gefahr der Fokussierung auf die Problemsituation,
- hohe Anforderungen an den Moderator,
- Ergebnisse hängen von der Zusammensetzung und der Motivation des Teams ab,
- erforderliche Ausstattung: ausreichende Anzahl von Moderationstafeln (Pinnwänden), Moderationskarten, Klebepunkten.

5.6.5.8 Kraftfeldanalyse

Die Methode der Kraftfeldanalyse kann in Lösungsprozessen zur Fokussierung auf die fördernden Faktoren und der möglichen Hemmnisse angewendet werden.

Sie wurde von dem Psychologen Kurt Lewin entwickelt und wird in verschiedenen Fragestellungen verwendet.

Die Kraftfeldanalyse will Faktoren erkennen, die ein Vorhaben positiv beeinflussen sowie Faktoren, die den Erfolg und den Fortschritt einer Maßnahme eventuell behindern können.

In diesem Zusammenhang werden Ursachen nochmals betrachtet und mögliche Veränderungsimpulse erarbeitet.

Aus der Erkenntnis heraus können dann Maßnahmen abgeleitet werden, die möglichst zu einem Gleichgewicht der „Kräfte" verhelfen. Das wird dadurch sichergestellt, dass man die fördernden Kräfte verstärkt und versucht, die hemmenden Faktoren zu reduzieren (Abb. 5.25).

Die Kraftfeldanalyse eignet sich im interprofessionellen Team unter anderem zur Vorbereitung auf Problemlöseprozesse, um die Perspektiven und Meinungen der Teilnehmenden einzubeziehen. Damit soll sichergestellt werden, dass alle Seiten das Problem gemeinsam betrachten können und dass Wege gefunden werden, realistische Ziele und Veränderungen zu erreichen.[36]

5.6.5.9 Die methodische Anwendung der Bow-Tie-Analyse

Die Bow-Tie-Analyse ist eine teamorientierte Methode, mit einer breiten Vorgehensweise, um Ursachen und deren Wirkung auf Gefahrensituationen zu erarbeiten und aufzuzeigen. Ziel ist es, Gefahrensituationen aufzuzeigen und bildlich den Weg von voneinander unabhängigen Ursachen zu den Folgen für Prozesse zu analysieren und transparent darzustellen.

Das grafische Modell visualisiert eine logische Beziehung zwischen den Ursachen und Folgen eines unerwünschten Ereignisses. Die Grafik in Abb. 5.26 ist von links nach

---

[36]Vgl.: Leyendecker. B., Pötters, P. (Hrsg.) (2021), S. 23–26.

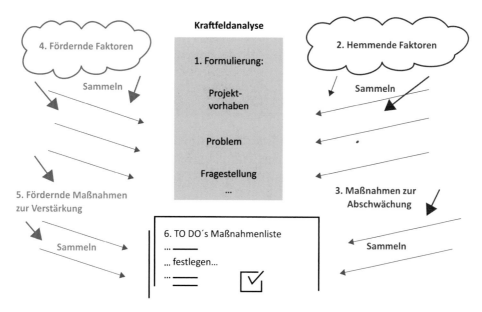

Abb 5.25   Grobe Darstellung des Ablaufs einer Kraftfeldanalyse

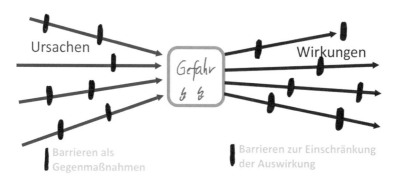

Abb. 5.26   Visualisierungsbeispiel der Bow-Tie-Methode

rechts zu lesen. Bildlich ähnelt es einer gebundenen Fliege, links vom Knoten (Gefahr) die Ursachen und rechts die Auswirkungen.[37]

Im Diagramm werden dann mögliche Barrieren zur Eliminierung oder Abschwächung der Ursachen und Auswirkungen aufgezeigt, die im Team weiterentwickelt werden.

Im Zentrum der Kommunikation steht dann die Frage: Was kann getan werden, um erkannte Ursachen in ihrem Verlauf zu unterbrechen? Bezogen auf die Pfade der

---

[37]Vgl.: DIN EN 31.010 (VDE 0050-1):2010-11, S. 62–63.

möglichen Folgen stellt sich die Frage: Was kann noch getan werden, um die Auswirkungen zu reduzieren (vermindern) oder zu stoppen?

Die Methode kann im Zusammenhang mit der Bewertung von Risikosituationen und
gefährlichen Sachverhalten eingesetzt werden. Die Bow-Tie-Methode lässt in interprofessionellen Teams verschiedenes Wissen einfließen und unterschiedliche Perspektiven zusammenführen. Die Mehrdimensionalität von Ursachen und Auswirkungen werden verdeutlicht.

Die konstruktive Entwicklung von Sicherheitsbarrieren für die jeweiligen Pfade kann
auf breiter Basis diskutiert und aufgezeigt werden. Die Sicherheitsbarrieren stellen mehr-
stufige Kontrollen und Maßnahmen dar, zur Vermeidung, zur Reduzierung und Schaffung zusätzlicher Gegenmaßnahmen (Abb. 5.26).

Im Ergebnis der Bow-Tie-Methode werden in einer Abbildung die hauptsächlichen
Ursachen und die unerwünschten Folgen zu einer in der Mitte stehenden Gefahr und
deren Sicherheitsbarrieren aufgezeigt. Die Sicherheitsbarrieren werden teamorientiert
entwickelt, bestehende verstärkt und somit das Ziel einer Risikoreduzierung angestrebt.
Die gemeinsame Intensivierung der Gefahrenabwehr durch das Team wird durch die
interaktive, methodische Anwendung möglich.

Vorteile der Methode:

- teamorientiertes visuell gesteuertes Vorgehen,
- kreative Vorgehensweise,
- leichte Verständlichkeit und Umsetzbarkeit,
- die Fokussierung liegt auf Maßnahmen, um Ursachen und Folgen zu verhindern oder
  zu vermindern,
- zügiges Arbeiten und nicht zu hoher Zeitaufwand nötig.

Nachteile der Methode:

- Die Quantifizierung von Daten ist in dieser Methode nicht vorgesehen.
- Die Herkunft von Ursachen, deren Komplexität und Vielfalt werden geringer thematisiert.

In der folgenden Darstellung in Abb. 5.27 wird die mögliche Vorgehensweise im Team
aufgezeigt.

Erfahrungsgemäß können die Schritte auch in einer anderen Reihenfolge vorgenommen werden.

Zu Beginn kann die Fokussierung auf die Auswirkungen und dann die Bearbeitung
der Ursachen hilfreich sein (Abb. 5.27).

Die BOW TIE Schritte

Abb. 5.27   Mögliche Reihenfolge der Bow-Tie-Erarbeitungsschritte im Team

5.6.5.10 Der methodische Einsatz von Audits

In der interprofessionellen Teamarbeit ist der Einsatz von gemeinsamen Audits oft ein wertvolles Instrument. Durch eine Betrachtung von Zusammenhängen vor Ort, können verschiedene Perspektiven und Beobachtungen zur Klärung von Sachverhalten führen. Das wird durch einen Soll-Ist-Vergleich der Anforderungen mit der Praxis durch objektive Nachweise sichergestellt. In einem Audit werden vorstrukturierte Anforderungen festgelegt, die hinsichtlich ihrer Erfüllung und Umsetzung in den Untersuchungsbereichen bewertet werden.

Zu den Anforderungen für ein Audit können gesetzliche, behördliche und interne Regelungen der Organisation gehören. Die praktische Umsetzung von organisatorischen Konzepten, von Abläufen und die Bewertung der Wirksamkeit werden in einem Audit besprochen und erörtert. Die Auswirkungen auf die Patienten selbst können in diesem Zusammenhang mit thematisiert werden.

Die Sicherheit der eingesetzten Mittel, Ressourcen, Techniken und die Infrastruktur können auch als Auditschwerpunkte vereinbart werden. Es findet eine Gesamtbetrachtung von Strukturen, von Prozessen und deren Ergebnissen anhand für den Bereich festgelegten Regelungen und Anforderungen statt. Auf der Grundlage von mündlichen Aussagen und schriftlichen Nachweisen erfolgt eine möglichst objektive Auswertung, inwieweit die betrachteten Regelungen eingehalten werden.

Wird im Audit die Fokussierung auf Gefahrenpotenziale gelegt, so werden anhand von Sollvorgaben Risikoaudits durchgeführt. Ziele von Risikoaudits sind eine systematische Analyse, um Risiken zu erkennen, zu analysieren, Strategien zu unterstützen und die Wirksamkeit von Maßnahmen im Risiko- und Qualitätsmanagement zu betrachten und Verbesserungspotenziale abzuleiten.

Der Vorteil der interprofessionellen Auditierung liegt in den unterschiedlichen Kenntnissen, Perspektiven zur Analyse und dem gemeinsamen Auffinden von Verbesserungsmöglichkeiten.

Umgangssprachlich bedeutet Auditieren, dass ein Gesprächspartner einem anderen zuhört und über Fragen das Gespräch lenkt. Der gemeinsame Austausch über einen Sachverhalt, über Prozesse und die Umsetzung von Handlungen, sollen im Mittelpunkt stehen. Das Managen von Prozessen in einer Organisation anhand definierter Regelungen wird besprochen und hinsichtlich der Eignung und Wirksamkeit bewertet. Dazu ist die Unabhängigkeit des gesprächsleitenden Auditors aufgrund seiner Neutralität eine wichtige Voraussetzung. Im Zusammenhang von Managementsystemen gibt es verschiedene Arten von Audits, die unterschiedliche Zielsetzungen und Abläufe darstellen.[38]

Folgende Ergebnisse können interprofessionelle Audits erzielen:

- Förderung der Prozessorientierung,
- Aufzeigen von Chancen und Risiken,
- Förderung der Prozesssicherheit,
- patientenorientierte Steigerung der Leistungs- und Behandlungsqualität,
- Stärkung des Risikobewusstseins mit Förderung der Kommunikation,
- Identifikation von Verbesserungen und Weiterentwicklungspotenzialen,
- neben bekannten Schwachstellen neue verdeckte Risiken erkennen,
- Wirksamkeit der Prozesse und Anforderungen bewerten,
- Unterstützung der Entwicklung von Verbesserungsmaßnahmen,
- Feedback und Sensibilisierung der Mitarbeitenden auf Zusammenhänge,
- positive Bestärkung von vorhandenen Leistungen und Fähigkeiten.

Die Planung und Umsetzung der verschiedenen Auditarten sind in der Fachliteratur und in Normen ausführlich beschrieben und werden hier nicht zusätzlich erörtert. Die Grundsätze im Ablauf werden in der folgenden Abbildung kurz zusammenfassend dargestellt (Abb. 5.28).

Auditprinzipien Um professionell Audits[39] durchführen zu können, sind folgende Prinzipien empfehlenswert:

Integrität

- die Auditsequenz vor Ort im Bereich durchführen,
- offene Gesprächsleitung,

---

[38]Vgl.: DIN EN ISO 19011:2018–10, Leitfaden zur Auditierung von Managementsystemen, Beuth Verlag Berlin, S. 21–27.

[39]Vgl.: Abendschein, J., (2018):Professionell Auditieren, TÜV SÜD Akademie GmbH, München, 3.Auflage, S. 14–25.

Abb. 5.28 Grundsätze in Auditsequenzen

- ethisches, wertfreies Verhalten,
- verantwortungsvolles Vorgehen,
- Einbezug rechtlicher Anforderungen,
- Unparteilichkeit und Sensibilität.

Sachliche Darstellung

- kollegiales Vorgehen unter Einbezug der Beteiligten,
- erläutern und darstellen der Beobachtungen und Feststellungen,
- gemeinsames Ableiten von Schlussfolgerungen,
- sachliche Darstellung in der Dokumentation.

Fachliche Kompetenz

- Einbezug der Selbstbewertung der Gesprächsteilnehmenden,
- Sorgfalt in der eigenen Beobachtung und Beurteilung,
- Fähigkeit, in der Auditsequenz fachliche Beurteilungen vorzunehmen,
- Fokussierung auf Risiken und Chancen im Bereich,
- Förderung der Perspektiven der Beteiligten auf Sicherheitsaspekte,
- einbringen von Synergien aus anderen Erkenntnissen,
- frei von Voreingenommenheit.

Vertraulichkeit

- Sicherheit von Informationen,
- sicherer Umgang mit vertraulichen Informationen,
- keine unsachgemäße Verwendung von Daten.

Vorgehen

- Perspektive auf die Objektivität von Zusammenhängen,
- Selbstbewertung und Selbststeuerung der Gesprächspartner fokussieren,
- eingesehene Nachweise verifizieren,
- ausreichende Stichproben erheben,
- Beobachtungen zu Risikoaspekten vornehmen,
- Relevanz und Handlungsbedarf erkannter Zusammenhänge aufzeigen,
- abschließende mündliche Zusammenfassung der Erkenntnisse im Audit,
- Dokumentation in Berichtsvorlagen oder Protokollen.

5.6.6 Methoden im Prozessmanagement und der Standardisierung

Die Methoden zur Standardisierung von Abläufen im Gesundheitswesen sind sehr verbreitet. Sie werden in den Prozessen angewendet, um Arbeitsschritte, Handlungsketten und einheitliche Vorgehensweisen gemeinsam festzulegen und einen Beitrag zur Absicherung von Abläufen zu leisten. Dadurch verrichten sie einen wichtigen Beitrag zur Sicherheit von Prozessen und deren Wechselwirkungen. Für interprofessionelle Teams sind festgelegte schriftliche Regelungen oft die Arbeitsbasis im Prozessmanagement zur Analyse und Verbesserung. Im Folgenden werden verschiedene Methoden exemplarisch vorgestellt, die für die interprofessionelle Teamarbeit wertvoll sein können (Abb. 5.29).

5.6.6.1 Appreciative Inquiry – Wertschätzende Prozessuntersuchung
In interprofessionellen Teams im Gesundheitswesen stehen unterschiedliches Wissen, unterschiedliche Perspektiven und Erfahrungswerte zur Analyse und Untersuchung von Prozessen der Organisation zur Verfügung. Die Methode der wertschätzenden Prozessuntersuchung fördert den positiven Blick auf bereits erzielte Erfolge und versucht dies in der Praxis zu nutzen. Sie eignet sich sehr für interprofessionelle Teamarbeit.[40]

In dieser Methode stehen die Prozessorientierung und die Erfahrungen und Erfolge der Teilnehmenden im Zentrum. Bereits Erreichtes wird betrachtet und auf neue Herausforderungen oder aktuelle Fragestellungen übertragen. David Cooperrider untersuchte als Unternehmensberater Organisationen und richtete den Blick nicht auf die Probleme,

---

[40]Vgl.: Gloger, B., Rösner, D. (2017): S. 177–189.

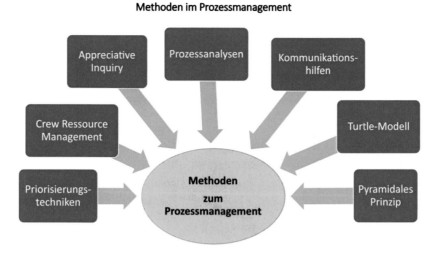

Abb. 5.29 Methoden zur Prozessmanagement und zur Standardisierung

sondern auf die Prozesse. Seine Grundannahme ist, dass es in jeder Organisation gute Abläufe gibt, die als Grundlage für andere genutzt werden können. Betrachtet man gute Abläufe, dann zeigt dies, was bereits erfolgreich gelungen ist. Cooperiders Ansatz ist geprägt durch eine wertschätzende Erkundung von Prozessen, die erfolgreich sind. Daraus können Überzeugungen geweckt werden, dass es bereits Erfolge gab, die von der Organisation selbst erarbeitet wurden (Abb. 5.30).

Das Aufzeigen von bereits geleisteten Erfolgen kann Kräfte, Ressourcen und Überzeugungen fördern, um aktuelle Veränderungen oder Probleme anzugehen und zu bewältigen. Diese Einstellungen helfen Mitarbeitern, sich für Herausforderungen und Problemlösungen zu motivieren und zu engagieren. Das Gute zu fokussieren, verstärkt

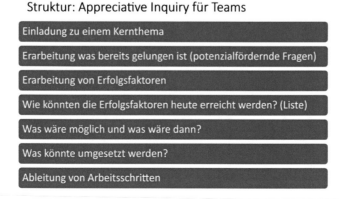

Abb. 5.30 Struktur und Ablaufschritte der wertschätzenden Prozessuntersuchung

die Überzeugung, Herausforderungen bewältigen zu können. Auf dieser Grundlage soll die Aufmerksamkeit auf das gerichtet werden, was es zu lösen gilt. Dieser Ansatz wird als potenzialorientiertes Vorgehen bezeichnet.

Kennzeichen des potenzialorientierten Ansatzes
- herausfinden und erfassen, was funktioniert,
- Potenziale anerkennen und auf die aktuelle Fragestellung übertragen: „Was wäre wenn…",
- Möglichkeiten erörtern und Vereinbarungen treffen,
- Ziele, Maßnahmen und Schritte einleiten.

Um Potenziale der Organisation zu entdecken, müssen Teammitglieder die Möglichkeit haben, sich einzubringen. Daher sind Ressourcen (zeitlich, personell) für Workshops zur gemeinsamen Erarbeitung bereitzustellen. Nur so können Ergebnisse durch Potenzialentfaltung entstehen.

Beispiel

„Für die Begehung durch externe Auditoren habe ich aktuell keinen internen Fachexperten verfügbar."

Moderator: „Ich verstehe, dass momentan niemand für die Begehung zur Verfügung steht. Wie ist es Ihnen in einer vergleichbaren Situation gelungen, diese Herausforderung zu schaffen?"

Mit dieser Fragestellung vermittelt man Akzeptanz des Gesagten, fokussiert nicht auf das Problem, sondern auf mögliche Ressourcen aus ähnlichen Situationen, die zu einer Lösung führten. Damit wird das Gespräch auf schon erlebte gelungene Erfahrungen gelenkt, um diese Erfolge auf eine aktuelle Situation zu übertragen. ◄

Auch für regelmäßige Abstimmungsmeetings könnten die Fragen in Abb. 5.31 leitend sein.

5.6.6.2 Prozessanalysen und die Bedeutung der Standardisierung von Prozessen

In interprofessionellen Teams werden klinische Abläufe und deren Zusammenhänge besprochen, geklärt und in der Regel daraus Konsequenzen abgeleitet. Auf der Grundlage

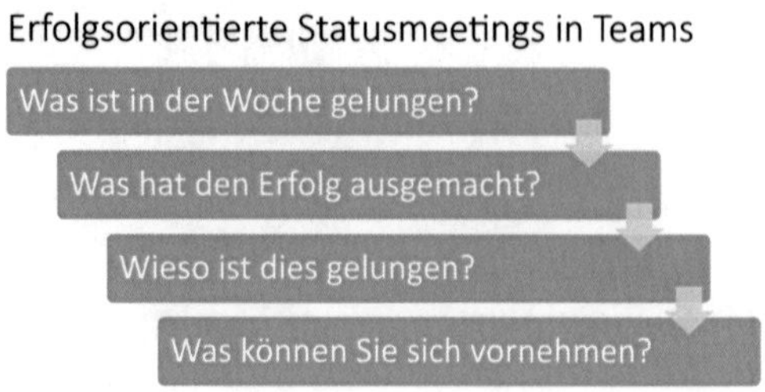

Abb. 5.31 Ideen für wöchentliche Statusmeetings

Erfolgsorientierte Statusmeetings in Teams

Was ist in der Woche gelungen?

Was hat den Erfolg ausgemacht?

Wieso ist dies gelungen?

Was können Sie sich vornehmen?

von schriftlichen Vorgaben können methodisch Prozessanalysen durchgeführt werden. Schriftliche Grundlagen sind vielfältig, legen Standards fest und können unter verschiedenen Gesichtspunkten analysiert werden.

Die Standardisierung von Abläufen in Organisationen stellt einen wichtigen Wert der Unternehmensführung und Absicherung dar. Aufgrund des hohen Anpassungsdrucks und der vielen Veränderungen, die bewältigt werden müssen, sind schriftliche Festlegungen für die Transparenz von Abläufen eine wichtige Grundvoraussetzung. Damit wird sichergestellt, mit welchen Schritten ein Prozess in der Organisation vereinbart ist und erbracht werden muss.

Die Standardisierung ist eine gute Grundlage, um neue Anforderungen zu stellen, eine Prozessanalyse und Anpassung auf einen bestehenden Standard flexibel vorzunehmen. Natürlich steht bei der Standardisierung und deren Weiterentwicklung auch immer der Wunsch der kontinuierlichen Verbesserung von Prozessen.

Schriftliche Prozessabbildungen als Grundlage für interprofessionelle Prozessanalysen

Unter einem Prozess wird beispielsweise der Ablauf der stationären Patientenversorgung von der Aufnahme bis zur Entlassung verstanden. Die Prozesse, die direkt mit dem Behandlungsauftrag am Patienten erfolgen, werden als Kernprozesse bezeichnet. Sie schaffen einen direkten Wert für den Patienten und führen zur Vergütung, sind somit wertschöpfend. Prozesse, die das Unternehmen führen und managen, heißen Führungsprozesse. Prozesse, die für die Gewährleistung von Rahmenbedingungen sorgen, damit Patientenversorgung stattfinden kann, heißen Unterstützungsprozesse. Diese Komplexität wird in Organisationen auch als Prozesslandschaft abgebildet.

Ein Prozess ist ein zusammenhängender Ablauf von Schritten, Handlungen und Tätigkeiten. Im prozessorientierten Ansatz stehen die gegenseitige Beeinflussung und Verkettung von einzelnen Schritten und die Verknüpfung in Prozessen im Mittelpunkt. Die Leistungsfähigkeit wird in der Komplexität zwischen ihren Auswirkungen und Ergebnissen betrachtet und gemessen. Daher ergibt sich bei der Anwendung des prozessorientierten Ansatzes in Problemlöseprozessen folgende systematische, koordinierte Abfolge der Betrachtung und Bearbeitung:

- Identifikation der Problemstellung und Sachlage,
- zusammenfassen der Auswirkungen,
- Analyse der Ursachen und Einflussfaktoren,
- Erarbeitung von Lösungen,
- Ableitung von Maßnahmen,
- Überprüfung von Wirksamkeit der Maßnahmen,
- Bedarfsorientierte Anpassung.

In den Normenbegriffen wird ein Prozess als zusammenhängende, sich gegenseitig beeinflussende Tätigkeiten bezeichnet. Ein Prozess hat einen Beginn (Auslöser, Eingaben), einen Verlauf und Ergebnisse (Outcome). Auslöser sind wiederum Ergebnisse von vorangegangenen Prozessen. Prozesse werden üblicherweise geplant und unter fest-gelegten (beherrschten) Bedingungen durchgeführt, um einen Mehrwert zu schaffen.[41]

Schriftliche Prozessbeschreibungen dienen der Standardisierung und Transparenz von komplexen Zusammenhängen, z. B. einer Behandlungsabfolge in der stationären Versorgung. Abhängigkeiten und Schnittstellen werden in den Abläufen mit abgebildet. Die jeweilig Verantwortlichen der Schritte werden idealerweise klar zugewiesen und auf-gezeigt.

Die schriftliche Festlegung kann grafisch mit Symbolen in einem Flussdiagramm, in Tabellenform oder auch in Fließtexten erfolgen. Bei komplexen Prozessen mit vielen Entscheidungen (Wenn-Dann-Funktionen) empfehlen sich grafische Darstellungen, z. B. in Flussdiagrammen. Müssen Inhalte vertiefend dargestellt werden, z. B. Konzeptionen, können vorstrukturierte Fließtexte mit einheitlicher Gliederung hilfreich sein.

Schriftliche Ausführungen in Tabellen zeigen in aufeinanderfolgenden Textpassagen auf, wie und was durchgeführt werden soll. Sie leisten einen guten Beitrag in der An-leitung von Mitarbeitenden und als Nachschlagewerk.

Sind Handlungsketten innerhalb von Gesamtprozessen mit engmaschigen Fest-legungen von Einzeltätigkeiten notwendig, werden dazu die Schritte als Arbeits-anweisung in Aufzählungsform abgebildet.

Die Visualisierung mit Bildern und Symbolen dient der Anweisung und ist ohne Sprachkenntnisse zu verstehen.

Für die Beschreibung von Prozessen wird in Organisationen häufig eine einheitliche Gliederung und Vorgehensweise (z. B. Vorbereitung, Durchführung und Nachbereitung) vorgegeben und verwendet. Die inhaltliche Detailtiefe von Handlungen obliegt der je-weiligen Zweckbestimmung des Bereichs. Regelnde Vorgaben von Fachgesellschaften, behördliche Anforderungen, Zertifizierungen, Normengebern oder von anderen Organi-sationen sind immer zu berücksichtigen und anzuwenden.

5.6.6.3 Die Turtle-Methode

Um Prozesse gemeinsam zu betrachten und schriftlich festzulegen, kann eine Prozess-analyse mit einem Turtle-Diagramm hilfreich sein.

Ein Prozessablauf wird anhand einer einheitlichen Gliederung übersichtlich dar-gestellt, analysiert und kann anschließend auch als Standard beschrieben und/oder ver-feinert werden. Die Gliederung in Form einer Schildkröte beinhaltet die wichtigsten As-pekte eines Prozesses. Diese sind: der Auslöser (Kopf), die Prozessschritte (im Panzer) und die Ressourcen (vier Extremitäten): Ziele/Kennzahlen, Qualifikationen/Verantwort-lichkeiten, Methoden und die Ergebnisse (Schwanz). Alle Inhalte werden in der Gliede-rung visualisiert. Die Turtle-Methode kann zur Klärung und Verbesserung von Prozes-sen eine gute visuelle Strukturierungshilfe für Teamarbeit sein. Das Turtle-Modell hat

---

[41] Vgl.: DIN EN ISO 9000:2015 (2015), S. 33.

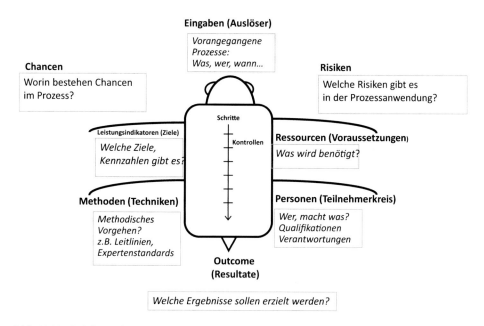

Abb. 5.32 Leitfragen im Methoden-Turtle-Modell zur Prozessanalyse

sich in der Praxis bewährt und hilft zur Sammlung von Fakten in verständlicher Form (Abb. 5.32).

Checklisten Um Prozesse schriftlich festzulegen, zu steuern und weiterzuentwickeln sind Detailkenntnisse zum Prozess erforderlich. Dazu kann die Erstellung einer Checkliste als Merkhilfe hilfreich sein.

Anhand gesammelter Merkmale, die z. B. im Methoden-Turtle-Modell genannt sind, kann eine Checkliste mit Aufzählungspunkten erstellt werden. Im Gesundheitswesen werden Prozesse und Arbeitsschritte sehr intensiv mit dem Einsatz von Checklisten gesteuert und überwacht. Checklisten dienen auch in sehr umfangreichen Prozessen, um die einzelnen Arbeitsschritte orientierend vorzugeben (wer macht was und wie).

Werden Checklisten als strukturierende Arbeitshilfe verwendet, können Leistungsschritte im Dokument abgezeichnet werden und dienen somit auch als Nachweisführung. Dazu werden die individuellen Merkmale im Vorfeld erarbeitet und festgelegt. Bei Personalwechsel, z. B. bei Übergabeprozessen, können mit orientierenden Checklisten Informationen lückenlos weitergegeben werden. In der Checkliste wird auch der bisherige erfolgte Arbeitsstand (z. B. durch Abzeichnen nach einer Leistung) sichtbar gemacht. Auch bei der Übergabe eines Patienten in einen anderen Bereich, dienen Checklisten zur strukturierten Informationsweitergabe (Gesprächsleitfaden).

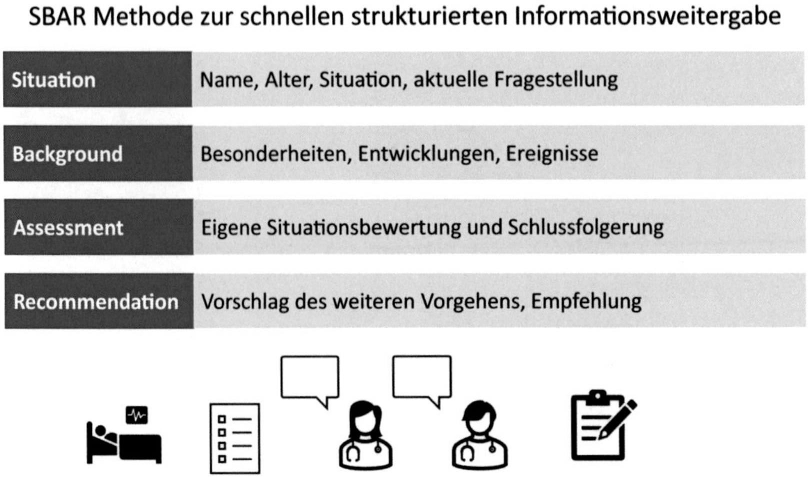

SBAR Methode zur schnellen strukturierten Informationsweitergabe

Situation	Name, Alter, Situation, aktuelle Fragestellung
Background	Besonderheiten, Entwicklungen, Ereignisse
Assessment	Eigene Situationsbewertung und Schlussfolgerung
Recommendation	Vorschlag des weiteren Vorgehens, Empfehlung

Abb. 5.33 Beispiel einer Übergabecheckliste anhand SBAR[42]

5.6.6.4 Kommunikationshilfen für interprofessionelle Teams

5.6.6.4.1 Die SBAR-Methode zur strukturierten Kommunikation in Behandlungsteams

Die Weitergabe notwendiger Patienteninformationen innerhalb und zwischen den verschiedenen Berufsgruppen im Gesundheitswesen ist ein zentraler Aspekt im Arbeitsalltag. Da nicht immer alle Beteiligten gleichermaßen in der Situation präsent sind, muss es dennoch gelingen, alle relevanten Informationen jederzeit, vollständig patientenbezogen bereitzustellen und zu kommunizieren. Die Weiterentwicklungen der digitalen Patientendokumentationen im Rahmen der Digitalisierung leisten dazu einen wichtigen Beitrag. Zur fokussierten, schnellen und inhaltlich gut strukturierten mündlichen Kommunikation werden verschiedene Übergabechecklisten und Protokolle eingesetzt. Ein besonderes Instrument zur Aufmerksamkeitsförderung ist das SBAR-Verfahren. Diese Merkhilfe wurde für alle beteiligten Berufsgruppen zur Gesprächsstrukturierung und Risikominimierung entwickelt, in verschiedenen Übergabesituationen, vor allem in Zwischen-/Notfällen, bei Dienstübergaben und für die Kommunikation während des Bereitschaftsdienstes (Abb. 5.33).

Die SBAR-Methode ist ein weit verbreitetes Kommunikationsschema zur schnellen Herstellung einer gemeinsamen Wissensbasis unter knappen Zeitbedingungen. Sie unterstützt die objektive Weitergabe von Informationen. Das SBAR-Tool fokussiert

---

[42] Quelle: Pilz, S./Poimann, H./Herbig, N./Heun, S./Hotel, M./Pivernetz, K./Rode, S./Stapenhorst, K./Weber, H. (2020), SBAR als Tool zur fokussierten Kommunikation, verfügbar unter: https://www.gqmg.de/media/redaktion/Publikationen/Arbeitshilfen/GQMG_ABK_02.2a._SBAR_16.08.20.pdf, abgerufen am 12.2.2023.

Abb. 5.34 Die SACCIA-
Kernkompetenzen für
Gespräche, eigene Darstellung
in Anlehnung an Hannawa

mit kurzen Merkmalen die Gesprächsinhalte und ermöglich die Weitergabe von Beobachtungen und Informationen innerhalb von 1–2 min. Dazu wurden vier Abschnitte
benannt: **S**: Situation, **B**: Hintergrund (Background), **A**: Einschätzung der Situation
(Assessment) und **R**: Empfehlungen (Recommendation). Es kann in verschiedenen
beruflichen Situationen und Fachdisziplinen, mit leitenden Aussagen der vier Merkmale
spezifisch angepasst und verwendet werden.

5.6.6.4.2   Die fünf Kernkompetenzen für eine sichere Gesprächsführung

Annegret F. Hannawa erforschte, wie durch eine sichere zwischenmenschliche Kommunikation Fehler in der Gesundheitsversorgung vermieden und die Patientensicherheit
gefördert werden kann.[43] Sie entwickelte die nach ihr benannten SACCIA-Kernkompe-
tenzen zur sicheren Kommunikation in interprofessionellen Teams und Gewährleistung
einer hochwertigen Versorgung.

Hannawa fordert in ihren Arbeiten die aktive Förderung von Kompetenzen in der
zwischenmenschlichen Kommunikation, die zu einem einheitlichen Verständnis und
vor allem zur Fehlerprävention in der Patientenversorgung führen sollen. Sie sieht in
der erfolgreichen Verständnisfindung unter den Beteiligten die Grundbasis für eine sichere Patientenversorgung. Dazu entwickelte sie Qualitätskriterien für fünf maßgebliche
patientensicherheitsfördernde Kernkompetenzen in der Kommunikation. SACCIA beschreibt fünf fehleranfällige Kernkompetenzen der Kommunikationsgewohnheiten für
eine „sichere Kommunikation" im klinischen Alltag (Abb. 5.34):

Suffizienz, Akkuratheit, Klarheit, Kontextbezug, interpersonelle Anpassung.

Hannawa belegt in ihren Forschungsergebnissen, dass die Richtigkeit, Klarheit,
Kontextualisierung und zwischenmenschliche Anpassung häufige Fehlerquellen in

---

[43] Vgl.: Hannawa, A. (Hrsg.) (2018), S. 53.

der Kommunikation sind. Daher benennt und empfiehlt sie die fünf Qualitätskriterien, die aktiv in die persönlichen Gesprächsgewohnheiten mit Patienten einbezogen werden sollten. Genauer betrachtet, eignen sich diese Grundhaltungen auch für das Zusammenarbeiten in interprofessionellen Teams. Es folgen exemplarisch Umsetzungsempfehlungen zu den fünf Qualitätskriterien:

Suffizienz (Sufficiency) der Informationen überprüfen

- Aktiv die notwendige Informationsmenge verbal und nonverbal ermitteln und vermitteln.
- Aktiv rückversichern, dass Informationen verbal oder nicht verbal richtig verstanden wurden.
- Absichern, dass alle wichtigen Informationen präsent und für andere rückverfolgbar sind.

Richtigkeit (Accuracy) der Aussagen überprüfen

- Relevante Informationen gründlich und exakt dokumentieren.
- Rückfragen, ob die Informationen richtig verstanden wurden.
- Absichern: Anforderungen wiederholen lassen, um sicherzustellen, dass die Therapieanordnung für den richtigen Patienten verordnet wurde (zum Beispiel im Medikationsprozess).

Klarheit (Clarity) der Informationen verifizieren

- Wurde die Information eindeutig vermittelt oder bestehen Mehrdeutigkeiten?
- Auf Unklarheiten achten, Zweifel mitteilen, ansprechen und in den Klärungsprozess weiterleiten.
- Bei entstehenden Unsicherheiten aktiv den Prozess stoppen und durch Rückfragen abklären.

Kontextbezug (Contextualization)

- In der Kommunikation die Wirkung auf die Gesamtsituation, den Gesamtkontext des Patienten beachten.
- Den Gesamtkontext (Organisationsablauf, Zeitpunkte) der Zusammenarbeit aktiv in die Kommunikation einbeziehen.
- Absichern, dass das Team den Patienten aktiv zur Mitteilung auffordert, ob ein gemeinsames Verständnis im gesamten Vorgehen besteht.
- Mögliche Barrieren gezielt beachten und sorgsam damit umgehen (Widerstände, Vorerfahrungen, interkulturelle Situationen).

Zwischenmenschliche Anpassung (Interpersonal Adaptation)

- In der Begegnung, auf kognitive und/oder aktuelle emotionale Situation des Patienten achten und darauf eingehen.
- Auf Bedürfnisse achten und einfühlsam, empathisch darauf eingehen.
- Unterstützung, da wo angebracht, aktiv anbieten und kommunizieren.
- Eingehen auf implizite oder geäußerte Bedürfnisse und Erwartungen.

Hannawa führt aus, dass eine erfolgreiche zwischenmenschliche Kommunikation sowohl von individuellen Bemühungen jedes einzelnen als auch von einem guten gemeinschaftlichen Miteinander abhängt. Die Verbesserung der Qualität und Sicherheit der Pflege war in den letzten Jahren eine der wichtigsten Triebfedern für den Einsatz interprofessioneller Teamarbeit, da die Notwendigkeit einer effektiven Zusammenarbeit und Kommunikation als zentral für die Erzielung solcher Verbesserung angesehen wird. Diese SACCIA-Typologie ermöglicht die Bewertung von sicherheitsrelevanten, zwischenmenschlichen Prozessen in der Patientensicherheit und Versorgungsqualität.[44]

5.6.6.4.3 Crew Ressource Management (CRM)

Crew Ressource Management (CRM) entstand anlassbezogen nach schwerwiegenden Unfallereignissen im Bereich der Luftfahrt. CRM wird im Bereich der Flugsicherheit eingesetzt und ist ein intensives gegenseitiges und gemeinsames Kontrollsystem für den Arbeitsalltag im Flugbetrieb. Das CRM wird mit Checklisten und Kommunikationsregeln durchgeführt. Sie dienen der Vermeidung von menschlichem Fehlverhalten, der Gewährleistung von sicheren Informationsweitergaben und der Absicherung von Entscheidungsfindungen.

Ziel des CRM ist es, in Routine- und unsicheren Situationen durch strukturiertes Vorgehen in der Kommunikation, der Teamabstimmung und bei persönlichen Handlungen, Fehler zu vermeiden. Die Grundprinzipien der sicheren Informationsweitergabe werden in CRM-Trainings weltweit in Aus- und Fortbildung von Flugzeugbesatzungen vermittelt, im praktischen Alltag umgesetzt und intensiv kommuniziert. Die Einhaltung des Vorgehens wird anhand von Merkmalen in Kontrollsystemen wie Checklisten, Merklisten und Kommunikationsprinzipien überwacht.

Folgende Grundhaltungen und Mechanismen sind in der Umsetzung ratsam:

- flache Hierarchie im Team (laterale Teamstruktur),
- Ausschluss von Verwechslungsmöglichkeiten durch Gegenkontrollen (Sicherheitsbarrieren),
- Übernahmemöglichkeit bei Fehlhandlungen (Take-Over-Mechanismen),

---

[44]Vgl. Hannawa (2018), S. 93–96.

- Standardformulierungen bei beobachteten Abweichungen, um diese mitzuteilen (Standard Wording),
- sanktionsfreie Meldesysteme (straffreie Fehlerkultur).

Die Grundannahme im CRM ist die Erkenntnis, dass die Kommunikation, die sichere Weitergabe von Informationen und die Beziehungen zwischen den Handelnden in Teams entscheidend sind, um kritische Situationen zu erkennen, abzustimmen und zu meistern.

Die Erkenntnisse und Erfolge des CRM in der Luftfahrt führten zur Übertragung und Anwendung in weiteren risikobehafteten Einsatzgebieten. Zur Vermeidung von menschlichen Fehlern wird CRM mit seinen Ansätzen (Schulung, Checklisten, Kommunikationsregeln) in interprofessionellen Teams von Hochrisikobereichen der medizinischen Versorgung erfolgreich eingesetzt.[45]

Folgende Inhalte werden in CRM-Schulungen und über CRM-Leitsätze[46] vermittelt:

- Kommunikationsverhalten in der Weitergabe von Informationen und Aufträgen,
- genaue Planung des gemeinsamen Vorgehens (wer, was, wann),
- gegenseitige Unterstützung und Entlastung bei hoher Arbeitsbelastung,
- gegenseitiges Beobachten von Handlungen und gegenseitiges Feedback,
- klare Teamführung durch einen Leiter (Planung, Organisation, Anleitung),
- gemeinsame Entscheidungsfindung für Handlungen auf der Grundlage von ausgetauschten Informationen unter der Einbeziehung von alternativen und logischen Schlussfolgerungen.

Mit der Übertragung von CRM-Systemen der Luftfahrt und den menschlichen Faktoren, die zu Fehlern durch Fehlhandlungen im Gesundheitswesen führen, beschäftigen sich Rall und Langewand seit vielen Jahren. In ihren Arbeiten entwickelten sie verschiedene Präventionsmaßnahmen für Schulungen und den Alltag in Risikobereichen des Gesundheitswesens. Dazu zählen Präventionsstandards, Merklisten und Kommunikationstrainings für CRM-Systeme im Gesundheitswesen.

Gaba und Rall entwickelten bereits 1998 dazu folgende Definition:

„Crew Resource Management (CRM) ist die Fähigkeit, das Wissen, was getan werden muss, auch unter den ungünstigen und unübersichtlichen Bedingungen der Realität eines kritischen Ereignisses in effektive Maßnahmen im Team umzusetzen."[47]

Das CRM Kontrollsystem bietet wesentliche Grundlagen für Themen, die in kritischen Situationen in interprofessionellen Teams besprochen werden. Die Grundgedanken

---

[45] Vgl.: Rall, M., Langewand, S. (2022) S. 4–11.

[46] Vgl.: Die 15 CRM-Leitsätze ausführlich in: Rall, M., Langewand, S. (2022) S. 103–116.

[47] Zitatquelle: Rall, M., Langewand, S. (2022): Crew Resource Management für Führungskräfte im Gesundheitswesen, aus der Reihe Erfolgsrezepte Praxis- & Krankenhaus-Management, Springer Verlag, Berlin, S. 21.

können für viele berufliche Situationen des Gesundheitswesens übertragen und angewendet werden.

Die 15 CRM-Leitsätze für Führungskräfte nach Rall und Gaba (2009):

1. Kenne Deine Arbeitsumgebung!
2. Antizipierte und plane voraus!
3. Hilfe anfordern, lieber zu früh als zu spät.
4. Übernimm die Führungsrolle oder sei ein gutes Teammitglied mit Beharrlichkeit!
5. Verteile die Arbeitsbelastung (10-s-für-10-min)!
6. Mobilisiere alle verfügbaren Ressourcen (Personen und Technik)!
7. Kommuniziere sicher und effektiv – sag was Dich bewegt!
8. Beachte und verwende alle vorhandenen Informationen!
9. Verhindere und erkenne Fixierungsfehler!
10. Habe Zweifel und überprüfe genau!
11. Verwende Merkhilfen und schlage nach!
12. Re-evaluiere immer wieder!
13. Achte auf gute Teamarbeit – andere unterstützen und sich koordinieren!
14. Lenke Deine Aufmerksamkeit bewusst!
15. Setze Prioritäten dynamisch![48]

5.6.6.5 Priorisierungstechniken

Der klinische Alltag, die Versorgung von Patienten unterliegt häufig enormer Veränderungsdynamik. Diese wird durch den Patienten selbst, durch organisatorische oder sonstige Bedingungen ausgelöst. Die ständig geforderte Flexibilität und Notwendigkeit, darauf sofort reagieren zu müssen, kennzeichnen die Gesundheitsversorgung.

In interprofessionellen Zusammenkünften können sich die Sachverhalte und die zu klärenden Themen schnell ändern. Die Inhalte einer Besprechung können vorab festgelegt sein, die Praxis aber fordert oft ein Reagieren auf aktuelle Ereignisse.

Durch die Anwendung von Priorisierungstechniken in Teams kann zielführend auf Veränderungen reagiert werden (Abb. 5.35).

Das Zulassen von Veränderung der Themenschwerpunkte aufgrund aktueller Herausforderungen ist für interprofessionelle Teamarbeit wichtig. Das wird sichergestellt durch das schnelle Erkennen der Notwendigkeit, flexibles Neupriorisieren des Themas im Team und das Einholen eines gemeinsamen Commitments zum geänderten Vorgehen.

Die Neufestlegung „was bearbeitet wird" führt zur Umplanung des Themas nach dem Gebot der Dringlichkeit. Nicht die Änderung eines geplanten Vorgehens ist nega-

---

[48] Zitatquelle in Rall, M., Langewand, S. (2022): Crew Resource Management für Führungskräfte im Gesundheitswesen, aus der Reihe Erfolgsrezepte Praxis- & Krankenhaus-Management, Springer, Berlin, S. 42–43.

Abb. 5.35 Flexibel neu priorisieren im Team

tiv, sondern das nicht Erkennen von Änderungsbedarf. Bei einer notwendig gewordenen Neupriorisierung und einem geänderten Vorgehen muss das ursprüngliche Arbeitsthema im Blick behalten und neu eingeplant werden.

In der direkten Patientenversorgung ist das kurze Innehalten im Team zum schnellen Überdenken der Prioritäten hilfreich. Das 10-für-10-Prinzip[49] im CRM-Zusammenhang hat sich dazu sehr bewährt. Damit soll Zeit geschaffen werden, um einen Prozess kurz zu stoppen (10 s für 10 min) und die Situation gemeinsam zu analysieren. Eine aktuelle hektische Entwicklung soll aufgehalten werden, um einen Überblick zu bekommen und die nächsten Schritte abzuleiten. Zielführendes und erfolgreiches Arbeiten in veränderten Situationen soll somit mit Bedacht erreicht werden.

5.6.6.6 Die Strukturierungsidee für Ergebnispräsentationen: das pyramidale Prinzip

Barbara Minto hat 1991 das pyramidale Prinzip zur Strukturierung von Ergebnispräsentationen in Leitungsgremien entwickelt. Sie arbeitete im Beratungskontext für Unternehmen und hatte Erkenntnisse erarbeitet, wie man Inhalte so strukturiert, dass die Aufmerksamkeit gewährleistet bleibt. Minto entwickelte logische Gesichtspunkte zum Aufbau einer Informationsstruktur. Bei der Präsentation von wissenschaftlichen Arbeiten ist der Prozess meistens von größerer Bedeutung als das Ergebnis selbst. Deswegen werden beim klassischen Vorgehen zunächst ausführlich die Fakten und Prozesse dargestellt, bevor am Schluss auf das Ergebnis eingegangen wird. Dieses Vorgehen bezeichnete sie

---

[49] Der kurze Stopp für effektiveres Arbeiten in: Rall, M., Langewand, S. (2022), S. 78.

Abb. 5.36 Das Pyramidale-
Prinzip von Minto

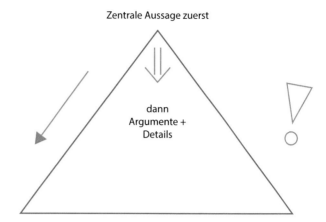

als das Trichtermodell. In dem Modell werden Informationen „vom Allgemeinen zum Detail" vertieft. Es werden alle Fakten zusammengeführt, um das Ergebnis daraus abzuleiten und zu begründen.

Für den Beratungskontext empfiehlt Minto eine andere Vorgehensweise, das Pyramiden-Prinzip. Zuerst wird die zentrale Aussage, das Ergebnis, dargestellt und mit anschließenden Begründungen erläutert und belegt (Abb. 5.36).

In diesem kommunikativen Vorgehen werden zwei Prinzipien verwendet: Die Argumentationsketten und die Gruppierung der Argumentation. Wenn bei den Zuhörenden ein allgemeiner Konsens zu einem Thema besteht, können Argumentationsgruppen eingesetzt werden. Die zentrale Aussage wird durch parallel vermittelte Inhalte/ Argumente im Gespräch begleitet. Die Inhalte unterstützen die zentrale Aussage. Diese strukturierte Vorgehensweise führt nach Minto dazu, dass die Aussagen auf Stichhaltigkeit besser überprüfbar und Informationen besser aufgenommen werden können.

Die Argumentationsketten werden eingesetzt, wenn zu einem Thema keine Einigkeit besteht. Hierbei wird die Kernaussage schrittweise begründet. Die aktuelle Situation wird angesprochen, diese kommentiert und dann der Lösungsvorschlag dargestellt.[50]

Neben der Strukturierung werden sogenannte Güte-Prinzipien in den Argumenten verwendet. Sie sollen den Zuhörer in seiner Zustimmung zu den Inhalten positiv lenken.

G = steht dafür, dass alle Inhalte gleichartig in eine Richtung fokussiert sein sollen. Nur ein Merkmal pro Argument sollte genannt werden und keine Vermischung zwischen den Merkmalen.

Ü = die Argumente sollen sich nicht überschneiden. Jedes Argument soll für sich selbst stehen.

---

[50] Vgl.: Baller/Schaller (2017), S. 94–95.

T =   die Aussagen sollen treffend kurz, konkret und faktenbasiert sein.

E =   erschöpfend meint, dass die Zuhörer alle wesentlichen Inhalte in den Argumenten vorfinden.

5.6.7 Methoden zur Lösungsentwicklung

Wenn es in interprofessionellen Teams in die Arbeitsphase der Lösungsentwicklung übergeht, ist die Grundhaltung des lösungsfokussierten Ansatzes von I.K. Berg und S. de Shazer zielführend. Die Lösungsfindung soll sich von der Problemstellung abgrenzen und auf das erwünschte Ziel fokussieren.

Die Moderation sollte mit guten Fragen Gedankenräume öffnen und lösungsorientiert arbeiten. Dabei sollen auch die schon funktionierenden Aspekte in die Lösungsfindung mit einbezogen werden.

Es gilt, kleine positive Aspekte zu sammeln und einzubeziehen und das bereits Funktionierende zu nutzen und zu verstärken.

Die im Folgenden dargestellten exemplarischen Methoden der Lösungsentwicklung sind für interprofessionelle Teams gut geeignet. Sie fokussieren auf die Lösungen, beziehen die Perspektiven und Meinungen der Beteiligten aktiv ein. Die Methoden der Liberating Structures[51] zur Lösungsfindung und Entscheidungsfindung leisten einen wertvollen Beitrag. Sie ordnen Denkprozesse, parallelisieren Interaktionen und ermöglichen eigene Ideenfindung, unabhängig von anderen Beteiligten. Die Methoden fördern und geben Hilfestellungen, um notwendige Veränderungen in bestehenden Zusammenhängen gemeinsam zu bearbeiten (Abb. 5.37).

5.6.7.1 Dynamic Facilitation: Moderation von Teams zur selbstorganisierten Lösungsfindung

Jim Rough hat sich mit der Auswirkung von Haltungen und Möglichkeiten in Teamgesprächen beschäftigt. Er ist zu der Erkenntnis gekommen, dass es gelingen kann, über bestimmte wertschätzende Haltungen in Gesprächen, das Denken der Teilnehmer aus den bekannten Gedanken und Möglichkeiten zu verändern. Diese Form der Durchführung wurde das transformale Denken genannt. Der Fokus liegt hierbei auf der wertschätzenden Moderation, der Führung des Gesprächs mit offenen Fragen, und nicht auf dem Prozess. Es ist eine Methode, um selbstorganisierte Teamlösungen bei besonders großen Herausforderungen und Problemstellungen zu finden.

Durch gezieltes Zuhören wird die Gruppe in ihrem Denken zur Reflexion angeregt und kann die eingefahrenen Bahnen verlassen.[52] Die Gesprächsgrundhaltung der Moderation sind:

---

[51] Vgl.: Steinhöfer, D (2021), S. 48–51.

[52] Vgl.: Gloger, B., Rösner, D. (2017),S. 189–197.

Abb. 5.37   Methoden zur Lösungsentwicklung

- gegenseitige Wertschätzung,
- zuhören,
- alle einbeziehen,
- reflektieren
- und geäußerte Bedenken annehmen.

Jim Rough lehnte diese Form an die Technik des Wisdom Council für die Bürgerbe-
teiligung an. Wisdom Council ist ein Bürgerrat, der sich mit Zukunftsfragen befasst
und Entwicklungsprozesse begleitet. In der Gesprächstechnik der selbstorganisierten
Lösungsfindung hört der Moderator zu, gibt Gesagtes wieder und visualisiert dieses. Der
Moderator bereitet zum Thema vier Flipcharts mit folgenden Überschriften vor:

- Herausforderungen,
- Lösungen oder kreative Beiträge,
- Bedenken,
- Sichtweisen/Informationen.

Auftretende Emotionen werden als wichtiger Bestandteil zugelassen und sind explizit erwünscht.

Der Moderator spricht mit denjenigen Teilnehmern, die die Emotionen zeigen,
und geht darauf ein, während die anderen zuhören. Die Teilnehmer sollen nicht untereinander sprechen, sondern zuhören. Der Moderator initiiert Aussagen und sorgt dafür,
dass nur zu ihm gesprochen wird. Gleichzeitig reflektiert er das Gesagte und wiederholt

die Kernaussage. Die Kernaussage schreibt er auf ein Flipchart oder nutzt eine andere Visualisierungsmöglichkeit.

Durch die aufgeschriebenen Worte wird bei den Zuhörern kreatives Denken gefördert. Durch die weiteren Überschriften werden Gedanken zum Gehörten ausgelöst und können festgehalten werden. Es entstehen neue Wahlmöglichkeiten, die das Bewusstsein der Teilnehmer und das Gespräch verändern. Der Moderator muss jedem das Gefühl geben, dass sein Beitrag geschätzt wird und wichtig ist. Beiträge werden immer als Ausdruck ihrer besten Bemühungen gesehen und dokumentiert. Energien und Emotionen des Einzelnen werden zugelassen.

Teilnehmer sollen sagen, was sie denken, und sagen, wie sie es machen würden: „Was wäre ihr Lösungsvorschlag?", „Was würden Sie tun?". Gesagtes wird zusammengetragen und nicht kommentiert. Das Gespräch wird über die vier Felder (Herausforderungen, Lösungen oder kreative Beiträge, Bedenken, Sichtweisen/Informationen) moderiert, Selbstorganisation wird zugelassen und der Prozess nicht gesteuert (Abb. 5.38).

Die klassischen Phasen sind die Einleitung und der Hauptteil. Im Gesprächsverlauf eröffnet sich durch die Moderation ein Raum für Möglichkeiten, sich mit dem komplexen Thema auseinanderzusetzen (Abb. 5.39).

Im Gesprächsverlauf ergeben sich immer neue Fragen. Dadurch wird die Beschäftigung mit dem komplexen Thema vertieft. Eine Lösung muss nicht immer fokussiert und erreicht werden. Die offenen Fragen sind der Beginn der Veränderung. Die Teilnehmer spiegeln sich im Gespräch, und die Selbstorganisation im Team wird bestärkt.

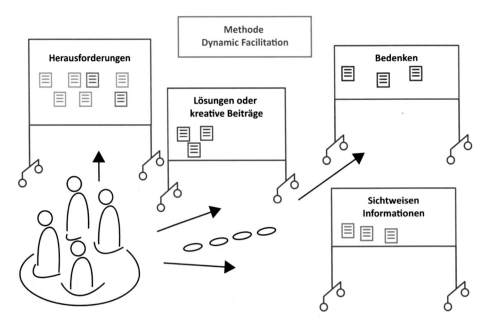

Abb. 5.38 Raumgestaltung für die dynamische Moderation für einen selbstorganisierten Lösungsprozess

Abb. 5.39 Merkmale
der 1.–3. Phase Dynamic
Facilitation

Wertschätzende Gesprächsführung – Dynamic Facilitation – Phase 1

Beginn
- Begrüßung
- Ablauf vorstellen

Eingangs-frage
- Beschreibung der Fragestellung
- „ Wie könnte eine Lösung aussehen?"

Zusammen-tragen
- Wertschätzende Gespräche mit offenen Fragen
- Einzelne Teilnehmer werden nacheinander befragt

Wertschätzende Gesprächsführung – Dynamic Facilitation – Phase 2

Einzelner spricht
- Was würden Sie vorschlagen?
- Zuhören und visualisieren, nummerieren

Team reagiert
- Informationen, Bedenken, Herausforderungen, Lösungsvorschlage ergänzen
- Zuhören, Störungen unterbinden

Reflektieren
- Vollständige Sätze aufschreiben, keine Stichworte
- Das Gesagte reflektieren

Wertschätzende Gesprächsführung – Dynamic Facilitation – Phase 3

Heraus-forderungen
- Neue Fragen auf das Flipchart unter Herausforderungen eintragen

Gesprächs-ende
- Wenn Zeitfenster fast erreicht ist, Zusammenfassung des Gesagten

Verein-barungen
- Eventuell neuen Workshop vereinbaren
- Eventueller Maßnahmenplan für Lösungen

5.6.7.2 Die Delphi-Methode

Die Delphi-Methode eignet sich gut für Fragestellungen, in denen Bewertungen zu einem Thema abgegeben, oder in Lösungsprozessen, in denen ein Konsens der verschiedenen Experten gefunden werden soll.

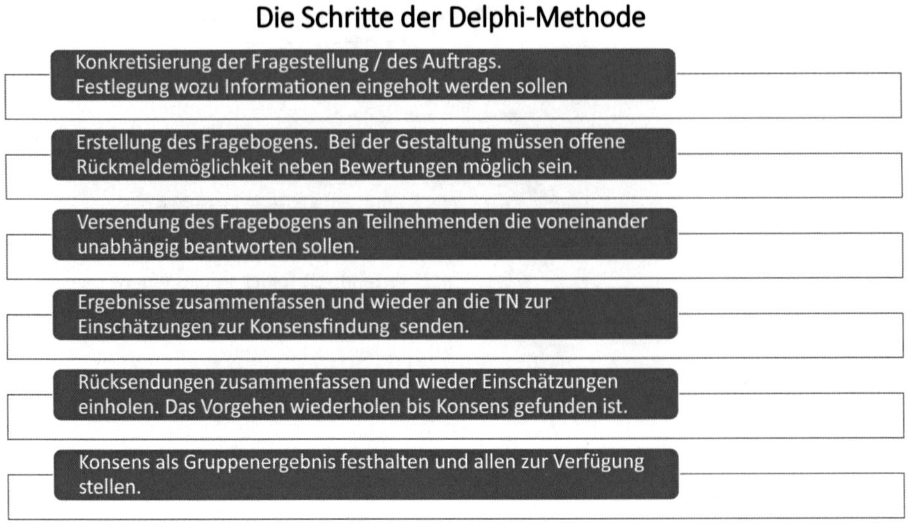

Die Schritte der Delphi-Methode

Konkretisierung der Fragestellung / des Auftrags.
Festlegung wozu Informationen eingeholt werden sollen

Erstellung des Fragebogens. Bei der Gestaltung müssen offene
Rückmeldemöglichkeit neben Bewertungen möglich sein.

Versendung des Fragebogens an Teilnehmenden die voneinander
unabhängig beantworten sollen.

Ergebnisse zusammenfassen und wieder an die TN zur
Einschätzungen zur Konsensfindung senden.

Rücksendungen zusammenfassen und wieder Einschätzungen
einholen. Das Vorgehen wiederholen bis Konsens gefunden ist.

Konsens als Gruppenergebnis festhalten und allen zur Verfügung
stellen.

Abb. 5.40 Exemplarischer Ablauf der Delphi-Methode

Die Methode ist ein mehrstufiges, schriftliches Verfahren, um Experten zu einem bestimmten Problem zu befragen.[53] Hier können beispielsweise Fragen nach einer konkreten Lösungsidee gestellt oder Thesen zu dem Thema entwickelt werden. Diese könnte beispielsweise die Frage nach einer konkreten Lösungsidee in einem Zusammenhang oder eine Thesenaufstellung sein. Ziel der Mehrfachbefragung ist es, aufgrund von gesammelten Antworten wiederkehrend einen Konsens, z. B. eine gemeinsame Lösung zu finden. Die Methode wird auch zur Entwicklung von zukünftigen Prognosen und Ausrichtungen angewendet. Die Experten dürfen sich untereinander nicht abstimmen und beeinflussen.

Zur Umsetzung der Methode wird ein semistrukturierender Fragebogen mit der Ausgangsfrage an die Teilnehmenden verteilt. Die Befragten bearbeiten diesen unabhängig voneinander und ergänzen ihre jeweiligen Aussagen als Antworten im Fragebogen.

Im klassischen Verfahren werden die Daten anonym erhoben. Jeder Befragte bekommt die Möglichkeit, sich individuell zu äußern und einzubringen. Die zurückgesendeten Ergebnisse werden zusammengeführt, analysiert und in der nächsten Runde zur Konsensfindung wieder übermittelt. Der Prozess wir solange wiederholt, bis Konsens erzielt ist. Das Ergebnis ist am Ende ein Gruppen/Teamergebnis (Abb. 5.40).

Die Anwendung findet schriftlich und nicht gemeinsam vor Ort statt. Die Bearbeitung erfolgt durch jeden Teilnehmenden individuell, jeder für sich in Stillarbeit und das Geschriebene wird anschließend schriftlich an den Nächsten weitergegeben und dort weiterergänzt. Hier entsteht ebenfalls ein fokussiertes Gruppen/Teamergebnis zu einem

---

[53] Vgl.: ÖNORM D 4902-2:2021–01, S. 8.

vorgegebenen Thema, welches dann einen Konsens ergeben sollte. In Teamworkshops kann dieses Verfahren als Gruppendelphi-Verfahren abgewandelt werden.[54]

5.6.7.3 Die 1-2-4-all Methode zur Lösungsfindung

Interprofessionelle Teams kommen zu einem Thema in einen Workshop zusammen und müssen sich gedanklich aus dem klinischen Alltag verabschieden und in einer neuen Zusammenstellung finden. Um dieses zu ermöglichen, kann die 1-2-4-All-Methode[55] für eine Gruppe ab ca. 12 Personen eingesetzt werden (Abb. 5.41).

Das methodische Vorgehen sieht vor, dass jeder die Fragestellung erst einmal für sich bearbeitet, Gedanken notiert und dafür Zeit eingeräumt wird (ca. 5 Min.). Nach der Stillarbeit tauschen sich zwei Teilnehmer über das Aufgeschriebene aus und diskutieren darüber (ca. 5–10 Min.).

Sie notieren ihren Konsens und setzen sich mit einem weiteren Paar in einer Vierergruppe zusammen (ca. 5–10 Min.). Die Ergebnisse werden besprochen und danach aufgeschrieben. Aus den Vierergruppen werden die Notizen in die Gesamtgruppe eingebracht und somit wieder mit allen diskutiert. Die Notizen der Gruppen können dazu an

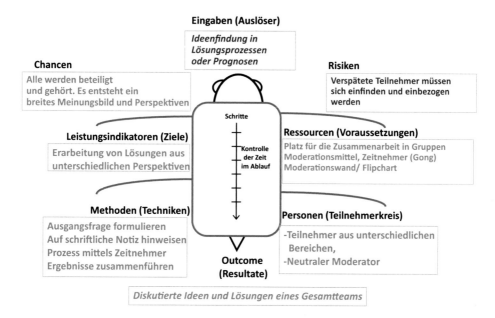

Abb. 5.41 Die Methoden-Turtle zum Vorgehen in der 1-2-4-All-Methode

[54]Vgl.: Niederberger, M., Renn, O (2018): Das Gruppendelphi-Verfahren in den Sozial- und Gesundheitswissenschaften, S. 83–87.

[55]Die Liberating Structure 1–2–4–All-Methode wurde von H. Lipmanowicz und K. McCandless entwickelt. Vgl.: Steinhöfer, D. (2021), S. 100–105.

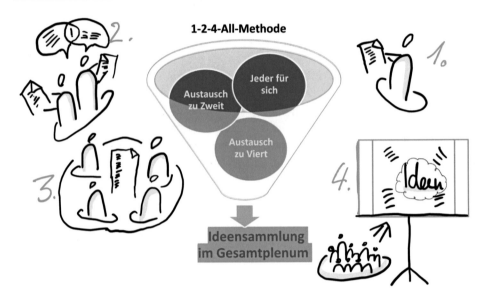

Abb. 5.42   Das Zusammenführen der Ergebnisse der 1-2-4-All-Methode

einer Moderationswand/Flipchart gesammelt werden. Anschließend können die Notizen gemeinsam weiterbearbeitet werden, hinsichtlich einer Lösung zusammengeführt werden und in einen Konsensprozess einfließen (Abb. 5.42).

Der Vorteil dieses Vorgehens ist die Beteiligung aller Teilnehmenden, die Schaffung einer intensiven Interaktion und eines breiten Meinungsbildes. Es werden alle aufgefordert, sich einzubringen. Somit dominieren nicht nur wenige mit ihren Beiträgen den gesamten Prozess.

Die Macht und hierarchische Stellung von Teilnehmenden steht nicht im Fokus, alle werden gehört und bringen sich in einem sicheren Rahmen ein. Der Austausch innerhalb des Vorgehens bereichert die Ideen und fördert die Akzeptanz der Teilnehmenden. Damit sind der Lösungsprozess und die Konsensfindung unter allen Teilnehmenden transparent; das vereinfacht die Umsetzung.

5.6.7.4   Die Methode: 15 % Solutions

Wenn Lösungen oder Entscheidungen erarbeitet wurden, fokussiert die 15-%-Solutions-Methode[56] die nächsten kleinen Schritte, die jeder Teilnehmende direkt vollziehen kann.

Die 15-%-Regel geht davon aus, dass jeder 15 % Handlungsspielraum in seiner Selbstbestimmung besitzt.

---

[56]Vgl.: Steinhöfer, D. (2021), S. 361–364.

Die Methode dient dazu, die Teilnehmenden im Prozess der Umsetzung in Bewegung zu bringen. Jeder soll etwas festlegen, was er zur aktuellen Situation im Lösungsprozess direkt einbringen kann, ohne sich abstimmen zu müssen.

Die Methode setzt damit an, dass viele kleine Schritte/Maßnahmen zu einer „großen" Lösung beitragen. Die Teilnehmenden entdecken, wie wichtig ihr „kleiner" Beitrag (15 %) ist, um eine gefundene Lösung oder eine getroffene Entscheidung umzusetzen. Das Team wird auf Aktivitäten fokussiert, die sofort ohne Abstimmung und zusätzlichen Erfordernissen umgesetzt werden können. Damit wird der Blick auf das Machbare gelenkt. Die gegenseitige Ergänzung und gemeinsame Mitwirkung an einem Thema wird verdeutlicht.

Der Moderator fragt am Ende im Plenum alle:

„Was sind Ihre 15 % Beiträge, die Sie zur Umsetzung jetzt sofort beitragen können?"

Am Ende eines Teamworkshops soll jeder darauf eingestimmt werden, mit eigenen Maßnahmen intrinsisch motiviert, seinen selbstbestimmten Beitrag zu leisten. Jede individuelle Aktivität dient dem großen Ganzen und bezieht die Teilnehmenden aktiv ein. Der Unterschied zum klassischen Maßnahmenplan besteht darin, dass die Aufgaben nicht verteilt, sondern durch die Teilnehmenden selbst definiert werden. Der Einsatz der Methode ist flexibel und kann ergänzend zu einem Maßnahmenplan umgesetzt werden.

Die Fragestellung könnte auch wieder in Kleingruppen miteinander besprochen werden. Die 15 % Aktivitäten jedes Einzelnen werden in der Gruppe vorgestellt. Die Ergebnisse werden ausgetauscht und können dann wieder mit anderen Gruppen geteilt werden.

5.6.7.5 Appreciative Interviews – Wertschätzende Gespräche

In dieser Methode werden Erfahrungen ausgetauscht, bei denen Teilnehmende erfolgreich waren. Der Erfolg kann sich auf eine Vorgehensweise, eine gezielte Maßnahme und auf Erfahrungen beziehen. Im Rahmen von Lösungsfindungen kann es hilfreich sein, retrospektiv erfolgreiche Lösungen zu betrachten. Wie können aus den damaligen Erfahrungen Erkenntnisse gewonnen werden, die in einem Lösungsprozess erneut eingebunden sein können? Bekanntermaßen wird dieses Vorgehen bei medizinischen Fragestellungen unter Kollegen sehr häufig verwendet.

Die Appreciative-Interview-Methode fokussiert wertschätzende Gespräche über bereits erlebte Erfolge.[57] Das Vorgehen findet zunächst in Zweiergesprächen, dann wieder in erweiterten Gruppen bis zum Gesamtplenum statt. Es werden Erfolgsgeschichten vorgestellt und begleitende Erfolgsfaktoren erfasst.

„Was hat damals zum Erfolg beigetragen?"

---

[57] In dieser Methodenentwicklung wurde D. Cooperrider, der die Dynamic Facilitation Methode entwickelte, mit seinen Erkenntnissen von H. Lipmanowicz und K. McCandless einbezogen. Vgl.: Steinhöfer, D. (2021), S. 285–288.

Es werden Faktoren, Mechanismen und Muster aufgezeigt und dokumentiert, die bereits zu einem Erfolg geführt haben. In den erweiterten Vierer, gruppen werden die Inhalte besprochen und die aktuelle Fragestellung erörtert:

> „Was tragen wir heute schon zu den Erfolgsfaktoren bei?"
> „Wie könnten wir diese Erfolgsfaktoren auf die aktuelle Fragestellung übertragen?"

Die Sammlung der Antworten können für zukünftige Vorhaben und Lösungsprozesse verwendet werden. Was in einer Organisation bereits zum Erfolg geführt hat, bereitet eine positive Grundstimmung für zukünftige Erfolge. Die Teilnehmenden sind stimuliert und befähigt, Bewährtes in ihre weiteren Überlegungen einzubeziehen.

5.6.7.6 Discovery & Action Dialog (DAD) zur Entdeckung von neuen Wegen zur Problemlösung

In interprofessionellen Teams besteht eine Stärke darin, dass unterschiedliche Personen mit ihren Erfahrungen aus verschiedenen Bereichen zusammenkommen. Diese Erfahrungen basieren unter Umständen auf der Lösung von ähnlichen oder vergleichbaren Problemen.

In der DAD-Methode werden die divergierenden Vorgehensweisen ausgetauscht, um für ein aktuelles chronifiziertes Problem eines teilnehmenden Bereiches Lösungen zu entdecken.[58]

Die Stärke der unterschiedlichen Erfahrungen wird hier in einem kollegialen Dialog gezielt genutzt.

Durch die Erfolgsgeschichten der anderen kann es den Ratsuchenden gelingen, von den bisherigen Lösungsansätzen und Verhaltensweisen im Umgang mit diesem Problem abzuweichen (Abb. 5.43).

Den Teilnehmenden des Teams müssen Rahmenbedingungen vorgelegt werden, um neue Vorgehensweisen kreativ im Austausch zu entwickeln.

In das Team werden diejenigen eingeladen, die vom Problem Kenntnisse besitzen, Erfahrungen einbringen können und Interesse haben an der Mitarbeit im Problem- und Lösungsprozess.

Die Teilnehmenden werden ausgesucht und angesprochen, um an der gemeinsamen Herausforderung der Problemlösung mitzuwirken.

Nach einer Vorstellungsrunde der Teilnehmenden findet ein moderierter Dialog zu den in Abb. 5.44 aufgelisteten Fragen statt.

Im Dialog werden die Fragen durch den Moderator nacheinander gestellt, und jeder Teilnehmende erhält die Möglichkeit, sich dazu zu äußern. Die genannten Ideen werden für alle lesbar visualisiert und mitgeschrieben. Im Ergebnis zeigen sich neue Anregungen und Ideen. Das Lernen voneinander wird durch den moderierten Dialog ermöglicht und fördert das gegenseitige Kennenlernen und die gegenseitige Wertschätzung.

---

[58] Vgl.: Steinhöfer, D. (2021), S. 326–333.

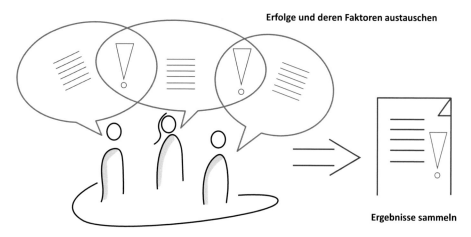

Abb. 5.43   xxxx

Die sieben Fragen im DAD-Prozess

Woher kennt Ihr das Problem, wie wirkt es sich aus?

Wie löst Ihr das Problem bei Euch ganz praktisch? Was tut Ihr?

Welche Hindernisse gibt es dabei?

Welche Erfahrungen gibt es die Hindernisse zu bewältigen?

Gibt es Ideen zur Lösung des Problems?

Was müsste dazu getan werden?

Wer müsste noch einbezogen werden?

Abb. 5.44   Die abgewandelten sieben Fragen im DAD-Prozess

Veränderungen in der bisherigen Problemlösung werden dadurch möglich, dass andere von ihren Erfahrungen, Ideen und Anregungen berichten und diese offenlegen. Die Betroffenen erhalten die Möglichkeit, ihr bisheriges Verhalten zu verändern und selbstgesteuert neue Wege zu gehen.

5.6.7.7 Die Harvard-Verhandlungstechnik[59]

In interprofessionellen Teams entstehen Situationen, in denen Konflikte in die Teamarbeit einfließen und für die Beteiligten einvernehmlich gelöst werden müssen. Um unterschiedliche Sichtweisen, sachliche Differenzen und Interessen in eine für alle akzeptable Lösung zu führen, kann das Grundlagenwerk zur professionellen und sachbezogenen Verhandlungsführung, das sogenannte Harvard-Konzept methodisch eingesetzt werden. Es wurde von dem Juristen und Harvard Professor Roger Fisher zusammen mit William Ury (1981) entwickelt und ist in der Unternehmenspraxis zur einflussreichsten und weitverbreiteten Methode geworden. Aufgrund der großen Bedeutung wird das Harvard-Verhandlungsprinzip in diesem Abschnitt als Methode zur Lösungsfindung mitbehandelt. Die Grundidee basiert auf vier Prinzipien:[60]

1. Trennung von menschlicher Beziehung und sachlicher Problemstellung Das Konzept betont zwar die Sachebene, ist sich aber der Relevanz der Beziehungsebene bewusst. Es empfiehlt, diese voneinander zu trennen, mit dem Ziel, in der Sache hart zu verhandeln, aber gleichzeitig unterstützende Signale für die Beziehung zu senden. Dabei ist nicht nur die einmalige Verhandlungssituation im Fokus, sondern auch die Annahme von Relevanz, dass die Beziehungen zwischen Verhandlungspartnern in der Regel längerfristiger Natur sind. Wir verhandeln mit Menschen und nicht mit Organisationseinheiten. Daher ist es wichtig, sich für den Verhandlungspartner als Person zu interessieren, um eine vertrauensvolle Verhandlungsatmosphäre herzustellen.

Unterschiedliche Vorstellungen

Jeder an der Verhandlung Beteiligte tritt mit seiner eigenen subjektiven Vorstellung und Interessen in die Situation ein und vertritt in erster Linie diese. Je stärker die Bindung an die eigene Position ist, desto stärker wird diese emotional vertreten. Dies kann zu Positionskämpfen führen, die über Machtausübung scheinbar überzeugend gewonnen werden, aber längerfristig negative Wirkung auf die Beziehungsebene haben. Es ist daher wichtig, die Emotionen des anderen zu verstehen bzw. sich in ihn hineinzufühlen und seine Interessen mit den eigenen abzugleichen. Basierend darauf können dem Verhandlungspartner Angebote offeriert werden, die ein Zugeständnis darstellen und häufig mit einem Entgegenkommen in anderen Punkten honoriert werden. Dabei ist darauf zu achten, dass jeder sein Gesicht wahren kann und sich nicht als Verlierer fühlt, d. h. Fairness die Situation prägt.

---

[59] In Auszügen aus Welz-Spiegel, C. (2021): SRH Studienbrief Interprofessionelle Kommunikation, S. 128- 134.

[60] Vgl.: Rolff, B. (2021): Kooperationsmanagement in der Praxis - Lösungsansätze und Beispiele erfolgreicher Kooperationsgestaltung, Springer Link, S. 104–114.

Auswirkungen von Emotionen

Wenn nur Eigeninteressen und Positionen im Mittelpunkt stehen, bewirkt dies häufig negative Emotionen. Je stärker die Bindung an die Eigeninteressen und Positionen sind, desto größer die emotionale „Aufladung". Die alleinige Fokussierung auf die sachliche Problemstellung führt nicht zum Ziel. Die emotionale Ladung muss zunächst reduziert werden, wozu die anderen Verhandlungspartner bewusst Raum bereitstellen müssen, indem sie dies nicht als Angriff bewerten. Zur eigenen Vorbereitung auf solche Situationen ist es hilfreich, im Vorfeld den emotionalen Gehalt der Verhandlung einzuschätzen und mögliche Gefühlsausbrüche bzw. emotional geprägte Angriffe vorherzusehen, um sich selbst emotional darauf einstellen zu können. Ein Gespräch über die jeweilige emotionale Befindlichkeit hilft, dass die Verhandlung nicht zum reaktiven emotionalen Schlagabtausch wird. Der Verhandlungsprozess ist anfällig gegenüber Missverständnissen, die durch Interpretation der Nachrichten des anderen herrühren. Zur Entschärfung dieses Problems hilft die konstruktive Kommunikation mit Methoden, wie aktives Zuhören, Feedback geben und Ich-Botschaften. Im Vorfeld der Verhandlung kann hier die Abstimmung von Gesprächs- und Feedbackregeln hilfreich sein.

2. Fokussierung auf Interessen, nicht auf Positionen Dies wird als Kern des Konzepts aufgefasst. Um den Unterschied deutlich zu machen: Positionen beziehen sich auf das „Was", während das Interesse das „Warum" beschreibt. Üblicherweise werden in Verhandlungen Positionen bezogen und Forderungen gestellt, was aber der Findung einer gemeinsamen Lösung in der Regel hinderlich ist. Die Fokussierung auf Interessen hat den Vorteil, dass der Lösungsraum für Verhandlungen dadurch geöffnet wird. Er wäre durch eine Position sonst eng fixiert. Typische Interessen, die gemäß den Autoren in Verhandlungen verfolgt werden, sind: *Sicherheit, wirtschaftliches Auskommen, Zugehörigkeitsgefühl, Anerkennung* und *Selbstbestimmung*. Die Kunst des Verhandelns liegt darin, die eigenen Interessen transparent zu machen und zu vertreten und dabei gleichzeitig und flexibel die Interessen des Gegenübers zu berücksichtigen.

3. Optionen zum Vorteil aller Beteiligten entwickeln Die Gefahr bei Verhandlungen ist, dass zu schnell eine scheinbar einzig mögliche Lösung angestrebt wird. Über Brainstorming im eigenen Team, oder bei vorhandenem Vertrauen mit dem Verhandlungspartner zusammen, sollen so viele Lösungsmöglichkeiten wie möglich kreiert werden.

4. Neutrale Bewertungskriterien vereinbaren Die Verhandlungsmasse ist, wenn sie sich nicht weiter ausdehnen lässt, am Ende zu verteilen. Das Harvard-Konzept strebt eine annehmbare Lösung für alle Beteiligten an und möchte Prinzipien- und Positionsstreitigkeiten vermeiden, die zu Sieger-Verlierer- oder noch schlechter Verlierer-Verlierer-Ergebnissen führen. Das Verhandlungsergebnis soll von allen Beteiligten als fair, legitim

Deeskalationsstrategien bei schwierigen Verhandlungen nach W. Ury

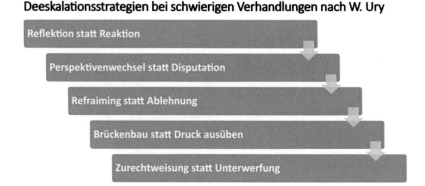

Abb. 5.45   Deeskalationsstrategien nach Ury

und nachvollziehbar bewertet werden.[61] Eine weitere Idee in diesem Konzept ist das sogenannte BATNA-Konzept („best alternative to a negotiated agreement"). Die Idee ist, dass für die Verhandlung bereits eine Alternative existiert, um in der Verhandlung mehr Macht ausüben zu können, da diese als Option im Falle der nicht erfolgreichen Verhandlung genutzt werden kann. Seit der Erstveröffentlichung vor über 40 Jahren hat sich das Konzept über tausende von Verhandlungsstudien und über 100 wissenschaftlichen Artikeln weiterentwickelt. Die Grundprinzipien sind geblieben, aber weitere Erkenntnisse haben dem optimistischen Blick auf eine kooperative Situation den Pol der Durchsetzung eigener Ziele gegenübergestellt. Der Co-Autor W. Ury hat in seinem Werk „Getting Past NO: Negotiating in Difficult Situations", deutschsprachiger Titel "Schwierige Verhandlungen", den Umgang mit schwierigen Verhandlungspartnern aufgegriffen, wozu das Harvard-Konzept keine zufriedenstellende Auskunft gibt. Von W. Ury werden fünf Deeskalationsstrategien benannt (Abb. 5.45).

Durch diese Strategie sollen übliche Reaktionsmuster auf Angriffe durchbrochen werden, um Voraussetzungen für ein besseres Verhandlungsklima zu schaffen. Der Kernpunkt der Strategie ist der „Brückenbau", welche die Befriedigung der Hauptinteressen des Gegenübers, seine Einbeziehung in das Ringen um Lösungen unter der Berücksichtigung seiner Interessen sowie die Wahrung seines Ansehens beinhaltet, auch wenn er seinen ursprünglichen Standpunkt verlässt. Das dient dem Ziel, doch noch eine gemeinsame Lösung zu erzielen.[62] Mit langfristiger Perspektive ist eine faire und

---

[61] Siehe *Götz/Käser* (2019), S. 187–193.

[62] Vgl.: Rolff, B. (2021): Kooperationsmanagement in der Praxis - Lösungsansätze und Beispiele erfolgreicher Kooperationsgestaltung, Springer Link, S. 113.

konstruktive Verhandlung unter Beachtung des Beziehungsaspektes eines eventuell mit unfairen Mitteln kurzfristig gewonnenen Erfolgs vorzuziehen.[63]

Literatur

Abendschein, J. (2018). *Professionell Auditieren* (3. Aufl., S. 14–25). TÜV SÜD Akademie GmbH.

Austrian Standards International (Hrsg.) (2021). Normensammlung Risikomanagement. *ÖNORM D 4900*:2021-01, S. 43.

Baller, G., & Schaller, B. (2017). *Kommunikation im Krankenhaus. Erfolgreich kommunizieren mit Patienten, Arztkollegen und Klinikpersonal* (S. 94–95). Springer Gabler.

Baumann, M., & Gordalla C. (2020). *Gruppenarbeit, Methoden und Techniken* (S. 131–133). UKV Verlag.

Bonsen zur, M., & Zubizarreta, R. (Hrsg.) (2019). *Dynamic Facilitation, Die erfolgreiche Moderationsmethode für schwierige und verfahrende Situationen* (2. Aufl., S. 201–208). Beltz Verlag.

Brown, J., & Isaacs, D. (2007). *Das World Café* (S. 83–84). Verlag.

DIN Deutsches Institut für Normung e.V. und VDE Verband der Elektrotechnik Elektronik Informationstechnik e.V. (Hrsg.). DIN EN 31010 (VDE 0050-1): 2010-11 (S. 62–63). Beuth und VDE.

DIN EN ISO 9000:2015 (2015). *Qualitätsmanagementsysteme - Grundlagen*. Beuth Verlag, Kap. 3.4.1, S. 33.

Ebers, A., & Nieschalk, B. (Hrsg.) (2022). *Einfach.Zusammen.Arbeiten* (S. 35–48), Liberating Structures in der Praxis.

Ellebracht, H., et al. (2002). *Systemische Organisations- und Unternehmensberatung* (S. 227–230). Gabler Wiesbaden.

Geiger, W., & Kotte, W. (2008). *Handbuch Qualität* (5. Aufl., S. 131). Vieweg Verlag.

Gloger, B., & Rösner, D. (2017). *Selbstorganisation braucht Führung* (2. Aufl., S. 177–189, S. 190–197), Hanser Verlag.

Hannawa, A. (Hrsg.) (2018). *SACCIA - Sichere Kommunikation. Fünf Kernkompetenzen mit Fallbeispielen aus der Pflegerischen Praxis*, De Gruyter Inc.

Helmold, M. (2020). *Kaizen, Lean Management und Digitalisierung - Mit den japanischen Konzepten Wettbewerbsvorteile für das Unternehmen erzielen* (S. 241–242). Springer Gabler Verlag.

Höhne, B. (2022). Diversität umarmen. In Ebers, A., & Nieschalk, B. (Hrsg.), *Einfach.Zusammen. Arbeiten, Liberating Structures in der Praxis* (S. 44–46). Vahlen.

Kaminske, G. , Brauer, J.-P. (2021): ABC des Qualitätsmanagements; Carl Hanser, München, 5. Auflage, S.74–76

Käser, A. (2022). Gemeinsam den Wert der Vorlesung definieren, In Ebers, A., & Nieschalk, B. (Hrsg.). *Einfach.Zusammen.Arbeiten, Liberating Structures in der Praxis* (S. 52–54). Vahlen.

Kiefer, I. L. (2022). *Der Beitrag des Design Thinking zur marktorientierten Unternehmensführung* (S. 11). Gabler.

Kotter, J.P. (2011). *Leading change – wie Sie Ihr Unternehmen in acht Schritten erfolgreich verändern* (S. 32–134). Vahlen Verlag.

---

[63] Siehe *Götz/Käser* (2019), S. 197–198.

König, A. in Roder, N. Kaspar, N. (Hrsg). *Ihr Krankenhaus 2030 – Sicher und stark für die Zukunft* (S. 170–176). Kohlhammer Verlag Stuttgart, Teil II.

König, D. (Hrsg.). *Deutsches Methoden Institut; Profiguide Methoden* (S. 64). Verlag für Deutsche Wirtschaft.

Leyendecker, B., & Pötters, P. (Hrsg.) (2022). *Werkzeuge für das Projekt- und Prozessmanagement - Klassische und moderne Instrumente für den Management-Alltag* (S. 23–26, S. 56–59). Springer Gabler Verlag.

Lipmanowicz, H., & McCandless, K. (2022). Liberating Structures – „Umgangssprache" für das tägliche Miteinander, genehmigte Übersetzung aus dem Englischen. In Ebers, A., & Nieschalk, B. (Hrsg.), *Einfach.Zusammen.Arbeiten, Liberating Structures in der Praxis* (S. 11–23). Vahlen.

Niederberger, M., & Renn, O. (2018). Das Gruppendelphi-Verfahren in den Sozial- und Gesundheitswissenschaften. In M. Niederberger & O. Renn (Hrsg.), *Delphi-Verfahren in den Sozial- und Gesundheitswissenschaften* (S. 83–87). Konzept, Varianten und Anwendungsbeispiele: Springer.

Patientensicherheit Schweiz (Hrsg.), (2007). *Systemanalyse Klinischer Zwischenfälle – Das London-Protokoll.*

Pilz, S., Poimann, H., Herbig, N., Heun, S., Hotel, M., Pivernetz, K., et al. (2020), *SBAR als Tool zur fokussierten Kommunikation.* verfügbar unter: https://www.gqmg.de/media/redaktion/Publikationen/Arbeitshilfen/GQMG_ABK_02.2a._SBAR_16.08.20.pdf. Abgerufen am 12. Febr. 2023.

Rall, M., & Langewand, S. (2022). *Crew Resource Management für Führungskräfte im Gesundheitswesen, Erfolgsrezepte Praxis- &Krankenhausmanagement* (S. 4–11, 21, 42–43, 78, 103–116). Springer Verlag,

Rolff, B. (2021). *Kooperationsmanagement in der Praxis - Lösungsansätze und Beispiele erfolgreicher Kooperationsgestaltung* (S. 104–114). Springer Link.

Steinhöfer, D. (2021). *Liberation S-Structures - Entscheidungsfindung revolutionieren* (S. 48–51). Vahlen.

Von Eiff, W. (Hrsg.), Menningen, R., & Senninger, N. (2014). *Ethik und Ökonomie in der Medizin, Reihe Gesundheitsmarkt in der Praxis, Ethisches Bewusstsein und Fehler in der Chirurgie: Wie weit geht die Fehlertoleranz?* (S. 163–169). medhochzwei Verlag.

Wagner, K., Kreativität in: Leyendecker, B., Pötters, P. (Hrsg.), (2022). *Werkzeuge für das Projekt- und Prozessmanagement - Klassische und moderne Instrumente für den Management-Alltag* (S. 165–167).

Walter, D. (2022). *Design Thinking Hospital*, MWV Medizinisch Wissenschaftliche Verlagsgesellschaft (S. 48; S. 114–150).

Welz-Spiegel, C. (2011). Anwendung und Nutzen von QM-Instrumenten im Krankenhaus. In Zeitschrift für Evidenz, Fortbildung und Qualität (Hrsg.), Elsevier Urban & Fischer Verlag.

Welz-Spiegel, C. (2014). *Kundenorientierte Angebotsentwicklung im Gesundheitswesen – Mit der adaptierten QFD-Methode und Risikomanagement die Marktposition stärken* (S. 80–103). Kohlhammer S. 56–59.

Welz-Spiegel, C. (2021). *SRH Studienbrief Interprofessionelle Kommunikation* (S. 128–134). SRH Fernhochschule: The Mobile University.

Management der Gesundheitsorganisation

6

In komplexeren Settings zur Erbringung von Gesundheitsdienstleistungen arbeiten die Angehörigen von Gesundheitsberufen enger zusammen. Sie ermitteln gemeinsam mit dem Patienten, welche Leistungen erforderlich sind und welche Anpassungen an deren Planung und Management vorgenommen werden müssen. So benötigen Nutzer von Gesundheitsdienstleistungen Informationen zu verschiedenen Gesundheitsaspekten. Dazu gehören die Prävention und Behandlung von Krankheiten, Impfungen, Vorsorgeuntersuchungen, Diagnosen ihrer Gesundheitsprobleme, kontinuierliche Unterstützung zur Umsetzung von Verhaltensänderungen und Überwachung von Plänen bezogen auf langfristige Versorgungsleistungen.

Die interprofessionelle Zusammenarbeit ist eine kooperative Arbeitsweise, bei der die einzelnen Professionen einen gemeinsamen Zweck verfolgen. Dieser beinhaltet die Entwicklung von gemeinsam ausgehandelten Zielen, die durch Versorgungspläne, Verfahren und Management erreicht werden. Zu den häufig im interprofessionellen Team vertretenden Professionen, gehören Ärzte, Pflegekräfte, Angehörige anderer Gesundheitsberufe (engl. allied health professions = AHP) sowie Experten aus dem Gesundheitsmanagement. Angehörige der Gesundheitsprofessionen müssen in ihrem Alltag auch nicht-klinische Aufgaben übernehmen. Geschäftsplanung, Verwaltung und Management, Entwicklung und Verbesserungen der Versorgungsdienstleistung, Auftragsvergaben, Personalführung, Mitarbeiterschulungen, klinische Governance, Risikomanagement, Formulierung und Review von Richtlinien, Überwachungsaufgaben etc. gehören mit zum Aufgabenspektrum.[1]

Gemäß der WHO ist Führung und Steuerung eines der sechs Bausteine des Gesundheitssystems. Die WHO fordert globale Gesundheitsorganisationen dazu auf, eine

---

[1] Vgl. Kaini, B. K. (2017), S. 1–2.

C. Welz-Spiegel und F. Spiegel, *Interprofessionelles Management im Gesundheitswesen*, https://doi.org/10.1007/978-3-662-67654-7_6

Führungsrolle zu übernehmen, indem sie sich international für interprofessionelle Ausbildung und kooperative Praxis einsetzen. Globale Gesundheitsorganisationen können bewirken, dass traditionelle Hindernisse für die Zusammenarbeit, wie Gesetze und Vorschriften, überdacht werden.[2]

Wie wir in den vorhergehenden Kapiteln gesehen haben, ist die interprofessionelle Zusammenarbeit unabhängig von der regionalen Reichweite der Organisation.

In diesem Kapitel werden die spezifischen Problemstellungen und Ansatzpunkte für das Management von Gesundheitsorganisationen mit Fokus auf die interprofessionelle Zusammenarbeit diskutiert.

Dabei wird zum einen auf die Grundlage des Managements und traditioneller Konzepte eingegangen und zum anderen verschiedene, neuere, allgemeine und Gesundheitswesen spezifische Managementkonzepte diskutiert, die einen Beitrag zu einem interprofessionellen Management leisten.[3]

Die bereits seit Jahren bestehenden Herausforderungen wie Personal- und Fachkräftemangel, Qualitätsanforderungen, Kostendruck, Einführung neuer Verfahren und Technologien sowie die Digitalisierung nehmen seit Jahrzehnten an Bedeutung zu.

Mittlerweile sind im deutschsprachigen Raum Publikationen zu Teilaspekten des Managements im Gesundheitswesen (siehe eine Auswahl davon in Abschn. 6.11.) verfügbar, die in den Abschnitten nach den Grundlagen von Führung und Management (Abschn. 6.1. bis 6.10.) und vor den neueren Managementansätzen (Abschn. 6.12.) exemplarisch dargestellt werden. Insbesondere soll ein Blick auf den Umgang mit Veränderungen in Branchen geworfen werden, von denen Gesundheitsorganisationen lernen können, ihre Managementkompetenz und Organisationsstrukturen weiterzuentwickeln und Funktionen, wie das Marketing zu ergänzen. Dem Veränderungsdruck durch stetig verkürzte Innovationszyklen und der stärkere Wettbewerbsdruck durch erhöhte Kunden- bzw. Patientenanforderungen, bei kaum steigender, eher sinkender, Ressourcenausstattung, muss adäquat begegnet werden. Die Personalauswahl, -bindung und -entwicklung spielt in diesem Zusammenhang eine wichtige Rolle für das Führungsverhalten der Zukunft, da ein „mechanistisches" bzw. bürokratisches Verständnis von Führung der Veränderungsdynamik nicht gerecht wird.

In Summe sollen die Abschnitte helfen, ein angemessenes und aktuelles Verständnis der verändernden Anforderungen an ein Management in Gesundheitsorganisationen zu gewinnen, um ihre Leistungsfähigkeit in einem dynamischen Umfeld zu erhalten oder vorzugsweise auszubauen.[5] Dabei werden sowohl Anforderungen an die

---

[2] Vgl. World Health Organization (2010), S. 20–39.

[3] Heimerl-Wagner, P.; Köck, C. (Hrsg.) (1996) haben aus ihrer wissenschaftlichen Tätigkeit an der Wirtschaftsuniversität Wien thematisch einen wesentlichen Sammelband zum Management der Gesundheitsorganisation herausgegeben, allerdings ohne Fokus auf Interprofessionalität.

[5] Vgl. Köck, C. (1996), S. 35–49, Heimerl-Wagner, P.; Köck, C. (Hrsg.) (1996), S. 9–11 und Matusiewicz, D. (2019), S. 4–5.

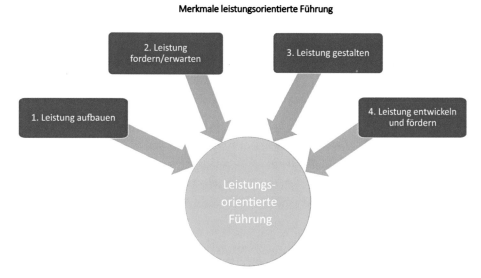

Abb. 6.1 Merkmale leistungsorientierter Führung[4]

interprofessionelle Ausbildung als auch Managementkonzepte diskutiert, die Ansätze für ein Management der interprofessionellen Zusammenarbeit bieten. Nach der Erzielung des Grundverständnisses von Führung, Management und Leadership und der Vorstellung der generellen Führungskompetenzen, -stile und -prinzipien wird zum Ende jedes Abschnitts ein Fazit für das interprofessionelle Management gezogen.

Zur Förderung der strategischen Unternehmensentwicklung und dem Aufbau von innovativen Strukturen sind Projektmanagementkompetenzen erforderlich. Dem Projektmanagement widmet sich das Buch im Abschn. 6.14.

6.1 Grundlagen leistungsorientierter Führung

Die Leistungsgesellschaft fordert von jedem Einzelnen, jeder Führungskraft und jeder Organisation, Leistung zu erbringen. Dazu bedarf es Führung.

Die Basis für eine leistungsorientierte Führung ist die Leistung selbst. Sie orientiert sich an Zielen. Anders ist die *rücksichtsvolle Führung*, bei der die Beziehung zum Mitarbeiter im Vordergrund steht. Führung soll den Mitarbeiter über Ziele für Leistung begeistern. Die These von Ulrich Wehrlin, Professor für Management, lautet: Nachhaltiger Erfolg ist Ergebnis herausragender, leistungsorientierter Führung (Abb. 6.1).[6]

---

[4] Quelle: Eigene Darstellung.
[6] Vgl. Wehrlin, U. (2013), S. 43–44.

1. **Leistung aufbauen:** Mitarbeiter sind durch Ziele und Visionen zu motivieren, um den Sinn und den Nutzen der zu erbringenden Leistung zu vermitteln.
2. **Leistung fordern/erwarten:** Die passenden Mitarbeiter für eine Aufgabe sind auszuwählen, einzuarbeiten und mit den erforderlichen Informationen zu versorgen. Die Ergebnisse sind zu kontrollieren und Impulse für Verbesserung zu geben.
3. **Leistung gestalten:** Dies betrifft die organisatorischen Rahmenbedingungen und die Delegation von Aufgaben und Verantwortung, um dem Mitarbeiter die Leistungserbringung zu ermöglichen. Die Ergebnisse sind zu kontrollieren und ggf. Verbesserungen zu initiieren.
4. **Leistung entwickeln und fördern:** Dies beinhaltet die mitarbeiterorientiere Führung und das Feedbackgeben, die Mitarbeiter zu entwickeln helfen und für eine gute Weiterqualifizierung über Schulungsmaßnahmen zu sorgen.

Die Autoren Judge, Piccolo und Illies erforschten mittels einer Metaanalyse von 457 Untersuchungen im Jahre 2004 den Zusammenhang zwischen leistungsorientierter bzw. rücksichtsvoller Führung und dem Führungsergebnis. Die Analyse führte zu der Empfehlung, dass leistungsorientierte Führung mit einer rücksichtsvollen und beziehungsorientierten Führung gekoppelt werden sollte.

In Deutschland muss sich leistungsorientierte Führung im rechtlichen Rahmen von Betriebsvereinbarungen bewegen, die das Entgeltsystem, Zielvereinbarungen und weitere Themen regeln. Als Werkzeuge werden Instrumente des *Performance-Managements* genommen, die der Leistungsmessung, -bewertung und -steuerung dienen.[7]

6.2   Bedeutung der Kommunikation für Führung

Sowohl die Kommunikations- wie auch die Führungsforschung halten Kommunikation für Führung unabdingbar.[8] Insbesondere im Kontext medizinischen Handelns, wie z. B. im Operationssaal, sind kommunikative Fähigkeiten unabdingbar für die Patientensicherheit.[9]

Kommunikation hat in Organisationen eine erhaltende und eine steuernde Funktion, deren konkrete Ausgestaltung vom Organisationsverständnis abhängt. Für den Fortbestand der Organisation ist Kommunikation erforderlich, da sich Organisationen als soziales System durch Erwartungen in Form von expliziten wie auch ungeschriebene Regeln ausbilden.

Innerhalb der Organisation gibt es zwei grundlegende Richtungen der Kommunikation: horizontal und vertikal. Die vertikale beinhaltet die Kommunikation zwischen

---

[7]Vgl. Bartosch, L.; Baule, J.; Castrillón, F.; Spitzley, D. (2017), S. 4–21.
[8]Vgl. Torjus, N. (2014), S. 1 mit Verweis auf diverse Quellen.
[9]Vgl. Henninger, M.; Barth, C. (2009), S. 211.

Führungskraft und zugeordneten Mitarbeitern bzw. Teams sowie zwischen allen Ebenen der Organisation. Die horizontale Kommunikation erfolgt innerhalb von Teams bzw. entlang von Prozessketten.[10]

Im **bürokratischen** Organisationsverständnis nach dem Soziologen Max Weber erfolgt der Fortbestand der Organisation durch eine überwiegend schriftliche Kommunikation, Briefe, Formulare, Aktennotizen etc., um eine Unabhängigkeit von der Verfügbarkeit konkreter Organisationsmitglieder zu erreichen. Diese Form der Kommunikation ist vertikal, linear und formell durch hierarchische Top-Down-Anweisungen gekennzeichnet, die eine mechanistische Perspektive beinhalten.[11]

Im **Human-Relation-Ansatz,** der auf Veröffentlichungen einer Forschergruppe um Elton Mayo zurückgeht und sich ebenfalls auf ein hierarchisches Organisationsdesign bezieht, rücken die menschlichen Beziehungen in den Mittelpunkt. Er betont die Bedeutung von Kommunikation für die Herausbildung von Normen in Gruppen sowie die Notwendigkeit einer zusätzlich bottom-up ausgerichteten Kommunikation vom Mitarbeiter zum Manager, weil dies für die Arbeitsmotivation wichtig ist.[12]

In **Expertenorganisationen** gilt es, die Selbstführungskompetenz des Einzelnen und der Teams zu stärken. Hier liegt der Fokus der Führung durch Kommunikation nicht auf der Anweisung und der Kontrolle, sondern auf „Support" und „Protection". Die Führungsbeziehung von Führungskräften zu Mitarbeitern und zwischen den Entscheidungsträgern kann nur über den kommunikativen Abgleich von potenziell differierenden Erwartungen und Rollenverständnissen wirksam gestaltet werden. Das setzt wiederum sprachliche Fähigkeiten voraus: Das Was, Wann, Wie, Wo und Zu wem der Informationsweitergabe muss gesteuert werden, um die Entstehung und Eskalation von Konflikten zu vermeiden.[13]

Durch den Abbau von Hierarchien und den digitalen Informationsaustausch kann eine Führungsposition nicht mehr mittels „Macht durch Informationsvorsprung" manifestiert werden. Die Trennung zwischen Führenden und Geführten verliert an Bedeutung. Führung erfolgt im Kollektiv (siehe auch Abschn. 6.9.3).[14]

Unabhängig vom jeweiligen Organisationsverständnis ist Kommunikation notwendig für die Führung. Die jeweilige Ausgestaltung der Kommunikation hängt vom Organisationsverständnis und Führungsstil (siehe Abschn. 6.8) ab.

---

[10]Vgl. Wehrlin, U. (2014), S. 254–255.

[11]Gemäß Köck, C. M. (1996), S. 35, bauen Gesundheitsorganisationen auf einem bürokratischen Organisationsparadigma auf, sind im Falle von Krankenhäusern aber eher den Expertenorganisationen zuzurechnen (siehe Henninger, M.; Barth, C. (2009), S. 212).

[12]Vgl. Torjus, N. (2014), S. 9–51.

[13]Vgl. Kaudela-Baum, S. (2022a), S. 102–105 und Heinninger, M.; Barth, C. (2009), S. 212–214.

[14]Vgl. Kaudela-Baum, S. (2022b), S. 176–180.

6.3   Führung, Management, Leitung und Leadership – eine Begriffsklärung

Die in der Überschrift des Abschnitts genannten Begriffe werden im Sprachgebrauch semantisch nicht immer sauber verwendet. Die Bedeutungen von Führung, Leitung und Management beschreibt Wehrlin wie folgt:[15]

- Führung bezieht sich im Sinne der zielgerichteten sozialen Einflussnahme auf die Interaktion in der Zusammenarbeit mit Mitarbeitern oder in der Gruppe.
- Leitung bezieht sich auf die formale Zuordnung von administrativen Kompetenzen, wie z. B. Anweisungsrechte, Unterzeichnungsrechte. Es kann mit Führung und/oder Management verknüpft sein.
- Management beinhaltet die zielbezogene Koordination von Ressourcen (Finanzen, Personen und Sachmittel). Meist werden Führungskräfte erst ab einer bestimmten Hierarchieebene als Manager bezeichnet. Ein guter Manager muss nicht zwangsweise eine gute Führung aufweisen.

Management bezieht sich nicht auf eine dispositive Tätigkeit, sondern beinhaltet die Führung von. Menschen. Die Menschenführung ist eine wichtige Aufgabe des Managements. Menschenführung. bedeutet, die zielgerichtete Einwirkung auf das menschliche Verhalten und ist eine Kategorie der. Kommunikation.[16]

Wichtig für das Verständnis von Führung ist, dass Vorgesetzte durch ihre Person und Kommunikation Einfluss auf das Verhalten der zugehörigen Mitarbeiter nehmen, dies aber keine Einbahnstraße ist, sondern ein interaktionaler Prozess, in dem die Beteiligten gegenseitig ihre Erwartungen und Bedürfnisse austauschen. Nicht personengebunden, aber meist durch diese unterstützt, erfolgt die Einflussnahme ebenfalls mittels Vorschriften und Richtlinien.

Zusammenfassend ist festzuhalten, dass die erforderlichen Kompetenzen für Führung (Personalführung von Mitarbeitern) und Management (zielgerichtete Koordination von Prozessen und Ressourcen) nicht identisch sind. In Befragungen wird eine Führung ohne Managementkompetenz sowie ein Management ohne Führungskompetenz kritisiert. Idealerweise sollte beides vorhanden sein.[17] Kotter merkt an, dass ein Gleichgewicht zwischen entschiedener Führung und starkem Management benötigt wird. Menschen können von ihren Talenten, starke Führungspersönlichkeiten sein, aber Schwächen im Management haben.

---

[15] *Wehrlin*, U. (2013).

[16] Vgl. *Wehrlin*, U. (2013)), S. 37.

[17] Vgl. *Hoefert, H.-W.* (2017), S. 117–123.

In Theorie und Praxis findet sich vermehrt der Begriff des Leaderships. Das wirtschaftliche und gesellschaftliche Umfeld ist dynamischer geworden und damit innerhalb von Organisationen der Bedarf zur Steuerung von Veränderungen gestiegen.[18]

Exemplarisch findet sich in der Literatur eine Definition für Leadership als Zusammenfügung von Verhaltensweisen eines Managers oder einer Managementcrew im praktischen Alltag. Die Ergebnisse aus diesem Verhaltensmix können zu folgenden Phänomenen führen:

- dass sich eine komplexe Organisation zielgerichtet und ganzheitlich in einem Prozess zu ihrer Höchstleistung entwickelt,
- dass die Organisation Zukunftsfähigkeit und grundlegenden Wandel wagt und die Menschen befähigt werden, sich allen Widerständen zu stellen und diese zu bewältigen,
- dass die dazu erforderliche Umgestaltung und Transformation der Organisation eingeleitet werden kann, alle Bestandteile der Organisation (Strategie, Kultur, Prozesse, Struktur, Führung, Information und Kommunikation, Leistung und Ergebnisse) werden konsequent einbezogen,
- dass die Menschen in der Organisation über eine Zukunftsvision einbezogen und stimuliert werden und eine Verbundenheit über alle Hierarchieebenen gefördert und angestrebt wird.[19]

Aus aktuellen Literaturquellen geht nicht klar hervor, ob Leadership und Management synonym zu verwenden ist, sich begrifflich klar abgrenzen lassen oder gar ergänzen. Peter Northouse vertritt die Auffassung, dass der Schwerpunkt von Leadership auf der Gestaltung von Veränderung liegt. Während Management den Schwerpunkt auf die Reduzierung von Kompliziertheit bzw. Komplexität legt, um in einen geordneten Zustand zu gelangen bzw. diesen zu bewahren.[20] Die Tab. 6.1 zeigt die wesentlichen Unterscheidungsmerkmale auf.

In der Literatur wird eine weitere definitorische Abgrenzung der Begriffe Leadership und Management beschrieben. Management findet in der Organisation statt, während Leadership an der Organisation selbst, somit am System wirkt.[21]

Jim Collins und sein Team untersuchten Leadership im Kontext der Umgestaltung von Unternehmen. Er hat verschiedene Stufen (Level 1–5) des Leaderships definiert. Die Grundaussage ist, dass je höher die Führungsfähigkeit der Person ist, desto größer ist die Wirksamkeit, um grundlegende Veränderungen in der Organisation zu erreichen.[22]

---

[18] Vgl. Kotter, J. P. (2016), S. 65–66; *Wehrlin, U.* (2013), S. 18.

[19] Vgl. *Peterke, J.* (2022).

[20] Vgl. *Kotter, J. P.* (1990); *Northouse, P. G.* (2007).

[21] Vgl. *Peterke, J.* (2022).

[22] Vgl. *Collins, J.* (2001).

Tab. 6.1 Leadership vs. Management. (Quelle: Eigene Darstellung, in Anlehnung an Wehrlin, U. (2013), S. 21)

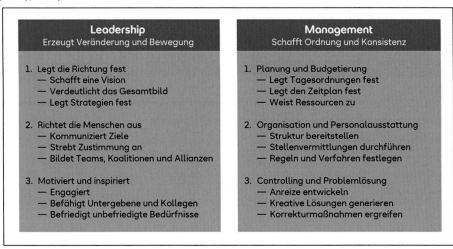

Leadership Erzeugt Veränderung und Bewegung	**Management** Schafft Ordnung und Konsistenz
1. Legt die Richtung fest — Schafft eine Vision — Verdeutlicht das Gesamtbild — Legt Strategien fest	1. Planung und Budgetierung — Legt Tagesordnungen fest — Legt den Zeitplan fest — Weist Ressourcen zu
2. Richtet die Menschen aus — Kommuniziert Ziele — Strebt Zustimmung an — Bildet Teams, Koalitionen und Allianzen	2. Organisation und Personalausstattung — Struktur bereitstellen — Stellenvermittlungen durchführen — Regeln und Verfahren festlegen
3. Motiviert und inspiriert — Engagiert — Befähigt Untergebene und Kollegen — Befriedigt unbefriedigte Bedürfnisse	3. Controlling und Problemlösung — Anreize entwickeln — Kreative Lösungen generieren — Korrekturmaßnahmen ergreifen

Die vier Begriffe Führung, Management, Leitung und Leadership werden in der Literatur nicht überschneidungsfrei verwendet, weisen aber deutliche Unterschiede in ihren semantischen Schwerpunkten auf. Führung betont die gezielte Einflussnahme über Kommunikation auf Mitarbeiter oder in Gruppen, während Management, breiter gefasst, die zielgerichtete Koordination von Ressourcen, u. a. auch vom Personal und den Prozessen, beinhaltet. Leitung ist eine Zuordnung von administrativer Kompetenz, während Leadership die Förderung von Dynamik und Veränderung in den Vordergrund stellt.

6.4   Kernaufgaben der Führung im interprofessionellen Kontext

Führung kann sich auf unterschiedliche Objekte, wie Organisationseinheiten, oder auf Menschen beziehen und ist gemäß dem Prozessmodell der DIN EN ISO 9001 eine Kernaufgabe der „obersten Leitung".[23] Für die „oberste Leitung" ist Führung eine verpflichtende Kernaufgabe, was im Umkehrschluss nicht bedeutet, dass sich Führung auf die oberste Leitung beschränkt, sondern in Abhängigkeit von der Größe der Organisation auf weitere Mitglieder (Führungskräfte) verteilt werden kann.

Führungskräften sind je nach Rolle und Funktion ein Set von diversen Aufgaben zugeordnet. *„Selbstorganisation setzt bei Führungskräften Energien frei für die Bearbeitung ihrer Kernaufgaben."*[24]

---

[23] Vgl. Hensen, P. (2019), S. 125.

[24] Badura, B. (2017b), S. 7

Welche Kernaufgaben beinhaltet Führung?
Eschenbach und Siller sehen sieben Schlüsselaufgabe für moderne Führung:

1. für Werte sorgen,
2. Ziele vereinbaren,
3. planen,
4. entscheiden,
5. organisieren,
6. kontrollieren,
7. Menschen fördern und entwickeln.[25]

Christiansen zählt Planen, Organisieren, Informieren und Kontrollieren als Kernaufgaben der Führung auf.[26]

Aufgaben, wie für Werte sorgen, Ziele vereinbaren, Planen, Organisieren beruhen auf Auswahlentscheidungen aus einer nahezu unbeschränkten Anzahl von möglichen Werten, Zielen, Aktivitäten, Umsetzungswegen, Aufbaustrukturen und Ablaufprozessen. Es müssen daher Entscheidungen getroffen werden. Informieren, Kontrollieren und die Förderung von Menschen beinhalten Kommunikationsprozesse, die ebenfalls auf Entscheidungen beruhen.

Über die **Aufgabe des Entscheidens (Entscheidungen treffen und kommunizieren), als originäre Führungsaufgabe** hinaus, gibt es in der wissenschaftlichen Literatur weder Klarheit zum Aufgabenumfang von Führung noch zu dem von Management. In der Literatur gehören zu den Aufgaben von Management und Führung der Umgang mit Änderungen in der Unternehmensumwelt, die durch technologischen und politischen Wandel oder Einflussnahme von Stakeholdern bewirkt werden, aber auch der Umgang mit gesellschaftlichen Veränderungen in Zielen, Werten, Kultur und Normen. Die zentrale Kernaufgabe der Führung ist es daher, eine überzeugende Vision und Kultur sowie eine nachhaltige Strategie zu entwickeln und zu vermitteln, um ein hohes Maß an Vertrauen, Orientierung und Bindung bei den Mitarbeitern zu erzeugen und in Gesundheitsorganisationen die Versorgung der Patienten dauerhaft sicherzustellen.[28] Mit Blick auf die Zukunft ist sowohl ein Aufbrechen der klassischen Strukturorganisation in Medizin, Pflege und Verwaltung/Management wie auch der starren Trennung von Disziplinen innerhalb der Medizin erforderlich. Dies ist die primäre Führungsaufgabe auf der strategischen Ebene, die die Strategie für die Gesundheitsorganisation entscheidet und kommuniziert.[29]

---

[25]Vgl. Eschenbach, R.; Siller, H. (2011), S. 11–14.

[26]Vgl. Christiansen, M. (2020), S. 129.

[28]Vgl. Badura, B. (2017a), S. 27.

[29]Vgl. Drauschke, S.; Drauschke, P.; Ponßen, H.; Risse, J. (2020), S. 104–105.

Die untere und mittlere Führungsebene wird schwerpunktmäßig mit operativen Führungsaufgaben betraut, die einen effizienten Arbeitsablauf sicherstellen sollen. Im interprofessionellen Kontext beeinflusst sie durch ihr Verhalten maßgeblich, ob Kooperation zum Erfolg führt. Dies erweitert die auf die Funktionsfähigkeit des Zuständigkeitsbereichs fokussierte Aufgabe um Change-Management-Komponenten.[30]

Die Digitalisierung und die Einführung von technologischen Innovationen sind ebenfalls herausfordernde Change-Management-Aufgaben für Führung und Management.

Beispielsweise wird die Leitung vor die Aufgabe gestellt, zu prüfen, inwieweit die angebotene technologische Innovation zur Zielsetzung des eigenen Arbeitsbereichs und den vorhanden Kompetenzen und personellen sowie finanziellen Ressourcen passt.[31]

Die bewusste Steuerung aktueller und zukünftig benötigter Kompetenzen wird im Angesicht von Fachkräftemangel und Veränderungen im Gesundheitswesen eine wichtige Führungsaufgabe für Expertenorganisationen, wie den Gesundheitseinrichtungen. „Institutionelles Kompetenzmanagement geht als Kernaufgabe der Führung wissensintensiver Institutionen über das traditionelle Verständnis von Aus- und Weiterbildung hinaus, indem Lernen, Selbstorganisation, Nutzung und Vermarktung der Kompetenzen integriert werden. Kompetenzmanagement ist eine Managementdisziplin mit der Aufgabe, Kompetenzen zu beschreiben, transparent zu machen sowie den Transfer, die Nutzung und Entwicklung der Kompetenzen orientiert an den persönlichen Zielen der Mitarbeiterin oder des Mitarbeiters sowie den Zielen der Institution sicherzustellen".[33]

Abgerundet wird die Führungsaufgabe in der modernen Arbeitswelt durch die Aktivierung der Mitarbeiter über Leidenschaft, Werte, Ganzheitlichkeit und Vernetzung sowie Entdeckung und Förderung ihrer Stärken und empathisches Zugehen auf Mitarbeitende.[34]

Eine gelingende Patientenversorgung im interprofessionellen Team setzt die Beteiligung aller in den Prozess eingebundenen Professionen voraus. Außerhalb Deutschlands erfolgen Therapieentscheidungen bereits im interprofessionellen Austausch.[35] Erfahrung aus der Schweiz zeigen auf, dass „Exzellenz" im Krankenhaus nur erreicht werden kann, wenn die interprofessionelle Zusammenarbeit für Entscheidung, Führung, Kommunikation und Prozesse prägend wird.[36]

Festzuhalten bleibt, dass sich Führungsaufgaben auf der oberen von denen auf der mittleren und unteren Ebene unterscheiden. Die Umsetzung verstärkter interprofessioneller Zusammenarbeit bedarf der Schaffung förderlicher organisatorischer Strukturen.

---

[30]Vgl. Friedrich, D.; Est, V. (2018), S. 15–16.

[31]Vgl. Höhmann, U.; Schwarz, L. (2017), 161.

[33]North, K.; Reinhardt, K.; Sieber-Suter, B. (2018), S. 14.

[34]Vgl. Keller, K. (2020), S. 97.

[35]Vgl. Köbe, P. (2022), S. 10.

[36]Vgl. S. 201.

Das ist eine strategische Aufgabe der oberen Führungsebene. Anders die Führungskräfte auf der unteren und mittleren Ebene, sie tragen primär durch ihr Vorbildverhalten zur Förderung der interprofessionellen Zusammenarbeit bei.

Aus Sicht der professionsübergreifenden Patientenversorgung ist eine gemeinsame Führungsverantwortung im Treffen von Entscheidungen, in der Kommunikation und der Prozesssteuerung entscheidend.

6.4.1 Entscheidungen treffen

„Whatever a manager does, he does it through making decisions."[38]

Der Managementvordenker Peter Drucker bringt mit diesem einen Satz auf den Punkt, dass jedes Thema und jede Problemstellung das Treffen von Entscheidungen benötigt. Das ist eine Kernaufgabe von Management. Der Erfolg eines Managers wird an seiner Fähigkeit gemessen, die richtige Wahl zu treffen. Das ist wiederum abhängig davon, ob er sich selbst und seine Mitarbeiter führen kann.[39] Der Manager muss sich seiner Wertvorstellungen bewusst sein, insbesondere wenn eine schnelle Entscheidung zu treffen ist.[40] Er benötigt die Autonomie und die Fähigkeit zu entscheiden.[41] Dies gilt auch für schwierige und unangenehme Entscheidungen.[42]

Im Kontext einer komplexen Organisation, die ein lebendiges System darstellt, ist die Entscheidungsfindung nicht trivial.[43] Gerade in der interprofessionellen Auseinandersetzung in Entscheidungsprozessen erfahren die Professionen, auf welcher Wissens- und Erfahrungsgrundlage ihre Entscheidungen beruhen.

Der klassische Prozess des Treffens von Entscheidungen wird durch die in Tab. 6.2 dargestellte Abfolge von Schritten dargestellt.

Problematisch ist häufig in der Praxis die Trennung zwischen „Entscheider" und „Umsetzer" und daher neigen Letztere dazu, sich gegen die Entscheidung zu wehren.[44]

Das Zulassen der Äußerung und die Einbeziehung der Meinung aller Beteiligten in die Entscheidungsfindung fördert das Vertrauen in der Zusammenarbeit. Hierzu bietet sich der Einsatz der sogenannten Liberating Structures an (siehe Kap. 5. Methoden und Techniken).[45]

---

[38] Drucker, P. F. (1954), S. 351.

[39] Vgl. Wehrlin, U. (2014), S. 228.

[40] Vgl. Brennhaber, Niklas (2021), S. 26.

[41] Vgl. Tewes, R. (2015), S. 59–94.

[42] Vgl. Tewes, R. (2015), S. 20 und S. 246.

[43] Vgl. Lipmanowicz, H.; McCandless, K. (2022), S. 12–17.

[44] Vgl. Steinhöfer (2021), S. IX-X.

[45] Vgl. Ebers, A.; Nieschalk, B. (2022), S. 34–35 und S. 48.

Tab. 6.2 Schritte zum Treffen einer Entscheidung[27]

1. Formulierung des Problems	Welche Herausforderung liegt vor?
2. Informationsbeschaffung	Was sind die relevanten Daten/Fakten und der Kontext?
3. Lösungsentwurf	Welche Lösungsoptionen gibt es?
4. Bewertung	Wie schätzen wir die Optionen bezüglich relevanter Kriterien ein?
5. Entscheidung	Für welche Lösung(en) entscheiden wir uns?

In Notfallsituationen, wo Priorisierungsentscheidungen benötigt werden, sind schnell erlernbare und umzusetzende, validierte Verfahren (Algorithmen) für qualifizierte Experten erforderlich.[46]

Neben den Herausforderungen im sozialen Miteinander in der Entscheidungsphase gilt es, die Entscheidungen so zu treffen, dass sie **nachträglich anpassbar** sind, da nicht alle Folgen im Vorhinein antizipierbar sind und damit die Entscheidung *unvollkommen* ist.[47]

Interprofessionalität ist im Kontext der Entscheidungsfindung Herausforderung und Bereicherung zugleich, da die Beteiligten auf unterschiedliche Wissens- und Erfahrungsgrundlagen zurückgreifen.

6.4.2 Entscheidungen kommunizieren

In Abhängigkeit davon, wer die Autorität hat (hierarchisch, closed system) bzw. sich nimmt (Prinzip: „Einfluss hat, wer Einfluss nimmt") und inwiefern er dabei Betroffene in die Entscheidungsfindung einbindet (konsensorientiert und inkludierend, open system), erfolgt die Kommunikation entweder zeitgleich mit dem Treffen der Entscheidung oder ist doch ein zusätzlicher und nachfolgender Schritt.[48]

Die in Tab. 6.3 und 6.4 dargestellten Schritte vervollständigen den klassischen Prozess der Entscheidungsfindung.

Das Treffen einer Entscheidung erzeugt noch keinen Nutzen. Die oberste Leitung muss über die Mitarbeiterführung die Umsetzung von Entscheidungen sicherstellen. Hierzu ist die Kommunikation mit allen beteiligten Stakeholdern und den Mitarbeitern hilfreich, um günstige Umsetzungsvoraussetzungen zu schaffen bzw. die Eigeninitiative

---

[27] In Anlehnung an Lipmanowicz, H.; McCandless, K. (2022), S. 17.

[46] Vgl. Dietz-Wittstock, M. (2022), S. 26–28.

[47] Vgl. Steinhöfer (2021)), S. X

[48] Vgl. Fontana, A. J. (2022), S. 347.

Tab. 6.3 Schritte zur Kommunikation einer Entscheidung[32]

6. Kommunikation	An alle Umsetzungsbeteiligten und Betroffenen kommunizieren: Wie und warum ist welche Entscheidung getroffen worden?
7. Umsetzung	Die Lösung(en) umsetzen und die ersten und folgenden Schritte dazu identifizieren
8. Rückkopplung	Wurde auf die Herausforderung angemessen reagiert? Was ist noch zu tun?

zur Umsetzung zu erwirken. Das Ziel muss sein, Akzeptanz für die Entscheidung und die Entscheider bei den Mitarbeitern zu erzeugen. Der Weg der Entscheidungsfindung wie auch die Gründe und Ziele für die getroffene Entscheidung (Verständlichkeit und Nachvollziehbarkeit) sind zudem so zu vermitteln (Umgangston), dass die Nachrichtenempfänger eine **interaktive Fairness** erleben. Art und Inhalt der Kommunikation sollte Vertrauen erzeugen, um einen offenen oder verdeckten Boykott zu vermeiden.[49] Der zum Anlass passende Kommunikationskanal ist entsprechend auszuwählen.[50]

Insbesondere in Notfall- bzw. Krisensituationen ist eine schnelle und klare Kommunikation sicherzustellen.[51]

Die Kommunikation sollte nicht nur „One Way" erfolgen, da Ideen und Kritik seitens der Mitarbeiter den Lernprozess bezüglich des Treffens und Kommunizierens zukünftiger Entscheidungen befruchten bzw. die Anpassung der existierenden Entscheidung durch die Führungskraft auslösen können.[52] Das Gespräch über getroffene Entscheidungen kann wiederum der Trigger für den nächsten Entscheidungsprozess werden. Das eigene Verständnis, über die Zusammenhänge von Entscheidungen, Kommunikationen, Handlungen und Ereignisse beschreibt das Organisationsverständnis, welches durch soziale Prozesse gebildet wird.[53]

Auch in Veränderungsprozessen ohne detaillierte Kenntnisse über den zukünftigen Weg ist es besser, Entscheidungen unter hoher Unsicherheit zu treffen und diese zu kommunizieren, statt aus Angst vor einer Fehlentscheidung, weder zu entscheiden, noch zu kommunizieren.[55]

---

[32] In Anlehnung an Lipmanowicz, H.; McCandless, K. (2022), S. 17.

[49] Vgl. Ebert, H. (2019), S. 165–170 und Rolfe, M. (2019), S. 63.

[50] Vgl. Rast, V.; Koche, P. -Y. (2022), S. 224.

[51] Vgl. Grüning, R. (2021), S. 23–125.

[52] Vgl. Auge, M. (2019), S. 148.

[53] Vgl. Schober-Ehmer, H.; Ehmer, S.; Regele, D. (2017), 677–680.

[55] Vgl. Brett-Murati, S. (2017), S. 1151.

Tab. 6.4 Einsatz des ChaKoMo-Modells zur Optimierung bereits bestehender Aufgabengebiete[37]

Dissoziierte Sichtweise der Führungskraft	Assoziierte Sichtweise des Mitarbeiters
1. **Vision/Mission:** Gibt es für unseren Verantwortungsbereich eine eindeutige Vision und Mission, und ist diese allen bekannt?	1. **Vision/Mission:** Ich kenne die Vision und Mission, sie geben mir eine gute Orientierung
2. **Strategie/Ziele:** Gibt es für unseren Verantwortungsbereich klare Ziele? Sind unsere Ziele Teil einer schlüssigen Strategie?	2. **Strategie/Ziele:** Kenne ich meine Ziele und kann ich sie in den Zusammenhang mit der Strategie setzen?
3. **Motivation:** Sind alle motiviert? Identifizieren sich alle mit ihren Aufgaben? Haben alle die Überzeugung, dass ihre Aufgaben sinnvoll und durchführbar sind?	3. **Motivation:** Bin ich motiviert, meinen Beitrag zum Ganzen zu leisten, und identifiziere ich mich mit meinen Aufgaben und dem Unternehmen?
4. **Ressourcen:** Haben wir genügend Mitarbeiter? Haben wir vollständige materielle und immaterielle Ressourcen?	4. **Ressourcen:** Habe ich genügend materielle und immaterielle Ressourcen, um meine Aufgaben zu erfüllen?
5. **Organisation:** Ist allen die Aufgabenverteilung klar, weiß jeder, für was er zuständig und verantwortlich ist? Funktionieren die Prozesse?	5. **Organisation:** Ist mir vollkommen klar, für was ich zuständig bin und wie die Prozesse ablaufen?
6. **Kompetenz:** Sind alle kompetent? Haben sie und ihre Mitarbeiter das notwendige Wissen/Ausbildung für ihre Aufgaben? Verfügen sie und ihre Mitarbeiter über ausreichende Routinen und Erfahrungen?	6. **Kompetenz:** Habe ich das kognitive Wissen, die Routine und die Erfahrung, um meine Aufgaben zu erfüllen und weiterzuentwickeln?
7. **Zusammenarbeit:** Funktioniert die Zusammenarbeit intern im Team und auch mit Externen (Kunden, Lieferanten, Behörden…)? Ist die Stimmung/das Arbeitsklima gut? Können wir uns auf Regeln im Umgang miteinander einigen?	7. **Zusammenhalt:** Arbeite ich intern mit den Kollegen in meinem Team gut, harmonisch und fair zusammen? Gilt das auch für die Zusammenarbeit mit Externen?
8. **Schlüsselpersonen:** Habe ich ein gutes Verhältnis zu meinen Mitgestaltern? Gebe ich die richtigen Impulse, damit sich das Managementsystem in die richtige Richtung weiterentwickelt?	8. **Schlüsselpersonen:** Habe ich ein gutes Verhältnis zu meinem Vorgesetzten bzw. zu den Personen, von denen ich stark abhängig bin?

6.5   Führungskompetenz

Wie in Abschn. 6.4 dargestellt, gehört das Treffen von Entscheidungen zu den zentralen Aufgaben des Managements. Da Entscheidungen für den Fortbestand und Erfolg der Organisation bedeutend sind, ist das Vorhandensein von Führungskompetenz wesentlich

---

[37] Steinert, C.; Büser, T. (2018), S. 54.

(siehe auch Abschn. 6.3). Fehlende Führungskompetenz von Vorgesetzten wurde bei einer weltweiten Befragung von 40.000 Pflegenden als ein Hauptgrund genannt, warum sie über den Berufsausstieg nachdenken. Bei den Medizinern ist ebenfalls eine steigende Arbeitsunzufriedenheit festzustellen. Daher sollten Führungskräfte in Gesundheitsorganisationen ihre eigene Führungskompetenz mittels eingeholten Feedbacks kritisch prüfen.[56]

„Ein Chefarzt muss neben der fachlichen Qualifikation (…) über Sozial- und Führungskompetenz verfügen, er muss organisieren können und vor allem auch zur interdisziplinären Zusammenarbeit bereit sein."[57]

Auf der *mittleren* Führungsebene (Bereichs- und Stationsleitung) werden sowohl Fachkompetenz als auch Führungskompetenz benötigt.[58]

Situation von Führungskräften auf der mittleren Ebene im Krankenhaus.[59]

Die Situation auf der mittleren Führungsebene ist durch folgende Merkmale gekennzeichnet:
- *Quantifizierbare Leistungserwartungen:* Leistung lässt sich auf der mittleren Führungsebene noch relativ gut quantifizieren (Zahl der abgeschlossenen Fälle, Erledigung von Aufgaben pro Zeit usw.).
- *Reduzierte Information:* Auf dieser Ebene erhält man oft nur die operativ relevanten Informationen, ohne strategische Hintergründe und Zusammenhänge zu kennen.
- *Unsichere Rückendeckung:* Vorgesetzte auf dieser Ebene sind sich deshalb oft nicht gewiss, ob ihr operatives Handeln den strategischen und politischen Grundsätzen der Leitung folgt bzw. sie bei Fehlleistungen durch Vorgesetzte „gedeckt" werden.
- *Erwartung „guter Vorgesetzter":* Man erwartet in der Leitung, dass ein Vorgesetzter auf dieser Ebene die „Basis" kontrolliert und motiviert bzw. dass Personalkonflikte dort auch gelöst werden.
- *Erwartung laufendes Feedback:* Man erwartet, dass – relevante – Informationen von unten nach oben in einer möglichst entscheidungsfähigen Sprache weitergeleitet werden.
- *Direkte Personalverantwortung:* Die Personalführung und –verantwortung wird direkt – durch Anweisung und Kontrolle – in kurzer Distanz ausgeübt; als Person kann man sich dem nicht entziehen und nur selten nach unten delegieren. Auch wird man für Fehlverhalten von Mitarbeitern direkt verantwortlich gemacht.
- *Eingeschränkte Entscheidungskompetenz:* Trotz der sehr hohen Personalverantwortung und manchmal sehr breiten „Leitungsspanne" ist der Entscheidungsspielraum in fachlicher und disziplinarischer Hinsicht verhältnismäßig klein.
- *Erwartung „bester" Sachbearbeiter:* Es besteht traditionell die Erwartung bei den Mitarbeitern, dass der mittlere Vorgesetzte – trotz seiner Führungsaufgaben – immer noch der beste Sachbearbeiter ist (vielleicht auch deshalb, weil er als solcher einmal zum Vorgesetzten gemacht wurde).
- *Erwartung „guter" Vorgesetzter:* Mitarbeiter erwarten von einem „guten" Vorgesetzten ausgleichende Gerechtigkeit, Motivierungsfähigkeit usw., die jener aber nur haben kann, wenn er sich genügend von der Sacharbeit löst und Zeit für die Personalarbeit findet.
- *Erwartung „guter" Kollege:* Mitarbeiter erwarten von Vorgesetzten, dass er (nach wie vor, auch wenn er aufgestiegen ist) „einer von uns" ist.
- *Laufender Kontakt mit Mitarbeitern:* Viele Mitarbeiter haben ein Bedürfnis nach örtlicher und zeitlicher Verfügbarkeit des Vorgesetzten, obwohl jener oft Kontakt nach „oben" oder „außen" wahrnehmen muss.

---

[56]Vgl. Tewes, R. (2015), S. 18.

[57]Flintrop, J. (2008), A. A513.

[58]Vgl. Brennhaber, Niklas (2021), S. 7

[59]Quelle: Hoefert, H.-W. (2017), S. 121–122.

Zur Gestaltung und Beeinflussung von zwischenmenschlichen Beziehungen sind **Klarheit** und **Empathie** die essenziellen Voraussetzungen für Führungskompetenzen, die in ein Gleichgewicht gebracht werden müssen. Klarheit ist durch die Sätze „Dafür stehe ich!" und „Das erwarte ich von Dir/Euch!" beschrieben und Empathie mit „Ich nehme dich an, wie du bist" und „Ich sehe Dich/Euch!" umschrieben. Der jeweils erste Satz steht für die grundsätzliche und der zweite für die situative Dimension.

Voraussetzung für den Erwerb dieser Kompetenzen sind die Fähigkeiten zur Selbstwahrnehmung und -führung, um mit den eigenen Gefühlen umgehen zu können, sodass eine aktive und emotional intelligente Führungsbeziehung gestaltet werden kann. Selbstführung führt nicht automatisch zu gutem Führungsverhalten, schafft aber die Grundlage für ein solches, um sonst unbewusste und automatisierte Verhaltensweisen bewusst zu gestalten.

In interprofessionellen, auch als crossfunktional bezeichneten, Teams sollte die Führungskompetenz, neben Kommunikations- und Konfliktlösungskompetenz, idealerweise im gesamten Team und bei jedem einzelnen Teammitglied vorhanden sein.[60] Fortbildungen und andere Maßnahmen können helfen, die Führungskompetenz zu stärken.[61]

Schär verweist darauf, dass seine Arbeit mit Führungskräften gezeigt hat, dass die aktive Selbstführung des eigenen inneren Systems ein entscheidender Erfolgsfaktor für Führung ist. Damit die eigene Selbstwahrnehmung und -führung zum Erwerb der genannten zwei Kompetenzen führt, sind folgende fünf Schritte erforderlich: (1) Das mutige Loslassen bisheriger führungsbezogener Glaubenssätze, (2) die offene, nicht wertende, innere Haltung der Achtsamkeit, (3) die vorbehaltlose Wahrnehmung der eigenen Möglichkeiten und Grenzen, (4) die bewusste Aktivierung der Selbstführung und (5) die Umsetzung in der menschlichen Begegnung im Führungsverhalten.[62]

Jedes Mitglied interprofessioneller Teams sollte Führungskompetenz mitbringen, deren Grundlage die Kompetenz zur Selbstführung darstellt.

6.6   Führungsqualität als Erfolgsfaktor

In den Anfängen der Führungsforschung herrschte die Auffassung vor, dass eine Führungsperson als solche geboren wird, also durch Abstammung und die passenden Gene bestimmt wird. In der Praxis ist dieser Ansatz noch in Einzelfällen, am ehesten bei männlichen Ärzten als Selbstwahrnehmung der eigenen Führungsqualität vorzufinden. In Organisationen ist noch häufig die Auffassung zu finden, dass Führungsqualität eine an-

---

[60]Vgl. Andermahr, J.; Jermer, B. (2020), 36–37.
[61]Vgl. Brennhaber, Niklas (2021), S. 17.
[62]Schär, T. (2021), S. 2–142.

geborene (oder bereits in der Kindheit erlernte) und stabile Eigenschaft der Person ist (als „Great Man"-Theorie bezeichnet).[63]

Führungsqualität (Verhalten direkter Vorgesetzter) ist neben Organisationskultur (Überzeugungs- und Wertekapital) und Beziehungsklima (Netzwerkkapital) eine Dimension im Bielefelder Sozialkapitalindex, der Merkmale sozialer Organisationen misst, die sich sowohl auf die kollektive Leistungsfähigkeit als auch auf das Wohlbefinden ihrer Mitglieder auswirken. Der für den Fehlzeiten-Report 2018 in Klinken gemessene Wert zur Führungsqualität liegt im mittleren Bereich der Skala.[64] Durch Untersuchungen wird die Organisationskultur als wichtigste Dimension für den Unternehmenserfolg belegt.[65] Die Organisationskultur wird gebildet durch die Geschichte der Organisation und von den gemachten Erfahrungen der Mitglieder. Dabei ist zu berücksichtigen, dass Führungsqualität und Organisationskultur keine voneinander unabhängigen Variablen sind. Die Organisationskultur prägt als organisationsintern gestaltbarer Faktor die Überzeugungen, Annahmen und Werte von Führungskräften und deren Verhalten. Außerdem formt sie deren Umgang mit Situationsänderungen. Führungskräfte nehmen wiederum selbst durch ihr Verhalten Einfluss auf die Organisationskultur, um diese weiterzuentwickeln. Die Grenzen der eigenen Organisationskultur zu erkennen und die Fähigkeit diese Weiterentwickeln zu können, sind eine große Herausforderung und zeichnen Führungsqualität im Kern aus.[66]

Eric Cibulka hat unter der Bezeichnung Philadelphia-Success-Studie im Zeitraum von 2013 bis 2016 über eine Online-Befragung zu 70 Aussagen, die sich zu sieben statistisch abgrenzbare Items zusammenfassen lassen, 327 Datensätze gesammelt, um zu untersuchen, was Unternehmen erfolgreich macht (Abb. 6.2).

Aus der Bewertung der Aussagen in den Datensätzen (Skala von 1 = „überhaupt nicht zutreffend" bis 6 = „höchst zutreffend") ergab sich folgende Reihenfolge für die ersten fünf Erfolgsfaktoren (Items):

1. **Strategie** (5,11)
   Von Führungskräften wird dieser Faktor als signifikanter für den Erfolg eingestuft als von Nicht-Führungskräften. Eine erfolgreiche Strategieumsetzung erfordert Führungsqualität, andernfalls bleibt nur Wunschdenken.
2. **Führung** (5,02)
   Folgende Aussagen wurden als besonders bedeutsam für Führung bewertet:

---

[63] Vgl. St.Pierre, M.; Hofinger, G. (2020), S. 271.

[64] Vgl. Ehresmann, C.; Badura, B. (2018), S. 53–54 und Badura, B.; Greiner, W.; Rixgens, P.; Ueberle, M.; Behr, M. (2013), S. 51.

[65] Vgl. Herget, J.; Strobl, H. (2018), S. 9–11.

[66] Vgl. Bolz, H. (2022), S. 300 und Kupiek, M. S. 523.

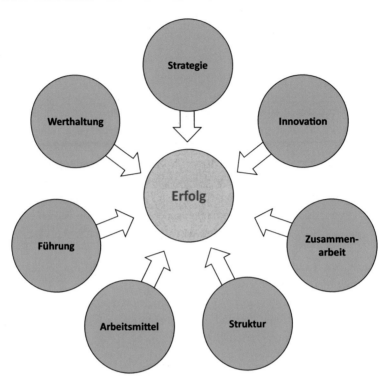

Abb. 6.2 Erfolgsfaktoren der Philadelphia-Success-Studie[54]

- Die Führungskräfte müssen an einem Strang ziehen (5,44),
- für die Mitarbeiter sichtbar und vorbildlich in der Anwendung der Geschäfts-
  prinzipien sein (5,39) sowie
- jedem Mitarbeiter die Erwartungshaltung an ihn konkret vermitteln (5,39).
3. **Werthaltung** (4,89)
4. **Struktur** (4,83)
5. **Zusammenarbeit** (4,68)
   Folgende Aussagen sind für diesen Erfolgsfaktor besonders relevant:
   - Jeder einzelne Mitarbeiter strebt höchste Qualität an (5,27),
   - Führungskräfte fördern aktiv die Zusammenarbeit (5,15) und
   - Teamarbeit ist wichtiger als Konkurrenzverhalten (5,15).[67]

---

[54] Cibulka, E. (2018), S. 166.
[67] Vgl. Cibulka, E. (2018), S. 165–169.

Sollte in der Organisation eine breite Skepsis bezüglich der Übertragbarkeit von generellen Studien für den Unternehmenserfolg vorherrschen, können mittels Organizational Performance Workshops die individuellen Erfolgsfaktoren erarbeitet werden.[68]

Ein fünfjähriges Forschungsprojekt, welches die Entwicklung von sieben sehr erfolgreicher CEOs untersucht hat, hat festgestellt, dass diese CEOs die Führungsphilosophie der Bescheidenheit und Demut auszeichnet, d. h., sie kommunizieren anerkennend, dass die Leistung des Unternehmens die Gesamtleistung aller Mitarbeiter ist. Das ist gelebte Mitarbeiterorientierung, die Führungskompetenz mit sozialer Kompetenz verbindet und diese in das eigene Handeln einfließen lässt.[69]

Eine weitere auf CEO bezogene Analyse verdeutliche die Wichtigkeit der initialen Auseinandersetzung mit den Erwartungen von Führungskräften, Mitarbeitern und Kunden, um daraus ein realistisches Bild der Organisation zu gewinnen. Bezogen auf den dauerhaften Erfolg von Innovationen wurde das beständige Engagement der oberen Führungskräfte als entscheidend identifiziert.[70]

Dave Ulrich hat den sogenannten Leadership Capital Index entwickelt, um anhand von zehn Faktoren die Führungsqualität zu bestimmen. Zu den Faktoren gehören die Persönlichkeit der Führungskraft, Fähigkeiten zur Strategieentwicklung und -umsetzung, Mitarbeiterführung und die Übereinstimmung vom Führungsstil zur Unternehmenssituation.[71]

Bezogen auf die Organisation Krankenhaus betont Malik, dass schlechte Führungsqualität kritisch für deren dauerhafte Existenz ist.[72] Das Institut für Medizinische Soziologie und Rehabilitationswissenschaft an der Charité hat im Zeitraum 2012 bis 2014 eine qualitative Untersuchung innerhalb der Charité durch Befragung von 29 Ärztinnen und Ärzten zur Kooperation in Medizin und Pflege durchgeführt. Pflegekräfte bemängelten in der interprofessionellen Zusammenarbeit mit den Ärzten, dass zwar leitende Funktionen benannt sind, wie leitende Professoren, leitende Oberärzte, aber deren Wahrnehmung der Führungsfunktion unzureichend ist. Von der ärztlichen Seite wird ärztlichen Führungskräften fachliche und menschliche Kompetenz bescheinigt, aber die Führungskompetenz ebenfalls kritisiert.[73] Im pflegerischen Bereich mangelt es an der gezielten Entwicklung von akademisch ausgebildeten Pflegekräften zu Führungskräften. Es bedarf einer stärkeren Verankerung des Themas Führung in der Aus- und Weiterbildung, was gemäß den Untersuchungen an der Charité auch für den ärztlichen Bereich gilt.[74]

---

[68] Vgl. Cibulka, E. (2018), S. 173.

[69] Vgl. Steil, M.; Turowski, M. (2018), S. 89.

[70] Vgl. Goffin, H. (2020), S. 271–457.

[71] Vgl. Schwuchow, K. (2021), S. 23.

[72] Vgl. Becker, S.; Hoehner, M. A. W. (2019), S. 175.

[73] Vgl. Dettmer, S. et. al. (2014), S. 3–50.

[74] Vgl. Röhl, A. (2017), S. 59.

Bedingt durch die demographische Entwicklung ist ein quantitativer Mangel an Fach- und Führungskräftenachwuchs zu erwarten, was eine aktive Rekrutierung von Führungs- kräften unerlässlich macht. Um den Mangel zu überwinden, müssen Organisationen geeigneten Mitarbeitenden frühzeitig flexible Entwicklungsangebote präsentieren. Die intensive Beteiligung der vorhandenen Führungskräfte und der Aufbau eines Führungs- verständnisses, welches für die fachliche Weiterentwicklung der Profession auf die Ver- antwortungsübernahme zielt, sind zentral. Eine langfristige und systematische Nach- folgeplanung wird benötigt, um eine hohe Führungsqualität aufrechtzuerhalten.[75]

Führungsqualität hat darüber hinaus einen entscheidenden Einfluss auf die Gesund- heit der Mitarbeiter. Die Basis für die Zusammenarbeit zwischen Führungskräften und Mitarbeitern ist Vertrauen. Mitarbeiter sind essenziell für den Erfolg der Organisation.[76] Führungskräfte haben daher die Aufgabe, einen guten Fit zwischen Anforderungen an und Bedürfnissen der Mitarbeiter einerseits und Arbeitsumfeld und Rahmenbedingungen andererseits herzustellen. Führungskräfte können im Kontakt mit ihren Mitarbeitern Über- lastung erkennen und Maßnahmen zur Reduzierung einleiten, was Teil ihrer Fürsorge- pflicht ist.

Der seit 2001 jährlich durchgeführte Gallup Engagement Index zeigt die Bedeutung der Führungsqualität auf die Mitarbeiterbindung. Je schlechter diese ist, desto geringer fällt die Mitarbeiterbindung aus. Angesichts des vorherrschenden Personalmangels in Gesundheitseinrichtungen, ist deren Wirkung nicht zu unterschätzen.[78]

Ein weiterer wichtiger Aspekt ist der konstruktive und lösungsorientierte Umgang mit Fehlern und Konflikten.[79] Führungskräfte haben maßgeblichen Einfluss auf den Umgang mit Fehlern in der Organisation. Insbesondere die aktive und sichtbare Unterstützung des leitenden Managements und der Chefärzte ist für die Entwicklung einer konstruktiven Fehlerkultur erforderlich.[80] „Das muss eine Führungskraft vorleben. Es geht nicht um Lippenbekenntnisse, sondern um Aktivitäten, die unmittelbare Auswirkungen mit sich bringen. Ärzte müssen neben der Fachkompetenz ihre Führungsqualitäten ausbauen, denn Vertrauen ist ganz klar ein Führungsthema".[81]

Der von Tobis Büser entwickelte Führungs-Kompass „ChaKoMo-Modell" besteht aus sieben Erfolgsfaktoren. „ChaKoMo" ist die Abkürzung für Chancen, Kompetenz und Motivation, die die Gestaltungskomponenten und Erfolgsfaktoren für fast jede Führungs- situation bilden, um daraus ein erfolgreiches Ergebnis zu formen. Vier Erfolgsfaktoren (Motivation, Kompetenz, Zusammenarbeit und Schlüsselpersonen) sind der Mitarbeiter- führung und drei (Ziele, Organisation, Ressourcen) dem Management zugeordnet.

---

[75] Vgl. Krautz, B. (2017), S .146 und Stockinger, A. (2014), S. 8

[76] Vgl. Bolz, H. (2022), S. 94.

[78] Vgl. Steil, M.; Turowski, M. (2018), S. 87.

[79] Vgl. Bernatzeder, P. (2018), S. 68–85 und Fischer-Korp, C. (2018), S. 73.

[80] Vgl. Bolz, H. (2022), S. 211.

[81] Kuntze S.; Kottlorz, G. (2017), S. 303.

Führungskräfte neigen dazu, ihre fachliche Kompetenz zu betonen, wodurch sie ihre Führungsqualität unterminieren. Ein gutes Überblickswissen ist gefragt und nicht das beste Spezialwissen.

Führungskräfte müssen ein hinreichendes Maß an Future Skills erwerben, um unter beschleunigten technologischen Veränderungsprozessen den zukünftigen Führungserfolg sicherzustellen. Forschungsergebnisse zeigen, dass Einstellungen und Fähigkeiten wie Offenheit, Vielseitigkeit, Fähigkeit zum Perspektivwechsel, Beharrlichkeit, emotionale Intelligenz, Interdisziplinarität, Kreativität, Experimentierbereitschaft, vernetztes Denken oder Digitalkompetenzen erforderlich sind. Führungskräfte sollen in der Anwendung dieser Fähigkeiten Vorbild für alle Organisationsmitglieder werden. Sie sollen zu denen werden, die durch vorbildhaftes Verhalten und Schaffen von Rahmenbedingungen eine kollektive Lern-, Führungs- und Arbeitskultur schaffen. Der Erfolg der Organisation wird mit dieser kulturellen Entwicklung keinem Individuum oder einer Führungsrolle zugeschrieben, sondern der Zusammenarbeit.[82]

Aus wissenschaftlichen Erkenntnissen zu den Erfolgsfaktoren werden nachfolgend Führungshinweise abgeleitet.

Hinweise für die Praxis
Führen Sie als Führungskraft und Ihre Mitarbeiter eine Reflexion der gegenwärtigen Situation zur Optimierung des Aufgabenbereichs auf Basis des ChaKoMo-Modells durch:

Die Führungskraft schaut mit einer außerhalb des Aufgabengebiets stehenden Perspektive auf die Situation, während die Mitarbeiter Teil des Aufgabengebiets sind.[83]

Ein transformationaler Führungsstil soll gegenüber einem transaktionalen oder liberalen Führungsstil eine höhere Führungsqualität aufweisen.[84] Im Abschn. 6.8 werden die in der Literatur unterschiedenen Führungsstile detailliert vorgestellt.

6.7   Führung mit Sinnorientierung

„Sinnorientierte Führung" legt den Fokus als Führungsphilosophie auf den „Sinn" und das „Streben des Menschen nach Sinn" als primären Motivationsfaktor. Die Wurzeln liegen in der Philosophie Platons.

In den 1970er- und 1980er-Jahren entstand aus der **angst**orientierten die **sinn**orientierte Führung als eigenständiger Führungsansatz, der sich auf Erkenntnisse aus der Motivations-, Leistungs- und Führungspsychologie sowie Arbeitssoziologie stützt. Ein ganzheitliches Führungskonzept ist für die erfolgreiche Umsetzung erforderlich.

---

[82] Vgl. Gerster, A.; Bender, H. (2022), S. 35–48.

[83] Vgl. Steinert, C.; Büser, T. 2018, S. XIV und S. 31–55.

[84] Vgl. Rybnikova, I.; Lang, R. (2021), S. 35.

Ein sinnorientierter Führungsansatz ist der des Positive Leadership, der auf den Erkenntnissen der positiven Psychologie aufsetzt.[85]

Merkmale der Sinnorientierung sind:

- Passgenauigkeit der Tätigkeit zu Fähigkeiten und Interessen des Mitarbeiters, sodass weder eine Unter- noch Überforderung entsteht,
- Identifikation des Mitarbeiters mit Organisationszielen, Geschäftsmodell, Produkten/ Dienstleistungen und Geschäftspraktiken,
- Nutzen der Arbeit für Mitarbeiter, Kunden und/oder die Gesellschaft,
- Sichtbarkeit und Weiterverwendung der Arbeitsergebnisse des Mitarbeiters,
- Passgenauigkeit der eigenen Überzeugungen und Werte mit denen der Organisation, von Kolleginnen und Kollegen und der Führungskräfte.[86]

Die Bereitstellung und Kommunikation einer Vision/eines Leitbildes ermöglichen die Vermittlung vom Sinn der Arbeit an Mitarbeitende. Erfahrbar wird diese vor allem in der Teamarbeit, wenn das soziale Prinzip der Gegenseitigkeit (Reziprozität) erlebt wird und dadurch Vertrauen in der Zusammenarbeit entsteht. Die regelmäßigen Situationsevaluation mit jedem einzelnen Mitarbeiter ist eine gute Möglichkeit, um zu klären, wodurch die Sinnhaftigkeit der Tätigkeit erhöht werden kann.[87]

Auf der Organisationsebene stiftet die Organisationskultur eine gemeinsame Identität über geteilte Werte und Normen. Die digitale Transformation hinterfragt traditionelle Werte, löst eine neue Sinnfindung aus, die kombiniert mit den Streben nach Gewinnmaximierung und der Notwendigkeit der Mitarbeiterbindung in Zeiten des Personalmangels eine neue Herausforderung darstellt. Die ständige Verfügbarkeit von Informationen durch Informationstechnologie und die Möglichkeiten der schnellen Bedürfnisbefriedigung verändern für jüngere Generationen die Erwartung an Sinnstiftung für ihr Leben.

Simon Sinek entwickelte, basierend aus seinen Beobachtungen beim amerikanischen Militär und großen Technologiekonzernen, den handlungsorientierten Ansatz „Golden Circle", der aus drei ineinander liegenden Kreisen besteht und den Weg für eine erfolgreiche Strategie aufzeigt. Der innere Kreis steht für den Sinn mit der Frage „Warum?". Das ist die Frage nach Werten, Vision und Motivation. Daran schließt sich die Frage nach dem „Wie?", also die Frage nach der Art der Umsetzung und den Prozessen, was auch das „Wie" der Führung beinhaltet. Der nächste Abschnitt behandelt mit der Vorstellung von Führungsstilen die Optionen. Am Ende steht die Frage nach dem „Was?", den Ergebnissen und Produkten.[88]

---

[85] Vgl. Wehrlin, U. (2014), S. 44–81.

[86] Vgl. Häfner, A.; Pinneker, L.; Hartmann-Pinneker, J. (2019), S. 121.

[87] Vgl. Backhaus, R.; Verbeek, H.; Hamers, J. (2022), S. 28–32.

[88] Vgl. Frosch, Z. (2022), S. 62–67.

6.8 Führungsstile

In der Führungstheorie versteht man unter Führungsstil, als wesentliches Element der Mitarbeiterführung bzw. *Personalführung* (interaktionellen Führung), typische Gestaltungs-, Ausdruck- und Verhaltensweisen bzw. Verhaltensmuster der Führungskraft gegenüber den zu führenden Mitarbeitern bzw. des Teams. Die Führungsstile werden von der Organisationskultur beeinflusst. Die Beschreibung von Führungsstilen in der Literatur ist ein sehr dynamisches Feld, da fortlaufend neue Führungsstile konzipiert und benannt werden.[89] Die zunehmend komplexer werdende Welt, stellt immer neue Anforderungen an Führungskräfte und Mitarbeitende, die diese Dynamik treiben.[90]

Führungsstile werden grundsätzlich in ein- und mehrdimensionale Führungsstile unterschieden. Weitere Unterscheidungsmerkmale sind *verhaltensorientiert, eigenschaftsorientiert* und *situativ*. Diese drei Unterscheidungsmerkmale werden jeweils durch folgende Frage repräsentiert:

- Verhaltensorientiert: Was tut die Führungskraft, und welches Verhalten erlebt der Mitarbeiter?
- Eigenschaftsorientiert: Was ist der Charakter meiner Führung?
- Situativ: Wen führe ich wann und wie, um den aktuellen Bedürfnissen gerecht zu werden?[91]

Die Verknüpfung der Situation mit den zu Führenden und der Auswahl eines passenden Führungsstils wird im Konzept der **situativen Führung** beschrieben. Damit wäre beispielsweise in einer Notfallsituation der Führungsstil der Notärztin gegenüber dem Notfallsanitäter ein anderer, je nachdem, ob es sich um einen erfahrenen Notfallsanitäter handelt oder einen Anfänger.[92] Das situative Führen basiert auf der Kontingenztheorie, die abhängig von der Führungssituation einen Führungsstil favorisiert, um zum Führungserfolg zu gelangen.[93]

Führungsstile unterscheiden sich im Allgemeinen in der Art und Weise der Bereitstellung von Entscheidungs- und Gestaltungsspielräumen. In der Führungsforschung haben sich unterschiedliche Typologien herausgebildet. Eine der bedeutsameren ist die von Tannenbaum und Schmidt aus den 1950er-Jahren, die die von ihnen benannten Führungsstile idealtypisch einem Kontinuum zugeordnet haben (Abb. 6.3).[95]

---

[89] Vgl. Schilling, T.; Jayaram, S. (2022), S. 296, Hensen, P. (2019), S. 354–356 und Bolz, H. (2022), S. 30.

[90] Vgl. Franken, S. (2021), S. 221.

[91] Vgl. Breyer, S.; Katz, A. (2018), S. 216.

[92] Vgl. St.Pierre, M.; Hofinger, G. (2020), S. 276.

[93] Vgl. Vrielink, N.; Humpert-Vrielink, F. (2022), S. 201.

[95] Vgl. Hensen, P. (2019), S. 355.

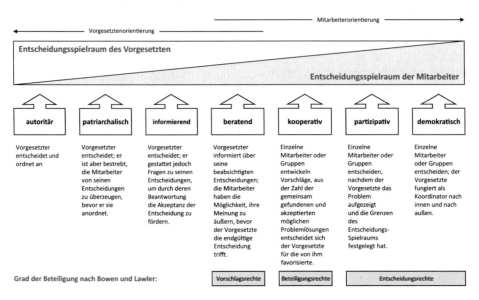

Abb. 6.3 Führungsstile und Entscheidungsspielraum[77]

Eindimensionale Führungsstile sind solche mit einem einzelnen Beurteilungs-kriterium. Im nachfolgenden Absatz werden die beiden typischen Vertreter des autori-tären und kooperativen bzw. partizipativen Führungsstils kurz vorgestellt.[96]

Der MIT-Professor Douglas McGregor untersuchte den Zusammenhang zwischen Menschenbild und Führungsstil. Manager, deren Menschenbild der **Theorie X** zuzu-ordnen ist, d. h., der Mensch ist von Natur aus faul und geht der Arbeit aus dem Weg, folgen einem **autoritären Führungsstil**, der von Anweisung und Kontrolle geprägt ist. Die Entscheidungsgewalt konzentriert sich allein auf die Person des Managers, der diese nicht kraft Persönlichkeit, sondern kraft Amtes ausübt. Der Führungsstil zeichnet sich durch Befehlston, Machtdemonstration und Ausübung einer starken Kontrolle aus.[98] Die Mitarbeiter werden beim Treffen aller bedeutenden Entscheidungen ausgeschlossen, was zu deren Unzufriedenheit und mangelnder Motivation führen kann. Gerade für die Gene-ration Z, die „digitalen Ureinwohner" wirkt ein autoritärer Führungsstil abschreckend.[99] Ebenso wird dieser kaum mit agilem Arbeiten vereinbar sein.[100]

---

[77] Quelle: Nach Hensen, P. (2019), S. 355.

[96] Vgl. Wehrlin, U. (2014), S. 240–264.

[98] Vgl. Hoos-Leistner, H. (2020), S. 158.

[99] Vgl. Lukuc, S. (2020), S. 15.

[100] Vgl. Oldhafer, M.; Nolte, F.; Schrabback, U. (2020), S. 89.

Bestimmt die **Theorie Y**, d. h., Menschen arbeiten aus eigenem Antrieb heraus, das Menschenbild, wenden Manager einen eher **kooperativen** oder **partizipativen Führungsstil** an. Der Führungsstil ist von dem Bild geprägt, dass der Unternehmenserfolg durch die Zusammenarbeit aller Mitarbeiter realisiert wird. Die Mitarbeiter werden in Entscheidungen mit einbezogen. Im Qualitätsmanagement wird zunehmend dieser Führungsstil gefordert. Die Bindung der Mitarbeiter an Gesundheits- und Sicherheitsstandards wird gefördert. Im agilen Manifest ist wie folgt treffend formuliert: „Setzte motivierte Individuen in den Projekten ein. Gib ihnen die Umgebung und Unterstützung, die sie brauchen, und vertraue ihnen, den Job bestens zu erledigen." Das Anstreben eines partizipativen Führungsstils ist ein klares Bekenntnis zur Mitarbeiterorientierung.[101]

In der Praxis können beide genannten Führungsstile erfolgreich, aber auch in ihrer Umsetzung problematisch sein, da sie theoretische, modellhafte Abstraktion der Wirklichkeit darstellen. Untersuchungen in der Praxis zeigen, dass sich ein rein autoritärer Führungsstil zur Erfolgserzielung als überholt erweist. Er findet hauptsächlich bei der Anweisung von reinen Ausführungsarbeiten noch Anwendung. In der Unternehmenspraxis wird der Führungsstil durch soziologische, politische und philosophische Umweltfaktoren geprägt und zeigt sich dort selten in einer idealtypischen Form.[102]

Mehrdimensionale Führungsstile beinhalten mehr als ein Beurteilungskriterium. Klassischerweise werden im GRID-Modell die Dimensionen Mitarbeiter- und Sachorientierung zur Systematisierung unterschieden. Die Sach- bzw. Aufgabenorientierung beinhaltet Aspekte wie Termine, Leistung und Fehlervermeidung. Die Mitarbeiter- bzw. Personenorientierung bezieht sich auf gemeinschaftliche Arbeitsdurchführung, abgestimmtes Vorgehen und Leistungssteigerung durch Anerkennung. Das GRID-Modell wurde von den beiden amerikanischen Wissenschaftlern Robert R. Blake und Jane S. Mouton entwickelt. Die Matrix, das sogenannte Managerial GRID, bildet die beiden Dimensionen „Grad der Sachorientierung" (1. Dimension) und „Grad der Menschenorientierung" (2. Dimension) auf einer Skala von 1 bis 9 ab, wobei der Grad 1 „niedrig" und 9 „hoch" bedeutet. Theoretisch lassen sich so kombinatorisch 81 Führungsstile ableiten. Blake und Mouton ordneten das Führungsverhalten in jeweils eines der vier Ecken des quadratischen GRID-Modells sowie in die Mitte ein und kamen damit in Summe auf fünf Führungsstile. Dabei wird der Führungsstil mit der höchsten Ausprägung in beiden Dimensionen (9, 9) als der „optimale" Führungsstil bezeichnet. Die anderen Führungsstile weisen in der Konsequenz jeweils negative Reaktionen der Geführten auf:

---

[101] Vgl. Hensen, P. (2019), S. 355–356 und Schraub, E. M. et. al. (2009), S. 106.

[102] Vgl. Andermahr, J.; Jermer, B. (2020), S. 22–23 und Wehrlin, U. (2014), S. 55–81 und S. 247–265.

1. Führungsstil „Glacehandschuhstil" (1, 9): Die zwischenmenschliche Beziehung steht im Vordergrund, während die Sachaufgabe in den Hintergrund rückt.
2. Führungsstil „Überlebensmanagement" (1,1): Die Führungskraft zeigt weder Interesse am Mitarbeiter noch an der Sachaufgabe. Für den Mitarbeiter reicht ein minimaler Arbeitseinsatz aus.
3. Führungsstil „Befehl-Gehorsam-Management" (9, 1): Die zu erledigenden Sachaufgaben stehen im Vordergrund, während die Person des Mitarbeiters in den Hintergrund rückt.
4. Führungsstil „Organisationsmanagement" (5, 5): Hier wird ein Kompromiss zwischen der Fokussierung auf die Arbeitsleistung und dem Erhalt einer guten menschlichen Beziehung gesucht.
5. Führungsstil „Teammanagement" (9, 9): Der von den beiden Wissenschaftlern als „optimal" bezeichnete Führungsstil verbindet hohe Arbeitsleistung mit vollständiger Berücksichtigung der Mitarbeiterbedürfnisse.

Neben den bereits oben erwähnten, prominentesten Führungsstilen finden sich in der Literatur weitere. Im Folgenden wird auf einige Grundformen eingegangen:

6.8.1 Patriarchalischer Führungsstil

Dieser Führungsstil referenziert auf die Person der Führungskraft, die als Patriarch wahrgenommen wird. Der Führungsstil ist durch Anweisungen der Führungskraft an die Mitarbeiter mit absolutem Herrschaftsanspruch gekennzeichnet, die keinen Widerspruch duldet. Im Gegenzug sieht sich die Führungskraft in starker sozialer Verantwortung gegenüber ihren Mitarbeitern. Voraussetzung für die Wirksamkeit des Führungsstils sind eine hohe Akzeptanz und ein hoher Respekt vor der Führungskraft. Tendenziell ist dieser Führungsstil seltener und am ehesten in kleinen Familienbetrieben anzutreffen.

6.8.2 Passiver oder Laisser-faire Führungsstil

Hier findet keine aktive Führung durch die Führungskraft statt, da diese keine Anweisungen erteilt, sondern nachgiebig ist und ein harmonisches Verhältnis zu den Mitarbeitenden sucht. Die Führungskraft wird als Freund wahrgenommen. Die Mitarbeitenden genießen ein großes Maß an Freiheit, und die Führungskraft hat keine Kontrolle. Dieser Führungsstil hat einen geringen Wirkungsgrad und wird nur in speziellen Situationen zum Erfolg führen.[103]

---

[103] Vgl. Hoos-Leistner, H. (2020), S. 158.

6.8.3 Charismatischer Führungsstil

Analog zum patriarchalischen Führungsstil steht die Person der Führungskraft im Fokus. Der Unterschied ist, dass der Herrschaftsanspruch auf die Ausstrahlungskraft der Führungskraft zurückzuführen ist.

6.8.4 Bürokratischer Führungsstil

Die Autorität der Führung beruht auf einer formalen Zuweisung über definierte Stellenbefugnisse und Verwaltungsabläufe. Die Informationen und Entscheidungen erfolgen nach formell festgelegten Prozessen und die Kontrolle mittels Berichterstattung und schriftlicher Überprüfung.

6.8.5 Autokratischer Führungsstil

Die Führungskraft, der Autokrat, ist mit unbeschränktem Herrschaftsanspruch ausgestattet. Zur Durchsetzung seiner Macht nutzt er einen hierarchisch aufgebauten Führungsapparat. Die Führungskraft ist der „Boss". Im Krankenhaus, wo verschiedene Berufsgruppen mit unterschiedlichen Prägungen, Überzeugungen und Wertvorstellungen aufeinandertreffen und daher schnell Konflikte entstehen, ist dieser Führungsstil vorherrschend.[104]

Der Führungsstil des **„Positive Leadership"** ermächtigt die Mitarbeiter, sich einzubringen und weiterzuentwickeln.

Die idealtypischen Führungsstile werden in der Regel nicht perfekt für eine Organisation passen.[105] Der Fokus liegt nicht darauf, wie diese Führungsstile erlernt werden können und wie diese mit der Persönlichkeit verknüpft sind, sondern wann welche Führungsstile erfolgreich sind. Da die Patientenversorgung überwiegend in Teamarbeit erfolgt, sind aus der Risikoperspektive die Auswirkungen des Führungsstils auf die Patientensicherheit von hoher Relevanz.

Pauschal lässt sich keine Aussage darüber treffen, ob ein Führungsstil gut oder schlecht bzw. zu empfehlen oder zu vermeiden ist. Dies ist abhängig von den zu führenden Mitarbeitern, dem Arbeitsumfeld, den Arbeitsprozessen, der Führungssituation und der Führungsperson zu bestimmen. In der Akutmedizin können andere Führungsstile geeigneter sein als in interprofessionellen Projekten, wo Ideen für Innovationen generiert werden sollen.[106]

---

[104] Vgl. Heit, I.; Oldhafer, M. (2020), S. 206.

[105] Vgl. Brennhaber, Niklas (2021), S. 14.

[106] Vgl. St.Pierre, M.; Hofinger, G. (2020), S. 272–284.

Wetterauer und Ruh gehen der Fragen nach, welche Führungsstile unterstützend auf Veränderungsprozesse wirken, da die Vermittlung von Emotionen und positiver Laune nicht ausreichend ist. Sie beziehen sich auf Untersuchungen von Goleman, der der Frage nachging, inwieweit sich der Führungsstil auf das emotionale Klima der Organisation und dieses sich wiederum auf den finanziellen Erfolg anhand der Kennziffern, Umsatzerlöse, Ertragszuwächse, Rentabilität und Effizienz auswirkt. Von sechs untersuchten Führungsstilen wirkten vier positiv auf das betriebliche Klima, während zwei andere eher zu Dissonanzen führten. Zu den vier positiv wirkenden Führungsstilen gehört der partizipative, der gefühlsorientierte, der coachende und der visionäre Führungsstil. Der befehlende, autoritäre und der fordernde Führungsstil können in bestimmten Situationen angemessen sein, werden aber häufig falsch angewandt. Nach Goleman ist es vorteilhaft, wenn Führungskräfte situationsbedingt zwischen Führungsstilen wechseln können.

Dazu ist es erforderlich, dass sie über ein anwendungsorientiertes Wissen über Führungsstile und Werkzeuge verfügen, um diese situationsadäquat und in Abhängigkeit von den Geführten anwenden zu können und um ihren individuellen Führungsstil zu entwickeln, der je nach Veränderungssituation unterschiedlich fördernd wirkt. In der interprofessionellen Zusammenarbeit ist zur Umsetzung des Führungsstils eine gute Kommunikationsfähigkeit gefragt.[107]

Eine weitere Dimension, die auf die Auswahl des Führungsstils einen Einfluss haben sollte, ist der zu führende Mitarbeitende selbst. Je nach Prägung und Generationsangehörigkeit ist ein anderer Führungsstil angemessen, um den Mitarbeiter zu motivieren.[108] Führungskräfte sind daher aufgefordert, über ihre Einstellung und angewandten Führungsstile zu reflektieren und diese weiterzuentwickeln, um erfolgreich zu sein.[109] Traditionelle Führungsstile, wie z. B. die transaktionale Führung, die auf extrinsische Motivation und monetär ausgestattete Zielsysteme basieren, gelten unter den sich verändernden Rahmenbedingungen im Gesundheitswesen als unangemessen zur Förderung der Veränderungsbereitschaft.[110] Bolz vertritt dagegen die Auffassung, dass nicht prinzipiell einem Führungsstil der Vorzug zu geben ist, sondern die Kombination eines transaktionalen mit einem transformationalen Führungsstil sinnvoll erscheint.[111] Tewes bemerkt dazu für Führungskräfte in der Pflege: „In den klassischen Stationsleitungskursen (…), sowie im Studium Pflegemanagement werden zwar Führungsstile theoretisch besprochen, doch was fehlt, ist die eigene Reflexion und die gezielte Erweiterung der eigenen Führungsfähigkeiten. Es werden zwar in manchen Fortbildungen Supervision oder

---

[107]Vgl. Wetterauer, U.; Ruh, S. (2011), S. 1579–1583, Schilling, T.; Jayaram, S. (2022), S. 296, Bolz, H. (2022), S. 219 und St.Pierre, M.; Hofinger, G. (2020), S. 283.

[108]Vgl. Breyer, S.; Katz, A. (2018), S. 214 und Heit, I.; Oldhafer, M. (2020), S. 219.

[109]Vgl. Matzke, U. (2018), S. 124.

[110]Vgl. Christiansen, M. (2020), S. 129 und Beyer, S.; Jeske, R. (2022), S. 176.

[111]Vgl. Bolz, H. (2022), S. 212.

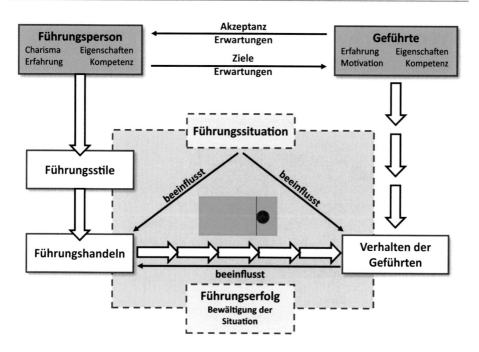

Abb. 6.4 Einflussfaktoren auf den Führungserfolg[94]

gar Coaching angeboten, doch diese sind oft nur als „Übungen am Rande" und nicht als eine systematische Lernform über den ganzen Ausbildungsprozess hin organisiert."[112]

Zusammenfassend ist festzuhalten, dass der Führungserfolg von der **Führungspersönlichkeit** (seinen Erfahrungen, Kompetenzen und Charisma), dem eingesetzten **Führungsstil**, der **Interaktion mit den Geführten** und der **Situation** abhängt (siehe Abb. 6.4).[113]

Eine Studie aus dem Jahre 1994 verdeutlich, dass die Einschätzung bezüglich des gelebten Führungsstils zwischen Führungskraft und Geführten deutlich abweichen kann, d. h., der Führungsstil unterliegt der subjektiven Betrachtung, wie auch die Führungsperson selbst.[114]

[94] Quelle: nach St.Pierre, M.; Hofinger, G. (2020), S. 277.

[112] Tewes, R. (2004), S. 67.

[113] Vgl. St.Pierre, M.; Hofinger, G. (2020), S. 277.

[114] Vgl. Hoos-Leistner, H. (2020), S. 18.

Abb. 6.5 Selbst- und Fremdeinschätzung des Führungsstils[97]

In der Studie wurden beide Parteien (900 Mitarbeiter (Fremdeinschätzung) von ca. 150 Vorgesetzten (Selbsteinschätzung)) bezüglich der Beurteilung des Führungsstils mittels 132 Aussagen befragt. Das Ergebnisse zeigte, dass sich Führungskräfte kooperativer einschätzen, während die Mitarbeiter sie autoritärer einstuften (Abb. 6.5).[115]

Interprofessionelle Führungssituationen bewegen sich in einem Spektrum von Notfallsituation mit hohem, kurzfristigen Handlungsdruck (Akutmedizin) über die Zusammenarbeit während einer Operation im OP bis hin zur gemeinsamen langfristig orientierten Ideenfindung zur Optimierung der Patientenversorgung. Situationsabhängig ist der wirksamste Führungsstil auszuwählen, welcher risikoverringernd im Sinne der Patientensicherheit ist, unabhängig davon, ob das zu führende Team interprofessionell zusammengesetzt ist. In allen Fällen, losgelöst vom konkret gewählten Führungsstil, ist für die Umsetzung eine gute Kommunikationsfähigkeit erforderlich.

---

[97] Quelle: Wehrlin, U. (2014), S. 231.

[115] Vgl. Wehrlin, U. (2014), S. 230–265.

6.9   Managementprinzipien

In Deutschland basieren Behandlungsprozesse in Kliniken und Arztpraxen häufig auf Managementprinzipien, die von interner und externer Seite evaluiert werden.[116] Ein Beispiel ist die ISO 19600 bezogen auf Compliance.[117]

Managementprinzipien sollen auf den sektorenübergreifenden Versorgungsprozess angewendet werden, um eine effiziente Allokation von Mitteln und Ressourcen zu erreichen, sodass jeder Patient die richtige Qualität und Menge an präventiven und kurativen medizinischen Leistungen erhält.[118]

Managementprinzipien arbeiten zunehmend mit Rahmenzielvorgaben. Im Folgenden werden generelle Ansätze vorgestellt, deren idealtypische Umsetzung allerdings die Gefahr birgt, der Komplexität der Organisationspraxis nicht gerecht zu werden.[119]

6.9.1   Management by …

Bewährte und bekannte Managementprinzipien sind mit der Formulierung „Management by …" als Führungsmodelle ein neuer Anstrich verpasst worden und in der Praxis stark verbreitet. Sie dienen in erster Linie zur Lösung organisatorischer Probleme und schließen sich gegenseitig nicht aus.[120]

Das **Management by Objectives (MbO)** ist das am häufigsten angewendete „Management by …"-Führungssystem mit der Ausbildung eines **organisationsweiten Zielsystems** und der Zielvereinbarung als Führungsinstrument, welches durch die Mitarbeiter mitgestaltet wird. Das Managementprinzip ist eine Führung auf Basis von Zielen, statt mit direkten Handlungsanweisungen und ist ein Vorschlag des Managementvordenkers Peter Drucker aus dem Jahre 1954. In den 1990er-Jahren wurden dieses Instrument in der Betriebswirtschaft und seit den 2010er-Jahren in deutschen Krankenhäusern populär.[121] Die Hauptbestandteile sind:

- Zielorientierung,
- Überprüfung der Zielerreichung und Zielanpassung,
- Mitarbeiterpartizipation bei der Zielerarbeitung und -entscheidung sowie
- Zielerreichungskontrolle/Leistungsbeurteilung durch Soll-Ist-Vergleich.

---

[116]Vgl. Kunhardt, H. (2016), S. 77.

[117]Vgl. Kuntsche, P.; Börchers, K. (2017), S. 623.

[118]Vgl. Böckmann, B. (2017), S. 182.

[119]Vgl. Wehrlin, U. (2014), S. 55–281.

[120]Vgl. Frodl, A. (2017), S. 90 und S. 405 und Daum, A.; Petzold, J.; Pletke, M. (2016), S. 258.

[121]Vgl. Klein, R. (2012), 442.

Der Zielbildungsprozess erfolgt top-down entlang der Organisationshierarchie und unterstellt, dass die Unternehmensleitung die „richtigen" Ziele kennt und diese quantifizieren kann. Aus den Organisations- und Qualitätszielen werden die Arbeitsziele für die Mitarbeiter abgeleitet. Daher ist das MbO für die Führungskraft ein Instrument der ergebnisorientierten Mitarbeiterführung.[122]

Die Ziele sind SMART zu formulieren. SMART ist das Akronym für spezifisch, messbar, attraktiv, realistisch und terminiert.[123]

Gemäß Caroll werden mit dem Prinzip Management by Objectives beiden Dimensionen, die Aufgaben- und die Personenorientierung, durch die Erfüllung folgender Grundanforderungen Rechnung getragen:

1. individuelle Unterschiede werden anerkannt,
2. Stolz auf die eigene Leistung,
3. Mitarbeiterfähigkeiten werden genutzt,
4. Weiterentwicklung der Fähigkeiten.

Der oben beschriebene Prozess mit seinen Hauptbestandteilen zeichnet sich durch Individuenzentriertheit aus. Den Mitarbeitenden wird gemäß Caroll ein Entwicklungspfad aufgezeigt zur Nutzung und Entfaltung eigener Ressourcen. Der Prozess erfolgt nicht einmalig, sondern als zyklischer Prozess mit folgenden Teilbereichen:

1. effektive Zielsetzung und Planung auf der obersten Führungsebene,
2. organisationsweite Zustimmung und Akzeptanz des Ansatzes,
3. gemeinsame Zielbildung („mutual goal setting"),
4. regelmäßige Bewertung der zielerreichenden Instrumente und benötigten Freiheitsgrade.

Das dahinterliegende Menschenbild wird von Caroll wie folgt skizziert:

• In traditionell geführten Organisationen hat jeder Mitarbeiter ungenutzte Wollen- und Können-Potenziale.
• Die ungenutzten Potenziale können sowohl zum Nutzen der Organisation als auch des Mitarbeiters aktiviert werden.
• Die Zielorientierung regt Mitarbeiter zum Lernen und zu Verhaltensanpassungen an.
• Die Stimulation des erhöhten Leistungseinsatzes des Mitarbeiters und die Entfaltung seiner Potenziale können durch die Mitwirkung bei der Zielfindung verstärkt werden.

---

[122]Vgl. Peters, B. (2017), S. 34–45.
[123]Vgl. Hasebrook, J.; Hackl, B.; Rodde, S. (2020), S. 36–40 Fußnoten und Trinks, A. (2017), S. 338.

Damit ist zentraler Dreh- und Angelpunkt des Führungsprinzips die Zielfindung, da dort gemeinsame Arbeitsziele und persönliche Ziele in Einklang gebracht werden können. Durch die Möglichkeit der Einflussnahme wird auch das Sicherheitsmotiv des Mitarbeiters berücksichtigt. Dies führt zu einer hohen Identifikation mit den festgelegten Zielen.

Das Management by Objectives richtet aus an der individuellen Leistung des Einzelnen, über die hierarchische Einbindung an die Leistung des Teams und der übergeordneten Organisationseinheiten. Die Erfüllung des Leistungsmotivs wird aktiviert.

Damit keine Erfüllungslücken im Leistungserstellungsprozess entstehen, sind die Klarheit der Bedeutung, Anwendung und Wirkung von Zielen und die Maßnahmen zur Zielerreichung sicherzustellen. In den Leistungsprozess ist ein zielbezogener und mitarbeiterzentrierter Rückmeldungsprozess eingebunden. In der Regel ist eine Verknüpfung mit dem Entlohnungssystem vorhanden, d. h., die Höhe der Zielerreichung wirkt sich auf die Entlohnung aus. Damit unterstützt das MbO den transaktionalen Führungsstil über den Austauschprozess von Leistung (Zielerreichung) und Gegenleistung (Entgelt).[124]

Dieses Führungsinstrument hat sich gemäß Tewes auch im Gesundheitswesen etabliert.[125] In einem Umfeld mit zunehmend dynamischeren und komplexeren Entwicklungen ist das Führen über Ziele und Zielvereinbarungen im Krankenhaus zum zentralen Führungsinstrument geworden.[126] Die Leitung muss die Ziele und Toleranzgrenzen für erlaubte Abweichungen festlegen. Das Controlling erhebt die Ist-Daten und vergleicht diese mit den Soll-Werten (Zielen). Zeichnet sich eine Abweichung außerhalb des Toleranzbereiches ab, ist das Management zur Behebung einzubeziehen.[127]

Im Schnittstellenmanagement können *Vereinbarungen* zwischen Modulen, die ein abgeschlossenes Aufgabengebiet vertreten, in der Form von Zielvereinbarungen getroffen werden.

Ein verwandtes Konzept ist das **Management by Policy (MbP)** oder auch **Policy Deployment** genannt.

Der Deutsche Verein für Krankenhaus-Controlling e. V. sieht das Krankenhaus-Controlling als Managementfunktion (**Management by Controlling**) und formuliert in seiner Satzung den Begriff des Krankenhaus-Controllings: „Krankenhaus-Controlling hat Leitbildcharakter und stellt sich als Führungstechnik ‚Management by Controlling' dar. Es beinhaltet die von der Krankenhausführung ausgeübte Steuerungsfunktion zur richtigen Beurteilung von Entwicklungschancen des Krankenhauses und zur Nutzung von Frühwarnsystemen bei krisenhaften Situationen. Das Krankenhaus-Controlling koordiniert den Gesamtprozess der Planung und stimmt die Planinhalte aufeinander ab. Es

---

[124] Vgl. Daum, A.; Petzold, J.; Pletke, M. (2016), S. 255.

[125] Vgl. Tewes, R. (2015), S. 30.

[126] Vgl. Siller, H. (2019b), S. 101–102.

[127] Vgl. Siller, H. (2019a), S. 59.

führt das Gesamtsystem der krankenhausbezogenen Informationsversorgung und bereitet operative und strategische Entscheidungen der Krankenhausleitung vor."[128]

Das **Management by Results** beinhaltet die Kontrolle von Ergebnissen. Beispielsweise ordnet die Pflegeleitung bei der Pflegekraft an, dass die Patientenzimmer in Ordnung zu bringen sind. Die Pflegeleitung nimmt die Ergebniskontrolle vor.

Das **Management by Exception (MbE)** beschreibt die Delegation von Entscheidungsbefugnissen für Routineaufgaben. Das entlastet das obere Management von Routineentscheidungen und gewährt dem Mitarbeiter für einen begrenzten Arbeitsbereich Autonomie. Gemäß der Konzeption von Bass differenziert sich das MbE weiter in *Management by Exception active* und *Management by Exception passive*. Beim *Management by Exception active* wird die Führungskraft im sich abzeichnenden Ausnahmefall bzw. Notfall aktiv, wenn sich beispielsweise ein Behandlungsfehler abzeichnet oder die Arbeitsleistung unbefriedigend ist. Beim *Management by Exception passive* interveniert die Führungskraft erst, wenn die Situation es unbedingt erforderlich macht, d. h. ein Eingreifen nicht mehr aufschiebbar ist. Das Eingreifen stellt ein Korrektiv in der Führungsbeziehung dar, da sie mittels Überwachung Kontrollfunktion ausübt und mit negativen oder disziplinarischen Rückmeldungen reagiert *(Management by Exception active)*. Ein *Management by Exception passive* stellt im klinischen Umfeld aus Risikosicht keine akzeptable Option dar.[129] Ein Beispiel für das MbE ist die Übertragung der Terminplanung für den OP an eine Fachkraft. Die Führungskraft greift nur in Ausnahmesituationen in die Planung ein.

Das **Management by Delegation (MbD)** kombiniert verschiedene Ansätze miteinander und beschränkt sich nicht auf die Delegation von Routineaufgaben, wie beim MbE, sondern strebt eine möglichst weitgehende Delegation von Aufgaben, Entscheidungen und Verantwortungen an.[130] Ein Beispiel ist die Überlassung der Verantwortung und Entscheidungsfreiheit für den Einkauf von medizinischem Verbrauchsmaterial, ohne dass die Führungskraft jeden einzelnen Beschaffungsvorgang auf Preis, Art und Menge vollständig kontrolliert. Sie führt nur eine stichprobenartige Kontrolle aus.[131]

Röhrßen et al. ordnen die Managementprinzipien MbO und MbD der zweiten von vier Entwicklungsstufen der Organisationsphilosophie des Krankenhauses zu. Sie nennen es das **verantwortungsstrukturierte Krankenhaus 2.0**. Das leitende Prinzip ist die durchgehende hierarchische Zuordnung von Zielen (MbO) und Verantwortung (MbD) von der Spitze über die einzelne Führungsebene bis zur Mitarbeiterebene.[132]

---

[128] Deutscher Verein für Krankenhaus-Controlling e. V. (2015), § 2.

[129] Vgl. Bolz, H. (2022), S. 211, Daum, A.; Petzold, J.; Pletke, M. (2016), S. 255 und Saravo, B. (2019), S. 18–55.

[130] Vgl. Kolhoff, L. (2022), S. 727 und Daum, A.; Petzold, J.; Pletke, M. (2016), S. 258.

[131] Vgl. Hensen, P. (2019), S. 282–393 und Frodl, A. (2017), S. 90.

[132] Vgl. Röhrßen, T. et al. (2021), S. 261.

Management by walking around (MBWA) bedeutet, dass die Führungskraft regelmäßig bei den Mitarbeitern vorbeischaut, mit ihnen ins Gespräch kommt und dadurch nicht den Kontakt zur Basis verliert.[133] Den Begriff hat Tom Peters in seinem Buch „In Search of Exellence" als Begegnung der Führungskraft mit dem wertschöpfenden Bereich geprägt. Die Alternative wäre das Angebot einer offenen Sprechstunde, wo die Mitarbeiter zur Führungskraft kommen können.[134]

Das **Management by Motivation (MbM)** stellt die Bedürfnisse des Mitarbeiters in den Mittelpunkt, um eine stärkere Bindung an das Unternehmen und eine höhere Begeisterung für anstehende Aufgaben zu erzeugen.[135]

Management by Facts beinhaltet die Berücksichtigung von Zahlen, Daten und Fakten bei der Entscheidungsfindung. Diese ist eine Anforderung aus dem Qualitätsmanagement, d. h., für sämtliche Entscheidungsprozesse im Arbeitsablauf sind informationelle Input-Variablen als Grundlage bereitzustellen.

Dieses Benchmarking deckt messbare Leistungslücken im Vergleich zum Benchmarking-Partner auf, liefert objektivierbare Daten, die als Basis für die Zieldefinition verwendet werden können, und steigert damit die Akzeptanz von Veränderungsvorhaben.[137]

Management by Digitalization beschreibt die Übernahme von Managemententscheidungen durch digitale Assistenzsysteme. Den Menschen werden Entscheidungen auf der Mikroebene abgenommen, strategische und individuell ethische Zusammenhänge finden keinen Einfluss und sind unter Umständen schwer zu integrieren.[138]

6.9.2 Kooperatives Management

Für die Entstehung eines modernen Managements waren die Einflüsse aus dem Sozialmanagement entscheidend. Das klassische Management befasste sich schwerpunktmäßig mit Managementinstrumenten zur linearen Steuerung und Kontrolle, die auf Berechenbarkeit und Messbarkeit basierten, wie z. B. das Management by Objectives in seiner Grundkonzeption (siehe vorhergehender Abschnitt). Das Sozialmanagementkonzept von Mary Parker Folletts (1868–1933) sah Organisationen als einen Ort des Zusammenwirkens von Unterschieden, von denen die Organisation profitiert, wenn deren Management die passenden Rahmenbedingungen bereitstellt. Management hat ergänzend zur

---

[133] Vgl. Tewes, R. (2015), S. 120.

[134] Vgl. Oldhafer, M.; Nolte, F.; Schrabback, U. (2020), S. 54–55.

[135] Vgl. Wehrlin, U. (2014), S. 281–323.

[137] Vgl. Hensen, P. (2019), S. 57, S. 358 und S. 539.

[138] Vgl. Rasche, C.; Braun von Reinersdorff, A.; Knoblach, B.; Fink, D. (2018), S. 8

linearen Steuerung und Kontrolle die Aufgabe, Räume zu schaffen, sodass der Wert der Unterschiedlichkeit von Perspektiven genutzt werden kann.[139]

Entgegen dem Vorurteil, dass kooperatives Verhalten als Schwäche ausgelegt wird, sieht die moderne Führungskraft eines Klinikums die interprofessionelle Zusammenarbeit als Vorteil, da diese Professionsgrenzen überwindet, um den Versorgungsauftrag auf den Patienten zentriert flexibel und kooperativ zu erfüllen.[140]

Zu den häufigsten Interventionen in der Patientenversorgung gehört das Schmerzmanagement, welches als Handelnde Ärzte, Therapeuten und Pflegekräfte mit einschließt. Eine berufsgruppenübergreifende und systematische Zusammenarbeit ist erforderlich, um eine ganzheitliche Versorgung sicherzustellen.

Professionsübergreifende Ausbildungsdefizite, z. B. beim Schmerzmanagement, und Konflikte zwischen verschiedenen Berufsgruppen, die durch Spannungs-, Konkurrenz- oder Abhängigkeitsverhältnisse bedingt sind, erschweren die Zusammenarbeit und die Erfüllung des gesetzlichen Anspruchs auf eine suffiziente schmerzmedizinische Therapie. Zudem wirken sich unklare Verantwortlichkeiten und Aufgabenverteilungen negativ aus. Deshalb müssen Verantwortung, die Verteilung der Aufgaben und die Bestimmung der Schnittstellen eindeutig geregelt werden. Das eröffnet Chancen für eine nutzenstiftende interprofessionelle Zusammenarbeit.

Professionen, die in der Schmerzmedizin involviert sind, sollten sich durch kooperative und kommunikative Fähigkeit auszeichnen, um interprofessionell ihre Erfahrungen und Kenntnisse einzubringen. Fragemann et. al. diskutieren in ihrer Veröffentlichung Vorschläge zur Verbesserung der interprofessionellen Zusammenarbeit im Schmerzmanagement. Insbesondere heben sie hervor, dass neben Fachkenntnissen das Verstehen von Team- und Organisationsprozessen, wie das Schnittstellen- und Wissensmanagement, wesentlich ist.[141] Ein multiprofessionell ausgerichtetes Curriculum in der Aus- und Weiterbildung, nicht nur für das Schmerzmanagement, ist erforderlich, um die interprofessionelle Zusammenarbeit zu einem Teil des professionellen Selbstverständnisses werden zu lassen, welches Arbeitsprozesse professionsübergreifend betrachtet.[143]

Nach Jäger haben die Ärzte in der Psychiatrie bedingt durch ihre generalistische Ausbildung die beste Informationsbasis für die Aufgabe der Behandlungsplanung und -steuerung. Es fehlt aber in ihrer Ausbildung im Vergleich zu anderen Professionen an Kompetenzen zur Kooperation, d. h. Organisations-, Management- und Leadership-Fähigkeiten.[144]

---

[139]Vgl. Wendt, T.; Schröer, A.; Lackas, M. (2022), S. 46–51.

[140]Vgl. Oldhafer, M.; Schmidt, C.; Beil, E.; Schrabback, U. (2019), S. 130.

[141]Vgl. Fragemann, K.; Meyer, N.; Graf, B.M.; Wiese, C.H.R. (2012), S. 370–378.

[143]Vgl. Riedlinger, I. et. al (2022), S. 264.

[144]Vgl. Jäger, M. (2021), S. 422.

Im Organisationsalltag braucht man einen **gemeinschaftlichen Führungsstil** („**Collaborative Leadership**"), damit die Professionen nutzenbringend zusammenwirken. Eine Möglichkeit der Umsetzung ist das „**Shared Leadership**" welches im Abschn. 6.12.5 vorgestellt wird.[145]

Eine weitere Lösungsmöglichkeit für ein kooperatives Management stellt das Prozessmanagement dar. Es erfüllt im Sinne der Patientenorientierung im Spannungsfeld zwischen Standardisierung und der Nutzung individueller Expertise eine Koordinierungsaufgabe, auch für geringer qualifizierte Berufsgruppen, wie z. B. Assistenzfunktionen und Servicekräften.

Eine **kooperative Prozessorganisation** überwindet Abteilungs- und Professionsgrenzen, um im Sinne des Patienten eine ganzheitliche Versorgung zu gewährleisten.[146] Das Prozessmanagement adressiert zudem den Kooperationsbedarf. Dieser ergibt sich aus dem fünften, dem letzten Zyklus nach der Theorie der Kondratieff-Zyklen. Diese sind nach dem russischen Wirtschaftswissenschaftler Nikolai D. Kondratieff benannt, der Zyklen (ca. alle 40–60 Jahren) von Basisinnovationen beschrieben hat.[147]

Eine Managementfunktion als Dienstleistung für den Patienten nimmt häufig die Profession der sozialen Arbeit wahr, indem sie den Patienten kooperativ in der Konfiguration von verschiedenen Hilfeleistungen unterstützt. Damit dies wirtschaftlich erfolgen kann, ist Netzwerkarbeit erforderlich. Netzwerkarbeit bedeutet hier die Erstellung eines Hilfebedarfs, die Ermittlung der potentiellen Akteure und die Beantragung und Koordinierung der Hilfen.

Damit die Zusammenarbeit funktioniert, ist ein geteiltes Kooperationsverständnis zu entwickeln. Die Organisations- und Arbeitsstrukturen müssen kooperationsfördernd ausgelegt sein. Unterschiedliche Interessen sind unter gemeinsam geteilten Zielen zusammenzuführen, um die Funktionsfähigkeit sicherzustellen. Das etablierte Netzwerk stellt die strukturelle Grundlage für das **Überleitungsmanagement** von Patienten innerhalb von Organisationen wie auch zwischen Organisationen. Dies ist eine notwendige, aber keine hinreichende Voraussetzung, da die Funktionsfähigkeit von der Kernaufgabe der gezielten Informationsweitergabe zwischen den einzubeziehenden Berufsgruppen und Organisationen abhängt und dadurch ein spezifisches Hilfenetzwerk für den Versorgungsbedarf des einzelnen Patienten konfiguriert wird.

Mit der starken Sektoralisierung des Gesundheitswesens, kostenaufwendigen Therapien und der Intransparenz des Versorgungsprozesses für Patienten und Angehörigen ist ein funktionierendes Überleitungsmanagement wichtig. Ein schriftlich fixiertes Konzept als Standard sollte vorhanden sein, ist aber in der Praxis selten anzutreffen. Gerade das ärztliche Interesse am Überleitungsmanagement ist gering ausgeprägt.[148] Das

---

[145] Vgl. Fragemann, K. (2017), S. 120.

[146] Vgl. Damm, K. (2017), S. 141.

[147] Vgl. Haubrock, M. (2017), S. 5

[148] Vgl. Sonntag, K.; von Reibnitz, C. (2017), S. 181–191.

ist bedenklich, da eine geregelte Zusammenarbeit zwischen den Beteiligten für die Patientensicherheit notwendig ist.

Das Konzept KoPM® *(Kooperatives Prozessmanagement)*[149] mit dem Ziel einer verbesserten Patientenversorgung und der Leistungsabläufe zeigt als Beispiel, dass eine positive Zusammenarbeit über die zwei folgenden Mechanismen möglich ist:

- kooperative Arbeitsteilung und
- Prozessorganisation/-management.

Die Prozesse von Medizin und Pflege müssen dazu zu einem integrierten Versorgungsprozess am Patienten verknüpft werden. Gemeinsame Aufnahme- und Entlassungsprozesse, gemeinsame Visiten und die strukturelle Verbesserung der Kommunikation gilt es dabei zu gestalten. In klar zugeordneten Prozessschritten entscheiden Medizin und Pflege eigenständig, bei übergreifenden Anlässen entscheiden sie gemeinsam im interprofessionellen therapeutischen Team.[151] Von einer Pflegeführungskraft wird erwartet, dass sie die kooperative Zusammenarbeit verschiedener Berufsgruppen prozessorientiert steuern kann.[152] Das Pflegemanagement soll mittels flacher Hierarchien einen partizipativen Führungsstil zur Förderung von Eigenverantwortung, Kompetenz und einer lernenden Organisation umsetzen.[153]

Die Dienstleistung der sozialen Arbeit beschränkt sich nicht auf die Sicherstellung der Übergänge zwischen den Hilfeleistungen im Sinne eines reine Schnittstellenmanagements oder „technizistischem Casemanagement", sondern ist ein übergreifender Begleitprozess.[154] Dabei ist der Diskussion des Dienstleistungsbegriffs folgend der Patient als Co- oder Mit-Produzent zu betrachten.[155] Bei komplexen Problemlagen ist eine interprofessionelle Zusammenarbeit erforderlich.

Die Zusammenarbeit auf die Professionen einer Organisation zu beschränken, ist nicht ausreichend, sondern ist fallbezogen am Bedarf des Patienten organisationsübergreifend zu orientieren. Dazu sind förderliche Rahmenbedingungen und Regelungen notwendig, damit diese Zusammenarbeit in der Praxis erfolgt und gesteuert wird.[156]

Im Change-Management zählen Kooperativitäten zu den zentralen Kompetenzen, um der Komplexität von Veränderungssituationen gerecht zu werden. Das kooperative Management sucht frühzeitig das Gespräch mit den Beteiligten, statt Veränderungsdruck

---

[149] Siehe Stratmeyer, P. (2022) zur Beschreibung des Konzepts des KoPM.

[151] Vgl. Hellmann W. (2016), S. 378, Hellmann W. (2022), S. 180, Stratmeyer, P. (2022), S. 246–251.

[152] Vgl. Happach, R. (2014), S. 71.

[153] Vgl. Matzke, U. (2014), S. 37.

[154] Vgl. Blankenburg, K.; Hansjürgens, R. (2022), S. 110–111.

[155] Vgl. Löffler, E. M. (2022), S. 303.

[156] Vgl. Blankenburg, K.; Hansjürgens, R. (2022), S. 104–108.

von oben nach unten zu initiieren. Das wirkt sich positiv auf die emotionale Akzeptanz der Veränderung aus und unterstützt den Veränderungserfolg. Eine von den Führungskräften unterstützte, vorgelebte und eingeforderte auf Kooperation ausgerichtete Unternehmenskultur ist die Voraussetzung für eine faire und vertrauensvolle Zusammenarbeit.[157] Das ist Stärke und Chance eines erfolgreichen Change-Management.[158]

Um den kommunikativen Austausch quer über alle Managementebenen und Berufsgruppen zu fördern, müssen regelmäßig strukturierte Besprechungen stattfinden.[159] Kooperatives Miteinander erlaubt, Schwäche zu zeigen und nach Unterstützung zu fragen.[160]

Ulrich Wandschneider, der Vorsitzender von privaten Krankenhauskonzernen war und aktuell in Aufsichtsräten sowie beratend im Gesundheitswesen tätig ist, bezeichnet, basierend auf seinen Erfahrungen im Universitätsklinikum Schleswig-Holstein, „Cooperation" als den wichtigsten Erfolgsfaktor im Change-Management. Dazu muss allen Beteiligten die erforderliche Transparenz gewährt sowie die häufig in Projektform stattfindende Arbeit anerkannt werden.[161]

Zusammenfassend ist festzuhalten, dass kooperatives Management in der Umsetzung des Versorgungsauftrags in einem interprofessionellen Setting eine prozessorientierte Sicht einnimmt, da dies die Professionsgrenzen überwindet und flexibel die Patientenorientierung umsetzt. Dazu sind Verantwortlichkeiten, Aufgabenzuordnungen und Schnittstellen festzulegen, um Konflikte zu vermeiden. Bei komplexen Problemlagen soll die Entscheidungsfindung im interprofessionellen, therapeutischen Team erfolgen. Das Prozessmanagement, welches im Abschn. 7.1. detailliert betrachtet wird, bewirkt kombiniert mit einem gemeinschaftlichen Führungsstil das nutzbringende Zusammenwirken der Professionen. Die Verknüpfung und die Bereitstellung von Verknüpfungsmöglichkeiten für organisatorisch verteilte Hilfeleistungen, die zur ganzheitlichen Versorgung des Patienten erforderlich sind, erfolgt über Netzwerkarbeit, die auf Kooperationsvereinbarungen beruht.

Für das Management von Veränderungen (Change-Management) ist Kooperation ein zentraler Erfolgsfaktor.

6.9.3 Agilität

In den letzten zehn Jahren haben in deutschen Unternehmen Veränderungen rasant zugenommen, werden komplexer und sind vor allem durch technologische Entwicklungen

---

[157] Vgl. Vullinghs, P. et al. (2019), S. 153.

[158] Vgl. Oldhafer, M.; Schmidt, C.; Beil, E.; Schrabback, U. (2019), S. 122–129.

[159] Vgl. Happach, R. (2014), S. 68.

[160] Vgl. Ebers, A.; Nieschalk, B. (2022), S. 56.

[161] Vgl. Vullinghs, P. et al. (2019), S. 155–157.

getrieben. Dadurch ist das Managementprinzip der Agilität populär geworden. In diesem Abschnitt wird beschrieben, was Agilität ist, woher es kommt und warum es als Managementprinzip in den letzten Jahren an Relevanz gewonnen hat.

Als Referenz auf die Merkmale, welche die Welt von heute beschreiben, wird das Akronym **VUCA** verwendet:

- **Volatility (dt. Volatilität):** Die Organisationsumwelt ist durch schnelle und komplexe Veränderungen unbeständiger geworden. Ursache-Wirkungs-Zusammenhänge lassen sich durch die starke Vernetztheit nicht oder nur aufwendig ermitteln.
- **Uncertainty (dt.** Unsicherheit): Die Prognostizierbarkeit bzw. Berechenbarkeit der Zukunft basierend auf Erfahrungen der Vergangenheit wird zunehmend schwieriger.
- **Complexity (dt. Komplexität):** Zusammenhänge werden unübersichtlicher, weil es zu viele Parameter gibt, die sich gegenseitig beeinflussen. Dadurch lassen sich in der Regel für einen langfristigen Zeitraum keine eindeutig vorteilhaften Entscheidungen bestimmen.
- **Ambiguity (dt. Ambiguität/Ambivalenz):** Sachverhalte lassen sich selten eindeutig abgegrenzt (schwarz/weiß) beschreiben, sondern weisen „Grautöne" auf. Daher muss bei Entscheidungen ein höheres Risiko eingegangen werden und die Bereitschaft vorhanden sein, Fehler als Lernchance zu begreifen.

Insbesondere wird die Digitalisierung (siehe hierzu Exkurs in Abschn. 6.13.1) eng mit der Agilität verknüpft. Die Frage nach Ursache und Wirkung wird kontrovers diskutiert. Agilität treibt die Umsetzung der Digitalisierung in Organisationen, und Digitalisierung fördert die Agilität der Organisation, z. B. durch die Ermöglichung flexiblerer Arbeitsweisen, wie die Nutzung des Homeoffice. In der Konsequenz ist die Zielrichtung eine gesteigerte Agilität (Wendigkeit bzw. Flexibilität) für die Organisation, um Wettbewerbsvorteile durch schnelle Anpassungsfähigkeit an Marktgegebenheiten zu erlangen und somit eine Antwort auf die VUCA-Welt zu geben. Ob Agilität die passende Antwort ist bzw. war, wird man erst in der Zukunft beurteilen können.

Metaphorisch formuliert, soll mit Agilität aus einem Containerschiff ein Speedboot gemacht werden. Verschiedene Rankings zeigen, dass agile Unternehmen führend im Unternehmenswert, bei der Akquise von Talenten und der Entwicklung neuer Produkte und Dienstleistungen sind. Aus makroökonomischer Sicht ergibt sich die Notwendigkeit für Agilität durch die Komplexität und Interdependenzen, die durch Globalisierung, diverse Kunden-Lieferanten-Beziehungen, politische Einflüssen, Pandemien und Umweltkatastrophen ausgelöst werden. Agilität ist mittlerweile Mainstream, und Organisationen in vielen Branchen setzen sich damit auseinander. Sie fragen sich, wie sie agiler werden können, um nicht den Anschluss zu verlieren. Dabei beschränken sich Organisation in der Anwendung des Konzepts nicht mehr nur auf (Software-) Entwicklungsbereiche und die Produktion, sondern nehmen verstärkend das gesamte Unternehmen in den Blick.[163]

Organisationen wie Alibaba und Amazon sind in der Lage, auf Veränderungen, wie z. B. das Ereignis der Corona-Pandemie, schnell zu reagieren und diese als Chance zu nutzen. Ein weiteres Beispiel ist der Fahrzeughersteller Tesla, welcher in der Lage ist, Feedback seiner Kunden schneller in Produktverbesserungen umzusetzen als traditionelle Autohersteller. Die geforderte Flexibilität von Organisationen ist mit Begriffen wie New Work, Design Thinking[164], Scrum[165], Kanban[166], OKR[167] und Agilität verbunden. Sie wurden zu einem Megatrend, sodass sich sogar Organisationen mit jahrhundertealter Tradition, wie Klöster, damit auseinandersetzen. Agilität ist das höchste Maß für Flexibilität und Anpassbarkeit, um nicht nur reaktiv, sondern proaktiv auf unerwartete Ereignisse und erhöhte Komplexität zu reagieren. Das schließt Veränderungen bei Stakeholdern und Kunden mit ein. Was ist die Idee dahinter? Woran erkenne ich, dass sich hinter Marketing-Slogans und Versprechungen tatsächlich Agilität verbirgt und nicht einfach ein inhaltsloser Begriff verwendet wird, der ein positives Image vermittelt bzw. Etikettenschwindel betrieben wird? Die inflationäre Verwendung des Begriffs birgt die Gefahr, dass die eigentliche Bedeutung unklarer wird und Erwartungen erzeugt werden, die dem Konzept nicht entsprechen (Abb. 6.6).[168]

Neu ist der Begriff der Agilität nicht. Er wurde in den 1950er-Jahren als **AGIL**-Schema vom amerikanischen Systemtheoretiker **Talcott Parsons** entwickelt. Heute scheint die Zeit für die Umsetzung des Konzepts gekommen zu sein.

Ein eindeutiger Entwicklungspfad lässt sich schwer ausmachen. Es finden sich Ideen der Lernenden Organisation nach Peter Senge und des Organisationsmodells der Soziokratie wieder. Methodendiskussionen im Bereich der Softwareentwicklung haben zur Formulierung der vier Leitsätze des agilen Manifests (siehe weiter unten) geführt. Es ist schwierig, die Idee der Agilität exakt zu beschreiben, da es zum einen keine allgemeingültige Definition für den organisationalen Kontext gibt und es zum zweiten verschiedene Themengebiete, wie Frameworks, Prinzipien, Wertekultur, Prozesse, Organisation und Mindset umfasst und zum dritten zusätzlich durch gesellschaftliche und

---

[163] Vgl. Andermahr, J.; Jermer, B. (2020), S. 9–10.

[164] Design Thinking ist ein strukturierter Ansatz zur Ideenfindung, vgl. Simschek, R.; van Bennekum, A. (2022), S. 49–73.

[165] Scrum ist ein empirisches Vorgehensmodell der Produktentwicklung, vgl. Simschek, R.; van Bennekum, A. (2022), S. 75–121.

[166] Kanban ist ein transparentes Prozesssteuerungsmodell, vgl. Simschek, R.; van Bennekum, A. (2022), S. 123–144.

[167] OKR ist die Abkürzung für Objectives and Key Results und dient der zielorientierten Mitarbeiterführung, vgl. Simschek, R.; van Bennekum, A. (2022), S. 145–160.

[168] Vgl. Simschek, R.; van Bennekum, A. (2022), S. 23–33, 163.

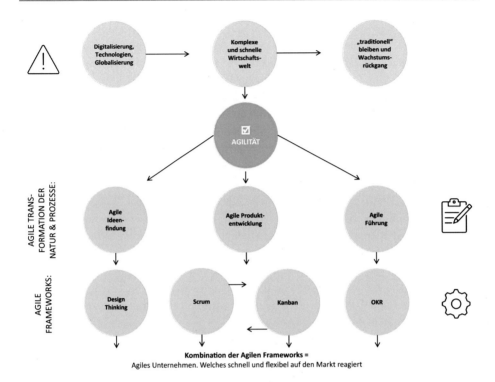

Abb. 6.6 Kombination der agilen Frameworks[136]

ökonomische Entwicklungen ständigen Veränderungen unterliegt. Folgende Eigenschaften zeichnen Agilität als „die höchste Form der Anpassungsfähigkeit" aus:

- **Geschwindigkeit** (schnelle und dynamische Reaktion auf Veränderungen),
- **Anpassungsfähigkeit** (proaktives, antizipatives und initiatives Handeln),
- **Kundenfokus** (Zentrierung auf die Wertgenerierung für den Kunden) und
- **Mindset** (veränderte Denk- und Verhaltensweisen der Organisationsmitglieder).[169]

Die vier Leitsätze des sogenannten agilen Manifests[170] aus dem Jahre 2001, die aus Gegenüberstellungen bestehen, bringen die treffendste Erklärung:

[136] Quelle: Simschek, R.; van Bennekum, A. (2022), S. 20–21.

[169] Vgl. Simschek, R.; van Bennekum, A. (2022), S. 26–37 und Andermahr, J.; Jermer, B. (2020), S. 8–10.

[170] Eine weitere wichtige Quelle ist der Scrum Guide, siehe Schwaber, K.; Sutherland, J. (2022).

1. **Individuen und Interaktionen** sind wichtiger als Prozesse und Werkzeuge.
2. **Funktionierende Software/Produkte/Prozesse** sind wichtiger als umfassende Dokumentation.
3. **Zusammenarbeit mit dem Kunden** ist wichtiger als Vertragsverhandlungen.
4. **Reagieren auf Veränderungen** ist wichtiger als das Verfolgen eines Plans.

Im traditionellen Projektmanagement haben sich Menschen Tools und Prozessen zu „unterwerfen", damit der Erfolg garantiert wird. Im agilen Manifest wird davon ausgegangen, dass kommunizierende Menschen eher den Erfolg sichern (1. Leitsatz). Der 2. Leitsatz verdeutlicht, dass das agile Manifest ursprünglich aus der Softwareentwicklung kommt und dass es primär um das Endprodukt geht. Die Dokumentation ist Beiwerk.

Agil ist das Gegenteil von starr. Daher ist das stringente Festhalten an einmal festgelegten Plänen ein Hindernis. Es braucht ein verändertes Mindset und Entscheidungsschnelligkeit in der Organisation, deren Entwicklung gezielt methodisch unterstützt wird. OKR unterstützt wiederum die flexible Unternehmenssteuerung und Zielverfolgung. Möglicherweise werden in der fortlaufenden Entwicklung mit der Implementierung von Agilität weitere Methoden hinzukommen. Die alleinige Anwendung der Methoden, ohne eine Veränderung des Mindsets und einer passend begleitenden Unternehmenskultur, wird die Erwartungen an Agilität nicht erfüllen und ein Scheitern wahrscheinlich machen. Das Mindset, die innere Haltung, ist ein komplexes System an Beziehungen und Wechselwirkungen.[171]

Der Grundgedanke ist: *„Der Mensch mit seiner Selbstverantwortung, Selbstorganisation und mit seinem freien Willen steht im Zentrum".*[172]

Im Folgenden betrachten wir verschiedene Ebenen der Agilität, die sich gegenseitig beeinflussen.

Ebene Person

Ideal wäre, wenn alle Menschen das tun würden, was ihnen selbst, anderen und der Gemeinschaft den größten Nutzen bringt. Das ist aber in der Realität nicht anzutreffen. Agilität startet beim agilen Handeln und Denken der Personen, da die Entwicklungsrichtung von innen nach außen und von unten nach oben ist. Dazu müssen sie Sinn und Zweck von Agilität verstehen, ihr Mindset, ihre Werte und ihre Einstellungen anpassen und ein bestimmtes Maß an persönlicher Reife mitbringen. Gute Voraussetzungen bringen die Menschen mit, für die Sicherheit, feste Strukturen und Routinen nicht von zentraler Bedeutung sind.

Nicht jeder Mitarbeiter ist für Agilität geeignet. Agilität erfordert vom Mitarbeiter Flexibilität und die Bereitschaft, mit Unsicherheit umgehen zu können, ohne sich selbst

---

[171] Vgl. Bilgri, A. (2022), S. 47–130, Simschek, R.; van Bennekum, A. (2022), S. 29–165 und Andermahr, J.; Jermer, B. (2020), S. 20–33.

[172] Bilgri, A. (2022), S. 45.

auszubeuten. Es bedarf einer hohen Kompetenz der Selbstführung bzw. eines starken Ichs. Daher müssen Mitarbeiter auf der Reise der agilen Transformation bewusst wahrgenommen werden. Agilität verändert nicht nur die Organisation, sondern auch den Mitarbeiter in seinem Selbstverständnis.

Ebene Team

Für die Teamebene stehen verschiedene agile Methoden, wie z. B. Scrum als meistgenutzte Methode, als Rahmenwerke zur Verfügung. Die Methode kann mittels LEGO als Lernspiel erfahren und erprobt werden, indem die vorgesehenen Rollen besetzt, die zugehörigen Events erlebt und die Artefakte, wie ein Sprint Backlog, erstellt werden. Für die erfolgreiche Umsetzung ist es entscheidend, zu verstehen, welche Methode implementiert werden sollte. Kanban bietet sich an, wenn Änderungen in kleinen Schritten erfolgen sollen. Das senkt das Risiko des Misserfolgs. Kanban kommt aus dem Lean Management und lässt sich gut mit Scrum kombinieren. Die Methode Design Thinking unterstützt den Innovationsprozess, der bei den Kundenbedürfnissen startet. Die Marshmallow-Challenge ist ein auf Design Thinking basierendes Lernspiel, um ein innovatives und kreatives Umfeld anzuregen. Um effizient Agilität umzusetzen, sollte das Team für den Methodeneinsatz *cross functional* bzw. interprofessionell zusammengesetzt sein, da dies einen guten Wissenstransfer ermöglicht. Methoden unterstützen offene und transparente Kommunikation, gemeinsames Lernen, das kollektive Entscheiden und das Schaffen guter Rahmenbedingungen.

Ebene Führung

Braucht Agilität noch Führung? Damit Agilität funktioniert, wird eine die Prioritäten setzende Instanz benötigt.

Eine Organisation, die sich als agil bezeichnet, muss sich fragen, ob der Mensch als Mitarbeiter, als Kunde, als Nutzer oder als Produzent tatsächlich im Mittelpunkt steht und für ihn Rahmenbedingungen bereitgestellt sind, die Selbstverantwortung und -organisation ermöglichen.[174] Wie wirkt sich das auf Führung bzw. das Management aus bzw. auf das anzustrebende Verhalten der Führungskraft? Welches Mindset muss die Führungskraft mitbringen?[175] Das zugrunde zu legende Menschenbild ist das der Theorie Y (siehe Abschn. 6.8): Menschen sind grundsätzlich intrinsisch motiviert und leistungsbereit.[176]

Bilgri beschreibt das anzustrebende Führungsverhalten als agilen Führungsstern (Abb. 6.7):

Die Komponente des Lernens auf der organisationalen Ebene verdeutlicht, dass es sich bei Agilität um einen Prozess bzw. eine Reise handelt, die Zeit benötigt. Das wird vom Management häufig ignoriert, obwohl es grundlegend ist. Um das Lernen zu beschleunigen, sind die Lernschleifen organisational so zu gestalten, dass sie als Experi-

---

[174] Vgl. Andermahr, J.; Jermer, B. (2020), S. 19–71.

[175] Vgl. Bilgri, A. (2022), S. 26–77.

[176] Vgl. Andermahr, J.; Jermer, B. (2020), S. 23.

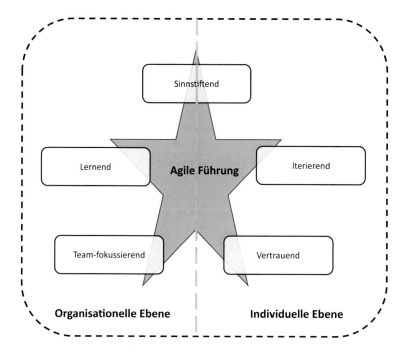

Abb. 6.7 Agiler Führungsstern[142]

mente mit Feedback in kurzen Iterationen erfolgen. Die Unternehmenskultur muss erlauben, dass Fehler gemacht werden dürfen, damit aus ihnen gelernt werden kann.

Agilität nur aus einer Mode oder einem Trend heraus anzustreben, ist eine schwache Grundlage.

„Sinnstiftend" bedeutet, Stabilität, Orientierung und richtungsweisende Energie sowie ein Zusammengehörigkeitsgefühl zu vermitteln, wobei der Sinn sich im Zeitablauf ändern kann.[178]

Die Rolle von Führungskräften kann sich in einem ungeklärten Zustand befinden, da sie einerseits Verantwortung für Prozesse und Ergebnisse tragen, aber anderseits Selbstorganisation und -steuerung der Mitarbeiter zulassen sollen, damit diese ihre eigenen Lernerfahrungen machen können.[179]

Ebene Organisation

Agilität gestaltet sich für jede Organisation individuell. Die Organisation muss den Weg des Experimentierens beschreiten, der durch Fehler, Umwege und zwischenzeitlicher Ratlosigkeit gekennzeichnet ist.[180]

---

[142] Quelle: Bilgri, A. (2022), S. 63.

[178] Andermahr, J.; Jermer, B. (2020), S. 15–31.

[179] Vgl. Simschek, R.; van Bennekum, A. (2022), S. 46–165.

[180] Vgl. Andermahr, J.; Jermer, B. (2020), S. 39.

Agilität ist auch nicht für jede Aufgabenstellung die Lösung. Es soll die Effizienz erhöhen und dem Kostendruck begegnen. Es eignet sich nicht für Organisationseinheiten, wo die Einhaltung und Durchführung von bewährten Prozessen die wesentlichen Aufgaben sind. Wenn die Beständigkeit in der Ausführung unabdingbar ist, kann Agilität schädlich sein.

Zusammenfassend lässt sich feststellen, dass Agilität, wie auch das Framework Scrum, weder für jede Organisation oder Tätigkeit noch für jeden Typus von Mitarbeiter geeignet ist. In hochregulierten Kontexten, d. h. mit einem hohen Maß an Festlegungen durch Vorschriften und bei fest definiertem Projektergebnis und Liefertermin stößt Agilität für Organisationen an ihre Grenzen. Innerhalb von Organisationen kann Agilität im Team gut funktionieren, wenn die Mitarbeitenden in der Lage sind, kreativ und flexibel mitzuarbeiten. Mitarbeitende können blockiert sein, wenn das Konzept nicht zu ihrer Persönlichkeit passt. Das menschliche Handeln, Denken und Fühlen findet in der Diskussion über Agilität wenig Raum. Das Forschungsgebiet der Psychologie hat sich bisher nicht mit den psychischen Auswirkungen der Agilität befasst. Am ehesten lassen sich Ansätze der emotionalen Psychologie heranziehen (Abb. 6.8).[181]

Agilität wird häufig mit jungen, gutaussehenden, scheinbar flexiblen Menschen veranschaulicht. Dies vermittelt den Eindruck, dass ältere und nicht sportliche Menschen ausgeschlossen sind, was die Hirnforschung widerlegt. In jedem Alter können neue Fähigkeiten und Erkenntnisse gewonnen und das Mindset geändert werden. Das macht Agilität zu einem altersunabhängigen Konzept.[182]

In den folgenden Absätzen wird der Frage nachgegangen, mit welchen Aktivitäten Agilität in der Organisation eingeführt bzw. unterstützt werden kann.

Bei der Transformation der Organisation zu mehr *Business-Agilität* gibt es fünf Aspekte, die zu beachten sind, aber aktuelle agile Frameworks nicht behandeln:

1. **Sinnvolles Experimentieren:** Es muss ein Ansatz für das Experimentieren gefunden werden, der in die Richtung des angestrebten Ergebnisraums führt.
2. **Sinnvolle Verhandlungen zwischen Ebenen basierend auf Vertrauen und Transparenz:** Hier kommt es darauf an, dass keine Ebene auf die andere Ebene projiziert wird, sondern über Transparenz und Vertrauen ein Alignement zwischen diesen ausgehandelt wird.
3. **Lernen auf mehreren Ebenen und in mehreren Schleifen innerhalb der Organisation:** Wie werden Fortschritte zum Ziel gemessen? Wie wird aus den gewonnenen Erkenntnissen gelernt und diese innerhalb der Organisation verteilt?
4. **Sinnvolles Engagement an der Strategie:** Agile Frameworks geben keine Antwort, wie eine partizipative Strategie entsteht.
5. **Sinnvolle Selbstorganisation für jeden Grad der Skalierung:** Wie erfolgt das Zusammenspiel von Struktur und Spontanität?[183]

---

[181] Vgl. Bilgri, A. (2022), S. 65–125.

[182] Vgl. Bilgri, A. (2022), S. 114–116.

[183] Vgl. Burrow, M. (2022), S. 151–152.

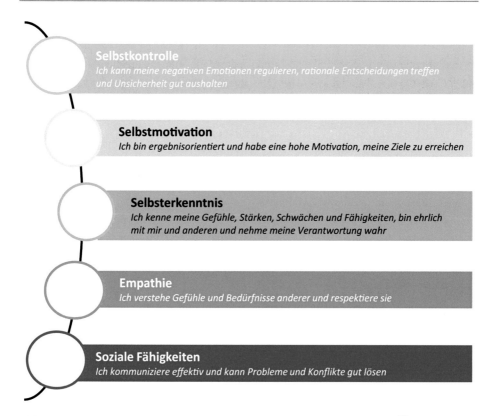

Abb. 6.8 Charaktereigenschaften, die für einen hohen Grad an Agilität sprechen[150]

Lipmanowicz und McCandless, die Erfinder der Liberating Structures, haben erfahren, dass diese effektiv die Umsetzung von Agilität unterstützen.[184]

Es ist leicht, Agilität als Marketing-Buzzword zu verwenden. Das Konzept zu verstehen und umzusetzen ist dagegen schwer.[185]

Bamberg und Beyer prognostizieren, dass das Krankenhaus eine Expertenorganisation bleiben wird, sich aber die heutigen starren Abteilungs- und Berufsgruppenstrukturen hin zu interprofessionellen und -disziplinären, weitgehend selbstorganisierten Kompetenzteams wandeln werden.[186] Ein interprofessionell zusammengesetztes Team entspricht dem agilen Teamansatz der Cross-Funktionalität, d. h. Teams so zusammenzusetzen, dass sie autonom als Einheit ein gemeinsames Ergebnis erzielen können.

---

[150] Aus Bilgri, A (2020), S. 113.

[184] Vgl. Lipmanowicz, H.; McCandless, K. (2022), S. 21.

[185] Vgl. Bilgri, A. (2022), S. 130.

[186] Vgl. Bamberg, C.; Beyer, S. (2022), S. 136.

6.10   Laterale Führung

Die traditionelle Führung, z. B. basierend auf den Managementprinzipien des „Management by" (Abschn. 6.9.1), setzt überwiegend auf eine vertikale Kommunikation. Die rein vertikale Führung kann für Führungskräfte in Krankenhäusern, die eine große Führungsspanne haben und zugleich Expertenaufgaben wahrnehmen, zur Überforderung werden. Ein Lösungsansatz ist die Aufwertung der Expertenrolle mit fachlicher Verantwortung.[187]

Peterke betont, dass Führung nach allen Seiten (horizontal und vertikal) erfolgen muss, um die Organisation als System weiterzuentwickeln. Sein Ansatz zielt auf die Steigerung der Verantwortung aller im Führungsprozess Beteiligten.[188]

Im Gegensatz zur traditionellen Führung ist die laterale Führung (auch informelle Führung genannt) eine Form der Führung unter Kollegen, d. h. eine Führung ohne Weisungsbefugnisse, ohne formelle Kompetenz, die überwiegend auf horizontale Kommunikation setzt.[191] Diese Form der Führung wird oft als Servant Leadership falsch verstanden. Ebenso falsch wird unterstellt, dass laterale Führungskräfte keinen Einfluss nehmen dürfen. Die Gemeinsamkeit zum Servant Leadership besteht im geteilten Verständnis, sich für ein sinnvolles Ziel einzusetzen.

Die Schwierigkeit in der lateralen Führung liegt darin, dass sie auf der Bereitschaft beruht, dass die ausgestreckte Hand zur Anleitung und Führung von der Gegenseite auch angenommen wird.

Die laterale Führung benötigt die Erfüllung von zwei Voraussetzungen:

- Der **Vertrauensgeber** setzt Vertrauen in die Problemdefinitions- und Problemlösungskompetenz eines anderen.
- Der **Vertrauensnehmer** vertraut darauf, dass andere seine Rollenübernahme akzeptieren und unterstützen.[192]

Fünf Schwerpunktaufgaben stellen sich der lateralen Führungskraft:

- Abläufe, Prozesse und Inhalte auf ein Ziel hin zu koordinieren,
- Strukturen und Regeln einbringen,
- für die Regeleinhaltung sorgen,
- das Team entwickeln und
- Konflikte lösen.[195]

---

[187]Vgl. Fels, P.; Fechtner, H. (2016), S. 210.

[188]Vgl. Peterke, J. (2021), S. 307.

[191]Vgl. Hansel, J. (2018), S. 76.

[192]Vgl. Fels, P.; Fechtner, H. (2016), S. 210.

[195]Vgl. Hofert, S. (2018), 117–119.

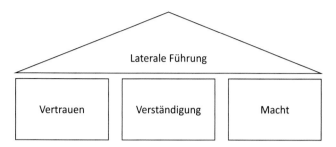

Abb. 6.9   Steuerungsformen der lateralen Führung[162]

Dieses Konzept der Führung betont die Bedeutung der Einflussnahmen, indem es sich auf die drei Steuerungsformen bzw. Mechanismen der Einflussnahme Vertrauen, Verständigung und Macht stützt (Abb. 6.9).[197]

Ausgangspunkt für die wirkungsvolle Einflussnahme mit den verfügbaren Mechanismen ist die Identifikation der lokalen Denkweisen (Rationalitäten) der Teammitglieder. In Veränderungsprozessen ist dies auf die Rekonstruktion der Rationalitäten aller Stakeholder auszudehnen.[198]

Die Denkweisen können mit folgenden Fragen aufgebrochen werden:

- Welche Ansichten einer Stakeholder-Gruppe stört die andere?
- Welche Ansichten sind nicht kompatibel zueinander bzw. widersprechen sich?
- Welche Redeweisen sind Indizien für bestimmte Einstellungen?
- Welche Interessen werden von den anderen unterstellt?
- Welche Interessen werden selbst offen geäußert?
- Was fürchten die Mitarbeiter?[199]

Die Steuerungsform *Verständigung* beinhaltet die Aufgabe der Führungskraft, ein einheitliches Verständnis zwischen den Beteiligten herzustellen, indem diese Gemeinsamkeiten und Unterschiede in der Sichtweise herausarbeitet und laufend verdeutlicht.

Aufgabe der Führungskraft mit der Nutzung der Steuerungsform *Macht* ist es, Machtverhältnisse und Machtspiele zu analysieren, dahinterstehende Interessen zu identifizieren und Möglichkeiten des Austarierens zu entwickeln. Dabei kommt ihr eine moderierende Funktion in der Schaffung von Rahmensetzungen zu, z. B. eines Workshops,

---

[162] Quelle: Böhmann, L. (2021), S. 17.

[197] Vgl. Böhmann, L. (2021), S. 16 und Müller-Wiegand, M. (2019), S. 43.

[198] Vgl. Giest, G. (2019), S. 111.

[199] Vgl. Kühl, S.; Schnelle, T.; Schnelle, W. (2004), S. 54.

um Konflikte aus unterschiedlichen Interessen transparent zu machen und zur Lösungs-findung anzuleiten. Entscheidend ist die eigene Führungsfähigkeit, um Wirkung erzielen zu können. Die Führungsfähigkeit und Einflussmöglichkeit werden gestärkt, wenn der Führungskraft offiziell Entscheidungshoheit zugeordnet ist. Eine weitere Unterstützung ihrer Machtposition ist ihre exklusive Beziehung zum Kunden.

Die drei Steuerungsformen treten in jeder Führungssituation in einer Mischform auf. Um auf die individuelle Führungssituation angepasst zu reagieren und das Führungs-potential voll zu nutzen, sollten alle drei Formen immer berücksichtigt werden.

Führt eine Steuerungsform nicht zum Ziel, kann auf eine der anderen beiden Formen zurückgegriffen werden. Lassen sich zum Beispiel destruktive Machtspiele nicht be-enden, kann die latente Führungskraft mit Verständigung arbeiten, damit die Situation geklärt werden kann.

Laterale Führung findet neben der formalen Organisation statt, zum einen durch die Nutzung von Spielräumen, die die formelle Hierarchie lässt, und zum anderen durch deren bewussten Einsatz als Führungsprinzip für bestimmte Aufgabenstellungen. Für den zweiten Fall ist die Voraussetzung für laterale Führung, dass entsprechende Strukturen geschaffen sind und dieses Führungsprinzip vom übergeordneten Management gefördert wird.[201]

Herausfordernde und komplexe Aufgaben werden häufig in bereichsübergreifende oder auch organisationsübergreifende Projekte verlagert, die jeweils ein gemeinsames Ziel verfolgen, wie sie z. B. die Umsetzung von Veränderungen darstellen.[202] Die Herausforderung besteht darin, verschiedene Interessen zu koordinieren und abseits der etablierten Abteilungs- und Bereichsstruktur zu wirken.[203] Das dafür gebildete Projekt-team hat in der Regel einen Projektmanager, der kein direkter Vorgesetzter des Projekt-teams ist. Ihm ist daher keine Macht qua direkter hierarchischer Weisungsbefugnis ge-geben, sondern ein Mandat mit Entscheidungsspielraum im Rahmen des Projekts.

Dadurch steht der lateralen Führungskraft die hierarchische Eskalationsmöglich-keit im Bedarfsfall offen. Diese Möglichkeit kann durch die Anbindung an einen Lenkungsausschuss institutionalisiert werden, dem der Projektmanager regelmäßig über Fortschritte berichtet und von dem er Entscheidungen einfordert.[204] Im Regelfall wird von einem Kooperieren der Teammitglieder ausgegangen, aber für den Bedarfsfall wird die Einbindung der Hierarchie offengehalten. Damit handelt es sich um eine hy-bride Führungsstruktur mit horizontalen und vertikalen Führungsmechanismen.[205] Wei-tere typische Beispiele für laterale Führungssituationen sind das Prozessmanagement,

---

[201] Vgl. Welge, K.; Bruggman, A. (2021), S. 184, Böhmann, L. (2021), S. 20–45 und Möller, H., Giernalczyk, T. (2022), S. 55.

[202] Vgl. Giest, G. (2019), S. 105 und Hansel, J. (2018), S. 76.

[203] Vgl. Hofert, S. (2018), 118.

[204] Vgl. Böhmann, L. (2021), S. 17–39.

[205] Vgl. Müller-Wiegand, M. (2019), S. 44.

interdisziplinäre Arbeitsgruppen, Kollegialgremien, unternehmensübergreifende Arbeits-strukturen, Netzwerkstrukturen[206] oder die Rolle als Mannschaftskapitän eines Sport-teams.

Eine andere Begründung der Führungsmacht kann durch das Expertenwissen des Führenden oder die Nutzung von Netzwerken konstituiert werden. Bezogen auf den Projektleiter bezieht sich das Expertenwissen auf das methodische Umsetzungswissen. Das inhaltliche Expertenwissen liegt bei den im Projektteam beteiligten Professionen. In kleinen und mittelgroßen Projekten in Krankenhäusern wird die methodische Expertise mit der Expertise der Berufsgruppen kombiniert, um ein Ergebnis zu erzielen. In der la-teralen Führung werden Verantwortlichkeiten und Befugnisse geteilt, was zu Konflikten führen kann.[207]

Eine weitere wichtige organisatorische Rahmenbedingung ist die Bereitstellung von digitalen Werkzeugen, die für alle Beteiligten Transparenz schaffen, um die Zusammen-arbeit, Projektorganisation und Kommunikation zu fördern.

Die laterale Führung kann die eigenen Führungsfähigkeiten unter Beweis stellen, da-durch im Team Akzeptanz erlangen und sich für eine disziplinarische Führungsaufgabe empfehlen bzw. diese vorbereiten. Führungsgrundlagen und -kompetenzen können über diesen Weg ausprobiert und erlernt werden.

Im Unterschied zu einer hierarchischen Führung ist bei dieser Führungsart die Fähig-keit zur Emotionalität nicht so essenziell.

Die Teamzusammenarbeit wird durch die laterale Führung verbessert und führt bei Auftraggebern und/oder Kunden zu einem gesteigerten Nutzen, da wirksamer auf die in-dividuellen Stärken und Schwächen der Teammitglieder eingegangen und die Führung an diese angepasst werden kann.

Eine hohe Diversität der Teammitglieder führt zu einer höheren Komplexität der Füh-rung, z. B. multikulturelle Teams im Vergleich zu monokulturellen Teams.

Die Führungskraft benötigt dadurch mehr Aufmerksamkeit, Sensibilität und Flexibili-tät, um die Hinter- und Beweggründe für unterschiedliche Sicht- und Verhaltensweisen zu verstehen und ihr Verhalten darauf einzustellen.

Interviewpartner, die zu ihren Erfahrungen mit lateraler Führung in multikulturellen Teams in einem Telekommunikationsunternehmen befragt wurden, finden, dass dieses Konzept gerade in den Zeiten der Globalisierung sehr bedeutend für eine zukünftige Unternehmenspraxis ist.

Ein weiterer wichtiger Treiber für die laterale Führung ist die zunehmende Zahl der Bildung von virtuellen Teams. Außerdem ist eine Tendenz zur Abflachung von Hierar-chien festzustellen, da das projekthafte Arbeiten und die Mitarbeiterpartizipation, bei denen sich Führungskräfte und Mitarbeiter auf Augenhöhe treffen, mehr an Bedeutung gewinnt. Hierdurch soll die in Abschn. 6.9.3 diskutierte Agilität erreicht werden, wozu

---

[206] Vgl. Möller, H., Giernalczyk, T. (2022), S. 55 und Hansel, J. (2018), S. 76.
[207] Vgl. Schulte, F. C.; Knüttel, M. B. (2022), S. 159–163.

die laterale Führung ein Mittel darstellt. Laterale Führung hat dann darauf zu achten, dass sie der Selbstführung ausreichend Raum lässt.[208]

Die laterale Führung nimmt Bezug auf die gesellschaftliche Entwicklung (als Gesellschaft 4.0 bezeichnet), die sich durch die Dimensionen Vernetzung (Kommunikation und Arbeit), Offenheit (Lern- und Experimentierorientierung mit Fehlertoleranz), Partizipation (Teilhabe von Mitarbeitern) und Agilität auszeichnet.[209]

Von der Theorie unerwähnt, aber in der Praxis festgestellt, ist die Abhängigkeit der lateralen Führungskraft von der Bereitschaft der Teammitglieder zur Zusammenarbeit, zumal sie keine disziplinarische Weisungsmacht besitzt.

Inwieweit sich die Erfahrungen in der lateralen Führung von multikulturellen Teams im Kontext eines Telekommunikationsunternehmens auf das Gesundheitswesen übertragen lassen, bleibt zu erforschen. Branchenunabhängig ist offen, welche Führungseigenschaften und Kompetenzen eine laterale Führungskraft mitbringen sollte und wie sie optimalerweise auf ihre Rolle vorbereitet wird, aber auch, welche situative Variablen förderlich bzw. hinderlich für eine laterale Führung sind. Letztlich stellt sich die Frage, wie sich laterale Führung auf den wirtschaftlichen Erfolg und/oder das Outcome im Sinne des Versorgungsauftrags auswirkt.[210]

Laterale Führung stellt einen vielversprechenden Ansatz dar zur Implementierung eines Lean Managements (siehe Abschn. 6.12.4), der Implementierung und Optimierung neuer Technologien in der Organisation sowie in der Steuerung von nachhaltigen Veränderungsprojekten. Nachhaltige Veränderungsprojekte sind die, bei denen Mitarbeiter involviert werden und nicht die Veränderung von oben angeordnet wird.[211]

Fels und Fechtner sehen die laterale Führung als Möglichkeit, die Prozesseffektivität und Wertschöpfung in Klinken zu steigern.[212]

6.11 Spezifische Ansätze im Gesundheitswesen

Die vorangegangenen Abschnitte haben die generellen, nicht für das Gesundheitswesen spezifischen Grundlagen von Management und Führung dargestellt. Innerhalb der Abschnitte sind in der Literatur identifizierte Bezüge zur interprofessionellen Zusammenarbeit, d. h. der Führung von Professionals bzw. Experten, dargestellt. Hier gibt es unterschiedliche Interessen sowie Spannungs-, Konkurrenz- oder Abhängigkeitsverhältnisse, die zu Konflikten führen und zu deren Lösung Kompetenz vorhanden sein muss. Die

---

[208]Vgl. Hofert, S. (2018), 121–227.

[209]Vgl. Müller-Wiegand, M. (2019), S. 44.

[210]Vgl. Böhmann, L. (2021), S. 40–72.

[211]Vgl. Giest, G. (2019), S. 114–119.

[212]Vgl. Fels, P.; Fechtner, H. (2016), S. 210.

Zuständigkeit hierfür hängt vom gewählten Führungsansatz ab (**interprofessionelle Konfliktlösung**).

Damit die Führungsbeziehung zwischen Führungskräften, Mitarbeitern und Experten untereinander dauerhaft funktioniert und das Konfliktpotenzial reduziert wird, sind die gegenseitigen Rollenverständnisse und -erwartungen zu klären (**Rollenklärung**).

Kommunikation ist ein unabdingbares Mittel, um Führung überhaupt zu ermöglichen. Die konkrete Ausgestaltung der Kommunikation hängt vom Führungsstil und dem Organisationsverständnis ab (**interprofessionelle Kommunikation**).

Idealerweise sollte Führungskompetenz, zumindest Selbstführungskompetenz, bei jedem Teammitglied vorhanden sein, um die Funktionsfähigkeit des Teams zu gewährleisten (**Funktionieren des Teams**).

Bei einer patientenzentrierten Versorgung steht der Versorgungsprozess vor den Bedürfnissen einzelner Abteilungen oder der Organisation (**patienten-/klienten-/familien-/gemeinschaftszentrierte Pflege**), deren durchgehendes Management kooperativ zu erfolgen hat, da als Minimumvoraussetzung kein übergeordneter Verantwortlicher per se vorhanden ist (**kooperative Führung**).

Die Canadian Interprofessional Health Collaborative (CIHC) und das Nordic Interprofessional Network (nIPnet) modellieren Kooperationsansätze und Methoden für die interprofessionelle Zusammenarbeit innerhalb und zwischen Organisationen und Sektoren.[213]

Im Folgenden wird exemplarisch das CIHC-Framework bildlich vorgestellt. Das CIHC-Framework umfasst die oben dargestellten sechs Kompetenzbereiche, die für eine kooperative Zusammenarbeit erforderlich sind (Abb. 6.10).

Diese Methode kann in der Forschung, der Sozialpolitik und in der klinischen Praxis angewendet werden.[214]

In den folgenden Abschnitten wird die Notwendigkeit und Umsetzung des Managements interprofessioneller Zusammenarbeit im Gesundheitswesen an einem krankheitsbezogenen (Cancer-Management), funktionsbezogenen (OP-Management) und behandlungsbezogen (Medikationsmanagement) Management exemplarisch dargestellt.

6.11.1 Cancer-Management

Onkologische Erkrankungen stellen mit ca. 0,5 Mio. Neuerkrankungen pro Jahr eine hohe Krankheitslast in Deutschland. Krebs ist nach Herzkreislauferkrankungen die zweithäufigste Todesursache.[215]

---

[213] Vgl. World Health Organization (2010), S. 48.

[214] Siehe Canadian Interprofessional Health Collaboration (CIHC) (2023).

[215] Vgl. Füzéki, E.; Banzer, W. (2019), S. 340.

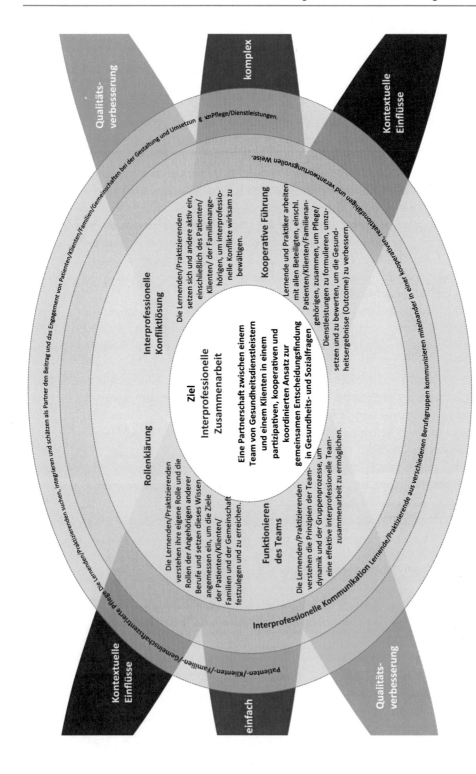

Abb. 6.10 Canadian Interprofessional Collaborative Framework[173]

[173] Quelle: Canadian Interprofessional Health Collaboration (CIHC) (2023) aus dem Englischen übersetzt.

Mit Beginn der 2000er-Jahre beobachteten Kondylakis et al. eine tiefgreifende Revolution in der Gesundheitsversorgung für Krebspatienten durch eine stückweise Verlagerung des medizinischen Ansatzes hin zu einem prädiktiven, präventiven und personalisierten Ansatz (3P-Modell). Durch die einzigartige Kombination von biologischen Informationen ist es möglich, neue pharmakologische Therapien zu entwickeln, die auf die spezifische molekulare Zusammensetzung des Patienten zugeschnitten sind. Allerdings betrachtet dieses 3P-Modell den Patienten weiterhin als passiven Leistungsempfänger und lässt unberücksichtigt, dass er mit der Offenlegung von nur ihm zugänglichen Informationen zum Handlungserfolg beitragen kann. Sein komplettes, auch psychosoziales Wohlbefinden und nicht nur die Behandlung der akuten Krankheit sind zu beachten. Der Patient wird durch die Bereitstellung aller verfügbarer Informationen aktiv an seiner Behandlung beteiligt. Dies konstituiert das 4. P (partizipativ). Die aktive Einbeziehung des Patienten ist zu einem moralischen Imperativ geworden.[216] Vergleiche zwischen verschiedenen Modellen haben gezeigt, dass kooperative Modelle in der Versorgung die besseren Ergebnisse erzielen.[217]

Die medizinische Behandlung ist damit aber nicht abgeschlossen. Eine Begleitung des Patienten in seinem konkreten sozialen Raum muss für ihn niederschwellig verfügbar sein. Eine reine Aufgabendelegation an andere Professionen ist unzureichend, da einseitig getroffene Versorgungsentscheidungen Konsequenzen auf andere Versorgungssektoren haben. Daher ist eine gesamthafte Betrachtung des Versorgungsprozesses erforderlich. Die Herausforderung besteht darin, dass die Bündelung der Leistungen unterschiedlicher Professionen zu einer multiprofessionellen Teamleistung derzeit weder implementiert noch explizit vorgesehen ist. In der stationären Onkologie existiert die stationär ambulante Sozialdienstberatung, die intersektorale Koordinationsdienstleistungen erbringen kann. Eine systematische strukturelle Finanzierung existiert aber für diese Dienstleistung nicht.[218]

Der Bereich der palliativen Versorgung stellt bereits heute einen Modellbereich für interprofessionelle Zusammenarbeit dar. Zur weiterem Umsetzung von interprofessioneller Zusammenarbeit ist eine Vorbildfunktion des Managements förderlich.[220]

Die Krebsbehandlung ist komplex und erfordert mehrere Ansätze für Diagnose und Behandlung wie die Operation, systemische Therapie (Chemotherapie, Immuntherapie, endokrine Therapie) und Strahlentherapie. Ein multidisziplinäres Team sollte diese diagnostischen und therapeutischen Ansätze im Rahmen einer integrierten,

---

[216]Vgl. Kondylakis, H. et al. (2020), S. 88–89. Kondyklakis et al. untersuchen in diesem Aufsatz anhand von fünf europäischen Projekten, wie IT-Plattformen die partizipative Zusammenarbeit der Akteure stärken können.

[217]Vgl. Glaus A.; Schlag, P.M. (2016), S. 620.

[218]Vgl. Blankenburg, K.; Hansjürgens, R. (2022), S. 111–113.

[220]Vgl. Fliedner, M. C.; Eychmüller, S. (2016), S. 634.

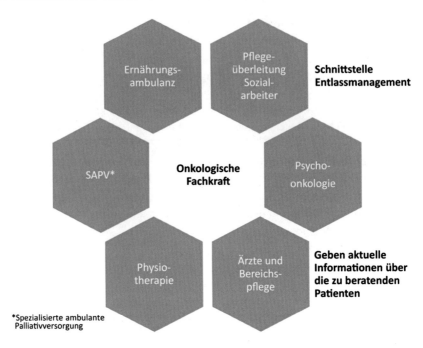

Abb. 6.11 Die onkologische Fachkraft im Zentrum des interprofessionellen Teams[177]

patientenzentrierten Versorgung anwenden. Mehrere Fachkräfte aus allen Bereichen des Gesundheitswesens arbeiten mit Patienten, Angehörigen und Pflegekräften zusammen, um eine hochwertige Versorgung zu gewährleisten (Abb. 6.11).[221]

Exemplarisch wird die Universitätsmedizin Mannheim als zertifiziertes onkologisches Zentrum dargestellt. Dort hat die onkologische Fachkraft eine zentrale Koordinationsfunktion in der Patientenbetreuung und -beratung. Sie nimmt an Tumorboards, onkologischen Arbeitsgruppen und interprofessionellen Qualitätszirkeln teil. Sie initiiert onkologischen Pflegevisiten, arbeitet an der Entwicklung von Standards mit und erstellt Konzepte, Patientenbroschüren und Fortbildungspläne.

Für die funktionierende Zusammenarbeit ist besonders wichtig, dass die Aufgaben und Kompetenzen der einzelnen Berufsgruppen klar zugeordnet und allen bekannt sind. Das betrifft besonders solche Aufgaben, die aufgrund ihrer Kompetenz durch mehrere Berufsgruppen abgedeckt werden könnten, sowie die funktionierende Kommunikation zwischen den Beteiligten im Team. Ein wichtiger fester Bestandteil ist

---

[177] Quelle: Bauer, M. (2020), S. 24.

[221] Vgl. Kurniasih, D. A. A.; Setiawati, E. P.; Pradipta, I. S.; Subarnas, A. (2022), S. 1

die interdisziplinäre und interprofessionelle Fallbesprechung und Pflegevisite, die als Voraussetzung für die Aufrechterhaltung der Zertifizierung zu dokumentieren ist.[223]

An der Universität Bonn haben sich Ärzte, Apotheker und Pflegekräfte Aufgaben in der Versorgung von Krebspatienten zugeordnet, woraus das „Multiprofessional Cancer Medication Management"-Modell entstanden ist.[224]

In Österreich gibt es seit über 10 Jahren das zumindest zur damaligen Zeit einzigartige Tumorboard für „onkologische Rehabilitation", wo in einem interprofessionellem Setting das weitere Vorgehen in der Rehabilitation für Patienten mit besonderen kardiovaskulären, orthopädischen oder neurologischen Risiken besprochen wird. Pilothaft ist das Board um die Plattform „CCC-SMSCR" (Comprehensive Cancer Center – Side-Effects-Management, Supportive Care & Rehabilitation) ergänzt worden, die sich um das Management von Nebenwirkungen kümmert.[225]

Die palliative Versorgung von Krebspatienten ist ein etablierter Ausgangspunkt für die interprofessionelle Versorgung, der mit Unterstützung des Managements auf weitere Bereiche ausgedehnt werden kann.

In der Organisation des Krankenhauses erfordert die Aufrechterhaltung der Zertifizierung als onkologisches Zentrum den Nachweis von interprofessionellen Fallbesprechungen und Visiten. Die onkologische Fachkraft nimmt eine koordinierende Funktion wahr, die z. B. über Qualitätszirkel die interprofessionelle Zusammenarbeit vorantreibt. Erste Ansätze für eine Ausdehnung der Interprofessionalität auf die Rehabilitation sind in Österreich vorhanden.

6.11.2 OP-Management

Die **Ziele des OP-Managements** als Prozessorganisation sind Effizienz, Patientensicherheit und Mitarbeiterzufriedenheit. Die zentralen Handlungsfelder sind OP-Koordination, Ressourcenmanagement, Prozess-Controlling und -optimierung.[226]

Eine repräsentative Studie aus dem Jahr 1999 zeigte auf, dass in einem Großteil der deutschen Krankenhäuser Defizite im OP-Management vorhanden sind. 41 % davon planen ein Reorganisationsprojekt. Zwischenzeitlich ist das neue Berufsfeld des OP-Koordinators entstanden. Der Vorstand der chirurgischen Universitätsklinik Ulm hatte z. B. beschlossen ein zentrales OP-Management mit OP-Manager und -Managementteam mit klar definierten Aufgaben und Verantwortlichkeiten (OP-Statut) einzuführen. Die Kernaufgabe ist die OP-Koordination. Das Managementteam setzt sich interprofessionell aus Leitung der OP-Pflege, einem leitenden Anästhesiepfleger und dem ärztlichen OP-Manager zusammen.

---

[223] Vgl. Bauer, M. (2020), S. 25–26 und Glaus A.; Schlag, P.M. (2016), S. 620.

[224] Vgl. Weißenborn, M. et al. (2018), o.S.

[225] Vgl. Crevenna, R.; Keilani, M.; Fialka-Mosert, V.; Mähr, B. (2017), S. 402.

[226] Vgl. Janda, M.; Brosin, A.; Reuter, D.A. (2022), S. 812.

Nach der Umsetzung konnte innerhalb kurzer Zeit eine gestiegene Personalzufriedenheit festgestellt werden. Eine weitere Verbesserung war die Reduzierung der Gesamtüberzugszeit, d. h. die Nutzungszeit des OPs außerhalb der vereinbarten Betriebszeit. Diese konnte von jährlich 5 auf 3 h reduziert werden. Die Ausfälle der geplanten OPs konnten von 12,4 % auf 5 % reduziert werden. Weiterhin wurde die OP-Kernbetriebszeit auf 8:00–15:30 Uhr umgestellt, während OP-Säle in der Vergangenheit häufig bis 18:00 Uhr genutzt wurden.

Rückblickend nach einem Jahr der Veränderung blieb festzuhalten, dass unrealistische OP-Programme weiterhin existieren. Bewährt hatte sich die Etablierung eines interprofessionellen „Team OP-Management", statt eines einzelnen OP-Managers.[229]

Der OP ist die zentrale Leistungseinheit im Krankenhaus, wo die existenziellen Erlöse generiert werden, insbesondere über geplante Operationen.[230]

Die Servicequalität im OP-Bereich ist als ein Schlüsselfaktor für den Erfolg des Krankenhauses zu betrachten (siehe Abb. 6.13). Zur Erfüllung der Servicequalität ist eine zügige Terminvergabe (Verfügbarkeit der Dienstleistung) und hohe Termintreue (zeitliche Zuverlässigkeit in der Bereitstellung) gegenüber Patienten und Operateuren (siehe Abb. 6.12) zu gewährleisten.[232]

Um die dafür erforderliche Planungs- und Prozessstabilität zu erhalten, hat sich seit ca. 20 Jahren ein institutionalisiertes OP-Management als eigenständige Organisationseinheit einer Klinik etabliert. Konsentiertes Arbeiten nach einem OP-Statut, die Nutzung von Krankenhausinformationssystemen und die Steuerung über ein auf Kennzahlen gestütztes Berichtssystem sind mittlerweile in den meisten deutschen Kliniken (in 2019: 85,2 % der Klinken) Standard.

Das OP-Management analysiert die prozessbezogenen Kennzahlen, um Prozessdefizite zu identifizieren und für deren Behebung zu sorgen.[233] Die Leistungskennzahlen für den OP-Bereich sind krankenhausübergreifend im Konsens mit Berufsverbänden in Deutschland, der Schweiz und Österreich standardisiert festgelegt. Für Deutschland sind das der BDA (Berufsverband Deutscher Anästhesisten), der BDC (Berufsverband der Deutsche Chirurgen) und der VOPM (Verband für OP-Management).

Je nach Größe des OP-Bereichs existiert ein OP-Management-Team, welches sich bei Bedarf aus einem OP-Manager und einer größenabhängigen Anzahl von OP-Koordinatoren zusammensetzt.[235] Das Team ist für die Koordination und Überwachung der Umsetzung verantwortlich.[236]

---

[229] Vgl. Gebhard, F. et al. (2003), S. 1063–1067.

[230] Vgl. Welk, I. (2015), S. 255.

[232] Vgl. Schüpfer, G; Konrad, C. (2011), 68–69.

[233] Vgl. Salehin, J.; Schmidt, C. (2011), S. 135.

[235] Vgl. Klockgether-Radke, A.; Bauer, M.; Wäschle, R. M. (2011), S. 182.

[236] Vgl. Salehin, J.; Schmidt, C. 2011), S. 135.

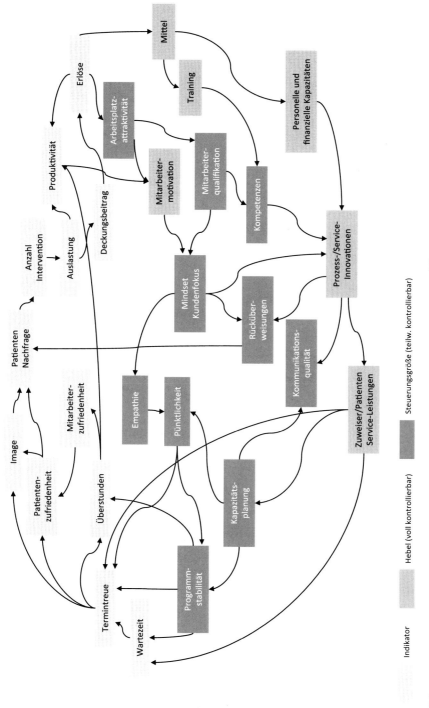

Abb. 6.12 Schematische Darstellung von Einflussfaktoren aus Sicht des OP-Managements[189]

[189] Quelle: Schüpfer, G; Konrad, C. (2011), 67.

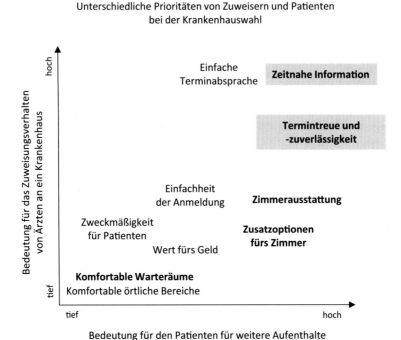

Abb. 6.13 Erwartungen an ein Krankenhaus als Dienstleistungsplattform[190]

Die Anästhesie ist prädestiniert, eine führende Rolle im OP-Management zu übernehmen, da sie die erforderliche medizinische Weitsicht hat.[237] Die **Aufgabendifferenzierung** gestaltet sich wie folgt: Der OP-Manager kümmert sich um die organisatorischen und ordnungspolitischen Rahmenbedingungen sowie die strategische Weiterentwicklung, während der OP-Koordinator die tägliche operative Arbeit bezogen auf die Zielsetzung koordiniert.

Da der OP-Bereich eine Ressource ist, die von verschiedenen Bereichen genutzt wird, sollte das OP-Management möglichst unabhängig sein, um eine hohe Akzeptanz bezüglich ihrer operativen und strategischen Entscheidungen zu erlangen. Personell kommt der OP- Koordinator aus dem ärztlichen Dienst, der Pflege oder der Geschäftsführung.

Das OP-Management erfüllt die Anforderungen:

- Kooperations- und Durchsetzungsfähigkeit sowie Konfliktbereitschaft,
- hohe Kommunikationsfähigkeit,
- grundlegende medizinische und betriebswirtschaftliche Kenntnisse,

---

[190]Quelle: Schüpfer, G; Konrad, C. (2011), 69.

[237]Vgl. Wulf, H.; Kill, C. (2007), S. 707.

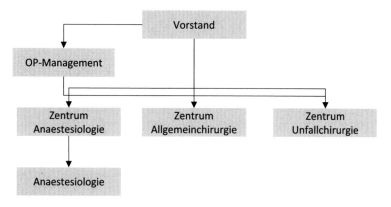

Abb. 6.14 OP-Management als Stabsstelle vom Vorstand[193]

- praktische Führungserfahrung,
- Flexibilität und
- Organisationsfähigkeit.

Bezüglich ihrer Einbindung in die Organisationsstruktur gibt es typischerweise drei Möglichkeiten, die auch von der internen Struktur des OP-Managements abhängen (Abb. 6.14, 6.15 und 6.16):

1. Stabsstelle des Vorstandes,
2. Linienfunktion eines Fachbereichs mit Mitarbeitern aus anderen in der OP-Nutzung beteiligten Fachbereichen,
3. Funktion in der Matrixstruktur aus Zugehörigkeit zu Vorstand und Linienfunktion eines Fachbereichs.

Die Zuordnung des OP-Managements zu einem Fachbereich kann zu Interessens-konflikten führen, da eine Abhängigkeit besteht. Mitarbeiter, die aus anderen beteiligten Fachbereichen zugeordnet sind, können ein Korrektiv bilden.

Das OP-Statut bzw. die OP-Geschäftsordnung stellt ein für alle verbindliches Regel-werk dar, das gemeinsam mit den Abteilungen der Anästhesiologie und den chirurgi-schen Fachbereichen entwickelt werden sollte, damit es auch von allen akzeptiert wird.

Das OP-Statut soll die gemeinsame Zielsetzung dokumentieren und Regeln für Anmeldung und Erstellung des OP-Programms beinhalten. Zudem muss die Inte-gration von Notfällen geregelt sein. Das OP-Statut ist von zentraler Bedeutung, da es

---

[193] Quelle: Klockgether-Radke, A.; Bauer, M.; Wäschle, R. M. (2011), S. 181.

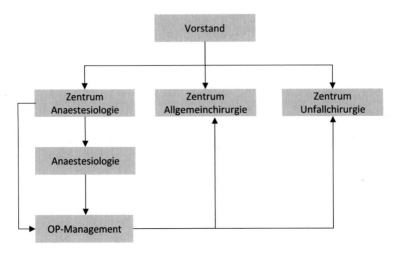

Abb. 6.15 OP-Management als Linienfunktion[194]

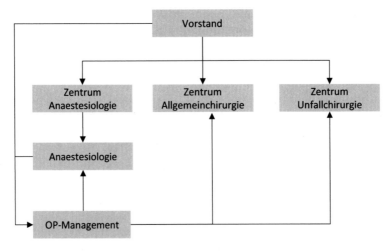

Abb. 6.16 OP-Management als Matrixfunktion[196]

Rahmenbedingungen für Planung und Entscheidung transparent macht und Verhaltens-
regeln vorgibt, die einen reibungslosen Ablauf unterstützen und Konflikte zu vermeiden
hilft.[240]

---

[194] Quelle: Klockgether-Radke, A.; Bauer, M.; Wäschle, R. M. (2011), S. 181.

[196] Quelle: Klockgether-Radke, A.; Bauer, M.; Wäschle, R. M. (2011), S. 181.

[240] Vgl. Klockgether-Radke, A.; Bauer, M.; Wäschle, R. M. (2011), S. 180–185.

Zusätzlich hat sich in der Praxis die Etablierung einer **Koordinationsgruppe** bewährt, die aus Vertretern jeder der den OP nutzenden Bereiche sowie der Anästhesiologie besteht. Sie bildet die direkten Kommunikationsschnittstelle zu dem OP-Management und stellt die Einhaltung der vereinbarten Regelungen sicher.

Zur Personalführung kommt in der Praxis in der Regel das bereits vorgestellt Instrument des **Management by Objectives** zum Einsatz, welches zunächst die Zielvereinbarung zwischen Geschäftsführung und OP-Management beinhaltet, die dann auf die Teamleitungen und die einzelnen Mitarbeiter heruntergebrochen wird.[241]

Die Gesamtverantwortung für einen Patienten ist geteilt zwischen dem Chefarzt der Fachabteilung und dem OP-Management.

Der Operationssaal selbst stellt hohe Anforderungen an die involvierten Professionen, um ein hohes Maß an Sicherheit für den Patienten zu erzielen und Fehler zu vermeiden. Zur Minimierung des Risikos stehen die Patientenidentifizierung, Team-Time-Out (TTO), PsSOS-ains, CIRS-AINS und das MOPAS-Berichtswesen als Instrumente zur Verfügung (Abb. 6.17).[242]

Im OP treffen konkurrierende Erwartungen und Interessen unterschiedlicher Anspruchsgruppen aufeinander, wie Patienten, den OP nutzende Fachbereiche, Anästhesie, Pflege, OP-Management, Kardiotechniker, Reinigungspersonal, Krankenhausmanagement.[243] Für das Konfliktmanagement nimmt das OP-Management eine moderierende Rolle war, um zwischen Partikularinteressen unterschiedlicher Berufsgruppen und hierarchischer Machtausübung zu vermitteln.

Das OP-Management benötigt eine weitreichende organisatorische Weisungsbefugnis, um die Umsetzung des operativen OP-Programms durchzusetzen und Prozessverbesserungen implementieren zu können. Das muss auch die OP-Funktionsdienste einschließen, da deren Motivation und Unterstützung grundlegend für die Umsetzung eines erfolgreichen OP-Managements ist. Das OP-Management-Team benötigt dafür eine gut entwickelte Führungs- und Kommunikationskompetenz. Ein neuerer Ansatz ist die Einführung eines zentralen OP-Funktionsdienste-Managers, der die Schnittstelle zwischen OP-Management und OP-Funktionsdiensten bildet und dem OP-Manager unterstellt ist. Er unterstützt in der Organisation das operative Management im Risiko- und Qualitätsmanagement und dem Kommunikations- und Informationsmanagement. Die zeitnahe und vollständige Informationsweitergabe sowie vertrauensvolle und kooperative Zusammenarbeit ist essentiell, um einen reibungslosen Ablauf im OP zu gewährleisten und perspektivisch die Effizienz zu verbessern. Dies lässt sich allerdings schwer umsetzen, wenn die Pflegedienstleitung nicht Mitglied der Vorstandsebene ist.[244]

---

[241] Vgl. Salehin, J.; Schmidt, C. (2011), S. 136.

[242] Vgl. Weyh, G.; Bauer, M. (2011), S. 88–90.

[243] Vgl. Welk, I. (2019), S. 212 und Salehin, J.; Schmidt, C. (2011), S. 133–134.

[244] Klockgether-Radke, A.; Bauer, M.; Wäschle, R. M. (2011), S. 180–182.

Klinik xyz

TEAM-TIME-OUT

Pat.-Nr.

Name, Vorname, Geb.-Dat.

(oder Patientenaufkleber)

OP-Datum: ___/___/___

Saal, Position: ___/___

Eingriffsart: _____

VOR ANÄSTHESIE-BEGINN

Anästhesie-FD überprüft:
- [ ] Identität des Patienten anhand Patientenakte und Patientenarmband und soweit möglich durch aktive Befragung (Name, Vorname, Geburtsdatum)
- [ ] Vorliegen einer gültigen Einverständniserklärung zur Narkose
- [ ] Verfügbarkeit der antibiotischen Medikation (sofern indiziert)

Unterschrift: _____ Name in Druckbuchstaben: _____

OP-Funktionsdienst überprüft:
- [ ] Art und Ort des Eingriffs anhand der Patientenakte und soweit möglich durch aktive Befragung (Prozedur, Seiten- und Höhenallokation, Markierungen)
- [ ] Vorliegen einer gültigen Einverständniserklärung zum operativen Eingriff
- [ ] Lagerungsverfahren in Bezug zum Eingriff korrekt angemeldet u. materialtechnisch möglich
- [ ] Verfügbarkeit der für den Eingriff benötigten Instrumente und Medizinprodukte

Unterschrift: _____ Name in Druckbuchstaben: _____

VOR OP-BEGINN

Operateur überprüft:
- [ ] Identität des Patienten
- [ ] Art, Ort und Seitenlokalisation
- [ ] Bildgebung
- [ ] Lagerungsverfahren in Bezug zum Eingriff korrekt ausgeführt

Unterschrift: _____ Name in Druckbuchstaben: _____

Klinik xyz

TEAM-TIME-OUT

VOR VERLASSEN DES OP-SAALES

OP-Funktionsdienst überprüft:
- [ ] Instrumente, Tücher, Kompressen, etc. korrekt gezählt und vollständig
- [ ] Proben für die Pathologie korrekt gekennzeichnet und weitergeleitet
- [ ] Fehlfunktionen bei Instrumenten/Geräten an Zentralsterilisation/Technik weitergeleitet

Unterschrift: _____ Name in Druckbuchstaben: _____

Anästhesist überprüft:
- [ ] Versorgungskapazität in adäquater weiterbehandelnder Einheit vorhanden u. angemeldet

Unterschrift: _____ Name in Druckbuchstaben: _____

Operateur überprüft:
- [ ] Postoperatives Verordnungsblatt ausgefüllt, ausgedruckt und patientennah mitgeführt

Unterschrift: _____ Name in Druckbuchstaben: _____

Abb. 6.17 TTO-Bogen OP-Management[200]

[200] In Anlehnung an Weyh, G.; Bauer, M. 2011), S. 92.

Um weitere Verbesserungen in der interdisziplinären und interprofessionellen Zusammenarbeit sowie an den Schnittstellen zu anderen Bereichen zu erzielen, wird eine flexible Kapazitätsplanung, eine Agilisierung der Kommunikation, eine erweiterte Prozessorganisation, die eingehende und ausgehende Schnittstellen berücksichtigt, sowie die Nutzung von künstlicher Intelligenz angestrebt.

Bedingt durch Ressourcenengpässe und mangelnde Abstimmung in den OP vor- und nachgelagerten Bereichen, kommt es zu Prozessstörungen im OP-Ablauf. Um diese zu minimieren, ist eine ganzheitliche Steuerung des Patientenpfades von der Aufnahme bis zur Entlassung erforderlich. Zusätzlich zu den planbaren Operationen kommen ungeplante Notfälle, für die Kapazitäten zu reservieren sind. Das OP-Management muss die Notfallversorgung in das geplante OP-Programm integrieren und in einem komplexen Organisationsumfeld mit vielen Schnittstellen abstimmen. Dazu sind durch das OP-Management Kommunikationswege zu etablieren und eine vorab definierte, indikationsbezogene Versorgungsschiene mit dem OP-Plan zu synchronisieren. Eine gute Abstimmung zwischen Schockraum- und OP-Management unterstützt die effiziente, kurzfristige Adaption des OP-Programms. Dabei teilen beide die Zielsetzungen des Identifizierens lebensbedrohlicher Verletzungen, der Festlegung von Therapieprioritäten, Koordination der Begleitmaßnahmen, Minimierung von Zeitverlusten zur Vermeidung von sekundären Schädigungen sowie die Vernetzung von Arbeitsabläufen und Schnittstellen.

Der Umfang der Notfallkapazitäten als „stille Reserve" sollte sich an bereits erhobenen Daten orientieren, z. B. prozentualer Notfallanteil in der Kernbetriebzeit, und mit den OP nutzenden Bereichen abgestimmt werden. Unrealistische Schätzwerte der Fachbereiche sind nicht hinzuzuziehen, damit sich diese keine ungenutzten Kapazitäten sichern.[245]

Die perioperative Prozessanalyse bietet die Möglichkeit, Verbesserungspotenziale bezogen auf die Effizienz des Behandlungsprozesses sowie der Qualität in der Patientenversorgung aufzuzeigen. Die Effizienz im OP-Bereich selbst hängt von der Güte der Organisation in den prä-operativen Bereichen ab. Daher ist eine OP-Bereich-übergreifende Abstimmung mit diesen Bereichen erforderlich, um das Optimierungspotenzial zu heben.

Im OP-Bereich selbst sind die Koordination und Optimierung der Wechselzeiten die größte Herausforderung, insbesondere, wenn ein Wechsel des Operateurs erfolgt, spezieller wenn ein Wechsel von einem hauseigenen Operateur zu einem Belegarzt ansteht. Da lange Wechselzeiten zu erheblichen Kosten führen können, muss das OP-Management Maßnahmen zur Kostensenkung ergreifen. Eine wichtige Zielsetzung ist, eine hohe OP-Plan-Stabilität zu erreichen, indem im Tagesplan z. B. der erste eingeplante Patient nur bei Notfällen nach hinten geschoben wird und Operationen mit aufwendiger

---

[245] Vgl. Janda, M.; Brosin, A.; Reuter, D.A. (2022), S. 811–815 und Welk, I. (2015), S. 254–257.

Vorbereitung nicht an den Tagesbeginn gelegt werden. Die OP-Planung ist die Grundlage für einen möglichst effizienten Ressourceneinsatz im OP.[246]

Für das OP-Management hat sich die Etablierung eines interprofessionellen Führungsteams bewährt. Ansätze zur Verbesserung der interprofessionellen und Schnittstellen-übergreifenden Zusammenarbeit durch das OP-Management sind eine Flexibilisierung der Kapazitätsplanung, agilere Kommunikationsmechanismen, eine größere Reichweite in der Prozesssteuerung über den OP-Bereich hinausgehend sowie die Nutzung von künstlicher Intelligenz.

6.11.3 Medikationsmanagement

Die Medikamentenversorgung ist im stationären und ambulanten Bereich unterschiedlich organisiert. Selbst bei einer Beschränkung auf den stationären Bereich gehört der Versorgungsprozess zu den Hochrisikoprozessen, da in vielen Prozessschritten, von der Verordnung über die Arzneimittel-Vorbereitung, die Verabreichung bis hin zur Dokumentation, Fehler auftreten können.[248]

Im häuslichen Bereich stoßen Patienten ohne Pflegeunterstützung in ihrem individuellen Medikationsmanagement oft an ihre physischen, psychischen und sozialen Grenzen. Diedrich, Zúñiga und Meyer-Massetti haben in der Schweiz untersucht, wie Patienten eine Unterstützung durch die ambulante Pflege für ihre Medikationssicherheit bewerten. Die Studie beinhaltete einen Pflegedienst, der ca. 400 Patienten pro Monat betreut, die von 350 verschiedenen Ärzten und 2 Krankenhäusern zugewiesen worden sind. Diese Studie zeigte auf, wie die Patienten an ihre Grenzen stießen und wo sie Unterstützung in ihrem Medikationsmanagement benötigten. Letzteres war eine große Entlastung für die Patienten, insbesondere bei einer umfangreichen Anzahl einzunehmender Medikamente.[249]

Der Leiter der Abteilung klinische Pharmazie am pharmazeutischen Institut der Rheinischen Friedrich-Wilhelms-Universität Bonn, Dr. Jaehde, strebt ein patientenspezifisches und strukturiertes Medikationsmanagement sowie eine gute interprofessionelle Zusammenarbeit an. Die Digitalisierung sieht er als ein entscheidendes Mittel zur Umsetzung in der Praxis. Die Verwendung elektronischer Verordnungssysteme, idealerweise als Teil der digitalen Patientenakte, stellt eine stabile Grundlage für das Medikationsmanagement durch Apotheker dar, egal ob stationär oder ambulant, um die Arzneimittelsicherheit (AMTS) zu erhöhen.[250]

---

[246] Vgl. Götz, O.; Michalowsky, B.; Fleßa, S. (2018), S. 162–175.

[248] Langebrake, C. (2022), S. 165.

[249] Vgl. Diedrich, D.; Zúñiga, F.; Meyer-Massetti, C. (2021), S. 667–669.

[250] Vgl. Schröder, H. et al. (2022), S. 7–8 und Langebrake, C. (2022), S. 162.

Jaehde sieht Handlungsbedarf in der klaren interprofessionellen Rollenverteilung bei der Medikationsanalyse und im Management, um die AMTS zu verbessern. Hierzu sieht er den Bedarf, entsprechende Anreize zu schaffen und Überprüfungsverpflichtungen zu definieren. Konkret befindet sich das interprofessionelle, risikoadaptierte Medikationsmanagement für ältere Krebspatienten (IrMa) in der Testphase. Ältere Krebspatienten haben bereits vor dem Beginn der Krebstherapie mehrere Medikamente bezogen auf andere Krankheiten einzunehmen, sodass mit dem Beginn der Therapie bis zu 15 verschiedene Medikamente verordnet sein können.[251]

Technologisch gibt es bereits Lösungen zur patientenindividuellen Verblisterung von Medikamenten, wie 7-Tage-Pillendose mit Alarmfunktion sowie Dosier- und Kommunikationssysteme für den häuslichen Gebrauch, die sich allerdings auf die Kommunikation zwischen Patient und Apotheke beschränkten. Die exemplarisch genannte Vernetzungsplattform MediMan (Medikationsmanagement für Apotheken) bietet die Möglichkeit, aus dem Medikationsplan Bestellungen zu initiieren und über eine Chat-Funktion mit den Beteiligten zu kommunizieren. Nach Abstimmung mit dem Arzt kann der Pflegedienst oder die Apotheke das Medikationsmanagement stellvertretend übernehmen, d. h., die Plattform ermöglicht die interprofessionelle Zusammenarbeit durch die systematisch geregelte Erteilung von Berechtigungen. Allerdings sind Abrechnungsmodalitäten für die Verblisterung und der Übernahme von Medikationsmanagement Aufgaben durch die Apotheke noch nicht geregelt.[252]

Die Bundesregierung unterstützt die Etablierung eines sogenannten Closed-Loop-Medication-Management (CLMM)-Prozesses für den stationären Bereich. Das Ziel ist die wirksame, sichere und kostengünstige Arzneimitteltherapie aller Patienten im Krankenhaus. Dieser beinhaltet wissenschaftlich evaluierte Instrumente und Maßnahmen zur Verbesserung der AMTS. Der Prozess beinhaltet die elektronische Dokumentation von Arzneimittelverordnungen und -verabreichungen und ein interprofessionelles Management, welches Stationsapotheker und eine auf den einzelnen Patienten zugeschnittene Arzneimittellogistik beinhaltet. Bei Eintritt des Patienten ist eine umfassende Arzneimittel-Anamnese erforderlich, um die korrekte Fortführung der bisherigen Medikation zu gewährleisten. Im Rahmen des Entlassmanagements, zu dem Krankenhäuser gemäß § 39 SGB V verpflichtet sind, ist wiederum zu bestimmen, wie der aktualisierte Medikationsplan nach der Entlassung aussieht. Dabei ist die Medikation vor Eintritt ins Krankenhaus zu berücksichtigen und ggf. zu aktualisieren. Bedingt durch ihre pharmakologischen und pharmazeutischen Kenntnisse sowie ihre organisatorischen Kenntnisse der organisatorischen Abläufe in der Arzneimittelversorgung nehmen die Krankenhausapotheker die entscheidende Rolle dabei ein.[253]

---

[251] Vgl. Jaehde, U. (2021), S. 222–225.

[252] Vgl. Kajüter, P.; Behne, A.; Teuteberg, F. (2023), S. 173–187.

[253] Vgl. Hilgarth, H.; Waydhas, C.; Dörje, F. *et al.* (2022), S. 5 und Langebrake, C. (2022), S. 165–168.

Das Medikationsmanagement ist kritisch für die Erhöhung der Arzneimittelsicherheit (AMTS). Dazu wird ein interprofessioneller Ansatz benötigt, dessen Umsetzung durch Klärung der Rollenverantwortlichkeiten, insbesondere für die Medikationsanalyse, und Digitalisierung gefördert wird. Digitale Plattformen ermöglichen die berufsgruppenübergreifende Zusammenarbeit durch die zentrale Bereitstellung von Informationen und Dokumentationen entlang des Versorgungsprozesses von der Verordnung bis zur dokumentierten Verabreichung, die Erteilung von Berechtigungen für bestimmte Aktivitäten, insbesondere durch die Einbindung des Apothekers, sowie die technische Anbindung der individuellen Arzneimittellogistik der Patienten.

6.12   Neuere Managementansätze

Der medizinische Fortschritt, veränderte Patientenbedürfnisse, ökonomische Entwicklungen und sich ändernde Rahmenbedingungen sind Treiber für eine verstärkte berufsgruppenübergreifende Zusammenarbeit. Aktuell wird verstärkt auf gemeinsame Ausbildungsmöglichkeiten für Medizin und Pflege wert gelegt, um Synergien in der Zusammenarbeit zu erreichen. Jüngere Ärzte wünschen sich eine zunehmend kooperative Form der Zusammenarbeit mit anderen Berufsgruppen.[254] In ersten Managementkonzepten erfolgt eine Berücksichtigung von Interprofessionalität, um eine Patientenversorgung auf höchstem Niveau zu gewährleisten.[255] Mit der Umsetzung eines integrierten Managementansatzes werden organisationale Veränderungen von Strukturen geschaffen, die Lernräume für interprofessionelle Zusammenarbeit eröffnen und damit Schritte zur systematischen Veränderung darstellen.[256]

Alle neueren Managementansätze beschäftigen sich mit der Strukturierung von Arbeit, d. h. der **Gestaltung von organisatorischen und sozialen Bedingungen**, wobei die Bedürfnisse, Erwartungen und Einstellungen der Mitarbeiter mit den Zielen der Organisation in Verbindung gebracht werden.[257]

In den folgenden Abschnitten werden Managementansätze vorgestellt, die Vorlagen für ein interprofessionelles Management darstellen, welches beziehungsorientiert ist, aber auch den Anforderungen einer VUCA-Welt gerecht werden kann, also einem Organisationsumfeld, welches durch eine zunehmende Volatilität, Unsicherheit, Komplexität und Ambiguität gezeichnet ist, wie sie in Abschn. 6.9.3 vorgestellt worden ist. Diese Managementansätze haben unterschiedliche Herkunft, um sie von der histo-

---

[254] Vgl. Richter-Kuhlmann, E. (2021), S. A2098.

[255] Vgl. Mahnke, A.; Loibl, J. (2021), S. 18–19.

[256] Vgl. Prescher, T.; Weimann-Sandig, N.; Wiesner, C. (2022), S. 44.

[257] Vgl. Hensen, P. (2019), S. 366–367.

rischen Entwicklung des Gesundheitswesens zu lösen und eine Ansatzbreite für die Vertiefung der späteren konzeptionellen Diskussion des interprofessionellen Managements zu bieten.

6.12.1 Crew-Resource-Management

Der CRM (Crew or Cockpit Resource Management)-Ansatz beruht auf einer integrierten Ausbildung in den Bereichen Kommunikation, Offenlegung und Teamarbeit, die ein ausgewogenes Management aller für einen sicheren Flug erforderlichen Ressourcen ermöglicht. Der reibungslose Betrieb von Flugzeugen wird durch die folgenden Faktoren erleichtert:

- definierte Grenzen für die Aufgabe (Vorbereitung, Start, Flug, Landung),
- ein festes Team für die Dauer eines jeden Fluges,
- einfache gemeinsame Ziele, denen sich das Team verpflichtet fühlt,
- enge räumliche Nähe der Teammitglieder; wenig Unterbrechungen,
- garantierte Kommunikationsverbindungen über Kopfhörer und Mikrofone,
- regelmäßige Nachschulung durch den Einsatz von High-Fidelity-Simulations-Lernmethoden.[259]

Im Mittelpunkt stehen keine abteilungsbezogene Organisation, sondern die Prozesse/ die Abläufe. Das interprofessionelle und methodische Arbeiten kombiniert mit Führung, Kommunikation und Entscheidungsfindung, ausgerichtet am Prozess, zeichnet Crew-Ressource-Management aus.[260]

Das Crew-Ressource-Management (CRM) ist in nicht-medizinischen Bereichen mit geringer Fehlertoleranz (z. B. Luftfahrtsicherheit) weit verbreitet und hat Eingang in die professionelle medizinische Notfallausbildung gefunden. Dazu berichten Tathali, D., Bohmann, F. und Kollegen in ihren Forschungsergebnissen von der Reorganisation der Schlaganfallnotaufnahme, in der ein interprofessionelles Team nach CRM-Grundsätzen eingeführt und regelmäßig über Simulationstrainings geschult wurde. In diesem Modell wird die Kommunikation mit dem Rettungsdienst in der Prähospitalphase so gestaltet und optimiert, dass schnellstmöglich eine effiziente Arbeitsteilung für einen reibungslosen Ablauf bei der Akutversorgung sichergestellt wird.

Die Teilnehmer des exemplarisch beschriebenen Forschungsprojektes von Tathali, D., Bohmann, F. und Kollegen bewerteten die Simulationstrainings für die

---

[259]Vgl. Reeves, S. (2010), S. 65–66.
[260]Vgl. Baum, S. (2017), S. 31.

Schlaganfallversorgung sehr positiv, insbesondere die Praxisrelevanz, die Inhalte zum CRM und zur Kommunikation sowie den Arbeitsplatz als Lernort.[261]

Da das CRM die Arbeitsabläufe methodenorientiert gestaltet, wird im Methoden-Kapitel tiefer auf den Ansatz eingegangen.

6.12.2 Das integrierte Managementsystem (IMS®) nach Fredmund Malik

Managementsysteme haben in der Regel einen normativen Charakter. An der Universität St. Gallen sind Managementmodelle entwickelt worden, die der wirtschaftswissenschaftlichen Systemtheorie entspringen. Ein Vertreter war Fredmund Malik, der das St. Galler Managementmodell von Ulrich und Krieg weiterentwickelte und damit einen wesentlichen Beitrag zur Modellentwicklung eingebracht hatte. Er wurde 1977 zum Direktor des Management Zentrums St. Gallen (MZSG) berufen. Das Zentrum gilt als führend im kybernetischen Denken und bei kybernetischen Managementansätzen.

Das integrierte Managementsystem (IMS®) ist eines von drei Basissystemen der sogenannten Malik-Managementsysteme, welches ein ganzheitlicher Ansatz unter Beachtung von sowohl organisatorischen wie auch mitarbeiterbezogenen Aspekte darstellt, wie auch verschiedene Zeithorizonte umfasst (Abb. 6.18). Malik definiert die wesent-

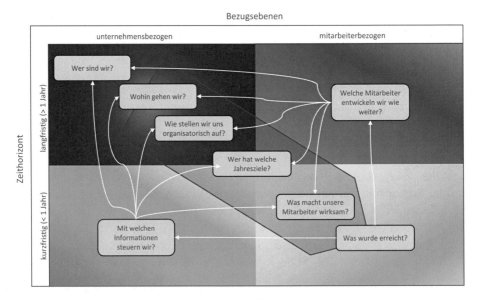

Abb. 6.18 Das IMS® im Überblick[219]

---

[219] Quelle: Malik management (o. J.), S. 3

[261] Vgl. Tahtali, D.; Bohmann, F.; Rostek, P.; Misselwitz, B.; Reihs, A.; Heringer, F.; Jahnke, K.; Steinmetz, H.; Pfeilschifter, W. (2016), S. 1328–1329.

lichen Elemente eines Managementsystems und ihre Wechselwirkungen untereinander
mittels Kernfragen (siehe Abb. 6.19). Diese weisen den logischen Weg vom Unter-
nehmenszweck („Wer sind wir?" und „Wo gehen wir hin?") über die organisatorische
Ausgestaltung („Wie stellen wir uns organisatorisch auf?") und den Führungsprozess
(„Wer hat welche Jahresziele?") sowie deren Managerial Effectiveness („Was macht
unsere Mitarbeiter wirksam?") zu den individuellen Leistungsergebnissen („Was wurde
erreicht?"). Begleitet wird der Weg unternehmensbezogen durch dispositive Systeme
und das Controlling („Mit welchen Informationen steuern wir?") und mitarbeiterbezogen
durch die Führungskräfte- und Mitarbeiterentwicklung („Welche Mitarbeiter entwickeln
wir wie weiter?").[262]

Die formale Beschreibung des Systems ermöglicht, dies als Grundlage für einen Sys-
temaudit zu verwenden, um daraus eine Diagnose der Stärken und Schwächen zu erhalten und entsprechende Verbesserungsmaßnahmen abzuleiten (Maßnahmenkatalog)
(Abb. 6.22).

Das IMS ist kein Managementansatz, der das Management der interprofessionellen
Zusammenarbeit adressiert, bietet aber durch die Strukturierung als System mit
Komponenten und deren Wechselwirkung einen Ansatzpunkt, um die interprofessionelle
Zusammenarbeit als strategisches Ziel systematisch in die Organisationssteuerung zu
integrieren. Eine Ergänzung stellt das Managementsystem ein strukturierter Rahmen
dar, um die Implementierung des interprofessionellen Managements auf der Ebene der
Gesamtorganisation zu bewerten und daraus weitere Schritte abzuleiten.

6.12.3 Ability-Management

In diesem Abschnitt wird der Management- bzw. Führungsansatz des Ability-Managements vorgestellt, dessen Herkunft skizziert und der Nutzen beschrieben.

Das Ability-Management entstammt dem **Dis**ability-Management, welches sich mit
dem Management von Menschen mit Beeinträchtigungen auseinandersetzt und als Begriff in den 1980er-Jahren in Fachzeitschriften zur beruflichen Rehabilitation in den
USA auftauchte. Inhalt war das frühzeitige Management von Folgen durch Arbeits-
unfälle oder Berufskrankheiten. Das Wort „Ability" kommt aus dem Englischen und
kann mit Fähigkeit übersetzt werden, d. h., Ability-Management orientiert sich an den
vorhandenen Fähigkeiten von Mitarbeitern. Das grundsätzliche Verständnis ist, dass
„Arbeit für alle zugänglich gemacht wird" und „produktiv sein" ein anzustrebender Wert
darstellt.

---

[262] Vgl. Kuntsche, P.; Börchers, K. (2017), S. 503 und Cibulka, E. (2018), S. 162–163.

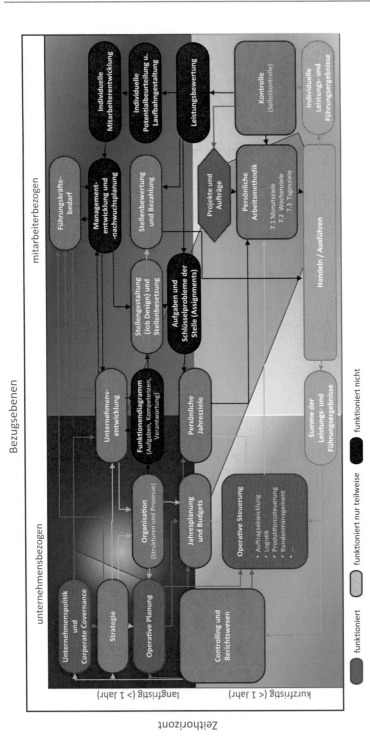

Abb. 6.19 Bewertungsbeispiel auf Basis der ausführlichen Version des IMS[222]

222 Quelle: Malik management (o. J.), S. 4

Ein Paradigmenwechsel innerhalb der Sozialwissenschaften und der Psychologie schuf die konzeptionellen Voraussetzungen. Ursprünglich wurde das Ursache-Wirkungs-Prinzip mit dem Ziel angewandt, die Ursache (Defizit) unerwünschter Wirkungen zu identifizieren und zu eliminieren. Zunächst wurde das Defizit auf der Ebene der Person verortet, später wurden auch gesellschaftliche Problemlagen und Krankheiten als Ursachen erkannt. Die systemtheoretischen Arbeiten verschiedener Wissenschaftler Mitte des 20. Jahrhunderts reformierten die Betrachtungsweise grundsätzlich. Einen weiteren Schub gegen die Defizitorientierung kam durch den Begründer der positiven Psychologie, Martin Seligman, Ende der 1990er-Jahre. Seligmann sieht in den Stärken eine mentale Kraft, die positive Gefühle hervorruft. In der neuropsychologischen Forschung wird vom Tetris-Effekt gesprochen, der besagt, dass unsere Gedanken, Wahrnehmung, Denkmuster und Erwartungshaltung unsere Gefühle und darauf aufbauen unser Verhalten beeinflussen.

Parallel mit den Entwicklungen auf der psychologischen Ebene verschob sich im Sozial- und Gesundheitswesen auf der organisationalen Ebene der Fokus vom Output (erzielte Arbeitsergebnisse) hin zum Outcome (Auswirkungen der Arbeitsergebnisse auf den Patienten/Klienten). Das Social Institute for Excellence in Großbritannien formuliert folgende Definition:

„Strenghts-based practice is a collaborative process between the person supported by services and those supporting them, allowing them to work together to determine an outcome that draws on the person's strengths and assets."[263]

Diese Denkweise steht im Gegensatz zur Ausrichtung des deutschen Gesundheitssystems, welches primär durch seine gesetzlichen Rahmenbedingungen defizitorientiert ausgerichtet ist (siehe Tab. 6.5. für den Vergleich zwischen herkömmlichen Ansatz und Stärkeorientierung) Tab. 6.6.

Studien zeigten, dass die erkennbare eigene Konzentration auf Stärken eine Vorbildfunktion ausübt, die die Perspektive anderer Personen auf ihre eigenen Stärken fördert, was wiederum das stärkeorientierte Arbeiten im Team unterstützt und die Zusammenarbeit neu gestalten lässt.

In der Führungspraxis findet sich dies selten implementiert, da Management sich primär auf Defizite als zu lösende Probleme konzentriert. Ability Management führt somit in der Organisationspraxis zu einem Veränderungsprozess (Change-Management), insbesondere was das Mindset von Mitarbeitern und Führungskräften betrifft. Den Mitarbeiter ist klar zu kommunizieren, warum die Einführung des Ability-Managements sinnvoll ist, welche Vor- und Nachteile mit der Einführung verbunden sind und welche Ziele angestrebt werden. Dazu bedarf es eines klaren Commitments und der Initiative sowie die Verankerung in den Zielvereinbarungen von Management und Mitarbeitern auf strategischer und operativer Ebene. Ein partizipatives Vorgehen ist dabei förderlich (siehe Tab. 6.7). Ein Scheitern ist, wie bei allen Change-Management-Prozessen, nicht

---

[263] Zitiert aus Rosken, A. (2022), S. 11.

Tab. 6.5 Stärkeorientierung im Vergleich zum herkömmlichen Ansatz[227]

Herkömmliche Ansätze	Stärkenorientierung
Fokus liegt auf Defiziten von Menschen und Gruppen	Fokus liegt auf Stärken von Menschen und Gruppen
Gehen auf Probleme und Defizite ein	Suchen nach Möglichkeiten, Stärken und Ressourcen
Rolle und Funktion der Leistung steht im Vordergrund	Arbeit wird als Aspekt in der individuellen Lebenswelt der Akteure gesehen
Arbeitsfokus liegt auf dem einzelnen Menschen	Betont die Rolle des Einzelnen
	Solidarität und Gerechtigkeit stehen im Vordergrund
Menschen sind Klienten, passive Nutzer von Diensten und Leistungen	Menschen werden als einzigartig gesehen mit all ihren Stärken
	Akteure sind Mitwirkende und Ko-Produzenten

auszuschließen, da Veränderungen zu Konflikten und Aushandlungsprozessen führen können.

Für die organisationale Etablierung des Managementansatzes ist die bestehende Aufbau- und Ablauforganisation zu analysieren und im Sinne gelingender Interaktionsbeziehungen zwischen Führungskraft und Mitarbeiter sowie Mitarbeitern untereinander ggf. anzupassen. Die Mitarbeiter sind aufgefordert, den neuen Beurteilungskonzepten vorurteilsfrei zu begegnen (Abb. 6.20).

Trotz Fachkräftemangel und einer fortschreitenden Reduktion der Arbeitskräfte durch die demographische Entwicklung sowie erhebliche finanziellen Aufwände der deutschen Rentenversicherung, um die Teilhabe am Erwerbsleben zu ermöglichen, hat „Ability" bzw. das Management vorhandener Fähigkeiten einen geringen Stellenwert in der Praxis wie auch in der Führungsforschung, trotz positiver Effekte für Organisation und Mitarbeiter. Der Kern des Ability-Managements besteht in der Schärfung des Blicks auf die vorhandenen Stärken in der Organisation. Der Mitarbeiter wird in diesem Führungsansatz als Individuum betrachtet, welches sich in einer bestimmten Lebensphase

---

[227] Quelle: Rosken, A. (2022), S. 12.

Tab. 6.6 Ability-Management-Ansatz Top-Down[228]

Phase	Ebene	Ziele	Maßnahmen
Strategiedefinition	Strategische Ebene	Entwicklung eines auf die Organisation zugeschnittenen strategischen Ability-Management-Ansatzes, um Human Ressources entlang ihrer Fähigkeiten zu nutzen	Überzeugung der Führungsebene
		Schaffen einer Ability-gerechten Organisationskultur	Überprüfen normativer Ability-Management-Ansätze, Einbettung in die strategische Ebene und In die Gesamtziele der Organisation
		Etablieren der Ability-Management-Ansätze im Wertekanon	Verankerung von Ability im Wertkanon der Organisation, damit Beschreibung des Selbstbildes der Organisation
			Entscheidung und Bekenntnis zu einem nachhaltigen Ability-Management
Ability-Management-Konzept	Mittlere Ebene	Operative Umsetzung des Ability-Management-Ansatzes	Überführung strategischer Ability-Überlegungen auf die operative Ebene
			Ganzheitliches, integratives Konzept zum nachhaltigen Kulturwandel der Organisation definieren und beschreiben
		Verankerung des organisationalen Wertekanons im Selbstbild der Mitarbeiter	Integration und Skalierung der Ability-Management-Ziele in die Pläne der Organisation und in die Zielvereinbarung aller Akteure
Operative Umsetzung	Operative Ebene	Schaffen von Vorbildern	Ability-Champions definieren und trainieren
		Ausbilden von Ability-Reife und - Kompetenzen	Mitarbeitertraining
			Encounter-Trainings, Trainings zur Selbstreflexion
			Recruiting neuer Mitarbeiter nach Ability-Gesichtspunkten
			Ability-Meßgrößen implementieren: KPI, Score Card
			Schaffen von Anreiz-/Incentiveprogrammen und Visiblty in der Organisation
		Sustain: Kontinuierliche Verbesserung	Monitoring normativer und strategischer Veränderungen zur operativen Umsetzung

[228] Quelle: Rosken, A. 2022), S. 68.

Abb. 6.20 Personalentwicklung im Ability-Management[234]

befindet, die das Handlungsfeld bestimmt. Unterschiedliche Beobachtungsebenen sind in der Organisation erforderlich, um Unterschiede und die Position von Individuen im sozialen Netzwerk zu identifizieren und so die Entfaltung von Potenzialen zu ermöglichen.

Personen mit hohem Reifegrad weisen folgende Kompetenzen auf:

- Akzeptanz persönlicher Verantwortung,
- Zeigen von situativem Verständnis,
- Kenntnisse der Voraussetzungen für Ability-Management,
- Wissen um die Existenz von Komplexität und Spannungen,
- Kritisches Hinterfragen von Bestehendem,
- Bereitschaft zum kontinuierlichen Lernen.

Ability-Management-Prozesse benötigen einen hohen Reifegrad der Mitarbeiter, damit die erforderliche Integration auf verschiedenen Ebenen der Organisation gelingt. Vorurteilsbildungen im individuellen, organisatorischen und sozialen Umfeld können zu Verzerrungen führen.

Der Ausgangspunkt für die zentralen Empfehlungen von Rosken zum Ability-Management ist die Unterstützung der Führungskräfte bei der Identifizierung der vorhandenen Stärken jedes einzelnen Mitarbeiters. Daran schließt sich die Chance eines langfristig andauernden Lern- und Entwicklungsprozesses an, wenn dieser für alle Mit-

---

[234]Quelle: Rosken, A. (2022), S. 88.

arbeiter barrierefrei, d. h. zugänglich, ausgestaltet wird und ermöglicht wird, aus Fehlern zu lernen, um neue Lösungen zu entwickeln. Zur Sicherstellung der operativen Verankerung in der Organisation sollte es eine Ability-Management-Abteilung geben und/oder Champions in den Fachabteilungen. Eine Betonung der Stärkeorientierung in der Organisation und nach außen hat den positiven Effekt als attraktiver Arbeitgeber wahrgenommen zu werden, da zukünftige Mitarbeiter erkennen, dass die Organisation Raum bietet, ihre Stärken zur Entfaltung bringen zu können. Organisationsintern ist die Ausprägung von netzwerkartigen Strukturen hilfreich, um für Projekte und Aufgaben, die beste Expertise zusammenzubringen, wozu es hilfreich ist, wenn die vorhandenen Stärken entsprechend den vorhandenen Bedürfnissen in einem Datenmanagementsystem systematisch erfasst sind. Die Empfehlungen für ein gelingendes Ability-Management sind in Abb. 6.21 zusammengefasst.[264]

Das sich aus dem Disability-Management entwickelte Ability-Management bietet für die interprofessionelle Zusammenarbeit Vorteile. Die Führungskraft versucht, die Stär-

Abb. 6.21   Empfehlungen zur Ability-Orientierung[238]

---

[238] Quelle: Rosken, A. (2022), S. 172.

[264] Vgl. Rosken, A. (2022), S. 1–171.

ken der Mitarbeiter in ihren Professionen zu verstehen und die inhaltliche Arbeit dort hinzudelegieren, wo das Wissen und Können vorhanden ist, was die Bereitstellung von zeitlichen Ressourcen ihrerseits bedarf. Im Ergebnis werden die individuell vorhandenen Bedürfnisse und Stärken der Mitarbeiter besser zum Nutzen der Organisation erschlossen. Um diesen Ansatz erfolgreich umzusetzen, sind ein Commitment der obersten Führung, eine eindeutige Initiative sowie eine Verankerung in den Zielvereinbarungen von Führungskräften und Mitarbeitern erforderlich.[265]

6.12.4 Lean Management

Das Lean Management kommt ursprünglich aus der Automobilindustrie und hat seinen Ursprung in der Einführung der Arbeitsausführung durch Fließbänder durch Henry Ford. Beim „Lean Management [handelt es sich] weniger um ein Produktionskonzept als um eine Philosophie zur Eliminierung von nicht werthaltigen Elementen aus allen Prozessen, die bei der Herstellung von Gütern oder bei der Vollbringung von Dienstleistungen angewandt werden kann".[266] Mit der Initiierung des Lean Thinking durch Womack und Jones erweiterte sich der Wirkungsbereich des Konzepts. Der gesetzliche Anspruch für die medizinische Versorgung ist, dass diese unter dem Wirtschaftlichkeitsgebot sichergestellt werden soll. Für die Übertragung auf Gesundheitsorganisationen tauchten unter humanistischen Gesichtspunkten aber Bedenken bei Ärzten und in der Pflege auf. Bei der beginnenden Anwendung in den 1990er-Jahren führte dies zu einem Abbau von Personal und Ressourcen und reduzierte in der Folge die Agilität, um sich auf veränderte Rahmenbedingungen anpassen zu können, was in der Konsequenz dazu führte, dass Risiken für Mitarbeiter und Patienten gestiegen sind, insbesondere ist das Auftreten von Fehlern angestiegen. Diese Art der Umsetzung des Lean- Management-Ansatzes geht an der Intention des Ansatzes vorbei.

Warum ist dieser Managementansatz, korrekt angewendet, für Krankenhäuser dennoch erfolgversprechend? Er zeichnet sich durch eine starke Fokussierung auf den Kunden aus, z. B. durch mehr Zeit für den Patienten, Gestaltung von mitarbeiterfreundlichen Arbeitsplätzen und dem Streben nach kontinuierlicher Verbesserung und stellt eine gute Methode zur Erweiterung und Vertiefung der Kommunikationsmethodik dar. Dies wird dadurch erreicht, dass eine prozessorientierte Sichtweise für die Leistungserbringung in den Vordergrund gestellt wird, d. h., die Sicht des Patienten auf seine Behandlung wird in das professionelle Handeln mit einbezogen.

Um dafür zeitliche und finanzielle Freiräume zu schaffen, ist die Reduzierung von Verschwendung, d. h. der bewusste Umgang mit den eigenen Ressourcen und nicht

---

[265] Vgl. Rosken, A. (2022), S. 175–178.

[266] Kraft, T. (2015), S. 28.

deren Reduzierung, ein zentraler Bestandteil des Managementansatzes, insbesondere bei vorherrschendem Kostendruck in Gesundheitsorganisationen, welche eine gesteigerte Leistungserbringung bei identischer Ressourcenbereitstellung einfordert. Das Lean-Prinzip lautet „so viel wie nötig, so wenig wie möglich".

Das Lean Management adressiert als ganzheitlicher Ansatz die drei Ebenen:

1. Prozesse und Organisation,
2. Organisationskultur, einschließlich Mitarbeitereinstellungen und -verhalten,
3. Management.

Das Lean Management konzentriert sich auf die Wertgewinnung für den Kunden. Diese lässt durch folgende fünf Fragen verdeutlichen:

1. Wert: Was ist der Wille des Kunden?
2. Wertstrom: Wie erzeuge ich das Ergebnis für den Kunden?
3. Flow: Bilden die einzelnen Prozessschritte einen „Fluss" zum Ergebnis?
4. Pull: Ist der Kundenwunsch der Trigger für meinen Prozess zur Lieferung des Ergebnisses oder liefere ich diese, weil sie benötigt werden könnten?
5. Perfektion: Strebe ich nach kontinuierlicher Verbesserung von Produkt und Ergebnis?

Für die Umsetzung sind die Besonderheiten der täglichen Arbeit in Gesundheitseinrichtungen zu beachten sowie eine hochwertige und qualitative Kommunikation vom Management an die Mitarbeiter und unter den Mitarbeitern erforderlich, um gemeinsam Antworten auf die Fragen zu geben und umzusetzen. Der letzte Punkt ist für den langfristigen Erfolg von Lean Management wichtig und bedarf einer guten Kommunikation.

Hindernisse für den Erfolg sind Variabilität in Nachfrage und Auslastung sowie weitere unplanbare Einflüsse, die im Krankenhaus zum Arbeitsalltag gehören. Ein zweites Hindernis ist eine mangelnde Flexibilität in der Organisation. Das dritte Hindernis ist die Verschwendung, also die Durchführung von Tätigkeiten, die für den Kunden keinen Wert darstellen. Hierzu gehören administrative Arbeiten, Wartezeiten, Verzögerungen, unnötige Laufwege, Erinnerungen an Tätigkeiten, umfangreiche Rüstzeiten etc.

Die Bezeichnung der VUKA-Welt schließt die Krankenhauswelt mit ein. VUKA steht für (siehe auch Abschn. 6.9.3):

- Volatilität,
- Unsicherheit,
- Komplexität und
- Ambiguität/Ambivalenz.

Mit Referenz auf die Hindernisse für ein Lean Management ist eine Kombination mit dem agilen Management, welches im nachfolgenden Abschnitt behandelt wird, sinnvoll, um Ziele, wie Produktivitätserhöhung, Patientenorientierung, geringe Ausfallraten und steigende Qualität zu erreichen.[268] Eine weitere Verbindung ergibt sich daraus, dass Inhalte aus dem Lean Management in agile Ansätze, wie Scrum, eingeflossen sind.[269]

Die Erfinder von Liberating Structures Lipmanowicz und McCandless haben in Erfahrung gebracht, dass diese effektiv die Umsetzung von Lean Management unterstützen (siehe Kap. 5).[270]

6.12.5 Agiles Management

Das im vorherigen Abschnitt beschriebene Lean Management kann auch als Methode im agilen Management Anwendung finden. Eine konkrete Ausprägung hierfür ist Kanban, welches aus dem Lean Management kommt.[271]

Agiles Management ist die Antwort auf Fehler im Management, welche im Kontext einer agilen Umwelt operiert. Dieser Fehler wurde Ende der 1990er-Jahre zunächst im klassischen Projektmanagement identifiziert, wo im IT-Umfeld festgestellt wurde, dass eine langfristig geplante Vorgehensweise, eingeteilt in linear aufeinanderfolgenden Phasen, nicht zum gewünschten Erfolg führte.[273]

Der zentrale Ausgangspunkt ist das agile Mindset,[275] welches als Denk- und Handlungsansatz den Kunden in den Mittelpunkt stellt und Veränderung als Dauerzustand betrachtet. Ein zentraler konzeptioneller Meilenstein ist das sogenannte agile Manifest als programmatische Erklärung. Für die Konkretisierung eines agilen Managements für die spezifischen Gegebenheiten der Organisation wird das agile Manifest als Ausgangspunkt verwendet.[276]

Die Arbeit wird weniger durch strukturierte Prozesse getrieben, als vielmehr durch die Selbstorganisation der Organisationsmitglieder. Diese kann nicht allein durch Wissensvermittlung implementiert werden, sondern bedarf des kontinuierlichen Ausprobierens und Lernens im Team. Führungskräfte werden als Vorreiter für die agile Transformation in der Organisation benötigt, da ein grundlegender Wandel der Organisationstruktur, des Führungsverständnisses und der Wertekultur erforderlich ist, insbesondere wenn diese bisher durch Top-Down-Vorgaben und Mikromanagement geprägt waren.[279] Die Anpassung der Führungskultur, geringe Veränderungsbereitschaft der Mitarbeiter und zu starre Prozesse sind nach einer Erhebung von Eilers die drei größten Hür-

---

[268] Vgl. Spiegel, A.-L.; Oldhafer M. (2020), S. 113–130 und Spiegel, A.-L. (2020), S. 17–23.

[269] Vgl. Andermahr, J.; Jermer, B. (2020), S. 10–46.

[270] Vgl. Lipmanowicz, H.; McCandless, K. (2022), S. 21.

[271] Vgl. Simschek, R.; van Bennekum, A. (2022), S. 45–128.

[273] Vgl. DOĞAN MERiH, Y. et al. (2021), S. 190.

[275] Vgl. Bilgri, A. (2022), S. 45–117.

[276] Vgl. Oldhafer, M.; Nolte, F.; Schrabback, U. (2020), S. 81.

[279] Vgl. DOĞAN MERiH, Y. et al. (2021), S. 190–195.

den auf dem Weg zu einer agilen Organisation. Die Anpassung der Führungskultur ist anspruchsvoll, da sie sich nicht mit einem autoritären Führungsstil verträgt.[280]

Soll die Veränderung eher in kleinen Schritten vollzogen werden, bietet sich Kanban als agile Methode an. Die OKR- (Objectives and Key Results)Methode ist eine Antwort auf die Schwierigkeit bzw. Unmöglichkeit, in dynamischen Umwelten eine stabile langfristige strategische Zielsetzung definieren zu können, indem diese stattdessen kurzzyklischer und unter Einbeziehung von Lernerfahrungen festgelegt wird. Objectives beantworten die Frage nach dem Wohin, meist bezogen auf ein Quartal, und die Key Results beinhalten die Maßnahmen dorthin sowie deren Messbarkeit.[281]

Die nachfolgende Tab. 6.7 ist der Versuch eines Vergleichs von klassischen und agilen Prinzipien sowie den Transfer der agilen Prinzipien in den Kontext des Gesundheitswesens:

Tab. 6.7 Gegenüberstellung agiler und klassischer Prinzipien[231]

Klassisches Prinzip	Agiles Prinzip	Transfer ins Gesundheitswesen
Anforderungen und Ziele zu Beginn bekannt und in Meilensteinen fixiert	Anforderungen zu Beginn unscharf, grobes Ziel bekannt	In der Patientenversorgung schwierig. Vorteile jedoch bei strukturellen und strategischen Entscheidungsfindungen
Änderungen von Anforderungen während Projektverlauf schwierig	Änderungen von Anforderungen während Projektverlauf eingeplant und wünschenswert (Best practice)	Hohe Anforderung an Kommunikation, Expertenstatus und Fehlerkultur
Hoher Aufwand für späte Anforderungsänderungen	Mäßiger Aufwand für späte Anforderungsänderungen	Durch Kostendruck im Gesundheitswesen eine positive Bewertung von agiler Vorgehensweise
Anforderungsbeschreibung aus technischer Sicht in Form von Meilensteinen	Anforderungsbeschreibung aus Kundensicht (Anwendungsfälle)	Patientensicht und Patientensouveränität wird hier gefordert und gefördert
Sequenzieller Entwicklungsprozess	Iterativer Entwicklungsprozess	Iteratives Vorgehen fördert eine gemeinsame Lösungsfindung
Starrer Projektmanagementprozess	Fortlaufende Prozessverbesserung	Lean-Ansatz ist im Gesundheitswesen akzeptiert
Kunde sieht nur Endergebnis	Kunde bewertet Zwischenergebnis	Interne Kundenbindung und Patientenbindung werden dadurch gefördert
Wenn es eng wird, eher Meilensteine schieben	Wenn es eng wird, eher Aufwand verringern	Arbeitsaufwand kann dem klinischen Arbeitsaufwand angepasst werden, ohne das Projekt zu gefährden
Große Teams möglich	Relativ kleine Teams nötig	Vertrauen vs. Hierarchie
Klare Hierarchie	Selbstorganisierte Teams	Vertrauen vs. Hierarchie
Viele Spezialisten im Team	Viel gemeinsame Verantwortung	Gemeinsamkeit und interprofessionelles Arbeiten wird so gefördert und unterstützt. Ergebnisse finden eine breite Akzeptanz.
Team sitzt verteilt und ist in mehreren Projekten tätig	Team sitzt zusammen und hat Fokus auf ein Projekt	Hohe Praxisnähe ist von Vorteil
Aufgaben von oben zuteilen	Aufgaben selbständig übernehmen	Stärkenorientiertes Arbeiten ermöglichen
Viel Kommunikation über Dokumente und lange Meetings	Viele informelle Kommunikation und Standup Meetings	Agile Vorgehensweise lässt sich besser in den klinischen Alltag integrieren, bedarf aber auch einer hohen Selbstdisziplin und Verantwortung
Aufwandsschätzung durch Projektleiter oder Experten	Aufwandsschätzung gemeinsam im Team	Im klinischen Kontext i.d.R klassische Entscheidungsfindung auf Basis von Expertenstatus effektiv. Im nicht-klinischen Kontext vielfältige Möglichkeiten agiler Prinzipien möglich.

[231] Quelle: Oldhafer, M.; Nolte, F.; Schrabback, U. (2020), S. 83–84.

[280] Vgl. Oldhafer, M.; Nolte, F.; Schrabback, U. (2020), S. 89.

[281] Vgl. Simschek, R.; van Bennekum, A. (2022), S. 128–164.

Agiles Management stärkt die Motivation und das persönliche Engagement der Mitarbeiter.[282]

Das agile Management setzt auf die gemeinsam getragene Verantwortung und fördert und unterstützt somit die interprofessionelle Zusammenarbeit.

6.12.6 Blue Ocean („Blauer Ozean") Leadership

Gallup hat im Jahr 2013 in den USA herausgefunden, dass nur 30 % der Arbeitnehmer engagiert sind, um gute Leistungen zu erzielen. Die meisten Führungskräfte erkennen, nicht nur in den USA, dass eine ihrer größten Herausforderungen darin besteht, die große Kluft zwischen dem vorhandenen Potenzial und dem tatsächlichen Arbeitseinsatz der Mitarbeiter zu schließen.

Die beiden INSEAD-Professoren Chan Kim und Renee Mauborgne sind der Auffassung, dass ihr Blue-Ocean-Leadership-Konzept, welches auf der Blue-Ocean-Strategie basiert, diese Kluft schließen kann. Die Blue-Ocean-Strategie ist ein Modell zur Schaffung neuer, unerforschter Märkte durch Umwandlung von Nicht-Kunden in Kunden und macht den Wettbewerb irrelevant. Für das Leadership werden seine Konzepte und analytischen Frameworks angewendet, um den „blauen Ozean" von ungenutzten Talenten und Energien im Unternehmen freizusetzen. Blue Ocean Leadership versucht, die Arbeitsweise einer Organisation grundlegend zu verändern, indem es von innen heraus beginnt.

Über zehn Jahre lang haben die beiden Professoren und Gavin Fraser, ein Experte des Blue Ocean Strategy Network, hunderte von Menschen in Organisationen in der ganzen Welt befragt, um zu verstehen, wo Führung in ihren Erwartungen zurückblieb und wie sie sich verändern könnte, ohne gleichzeitig die kostbarste Ressource der Führungskräfte, die Zeit, zu überstrapazieren.

Blue Ocean Leadership führt zu einer schrittweisen Erlangung von Führungsstärke. Sie lenkt zum einen die Aufmerksamkeit auf die *Handlungen und Aktivitäten, die die Führungskräfte unternehmen müssen*, um die Motivation und die Geschäftsergebnisse ihrer Teams zu steigern, und nicht darauf, *wer die Führungskräfte sein müssen*. Zum andern werden die Menschen, die sich direkt an der Schnittstelle zum Markt befinden, danach befragt, wie ihre Führungskräfte sie behindern und was diese tun könnten, um sie dabei zu unterstützen, Kunden und andere wichtige Interessengruppen am besten zu bedienen.[284] Das Konzept setzt auf wertschöpfende Innovationen statt auf Führung durch

---

[282] Vgl. DOĞAN MERiH, Y. et al. (2021), S. M195.

[284] Vgl. Kim, W. C.; Mauborgne, R. (2014) und Joy, M. M. (2017), S. 50.

Tab. 6.8 Vergleich von Blue Ocean mit Red Ocean[247]

Rot (Red Ocean)	Blau (Blue Ocean)
Wettbewerb auf existieren Märkten	Neue Märkte (ohne Wettbewerb) schaffen
Wettbewerbsvorteile (Vorsprung) erzielen	Wettbewerb irrelevant machen
Nachfrage (Bedarf) ausschöpfen	Neue Nachfrage generieren
Fokus: Kosten senken oder Qualität steigern	Fokus: Kosten senken und Qualität steigern

Direktiven und Leistungsdruck. Nicht der Wettbewerb im Markt steht im Fokus („roter Ozean"), sondern die Schaffung neuer Produkte, die wiederum neue Märkte schaffen (Tab. 6.8).

Stantou et al. haben mittels Metaanalyse herausgefunden, dass Führungskräfte entscheidend für die Schaffung und Umsetzung von Innovationen in Organisationen sind. Das Blue-Ocean-Konzept gibt Wegweisung, wie Innovationen zu finden sind und was Führungskräfte tun müssen, damit diese umgesetzt werden.[285]

Als Ergebnis der Befragung haben Chan Kim, Renee Mauborgne und Gavin Fraser vier Schritte definiert, um ihr Konzept in der Praxis zu implementieren. Es betrifft die drei Management-Ebenen: Top-Management, Mittelmanagement und Kundenmanagement. Blue Ocean Leadership ist handlungsorientiert und legt den Schwerpunkt auf Maßnahmen, die von den Führungskräften ergriffen werden müssen, um einen Motivationsschub zu erzeugen:

1. **Erkennen Sie Ihre Führungsrealität:** Es geht darum, alle Beteiligten einzubeziehen und sie zu fragen, was sie benötigen, um erfolgreich zu sein. Die Führungskräfte sollen selbstreflektierend analysieren, wie viel Zeit und Aufwand sie für welche Führungsaktivitäten verwenden.
2. **Entwicklung alternativer Führungsprofile:** Im zweiten Schritt werden Mitarbeiter gebeten, über die Grenzen ihrer Organisation hinweg zu denken und Beispiele effektiver Führung zu benennen, die sie dort beobachtet haben. Mit Unterstützung des Analyse-Tools aus Tab. 6.8 und den Beobachtungen von außerhalb der Organisation soll überlegt werden, was Führungskräfte eliminieren oder reduzieren sollten, um Mitarbeiter in ihrer Potenzialentfaltung nicht zurückzuhalten, und was sie stärken bzw. anfangen sollten, um Mitarbeiter zu animieren ihr Bestes zu geben (Abb. 6.22).
3. **Wählen Sie das Soll-Führungsprofil aus:** Basierend auf den Erkenntnissen entwickeln verschiedene Teams Soll-Führungsprofile in einer vorgegebenen Darstellung, die offen ausgehangen und von Mitarbeitern mittels Klebepunkten bewertet werden. Die Gründe für die bevorzugten Soll-Führungsprofile werden analysiert und die Profile ausgewählt, die die größte Veränderung in der Führungsleistung bewirken könnten.

---

[247] Quelle: Pelz, W. (2020), S. 84.

[285] Vgl. Pelz, W. (2020), S. 77–87.

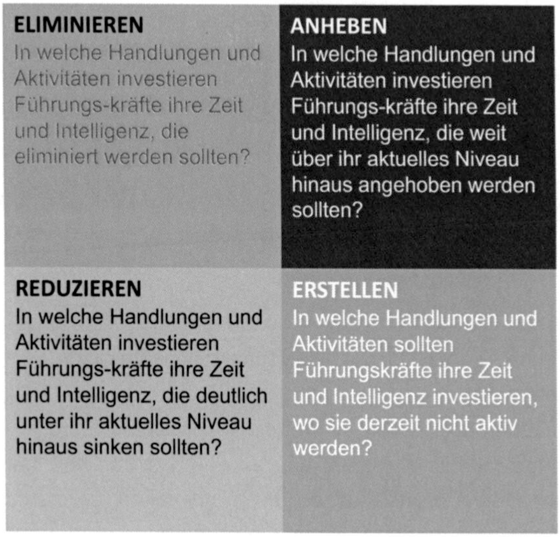

Abb. 6.22 Das Blue Ocean
Leadership Raster[239]

ELIMINIEREN	ANHEBEN
In welche Handlungen und Aktivitäten investieren Führungs-kräfte ihre Zeit und Intelligenz, die eliminiert werden sollten?	In welche Handlungen und Aktivitäten investieren Führungs-kräfte ihre Zeit und Intelligenz, die weit über ihr aktuelles Niveau hinaus angehoben werden sollten?
REDUZIEREN	ERSTELLEN
In welche Handlungen und Aktivitäten investieren Führungs-kräfte ihre Zeit und Intelligenz, die deutlich unter ihr aktuelles Niveau hinaus sinken sollten?	In welche Handlungen und Aktivitäten sollten Führungskräfte ihre Zeit und Intelligenz investieren, wo sie derzeit nicht aktiv werden?

4. **Institutionalisieren der neuen Führungspraktiken:** Die Soll-Führungspraktiken werden an die Führungskräfte verteilt, erläutert und diese aufgefordert, die Visualisierung der Soll-Führungspraktiken offen auszuhängen und im monatlichen Turnus Feedback von den eigenen Mitarbeitern zur Umsetzung einzuholen.

Mit dem regelmäßigen Feedbackprozess wird die Skepsis aufgegriffen, die durch so eine Veränderung auftritt. Die Führung gemäß Blue Ocean erfragt die Meinung der Mitarbeiter zu allen Entscheidungen, die die Organisation betreffen. "Blue Ocean Leaderhip is about balancing emotion with reason and making quick decisions that positively impact all stakeholders".[287]

Chan Kim und Renee Mauborgne sind erstaunt darüber, wie viel Talent und Energie in Organisationen zu beobachten ist, aber auch wie viel durch schlechte Führung verschwendet wird. Der Blue-Ocean-Leadership-Ansatz fordert Führungskräfte nicht dazu auf, Gewohnheiten zu ändern, sondern sich auf bestimmte Aufgabenprofile zu konzentrieren. Da Organisationen sukzessive versuchen, die Kreativität, Ideen und Energie ihrer Mitarbeiter besser zu nutzen und Führungskräfte gleichzeitig zunehmend weniger Zeit haben, aber erwartet wird, dass sie viel bewirken, gewinnt Blue Ocean Leadership an Bedeutung. Die Blue-Ocean-Strategie bietet Organisationen einen konkret methodisch umsetzbaren Rahmen zu mehr Führungsstärke bei geringem Aufwand.[288]

In den Quellen ist auf kein Beispiel aus dem Gesundheitswesen referenziert. Vom Ansatz her verspricht der Ansatz für das Gesundheitswesen von Relevanz zu sein. Führung ist im Gegensatz zu anderen Branchen eine Teilaufgabe für Mitarbeiter. Führungskräfte

---

[239] Quelle: Kim, W. C.; Mauborgne, R. (2014) (aus dem Englischen übersetzt).

[287] Joy, M. M. (2017), S. 51.

[288] Vgl. Kim, W. C.; Mauborgne, R. (2014) und Joy, M. M. (2017), S. 50–51.

im Gesundheitswesen sind stärker in der operativen Arbeitsausführung involviert, wie z. B. Chefärzte, die ihre Abteilung zu führen und Operationen am Patienten durchzuführen haben.

Das Konzept ist auf verschiedene Führungsebenen anwendbar und bietet einen Ansatz, um ein Soll-Führungsprofil für ein interprofessionelles Management zu erarbeiten.

6.12.7 Shared Leadership

Shared Leadership (dt. geteilte Führung) bedeutet die Aufteilung einer Führungsposition auf mehrere Personen, um z. B. Führung in Teilzeit zu ermöglichen. Meistens teilen sich zwei Personen die Leitung. Weiterhin versteht man unter Shared Leadership einen Führungsprozess, der einerseits die Wünsche der Mitarbeiter, vor allem von Wissensarbeitern, nach Teilhabe und Autonomie aufgreift und andererseits eine adäquate Antwort auf eine dynamische Organisationsumwelt bietet, bei der jeder im Team bzw. in der Organisation Führungsverantwortung übernimmt. Dies ist ein Umdenkungsprozess gegenüber der herkömmlichen, hierarchisch geprägten Führung.

Die Kernkomponente hierfür ist die Fähigkeit zum Self-Leadership, die durch Führungskräfte zu fördern ist. Self-Leadership ermöglicht den Mitarbeitern erstens den effektiven Umgang mit Autonomie, zweitens sich wechselseitig zu motivieren und zu kontrollieren und drittens voneinander zu lernen.[289]

Die Führung ist nicht mehr auf eine Person konzentriert, die die vertikal untergeordneten Mitarbeiter führt. Die Führung in der Gruppe erfolgt kollegial durch einen dynamischen Prozess wechselseitiger und gegenseitiger Beeinflussung und gemeinsamer Verantwortung zur Erreichung von Gruppen- oder Organisationszielen.[290]

Eine verbreitete Beschreibung von Shared Leadership ist die von Pearce und Conger: „Ein dynamischer Prozess gegenseitiger Beeinflussung zwischen Individuen in Gruppen, die die Absicht haben, sich gegenseitig zu führen, um Team- oder Organisationsziele zu erreichen. […] Dieser Beeinflussungsprozess ist lateral und zu anderen Zeiten auf- und abwärts in der Hierarchie".[291] Zentrale funktionale Voraussetzung ist, dass gemeinsame Wertvorstellungen geteilt werden. Die drei grundlegenden Merkmale sind:

1. gegenseitige Führung der Teammitglieder,
2. emergente Teamrollen und Führungsstrukturen sowie
3. verteilte Einflussnahme.

Die Einteilung in Führungskräfte und Mitarbeiter kann es weiterhin geben. Mitarbeiter übernehmen in diesem Ansatz auch Führungsaufgaben. Die Führungskräfte ermächtigen

---

[289]Vgl. Furtner, M. (2017), S. 2–31.

[290]Vgl. Kauffeld, S.; Sauer, N.; Handke, L. (2017), S. 235.

[291] Pearce, C. L.; Conger, J. A. (2003), S. 1

Tab. 6.9 Voraussetzungen für die Entwicklung von Shared Leadership in Teams[258]

Bedingungen	Förderung von Shared Leadership in Teams
Eigenschaften der Gruppe	
Fähigkeiten	Ausgeprägte Fähigkeiten der Gruppenmitglieder
Motive	Hohes sozialisiertes Machtmotiv oder Anschlussmotiv
Nähe, Reife und Vertrautheit	Hohe Nähe, Reife und Vertrautheit der Gruppenmitglieder untereinander
Vielfältigkeit	Diversität (z. B. unterschiedliche Qualifikationen) unter den Teammitgliedern unterstützt Entscheidungsprozesse
Führungsverhalten	Empowering Leadership
Gruppengröße	5 bis 10 Personen
Eigenschaften der Aufgabe	
Ganzheitlichkeit und Bedeutsamkeit der Aufgabe	Einzelaufgaben der Gruppenmitglieder stehen in starker und sinnhafter Abhängigkeit zueinander
Kreativität und Komplexität	Kreative Gruppenaufgaben zur Förderung von Innovation mit hoher Aufgabenkomplexität
Dringlichkeit	Höhere Dringlichkeit der Aufgabenbearbeitung
Eigenschaften der Umwelt	
Unterstützung durch die organisationale Führung	Implementierung eines Koordinations- und Informationssystems
Belohnungssystem	Gruppenleistungen werden belohnt
Kultur	Teamförderliche Self-Leadership-Kultur

(Empowering Leadership) Mitarbeiter und fördern, dass Führungsaufgaben geteilt werden und die Aufteilung vom Team selbst vorgenommen wird. Die Führungskraft stellt sicher, dass die Aufteilung tatsächlich erfolgt.

Die Führungskraft nimmt sich selbst zurück und integriert sich in den weiteren Führungsprozess. Tab. 6.9 stellt förderliche Eigenschaften von Umwelt, Aufgabe und Gruppe für den Führungsprozess dar.

Die Informationsbereitstellung durch die zunehmende Digitalisierung unterstützt den Ansatz. Organisational sind flache Hierarchien und weite Kontrollspannen förderlich.[292]

---

[258] Quelle: Furtner, M. (2017), S. 23.
[292] Vgl. Christiansen, M. (2020), S. 124–130 und Furtner, M. (2017), S. 30.

Dieser Führungsansatz bildet eine Grundlage zur Implementierung einer geteilten interprofessionellen Führungsverantwortung, der die gemeinsame Steuerung und Entwicklung effektiver Arbeitsbeziehungen fördert. Die Arbeitsbeziehung im Team wird verbessert.

Um den dauerhaften Erfolg sicherzustellen, sind eine kontinuierliche Evaluation und Anpassung an die Gegebenheiten erforderlich. Shared Leadership stellt dafür das robustere, dynamischere und flexiblere Führungssystem bereit.[293] Das Magnetmodell aus der Pflege verlangt eine Shared Governance, d. h. die Beteiligung von Pflegenden in allen Gremien, die Entscheidungen mit Auswirkungen auf die Pflege treffen, um ein strukturelles Empowerment zu erreichen.[295]

Der Führungsansatz ist für die Führungsforschung ein junger Ansatz. Mehrere empirische Studien haben gezeigt, dass der Ansatz den Zusammenhalt im Team, die Teamleistung, insbesondere die Problemlösungsqualität, Gruppeneffektivität und Innovationsleistungen steigern kann, da Mitarbeitende zur freiwilligen Mehrleistung bereit sind.

Ein Beispiel aus dem Sport ist das Shared-Leadership-Team einer Segeljacht bei einer Regatta. Der Skipper, der formale Leader, teilt Macht, Wissen und Kontrolle mit dem gesamten Team. Die Vielfältigkeit im Team wirkt sich positiv in schwierigen Entscheidungssituationen aus. Die Umwelt stellt die Ressourcen für das Team zur Verfügung, damit es die Höchstleistung erbringen kann.

Erfahrungen aus dem Bereich Sport haben gezeigt, dass geteilte Führung die Zufriedenheit, Zuversicht sowie Teamzusammenhalt und -leistung steigert. Ein transformationaler Führungsstil erwies sich als förderlich für den Shared-Leadership-Ansatz. Auf der individuellen Ebene werden die aufgabenbezogene, intrinsische Motivation und Flow-Zustände begünstigt.

Aus Risikosicht minimiert der Shared-Leadership-Ansatz das Korruptionspotenzial von Führungskräften. Die Gefahr des Machtmissbrauchs durch die Konzentration auf eine Person wird durch die Verteilung und gegenseitige Kontrolle auf mehrere Personen reduziert.[296]

Der Shared-Leadership-Ansatz fördert die interprofessionelle Zusammenarbeit durch die Teilung von Verantwortung, Macht und Kontrolle und verbessert die effektive Arbeitsbeziehung, die Teamleistung und die Entscheidungsqualität in schwierigen Situationen.

6.12.8 Diversity Management

Die Präsenz von Mitarbeitern mit Migrationshintergrund ist in der Pflege, insbesondere der Altenpflege, mittlerweile nahezu allgegenwärtig. Für den gezielten Umgang mit Diversity in Organisationen ist in den USA das Konzept des Diversity Managements entwickelt worden, welches die Vielfalt der Ressourcen und das Potential von Mitarbeitern

---

[293] Vgl. Fragemann, K. (2017), S. 120–121 und Furtner, M. (2017), S. 15–22.

[295] Vgl. Feuchtinger, J. (2017), S. 70.

[296] Vgl. Hasebrook, J.; Hackl, B.; Rodde, S. (2020), S. 132 und Furtner, M. (2017), S. 11–33.

hervorhebt, die für die Organisation ein Asset darstellen. Die Vielfalt wird im Diversity Management nicht nur zugelassen, sondern ist explizit erwünscht und wird gefördert. Dies gilt nicht nur auf der Ebene der Einzelorganisation, sondern gewinnt gerade im Hinblick auf den demographischen Wandel an gesellschaftlicher Bedeutung.

Anderseits gibt Diversity Anlass für Missverständnisse, Diskriminierung und Konflikte, die die Arbeitssituation belasten können. Bezogen auf die Pflege stellen unterschiedliche Ausbildungsstandards und Arbeitsverständnisse, der Bedarf an Übersetzungs- und Dolmetscherleistungen und die Moderation der Patientenaufklärung weitere Herausforderungen dar. Hierzu muss das Diversity Management Lösungen erarbeiten, um aus der Heterogenität resultierende Barrieren zu überwinden und den Nutzen aus der vorhandenen Diversity zu generieren. Diese Herausforderungen erzeugen Zweifel bezüglich der Umsetzbarkeit in manchen Kontexten.[297] Im Folgenden werden Chancen und Möglichkeiten, aber auch Schwierigkeiten diskutiert, die die Herausforderung des Diversity Managements verdeutlichen.

Der Begriff des Diversity Managements ist häufig in Organisationen anzutreffen, ohne dass klar ist, was darunter zu verstehen ist. Ein Blick in die historische Entwicklung hilft, das Verständnis zu schärfen. Der Ursprung liegt in der US-amerikanischen Bürgerrechtsbewegung der 1950er- und 1960er-Jahre, die sich gegen die Rassendiskriminierung gerichtet hat. Daraus entwickelte sich eine Förderung von benachteiligten Bevölkerungsgruppen in Unternehmen hin zu der Bewertung von Vielfalt als strategischen Erfolgsfaktor in Organisationen. Das in den USA weit verbreitete Konzept ist Mitte der 1990er-Jahre in den größeren deutschen Unternehmen aufgegriffen worden. Inhaltlich sind in Deutschland Bewegungen zur Gleichheit von Frauen und zur sexuellen Diversität mit inkludiert und gesetzlich gefördert, wie z. B. mit dem Allgemeinen Gleichbehandlungsgesetz (AGG) aus dem Jahr 2006. Flankiert wurde dies durch politische Initiativen, wie „Vielfalt als Chance" mit der „Charta der Vielfalt", zu der sich einzelnen Unternehmen bekennen bzw. sich zu dieser verpflichten. Weitere Treiber sind der Werte- und gesellschaftliche Strukturwandel mit Globalisierung und der demographische Wandel. Aus der historischen Betrachtung sind zusammenfassend die zwei Hauptmotive Gerechtigkeit und betriebswirtschaftlicher Nutzen erkennbar. Damit besteht eine Analogie zu den beiden Hauptströmen für interprofessionelle Zusammenarbeit, dem emanzipatorischen und dem utilitaristischen Ansatz (siehe Abschn. 3.7).

In der Literatur finden sich **vier grundsätzliche Ausrichtungen des Diversity Managements**:

- Schaffung von Zugängen für Minderheiten,
- Steigerung der Attraktivität des Unternehmens für Mitarbeiter und Kunden,
- Vielfalt als organisationale Ressource und
- Förderung der individuellen Selbstverwirklichung von Mitarbeitern.

---

[297] Vgl. Tezcan-Güntekin, H.; Strumpen, S. (2017), S. 110–111 und Muche, C. (2020), S. 26.

Als Leitbild findet sich zunehmend die Orientierung an der „multikulturelle Organisation" in Abgrenzung zu der „monokulturellen Organisation". Der inhaltliche Schwerpunkt von Diversity kann dabei unterschiedliche Dimensionen, wie Geschlecht, Alter,
Herkunft, aber auch Funktion, Ausbildung und Profession haben. Das Ziel ist, die Unterschiedlichkeit aufzuweichen und diese produktiv zusammenzuführen. Begrifflich liegt
die Betonung auf „Vielfalt" und nicht auf „Unterschiedlichkeit". Die Betonung auf das
Trennende wird dadurch vermieden. Es geht um ein aktives Gestalten der Zusammenarbeit und der Vernetzung, um Abgrenzungen zu überwinden.[298] Dies kann auch als
„komplexe, sich ständig erneuernde Mischung von Eigenschaften, Verhaltensweisen und
Talenten"[299] verstanden werden.

Welcher Nutzen wird dem Diversity Management zugeordnet und wie sieht die
praktische Umsetzung aus? Als Vorteile für die Organisation werden u. a. die Stärkung von Kompetenzen wie Kreativität und Flexibilität, Zunahme der Motivation und
Zufriedenheit von Mitarbeitern sowie eine höhere Produktivität genannt. Mit Blick auf
die Gesellschaft wird die Partizipation und Inklusion betont, um deren Beitrag für die
„Gerechtigkeitsperspektive" herauszustellen.

In der Praxis findet sich selten ein Gesamtkonzept für Diversity Management, sondern eine Sammlung von Einzelmaßnahmen, wie Schaffung diversitykonformer Arbeitsbedingungen, Institutionalisierung von Diversity-Beauftragten oder Manager und die
Durchführung von Diversity Audits. Weitere Beispiele für Einzelmaßnahmen sind
Mentoringprogramme, Trainings, Beratungsangebote, diversitybezogene Betriebsvereinbarungen, Verankerung in der Unternehmenskultur, Bereitstellung von diversityorientierten Einrichtungen, wie z. B. Gebetsräume, gemischte Teams. Im Kontext der
oben erwähnten „Charta der Vielfalt" findet sich eine große Anzahl von Umsetzungsvorschlägen für Organisationen. In der Praxis ist Diversity Management als ein normatives
Konzept zu verstehen, welches leitend für die organisationale Ausgestaltung ist, die im
organisationalen Vergleich sehr unterschiedlich ausfällt.

Gesellschaft und Politik fordern oft, das Diversity Management zu einem „ganzheitlichen Personal- und Organisationsentwicklungskonzept Diversity Management"[300]
weiterzuentwickeln.[301] In der Charta der Vielfalt heißt es: „Diversity Management bündelt in einem zielgruppenübergreifenden, horizontalen und stärker an individuellen Lebens- und Arbeitssituationen ausgerichteten Gesamtkonzept die bereits bestehenden Strategien wie z. B. *Gender Mainstreaming, interkulturelle Öffnung, Inklusion von Menschen
mit Behinderung, Demografiekonzept, Aktionsplan sexuelle Orientierung und Identität,
Runder Tisch religiös-weltanschauliche Vielfalt, Work-Life-Balance und Maßnahmen für*

---

[298] Vgl. Muche, C. (2020), S. 26–28.

[299] Thomas, R. R. (2001), S. 27.

[300] Charta der Vielfalt e. V. (2017), S. 13.

[301] Vgl. Muche, C. (2020), S. 29–30.

Menschen mit unterschiedlicher sozialer Herkunft, etc. Die bereits vorhandenen „Säulen" bleiben weiterhin wichtige Bestandteile unter dem „Dach" Diversity, werden jedoch stärker vernetzt gedacht und auch zielgruppenübergreifend angewandt."[302] In diesem Sinne ist Diversity Management, bezogen auf die Gesamtorganisation, zum einen ein top-down über zentrale Leitlinien und Konzepte gesteuerter Führungsansatz, zum anderen wird die Bedeutung von bottom-up gesetzten Impulsen durch Einzelinitiativen und unterschiedliche Akteure hervorgehoben.[303] Rastetter formuliert das wie folgt: „Da sich in Arbeitsgruppen die Vielfalt des Personals in direkter Interaktion und Kooperation manifestiert, stehen sie neben der Organisation als Ganzem im Fokus von Management Diversity."[304] Er beschreibt ergänzend die Herausforderungen für die Gruppenarbeit: „Managing Diversity ist die Kunst, eine gemeinsame Gruppenkultur zu schaffen, in der sich der Einzelne als Teil der Gruppe erlebt und gleichzeitig individuell erkennbar und anerkannt ist."[305] Dieser Abschnitt wird mit theoretischen und empirischen Erkenntnissen aus der Sozial- und Organisationsforschung abgeschlossen.

Wesentliche Grundlage für das Diversity Management ist die Schaffung einer passenden Organisationskultur. Kulturelle Änderungen lassen sich, anders als strukturelle, nur schwer und langfristig vollziehen. Hinzu kommt, dass kulturelle Elemente von Mitarbeitern zwar erfahren werden, aber nur schwer konkret erfassbar sind. Neue Werte und Normen können nicht von oben verordnet, sondern müssen in einem gemeinsamen Verständigungsprozess erarbeitet werden. In der Literatur gibt es Beschreibungen von einer „idealtypischen Implementierung" bezogen auf unterschiedliche Teilbereiche der Organisation.

Weitere Einflussfaktoren stellen die Umwelt und die damit verbundenen Erwartungen an die Organisation dar, die im soziologischen Neoinstitutionalismus untersucht werden. Lederle zeigt auf, dass Diversity Management weniger als Antwort auf innerorganisationale Herausforderungen gestaltet wird, sondern als Reaktion auf gesellschaftliche Erwartungen. Der Trigger ist somit die nicht wahrgenommene Diversität in der Organisation, die strukturiert gesteuert werden soll.[306]

„Diversity Management wird vielmehr in iterativen und rekursiven Prozessen diskursiv erzeugt. Demographische, gesetzliche und marktliche Veränderungen, d. h. antizipierte Erwartungen als relevant bezeichneter Bezugsgruppen, werden von den organisationalen Akteuren als jene Probleme angeführt, deren Lösung durch die Einführung von Diversity Management versprochen wird."[307] Wenn Diversity Management einen primär nach außen legitimierten Charakter bekommt, ist die tatsächliche Lösung von

---

[302] Charta der Vielfalt e. V. (2017), S. 13.

[303] Vgl. Muche, C. (2020), S. 30–31.

[304] Rastetter, D. (2006), S. 82.

[305] Rastetter, D. (2006), S. 105.

[306] Vgl. Muche, C. (2020), S. 31–32.

[307] Lederle, S. (2007), S. 37.

organisationsinternen Problemstellungen zumindest infrage gestellt. Durch die hergestellte Abhängigkeitsbeziehung zur Organisationsumwelt ist ebenso deren Nachhaltigkeit fraglich.

Dobusch zeigt einen erheblichen Forschungsbedarf zum Diversity Management auf, wenn es um Bestimmung der Inklusions- bzw. Exklusionswirkung geht.[308] Von großem Interesse bezeichnet sie das „Spannungsfeld, ob Diversity Management eher zu einer De- oder (gar) Re-Konstruktion des homogenen Ideals und damit gleichzeitig der Figur des ‚Anderen' in Organisationen beitragen kann."[309] Sie zeigt in ihrer Analyse auf, dass Praktiken im Diversity Management an der Unterscheidung zwischen mir und dem anderen festhalten. „Die einzelnen Diversity-Dimensionen erlangen einen *Master Status*, der sämtliche alternative, zusätzliche oder differenzierende Identitätsangebote in den Hintergrund treten lässt."[310] D. h. das eine Differenzierung zwischen den Diversity-Dimensionen erfolgt, die zu einer Unterscheidung zwischen erwünschter und unerwünschter Vielfalt führt und damit Inklusionsoptionen aufzeigt, aber auch Exklusionsrisiken beinhaltet. Teilgruppen werden einbezogen, während andere Teilgruppen ausgeschlossen bleiben. Bezogen auf Menschen mit Behinderungen konnte nachgewiesen werden, dass im Diversity Management vor allem eine Defizitorientierung im Vergleich zu anderen im Vordergrund stand. Damit wird deutlich, dass Diversity Management nicht ausschließlich inkludierend wirkt, sondern manche Formen der Exklusion nicht bearbeitet oder sogar neuerliche Grenzziehungen in der Anwendung vorgenommen werden.

Ist nun Diversity Management ein Grenzen überschreitender oder ein Grenzen ziehender Prozess innerhalb von Organisationen? In der Literatur wird Diversity Management als Ansatz zur Förderung einer Organisationskultur der Vielfalt angepriesen. Der Anspruch ist somit, dass **Diversity Management einen grenzüberschreitenden Prozess** in Organisationen darstellt, um die vielfältigen Kompetenzen in einer Organisation gewinnbringend miteinander zu verbinden. Die bisherigen Untersuchungen zeigten auf, dass dies eine Herausforderung darstellt. Bestehende Organisationsstrukturen können dazu führen, dass keine Grenzüberschreitung erfolgt bzw., dass Diversity Management in der praktischen Umsetzung neue Grenzen schafft, indem zwischen „berechtigter" und „unberechtigter" Vielfalt bzw. adäquater und nicht adäquater Leistungserfüllung als Abgrenzungskriterium unterschieden wird. Hinzu kommt die Gefahr der Fokussierung auf die Unternehmensumwelt, um gesellschaftlichen Erwartungen in der Außendarstellung zu entsprechen, ohne die organisationsinternen Grenzziehungen ernsthaft zu behandeln. Diversity Management wird programmatisch genutzt, um zu verdeutlichen, dass sich die Organisation von Homogenitäts- und Standardisierungsbestrebungen

[308] Vgl. Muche, C. (2020), S. 32.
[309] Dobusch, L. (2015), S. 41.
[310] Dobusch, L. (2015), S. 247.

verabschiedet hat.[312] „Im Konkreten sind es vor allem Frauen, Personen mit Migrationshintergrund bzw. Angehörige bestimmter Nationalitäten […], Lesben und Schwule,
Menschen mit Behinderungen sowie ältere Arbeitnehmer_innen/Rentner_innen, die als
diversityrelevante Zielgruppen angeführt werden. Diversity kommt hierbei die Funktion
eines *Setzkastens* zu, der eine variable Anzahl an diskreten *Figuren* bereithält, auf die je
nach Organisationskontext und auch Arbeitsbereich zurückgegriffen werden kann."[313]

Diversity Management sollte sich hinterfragen, inwieweit es tradierte Strukturen, Prozesse und Machtverhältnisse infrage stellt oder sich auf Einzelaktionen mit begrenzter
Wirkung beschränkt. Es sollte mit langfristiger Wirkung auf kulturelle und organisationale Veränderungen hinarbeiten. Startpunkt ist die Anerkennung und Wertschätzung von
Vielfalt und deren Verdeutlichung innerhalb der Organisation. Ein weiterer Ausgangspunkt ist der Einschluss bereits bestehender Initiativen für Teilbereiche der Diversität
sowie existierender Netzwerke. Im weiteren Verlauf handelt es sich um einen partizipativen Prozess des gemeinsamen Gestaltens über alle Hierarchieebenen hinweg, in dem
über gegenseitige Verständigung gemeinsam Einstellungen und Werte erarbeitet werden.
Begleitet werden muss dies durch die Vermittlung des Nutzens von Vielfalt für die Organisation und deren Mitglieder und den sich daraus ergebenden Chancen. Neben der ökonomischen Perspektive sollte auch die Schaffung einer „gerechten" und Diskriminierung
vermeidenden Organisation (Gerechtigkeitsperspektive) als Wert vermittelt werden.[314]

Der Nutzen von Diversity entfaltet sich, wenn Raum vorhanden ist, um die eigenen
individuellen Gedanken frei zu äußern. Liberating Structures bieten methodisch die
Möglichkeiten, das vollständige Potential der Gruppe und deren kollektive Intelligenz
freizusetzen (siehe Kap. 5 Methoden und Techniken).[315]

Aus Sicht des interprofessionellen Managements stellt das Diversity Management
ein dieses umfassendes Konzept dar, indem Profession als eine Dimension der Diversität aufgefasst wird, deren beide entwicklungsgeschichtlichen Motivationsstränge mit der
Emanzipation benachteiligter Gruppen und der Betonung ökonomischer bzw. utilitaristischer Wertvorstellung analog verlaufen.

6.12.9 Gesundheitskrisenmanagement

Die dramatischen, schnellen und unsicheren Veränderungen, wie (wieder) auftauchende Infektionskrankheiten und Umweltkatastrophen, aber auch ganz anders ge-
artete Ereignisse, wie eine schwere Rufschädigung, können zu Krisen im Sinne eines

---

[312] Vgl. Muche, C. (2020), S. 33–34.

[313] Dobusch, L. (2015), S. 246 f.

[314] Vgl. Muche, C. (2020), S. 34–35.

[315] Vgl. Ebers, A.; Nieschalk, B. (2022), S. 35; Höhne, B. (2022), S. 46 und Wittke, F. (2022),
S. 58.

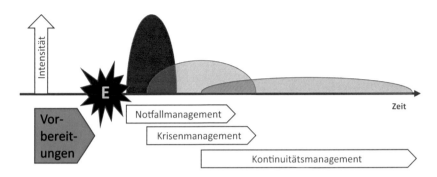

Abb. 6.23 Notfall-, Krisen- und Kontinuitätsmanagement[267]

schwerwiegenden Problems für eine Gesundheitseinrichtung führen. Die knappe Personaldecke in Gesundheitseinrichtungen kann bei Personalausfällen die Erfüllung des Versorgungsauftrags gefährden und dadurch ebenfalls ein Krisenmanagement erfordern, um weitere temporäre Ressourcen ausfindig zu machen und zu mobilisieren, um die Funktionsfähigkeit zu erhalten.[316] Die Identifikation der relevanten Ereignisse für das Krisenmanagement hat nach dem Risikomanagementprozess gemäß ÖNORM D 4901 zu erfolgen. Die Norm ÖNORM D 4902–3, Risikomanagement für Organisationen und Systeme – Leitfaden – Teil 3: Notfall-, Krisen- und Kontinuitätsmanagement – Anleitung zur Umsetzung der ISO 31000, behandelt das Krisenmanagement als Teil des Risikomanagements von Organisationen.

Die Aufgabe des **Krisenmanagements** beinhaltet den reaktiven, schnellen und systematischen Umgang mit Ereignissen und Entwicklungen mit Krisenpotential durch konzeptionelle, operative und organisatorische Maßnahmen mit dem Ziel, den Normalzustand so schnell wie möglich wieder zu erreichen. Das Krisenereignis ist vom Notfall abzugrenzen. Eine Krise tritt dann ein, wenn ein Notfall nicht mehr allein von der direkt betroffenen Organisationseinheit mit ihrer etablierten Linienorganisation bewältigt werden kann oder ein schwerwiegender Imageschaden erfolgen kann (Abb. 6.23).

In einer akuten Krisensituation werden Sofortmaßnahmen und das Krisenmanagement initiiert. Sobald die Situation als eine potenzielle Krise beurteilt wird, sind Maßnahmen erforderlich, um eine zeit- und ortsunabhängige Analyse-, Entscheidungs- und Kommunikationsfähigkeit (nach innen und außen) unter irregulären Umständen aufrechtzuerhalten:

- Einsatz des Krisenstabes,
- Sicherstellung der Verbindung zum Einsatzleiter und Informationsbeschaffung,

---

[267] Quelle: ÖNORM D 4902–3 (2021), S. 168.

[316] Vgl. Krupp, E.; Hielscher, V.; Kirchen-Peters, S. (2020), S. 118.

- Sammlung von Informationen zur Erfassung der Gefahren- und Schadenslage,
- Rettungs-, Evakuierungs- und/oder Räumungsmaßnahmen,
- Erstversorgung von Opfern,
- Ereignisanalyse,
- fortlaufende Entwicklungsbewertung,
- Definition und Priorisierung der Ziele nach Wichtigkeit und Dringlichkeit,
- Diskussion von Handlungsoptionen,
- Entscheidung über Alternativpläne zur Schadensabwendung und/oder -begrenzung mit der Zielrichtung Krisenbehebung,
- Planungsumsetzung,
- Sicherstellen der erforderlichen organisationsinternen und -externen Krisenkommunikation und deren Inhalten,
- Ergreifung von Maßnahmen für die Aufrechterhaltung und Weiterführung des Betriebs,
- Beantragung von Entscheidungen durch obererste Leitung, falls erforderlich,
- Kontrolle des Umsetzungserfolgs,
- Planung der Rückführung zur Normalsituation oder der Fortsetzung des Betriebs unter längerfristig veränderten Bedingungen.

Parallel sind Dokumentationsaufgaben umzusetzen:

- Registrierung aller eingehenden Meldungen,
- Ausfüllen vorbereiteter Checklisten, die zur Nachbearbeitung genutzt werden können,
- Journalhefte der Krisenstabsfunktion (Tagebuch),
- regelmäßig dokumentierte Lageführung,
- Foto- und Videodokumentation des Ereignisses,
- Verzeichnis von Dateien und Datenträgern mit ereignisbezogenen Daten.

Das Krisenmanagement ist mit dem Übergang in den stabilen (Normal-)Zustand beendet. Der Krisenmanagementprozess mit der ablauflogischen Folge seiner Aufgaben ist in Abb. 6.24.

Um eine effiziente Durchführung der genannten Aufgaben zu ermöglichen, ist die notwendige Infrastruktur vorzubereiten, die insbesondere die erforderlichen Kommunikationsmittel zur Verfügung stellt. Physische Alternativstandorte außerhalb der normalen Betriebsorganisation sind zu identifizieren und in der Planung für den Krisenfall zu dokumentieren.

Im Katastrophenfall findet eine Überlagerung durch das behördliche **Katastrophenmanagement** statt**,** welches steuernden Einfluss auf das organisationale Krisenmanagement nimmt. Das behördliche Krisenmanagement schränkt den Handlungsspielraum des organisationalen über die Vorgabe von Lösungsspielräumen ein.

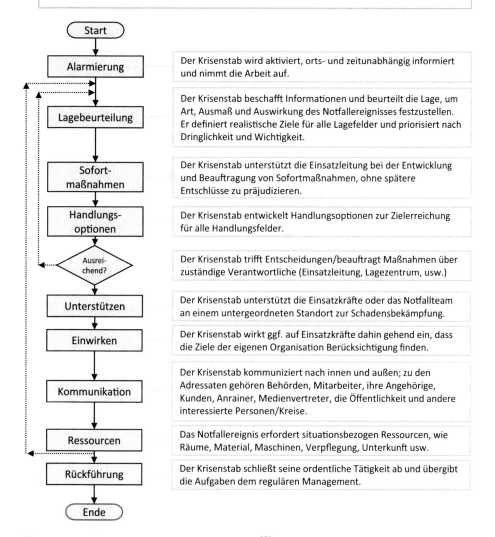

Prozess und Aufgaben im Notfall- und Krisenmanagement

Start

Alarmierung — Der Krisenstab wird aktiviert, orts- und zeitunabhängig informiert und nimmt die Arbeit auf.

Lagebeurteilung — Der Krisenstab beschafft Informationen und beurteilt die Lage, um Art, Ausmaß und Auswirkung des Notfallereignisses festzustellen. Er definiert realistische Ziele für alle Lagefelder und priorisiert nach Dringlichkeit und Wichtigkeit.

Sofortmaßnahmen — Der Krisenstab unterstützt die Einsatzleitung bei der Entwicklung und Beauftragung von Sofortmaßnahmen, ohne spätere Entschlüsse zu präjudizieren.

Handlungsoptionen — Der Krisenstab entwickelt Handlungsoptionen zur Zielerreichung für alle Handlungsfelder.

Ausreichend? — Der Krisenstab trifft Entscheidungen/beauftragt Maßnahmen über zuständige Verantwortliche (Einsatzleitung, Lagezentrum, usw.)

Unterstützen — Der Krisenstab unterstützt die Einsatzkräfte oder das Notfallteam an einem untergeordneten Standort zur Schadensbekämpfung.

Einwirken — Der Krisenstab wirkt ggf. auf Einsatzkräfte dahin gehend ein, dass die Ziele der eigenen Organisation Berücksichtigung finden.

Kommunikation — Der Krisenstab kommuniziert nach innen und außen; zu den Adressaten gehören Behörden, Mitarbeiter, ihre Angehörige, Kunden, Anrainer, Medienvertreter, die Öffentlichkeit und andere interessierte Personen/Kreise.

Ressourcen — Das Notfallereignis erfordert situationsbezogen Ressourcen, wie Räume, Material, Maschinen, Verpflegung, Unterkunft usw.

Rückführung — Der Krisenstab schließt seine ordentliche Tätigkeit ab und übergibt die Aufgaben dem regulären Management.

Ende

Abb. 6.24 Notfall- und Krisenmanagementprozess[272]

Das Katastrophenmanagement ist von der Zielrichtung für den Bevölkerungsschutz verantwortlich, während das Krisenmanagement auf die Erreichung des Normalbetriebs zielt. Für beide lassen sich im Katastrophenfall Handlungsmaxime ableiten (siehe Tab. 6.9, Tab. 6.10).

---

[272] Quelle: ÖNORM D 4902–3 (2021), S. 175.

Tab. 6.10 Handlungsmaximen für das Krisenmanagement im Katastrophenfall[274]

Handlungsfeld	Erläuterung
Chancenpotenzial	Krisen decken als Stresstests Schwachstellen auf und fungieren nicht selten als Innovationstreiber
Exit-Planung	Frühzeitig sind Überlegungen zum Post-Krisenstatus anzustellen; eine Alternativenplanung dient als Orientierungsrahmen für Maßnahmen im Übergang vom Krisenmodus zur Normalisierung
Führungsstärke	Da für langwierige Abstimmungsprozesse in der Regel die Zeit fehlt, ist Geschlossenheit des Auftritts nach innen und außen durch Zentralisierung der Willensbildung zu zeigen; oft sind Entscheidungen von großer Tragweite rasch zu treffen und auch gegen Widerstände durchzusetzen
Krisenkommunikation	Um Glaubwürdigkeit, Konsistenz, Kompetenz und Orientierung zu vermitteln, ist Krisenkommunikation Chefsache
Prioritätensetzung	Da Entscheidungen unter Unsicherheit und Zeitdruck getroffen werden müssen, sind vordringliche Aufgaben zuerst zu erledigen und danach Zweitrangiges
Schnelligkeit	Schnelles Handeln geht notfalls zulasten der Perfektion; für Notfallmaßnahmen gilt Schnelligkeit ohne Einschränkungen und unbürokratisches Handeln
Steuerung auf Sicht	Bei anhaltender Unsicherheit über den weiteren Verlauf einer Krise sind Ziele und Maßnahmen mit einem kurzen Zeithorizont und schnellem Feedback zu präferieren

Die Aufgabe des **Stabilitätsmanagements** ist es, im Sinne des Risikomanagements, im Vorfeld dafür Sorge zu tragen, dass der Krisenmodus nicht eintritt bzw. dessen Folgen so gering wie möglich gehalten werden (Störungsbehebung). Nach Eintritt einer Krise sorgt das Stabilitätsmanagement dafür, dass am Ende der Übergang in den Normalzustand bewerkstelligt wird. Das Stabilitätsmanagement ist zeitlich gesehen von Dauer, während das Krisenmanagement vom Stabilitätsmanagement für den Krisenzeitraum möglichst gut vorbereitet, aktiv gesetzt und beendet wird und somit temporärer Natur ist. Das Krisenmanagement soll in der Ausnahmesituation für die nötige Kontinuität und Sicherheit sorgen.

Zur Umsetzung in der Praxis ist eine gezielte Aus- und Weiterbildung von Mitarbeitern erforderlich, insbesondere von Führungskräften, da das Krisenmanagement komplexe Vorgänge umfasst, die eine gute **Führungsqualifikation** erforderlich machen. Diese Führungsqualifikation umfasst alle Fähigkeiten, Kenntnisse und Eigenschaften, um ein positives Ergebnis in Krisensituationen erzielen zu können. Für die Aus- und Weiterbildung im Gesundheitswesen stehen verschiedene Einrichtungen zu Verfügung,

---

[274]Quelle: Frodl, A. (2022), S. 12.

Abb. 6.25 Beispiel für
eine Organisation des
Krisenmanagements[277]

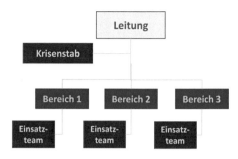

wie beispielsweise die Akademie für Krisenmanagement, Notfallplanung und Zivilschutz (AKNZ) des Bundesamts für Bevölkerungsschutz und Katastrophenhilfe (BBK).[318] Die Mitarbeiter des Gesundheitswesens benötigen Lernkompetenz, bestehend aus der Fähigkeit, Krisen zu bewältigen, kritisch zu denken und mit Kreativität zu analysieren, um komplexe Probleme und Unzulänglichkeiten zu lösen, sowie mit anderen effizient zu kommunizieren und zusammenzuarbeiten.[319]

Die oberste Leitung der Organisation und ihre Führungskräfte sind für die Vorbereitung und Etablierung des Krisenmanagements im Rahmen des Risikomanagements verantwortlich.

In größeren Gesundheitseinrichtungen wird das Krisenmanagement organisatorisch durch einen Krisenstab als höchste Führungsinstanz abgebildet, der durch die Geschäftsleitung einberufen wird, aber auch funktionieren muss, wenn die oberste Leitung nicht kurzfristig verfügbar ist. In kleineren Einrichtungen übernimmt dies der Inhaber bzw. Geschäftsführer in Personalunion. Die Aufgaben sind organisatorisch zu differenzieren, dürfen v. a. bei kleineren Organisationen personell verschmelzen. Abb. 6.30 liefert ein Beispiel für die organisatorische Ausgestaltung des Krisenmanagements. Im Fall von organisationsübergreifenden Krisen und Katastrophen bietet es sich zur Vereinfachung der organisationsübergreifenden Zusammenarbeit an, die Organisationsstruktur am staatlichen Krisen- und Katastrophenschutzmanagement (SKKM) auszurichten (Abb. 6.25).

Unabhängig von der organisatorischen Einordnung ist entscheidend, dass die Führungskräfte, die mit dem Krisenmanagement betraut sind, anerkannt und in ihrer Rolle akzeptiert werden. Bezogen auf die Frage nach der in Krisensituationen anzuwendenden Führungstheorie finden sich die in Tab. 6.11 aufgelisteten Aussagen.[320]

Bezogen auf den intrinsischen Ansatz kann sich das erwähnte Charisma als Basis der Führung bezogen auf Patienten und Mitarbeiter unterschiedlich auswirken: Ein Arzt

---

[277] Quelle: ÖNORM D 4902–3 (2021), S. 171.

[318] Vgl. Frodl, A. (2022), S. 5–29 und S. 135 und ÖNORM D 4902–3 (2021), S. 165–185.

[319] Vgl. Ploylearmsang, C. (2021), S. 3

[320] Vgl. Frodl, A. (2022), S. 19–27 und ÖNORM D 4902–3 (2021), S. 171–174.

Tab. 6.11 Führungstheorien als Basis des Krisenmanagements[278]

Führungstheorien	Beschreibung
Intrinsischer Ansatz	Führungserfolg von Krisenführungskräften beruht auf ihrer Persönlichkeit, ihrer Qualifikation, ihrem Engagement und ihren Eigenschaften; Motivationsfähigkeit, Fachkompetenz und Auftreten werden als persönliche Eigenschaften häufig genannt, wenn es darum geht, erfolgreiche Krisenmanager von weniger erfolgreichen zu unterscheiden oder überhaupt zu identifizieren, wer sich als Führungskraft in Krisensituationen im besonderen Maße eignet
Extrinsischer Ansatz	Stellt weniger die Persönlichkeit der Krisenführungskraft, als vielmehr die Art und Weise des Umgangs mit den Geführten, die sich daraus ergebenden Interaktionen sowie die Einflussfaktoren der Führung in den Mittelpunkt
Situativer Ansatz	Versteht Führung in Krisensituationen mehrdimensional und versucht weniger die Führungskraft, als vielmehr den Geführten und das zu sehen, was alles auf ihn einwirkt, um letztendlich daraus Rückschlüsse für ein erfolgreiches Führungsverhalten ziehen zu können; Führungserfolg stellt sich dann ein, wenn möglichst situativ geführt, das heißt mit einem auf die jeweilige Führungssituation angemessenen Führungsverhalten reagiert wird
Systemischer Ansatz	Geht davon aus, dass die Führungskraft in der Krisensituation nur ein Einflussfaktor ist, der auf die Geführten einwirkt, dass ihre direkten Einwirkungsmöglichkeiten daher eher begrenzt erscheinen und dass die Orientierung an einer Vielzahl vernetzter Subsysteme vielmehr einen wesentlich größeren Einfluss auf die Geführten hat; Krise ist als ungeordnetes, chaotisches System anzusehen, in dem eine Vielzahl von Handlungen, Wirkungen und Folgewirkungen vielfältige Rückkopplungen und sich selbst verstärkende Mechanismen erzeugt

kann von Patienten als charismatische Führungsperson wahrgenommen werden, was nicht zwangsläufig für seine Mitarbeiter gilt. Daher lässt sich aus der Wirkung auf Patienten nicht die Eignung für eine Leitungsfunktion in einem Krisenstab ableiten. Die Bereitschaft der Mitarbeiter, sich führen zu lassen, ist eine unabdingbare Voraussetzung.

Nach der Zweifaktorentheorie von Herzberg sind im Krisenmanagement Motivationsfaktoren wie Leistung, Anerkennung, Verantwortung etc. zu beachten. Ergänzend dazu müssen Faktoren, deren Abwesenheit zur Unzufriedenheit führen, sogenannte Hygienefaktoren, wie Führungsstil und Unterstützung, berücksichtigt werden.

Ein weiterer wichtiger Faktor stellt die **Führungserfahrung** dar. Sie wird als die Summe der Zeiträume beschrieben, in der sich eine Führungskraft mit Krisensituationen konfrontiert sah und mit einer oder mehrerer der folgenden Führungstätigkeiten verknüpft:

- Führung von Mitarbeitern eines Krisenteams,
- Ausübung von Führungsfunktionen im Krisenmanagement,

---

[278] Quelle: Frodl, A. (2022), S. 22.

- Bewältigungsausmaß der Krisensituation,
- zu steuernde Heterogenität im Krisenteam,
- Unterschiedlichkeit der wahrzunehmenden Führungsfunktionen,
- Ausmaß der wahrzunehmenden Führungsfunktion,
- Umfang und Diversität des Aufgabengebiets,
- Umfang und Diversität der zu bewältigenden Krisenarten,
- zeitliche Dauer von Führungsfunktionen im Krisenmanagement in Summe und von einzelnen Führungstätigkeiten.

Entscheidend sind die Einstellung der Führungskraft, ihre menschlichen Beziehungen und ihr Führungsverhalten, um Bereitschaft bei den Mitarbeitern und Patienten zu erzeugen, der Führungskraft und ihren Notfallmaßnahmen und Zielsetzungen Vertrauen entgegenzubringen. Dabei kann die Führungskraft in Krisensituationen in der Regel nicht auf etablierte Routinen und Verhaltensweisen zurückgreifen. Die Qualität der Zusammenarbeit ist genauso von zentraler Bedeutung für die Krisenbewältigung, wie die Anerkennung der Leistungen der Mitarbeiter und die Sinnvermittlung. Die Führungskraft ist als Vorbild gefragt, um positives Verhalten der Mitarbeiter zu verstärken. Dazu sind Leitbilder hilfreich, die Werte und Orientierung vermitteln. Wichtige Faktoren für die Krisenbewältigung sind die Klarheit der Aufgaben, die Vermeidung von autoritärem Führungsverhalten, die Vermeidung eines Misstrauensklimas, die Stärkung der Eigenverantwortung jedes Mitarbeiters sowie eine klare Top-Down-Entscheidungskommunikation.

Durch ihr Führungsverhalten in Krisensituationen vermitteln Führungskräfte bewusst oder unbewusst ihren **Führungsstil** im Umgang mit den zu führenden Mitarbeitern und Patienten. Ein autoritärer Führungsstil vermittelt klare Verantwortlichkeit und schnelle Entscheidungen, kann aber auch zur Überforderung und Fehlern der Führungsperson führen und die Passivität im Krisenteam fördern, da dessen Mitglieder keine Motivation haben, ihre eigenen Kompetenzen und Ansichten einzubringen. Für Krisensituationen scheint der situative Führungsstil den größten Erfolg zu verheißen. Das erfordert von der Führungskraft ein hohes Maß an Flexibilität und Führungsvariabilität. Letzten Endes lässt sich nicht ex ante ein erfolgreiches Führungsverhalten definieren (Tab. 6.12).[322]

Folgendes sind Beispiele für operative Entscheidungen, die im Krisenmanagement zu treffen sind:

- Außerbetriebsetzung von Einrichtungen und Anlagen,
- Einrichtung eines Call-Centers mit entsprechenden Weisungen,
- Außerbetriebsetzung von Stationen oder einzelnen Teilbereichen,
- kontrollierte Informationsweitergabe und -übermittlung an Kunden/Patienten, Partner und interessierte Parteien,

---

[322] Vgl. Frodl, A. (2022), S. 22–39.

Tab. 6.12 Muster des Führungsverhaltens im Krisenmanagement[283]

		Mitarbeiterorientierung bzw. Sozioemotionalität	
		Hoch	Niedrig
Aufgaben-orientierung bzw. Sachrationalität	Hoch	Erfolgversprechendes Führungsverhalten, da sowohl die konsequente Zielerreichung als auch die kooperative Einbeziehung des Krisenteams maximierend verfolgt werden	Die Aufgabenerfüllung steht absolut im Vordergrund, was sich negativ auf die Arbeitsatmosphäre im Krisenteam und auf die Motivation auswirken kann
	Niedrig	Zwischenmenschlichen Beziehungen und positive Arbeitsatmosphäre im Krisenteam stehen absolut im Vordergrund, was sich negativ auf die Aufgabenerfüllung auswirken kann	Mit dem Laisser-Faire-Führungsstil vergleichbar, da weder auf die Interessen des Krisenteams eingegangen, noch die Aufgabenerfüllung von der Führungskraft verfolgt wird

- öffentlicher oder „stiller" Rückruf von Produkten,
- Vorbereitungen der internen und/oder externen Krisenkommunikation,
- Beauftragung einer Medienbeobachtung,
- Ernennung eines Sprechers,
- Unterstützung und Betreuung betroffener Personen.[323]

Eine weitere wichtige Fähigkeit der Führungskraft ist die der **Delegation**, um die eigene Zeit optimal nutzen zu können. Ein bewährtes Hilfsmittel hierfür ist die Eisenhower-Methode, die nach dem ehemaligen amerikanischen Präsidenten benannt ist und sich an den beiden Dimensionen Wichtigkeit und Dringlichkeit orientiert (siehe Abb. 6.32).

Eine weitere Form der Delegation stellt das **Ausnahmeprinzip** dar, nachdem im Regelfall die Verantwortung bei den zugeordneten Mitarbeitern im Krisenteam liegt und die Führungskraft nur bei unvorhergesehenen oder ungewöhnlichen Ereignissen eingreift. Dies führt zu einer Entlastung der Führungskraft und gibt den Mitarbeitern im Krisenteam Handlungsspielraum. Ein Instrument, welches in diesem Fall häufig zum Einsatz kommt, ist die Zielvereinbarung. Sie fördert die Motivation und die Eigenverantwortung der Mitarbeiter (Tab. 6.13).[324]

Mitarbeiter von sozialen Diensten verfügen über eine Reihe von Fähigkeiten und Kompetenzen, die gerade in Krisensituationen wie Pandemien gebraucht werden

---

[283] Quelle: Frodl, A. (2022), S. 40.

[323] Vgl. ÖNORM D 4902–3 (2021), S. 178.

[324] Vgl. Frodl, A. (2022), S. 40–41.

Tab. 6.13 Eisenhower-Methode als Delegationsprinzip im Krisenmanagement[286]

		Dringlichkeit	
		Hoch	Gering
Wichtigkeit	Hoch	Sofortige persönliche Erledigung: Aufgaben mit hoher Wichtigkeit und hoher Dringlichkeit	Können warten: Aufgaben mit hoher Wichtigkeit und geringer Dringlichkeit
	Gering	Eignen sich gut für die Delegation: Aufgaben mit geringer Wichtigkeit, aber hoher Dringlichkeit	Darauf kann im Krisenfall verzichtet werden: Aufgaben mit geringer Wichtigkeit und geringer Dringlichkeit

können: Risikoidentifikation und Risikobewertung, Krisenmanagement, Problemlösungskompetenz und die Fähigkeit zur Mobilisierung weiterer unterstützender Ressourcen.[325]

Mit dem Abflachen der Krisensituation sinkt der Handlungsdruck auf das Krisenmanagement, sodass die Organisation wieder in den Normalbetrieb zurückgeführt werden kann.[326]

Die Funktionsfähigkeit des Krisenmanagements bedarf der periodischen Überprüfung, Anpassung und Verbesserung mittels einer Simulationsübung. Nach jeder Übung sind die Funktionsfähigkeit und Wirksamkeit des Krisenmanagements zu analysieren, zu bewerten, erforderliche Verbesserungen zu implementieren und in nachfolgenden Übungen zu überprüfen.

6.13 Digital Leadership

Die Digitalisierung (siehe Exkurs im Abschn. 6.13.1) bzw. digitale Transformation eröffnet in Organisationen neue Handlungsfelder, wozu das Digital Leadership gehört. Das konfrontiert Führungskräfte mit neuen Anforderungen. Der treibende **Einflussfaktor** ist das steigende Leistungsvermögen der Computer- und Informationstechnik, das neue Plattformen, neue digitale Geschäftsmodelle, digitale Transformationen von Prozessen bis hin zu einer digitalen Wirtschaft ermöglicht. Jede Unternehmensführung muss über den Einsatz von Informationstechnologie entscheiden, um sich in der digitalen Wirtschaft zu positionieren. Es ist notwendig, das bestehende Geschäftsmodell zu digitalisieren und/oder neue digitale Modelle und Anwendungen zu entwickeln. Die permanente Beobachtung und Analyse des Wettbewerbs sind von entscheidender Bedeutung, um in

---

[286] Quelle: Frodl, A. (2022), S. 41.

[325] Vgl. Ashcroft, R. et al. (2021),

[326] Vgl. ÖNORM D 4902–3 (2021), S. 180.

keine wirtschaftlich nachteilige Position zu geraten. Dabei gilt es, die digitalen Angebote sowohl etablierter (Elephants) wie auch neu aufstrebender Wettbewerber aus dem Start-up-Bereich (Piranhas) zu beobachten und mit den eigenen digitalen Angeboten und Geschäftsmodellen zu vergleichen.[329]

Ein einheitliches Verständnis von „Digital Leadership" existiert nicht, aber zwei Grundstränge lassen sich identifizieren. Der erste Strang betont die Fähigkeit zur Nutzung von digitalen Tools im Führungsgeschehen, um die richtigen Entscheidungen zu treffen. Hier geht es um die Erweiterung des „Werkzeugkastens" der Führung um digitale Hilfsmittel. Der zweite Strang bezieht sich auf das Voranbringen der Digitalisierung bzw. digitalen Transformation in der Organisation. Dazu sind Kreativität, Innovationsfreude und Mut erforderlich. Die konkrete Umsetzung hängt vom digitalen Reifegrad der Organisation ab. Drei Bereiche der Digitalisierung werden unterschieden: Der Kunde/Patient (Customer), das Arbeitsumfeld (Work) und die Organisation (Business) selbst. Das Arbeitsumfeld beinhaltet Aspekte wie Flexibilisierung der Arbeitszeit und der Arbeitsplätze, um die Arbeit für Mitarbeiter angenehmer und effizienter zu gestalten. Digital Leadership gilt für alle Mitarbeiter der Organisation.[330]

Hierzu ist eine **Führungsfunktion**, im Sinne von Leadership, als treibende Kraft notwendig. Sollte die oberste Führungsfunktion im Sinne der Gesamtverantwortung für das Digital Leadership von einer vorhandenen Führungsperson wahrgenommen werden, oder sollte eine neue Führungsfunktion dafür eingerichtet werden? Im ersten Fall übernimmt eine **existierende Führungsperson**, wie z. B. der Geschäftsführer bzw. Chief Executive Officer (CEO), die Leitung des Marketings oder der IT bzw. der Chief Technology Officer (CTO) die Gesamtverantwortung. Oder es wird eine neue Führungsfunktion, die des Chief Information Officer (CIO) oder die des Chief Digital Officer (CDO) eingerichtet, der die Gesamtverantwortung für die Digitalisierung übernimmt.

Leadership betont im Unterschied zu Management v. a. visionäres Vorangehen, Führung und Motivation und ist damit stärker veränderungsorientiert, d. h. entspricht einem transformationalen Führungsstil.[331] Digital Leadership, dessen Konzept nicht klar umrissen, sondern mit unterschiedlichen Vorstellungen versehen ist, wird als Teil des New Leaderships betrachtet und besteht aus den folgenden Aspekten, die eine Führungskultur formen:

- Inspiration durch Vision und Werte,
- Zusammenstellung von erfolgreichen Teams und Bindung von Talenten an den Arbeitgeber,

---

[329] Vgl. Kollmann, T. (2022), S. 1–23.

[330] Vgl. Gurtner, A.; Clerc, I.; Scheidegger, L. (2021), S. 162, Tarkowski, P. (2018) und Kollmann, T. (2022), S. 23–24.

[331] Vgl. Heiß, T.; Camphausen, M.; Werner, J. A. (Hrsg.) (2019b), S. IX-XII und Kollmann, T. (2022), S. 24–28.

- Steuerung und Gestaltung von Digitalisierung in Kommunikation und Arbeits-
  prozessen,
- Dialog auf Augenhöhe im Sinne des partizipierenden Managements,
- Wissenstransfer und Ermächtigung von Nachwuchskräften,
- Pflege und Förderung interner und externer Netzwerke.[332]

New Leadership soll Nachwuchskräften den Raum geben, um als Förderer des digitalen Wandels innerhalb der Gesundheitsorganisation wirken zu können. Nachwuchskräfte fördern die Dynamik der Digitalisierung. Daher wird ihre Kompetenz gerade in den Entscheidungsgremien benötigt.[334]

Hemmnisse bezüglich der Nutzung digitaler Kommunikationsmittel im eigenen Team sind zu identifizieren, um diese überwinden zu können. Dabei ist Folgendes zu beachten:

- alle beteiligten Professionen einbinden,
- die unterschiedlichen Bedürfnisse und Anforderungen der Beteiligten erheben,
- die Zielsetzung der „qualitativ hochwertigen Patientenversorgung" hervorheben und
- Raum für Experimente geben.

Jeder Profession im Team muss Raum eröffnet werden, um ihre eigene Sichtweise einzubringen. Dadurch wird sich zeigen, dass diese nicht weit auseinanderliegen.

Hierbei gilt es, positive Erwartungen der Beteiligten zu nutzen und Befürchtungen entgegenzuwirken, um aufzuzeigen, dass Arbeitserleichterung und nicht der Ersatz von Mensch durch Maschine das Ziel ist. Ein Austausch von Fachkräften ist weder unter den Gegebenheiten des Fachkräftemangels noch wegen der Begrenzungen von künstlicher Intelligenz und Robotik im Vergleich sinnvoll.[335]

Unklar bleibt für Führungskräfte, wie sie Kompetenzen für ein Digital Leadership aufbauen können, da die konkrete Umsetzung ebenfalls ungeklärt ist. Nicht verwunderlich ist, dass Führungskräfte ihre Digital-Leadership-Kompetenz in Untersuchungen zum größten Teil als niedrig einstufen. Kollmann beschreibt einen Handlungsrahmen für das Digital Leadership (Abb. 6.26).[336]

Es wird auf die Erfordernisse des Experimentierens von Methoden und Techniken verwiesen. Dadurch ist die Ausgestaltung in der Praxis sehr unterschiedlich. Organisationen versuchen, sich an vergleichbaren Organisationen zu orientieren, die als Vorbild in der Digitalisierung betrachtet werden.

Folgende Kompetenzen werden als Voraussetzung (Wollen und Können) und für die Umsetzung (Machen) als erforderlich genannt (siehe auch Abb. 6.26):

---

[332] Schröter, M. (2019), S. 30.

[334] Vgl. Heiß, T. (2019a), S. 10.

[335] Vgl. Bechtl, F. (2019), S. 117–124.

[336] Vgl. Kollmann, T. (2022), S. 24–37.

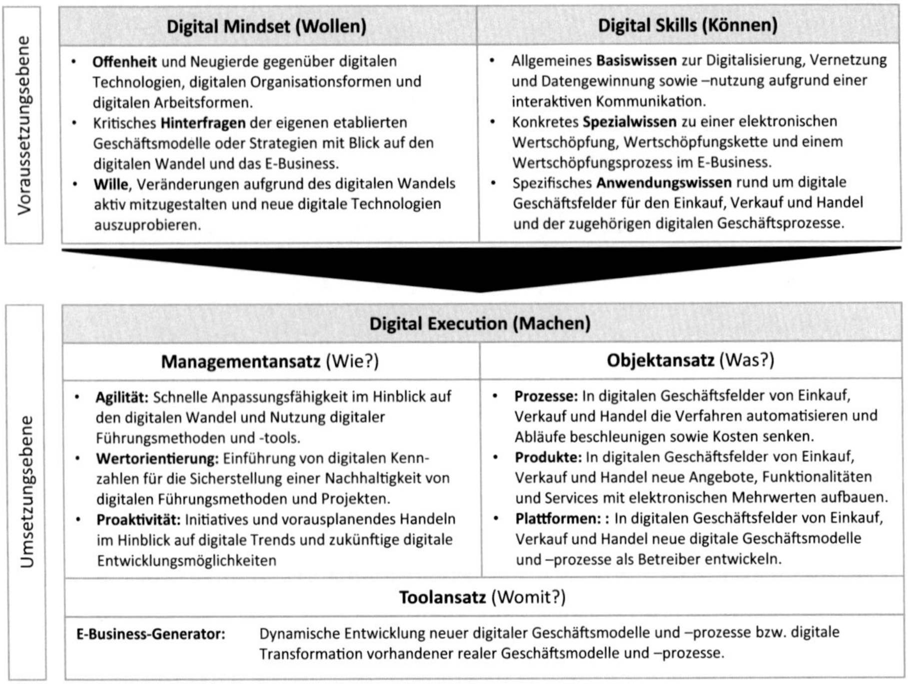

Digital Mindset (Wollen)	Digital Skills (Können)
• **Offenheit** und Neugierde gegenüber digitalen Technologien, digitalen Organisationsformen und digitalen Arbeitsformen. • Kritisches **Hinterfragen** der eigenen etablierten Geschäftsmodelle oder Strategien mit Blick auf den digitalen Wandel und das E-Business. • **Wille**, Veränderungen aufgrund des digitalen Wandels aktiv mitzugestalten und neue digitale Technologien auszuprobieren.	• Allgemeines **Basiswissen** zur Digitalisierung, Vernetzung und Datengewinnung sowie –nutzung aufgrund einer interaktiven Kommunikation. • Konkretes **Spezialwissen** zu einer elektronischen Wertschöpfung, Wertschöpfungskette und einem Wertschöpfungsprozess im E-Business. • Spezifisches **Anwendungswissen** rund um digitale Geschäftsfelder für den Einkauf, Verkauf und Handel und der zugehörigen digitalen Geschäftsprozesse.

(Voraussetzungsebene)

Digital Execution (Machen)	
Managementansatz (Wie?)	Objektansatz (Was?)
• **Agilität:** Schnelle Anpassungsfähigkeit im Hinblick auf den digitalen Wandel und Nutzung digitaler Führungsmethoden und -tools. • **Wertorientierung:** Einführung von digitalen Kennzahlen für die Sicherstellung einer Nachhaltigkeit von digitalen Führungsmethoden und Projekten. • **Proaktivität:** Initiatives und vorausplanendes Handeln im Hinblick auf digitale Trends und zukünftige digitale Entwicklungsmöglichkeiten	• **Prozesse:** In digitalen Geschäftsfelder von Einkauf, Verkauf und Handel die Verfahren automatisieren und Abläufe beschleunigen sowie Kosten senken. • **Produkte:** In digitalen Geschäftsfelder von Einkauf, Verkauf und Handel neue Angebote, Funktionalitäten und Services mit elektronischen Mehrwerten aufbauen. • **Plattformen: :** In digitalen Geschäftsfelder von Einkauf, Verkauf und Handel neue digitale Geschäftsmodelle und –prozesse als Betreiber entwickeln.

Toolansatz (Womit?)	
E-Business-Generator:	Dynamische Entwicklung neuer digitaler Geschäftsmodelle und –prozesse bzw. digitale Transformation vorhandener realer Geschäftsmodelle und –prozesse.

(Umsetzungsebene)

Abb. 6.26 Der Handlungsrahmen für das Digital Leadership[294]

- Offenheit für neue Entwicklungen, Methoden und Techniken,
- aktiver Gestaltungswille, auch Neues auszuprobieren, um Potenziale zu nutzen,
- kritisches Hinterfragen des digitalen Status quo,
- Flexibilität, um mit ungewohnten Situationen umgehen zu können,
- Fach-, Spezial- und Anwendungswissen zur Digitalisierung (**Digital Skills**),
- Teambildungsqualität,
- Umgang mit Diversity, um Mitarbeiter mit unterschiedlichem Alter, Erfahrungshintergrund, Organisationszugehörigkeit zu koordinieren,
- Empathie,
- Vorbild sein,
- Entscheidungskompetenz,
- Mobilisierung der erforderlichen Ressourcen (Budget, Personal, Geduld),
- Projektmanagement bzw. Unternehmensführung,
- inhaltliche und organisatorische Umsetzung von Digitalprojekten,
- Bereitstellung von Tools für die digitale Transformation.

---

[294] Quelle: Kollmann, T. (2022), S. 37.

Viele der genannten Kompetenzen können erlernt werden, aber die charakterliche Eignung zum Digital Leader muss gegeben sein.

Erlernbar ist das **Basiswissen über die Digitalisierung**, Vernetzung, Nutzung von Daten und Interaktivität, welches die wesentlichen, inhaltlichen Grundlagen für das Digital Leadership darstellt. Das **Spezialwissen** beinhaltet das Wissen zur Erzielung der Wertschöpfung mit Nutzung des Basiswissens über die Digitalisierung und ökonomischen Kenntnisse. Die darauf aufbauende Stufe ist das **Anwendungswissen**, d. h. die Fähigkeit zur konkreten Anwendung des Basis- und Spezialwissens für die Umsetzung und Erweiterung eines Geschäftsmodells.

Wenn die im vorherigen Absatz genannten Voraussetzung für das Digital Leadership gegeben sind, ist die **Digital Execution** (die Umsetzung) erforderlich. Sonst fehlt die praktische Relevanz, bzw. es bleibt bei der Willensbekundung oder dem Lippenbekenntnis. In der Umsetzung kommt ein Mix von Führungsansätzen zum Tragen, die in vorherigen Abschnitten vorgestellt wurden, insbesondere das Lean Management mit seiner Wertorientierung (siehe Abschn. 6.12.4), das agile Management (siehe Abschn. 6.12.5) und die proaktive Unternehmensführung.[337]

Durch die Digitalisierung von Prozessen wird dem Prozessmanagement die Möglichkeit gegeben, Arbeitsabläufe zu analysieren, Schwachstellen zu identifizieren und damit die Prozesseffizienz zu verbessern. Das Management im Gesundheitssystem sieht gerade den Einsatz von Big Data als eine Chance zur Verbesserung der Patientenversorgung und zur Entlastung der eigenen Arbeit.[338]

Der Erfolg der Teamarbeit im Krankenhaus hängt entscheidend von der interprofessionellen Zusammenarbeit ab, hindernde Hierarchiestufen sollten deshalb eliminiert werden.[339] Nach Heiß, Camphausen und Werner ist die Klinik von morgen, das Smart Hospital, interprofessionell und von Kooperation getragen.[340]

6.13.1 Exkurs: Digitalisierung

„Digitalisierung! Zugleich Fluch, Verheißung und alternativlos, das Großthema der Stunde. Der Mittelstand, die Bildung, die Industrie, die Medien, die Politik, die Gesellschaft, alle digitalisieren, irgendwie."[341] Sascha Lobo beschreibt hiermit, dass sich die Digitalisierung auf alle Lebensbereiche ausdehnt und somit ebenfalls das Gesundheitswesen einschließt. Politik, gesetzliche und private Krankenkassen, Krankenhäuser, Beratungen, Medizinproduktehersteller und Start-ups diskutieren die Digitalisierung im

---

[337] Vgl. Tarkowski, P. (2018) und Kollmann, T. (2022), S. 42–136.

[338] Vgl. Steidel, G. P. (2019), S. 137–138.

[339] Vgl. Steidel, A. (2019), S. 151–155.

[340] Vgl. Heiß, T.; Camphausen, M.; Werner, J. A. (Hrsg.) (2019), S. X

[341] Vgl. Lobo, S. (2016).

Gesundheitswesen.[342] Die Digitalisierung ist ein dynamischer Prozess, der in kürzer werdenden Innovationszyklen neue Technologien bzw. Produkte für alle Lebensbereiche hervorbringt, wie z. B. Selbstvermessungen mittels Smartphones oder selbstfahrende Autos. Die Digitalisierung wird auch zu großen Veränderungen in der Medizin führen. Welche Chancen und Möglichkeiten bieten diese für das Gesundheitswesen sowohl als eine gesellschaftliche Aufgabe als auch für das Individuum?

Diese Fragen stellen sich insbesondere in der Bewältigung der Herausforderungen und Erwartungen durch den demographischen Wandel, der Kostensteigerungen im Gesundheitswesen, des Fachkräftemangels, bei der Nachfrage nach Gesundheitsdaten zur selbstbestimmten Gesundheitserhaltung und der Gewährleistung einer flächendeckenden Versorgung. Die Ziele lassen sich allerdings nur erreichen, wenn eine hohe Nutzerakzeptanz erreicht, Risiken minimiert und Barrierefreiheit für alle Zielgruppen bei der Nutzung von Informations- und Kommunikationstechnologie (IKT) angestrebt werden.[343]

Der nordamerikanische Mediziner und Autor Atul Gawande hat unter dem Titel „Why doctors hate their computers" für den medizinischen Bereich den Sinn der Digitalisierung infrage gestellt. Er sah durch die Einführung des Computers eine Aufwandssteigerung und eine Verschlechterung in der Kommunikation mit dem Patienten.[344]

Nichtsdestotrotz ist die Digitalisierung des deutschen Gesundheitswesens, z. B. beim niedergelassenen ärztlichen Personal, in den letzten Jahren vorangeschritten, bringt Verbesserungen für die Patientenversorgung und verändert jahrzehntealte Arbeitsabläufe in den Arztpraxen.[345]

Im Vergleich zu anderen europäischen, wie z. B. den skandinavischen Ländern, Estland, Spanien und den Niederlande sowie außereuropäischen Ländern steht die Digitalisierung des deutschen Gesundheitswesens noch am Anfang und bietet noch ungenutzte Potentiale, deren Chancen und Risiken für die Ausgestaltung der Nutzung verstanden werden sollten.[346]

Das E-Health-Gesetz (Gesetz für sichere digitale Kommunikation und Anwendungen im Gesundheitswesen) aus 2016 sollte die Einführung digitaler, medizinischer Anwendungen erleichtern, wie z. B. den elektronischen Arztbrief (2017 eingeführt), den digitalen Medikationsplan (2020 eingeführt), die Online-Sprechstunde (seit 2017) und die telekonsiliarische Befundbeurteilung von Röntgenaufnahmen (seit 2017).

Die Auswirkungen der COVID-19-Pandemie haben Nachholbedarf aufgezeigt und sind damit zum Treiber der weiteren Digitalisierung im Gesundheitswesen geworden, was anhand zahlreicher kurzfristig aufgelegter Gesetzesinitiativen deutlich wurde, wie z. B. das Krankenhauszukunftsgesetz (am 19.10.2020 in Kraft getreten). Hierüber hat die

---

[342] Vgl. Heiß, T. (2019a), S. 3

[343] Vgl. Vervier, L. S. (2021), S. 1–6.

[344] Vgl. Frank, T. (2019), S. 110.

[345] Vgl. Dieken, M. L. (2021), S. 10 und Vervier, L. S. (2021), S. vii.

[346] Vgl. Vervier, L. S. (2021), S. 3 und Kroemer, H. K. (2021), S. 6

Bundesregierung weitere 3 Mrd. Euro zur Förderung der Digitalisierung bereitgestellt, insbesondere für IT-Sicherheit und moderne Notfallkapazitäten.[347] Allerdings gibt das durchschnittliche deutsche Krankenhaus nur ein bis zwei Prozent seines Gesamtbudgets (in den USA im Vergleich sechs bis sieben Prozent) für Digitalisierung aus. Der damalige Gesundheitsminister Jens Spahn hat die Digitalisierung des Gesundheitswesens zu einem gesundheitspolitischen Ziel erklärt.[348]

Im Rahmen der COVID-19-Pandemie ergaben sich vielfältige Aktivitäten mit digitalen Lösungen, um Risikosituationen präventiv einzuschätzen. Auf der Grundlage der COVID-19-Pandemie wurde exemplarisch ein Digitalisierungsprojekt durch den gemeinsamen Bundesausschuss ausgelöst. Ein regionales digitales Früherkennungs- und Warnsystem „Erkennung und Sicherung epidemiologischer Gefahrenlagen (ESEG)" mit einem integrierendem datenbankbasiertem Früherkennungssystem wurde für den Großraum Frankfurt zur Bewältigung von besonderen und außerordentlichen infektiologischen Lagen implementiert. Mit digitaler Infrastruktur werden Akteure und Daten der medizinischen Primärversorgung mit bereits bestehenden Strukturen und Verfahren des öffentlichen Gesundheitswesens digital vernetzt.[349]

Das Caritas-Krankenhaus St. Josef Regensburg, das Krankenhaus der Barmherzigen Brüder Trier und das Sana Klinikum Offenbach nutzten in einer retrospektiven Diagnostikstudie (2020) die Zusammenführung von Routinedaten aus Notaufnahmen, um eine infektiologische Surveillance einzuführen und um ein vermehrtes Auftreten von Infektionserkrankungen frühzeitig zu erkennen. Der neu entwickelte COVID-19-Score (Coronavirus Disease 2019) wurde während der Ersteinschätzung ein anwendbares Screeningtool für die Notaufnahme zur Beurteilung des Risikos für eine COVID-19-Erkrankung, um frühzeitig die Entscheidung anhand einer Risikoeinschätzung von Notaufnahmepatienten zu treffen.[350]

Auf globaler Ebene hat die UN als drittes Nachhaltigkeitsziel (Sustainable Development Goal) die Verbesserung der Gesundheitsversorgung herausgegeben, wozu die Digitalisierung ebenfalls beitragen kann.[351]

Weitere Gesetzesinitiativen sind das Terminservice- und Versorgungsgesetz (TSVG), das Digitale-Versorgungs-Gesetz (DVG, verabschiedet 2019), das Patientendaten-

---

[347] Vgl. Bodtke, M.; Borchardt, T. (2022), S. 44–49.

[348] Vgl. Steudel, H. (2021), S. 22.

[349] Vgl.: Robert Koch Institut (Hrsg.): Erkennung und Sicherung Epidemischer Gefahrenlagen (ESEG), https://www.rki.de/DE/Content/Infekt/Ausbrueche/ESEG/ESEG_node.html (aufgerufen am 1.4.2023.

[350] Vgl.: Hüfner, A., Kiefl, D., Baacke, M. *et al.* (2020): Risikostratifizierung durch Implementierung und Evaluation eines COVID-19-Scores, Med Klin Intensivmed Notfmed 115, (Suppl 3), S. 132–138.

[351] Vgl. Vervier, L. S. (2021), S. vii.

Schutzgesetz (PDSG) sowie die Modernisierung der digitalen Versorgung und Pflege (DVPMG).[352]

Die Bewältigung der Auswirkungen der COVID-19-Pandemie hat der Video-konferenz, den Chats und Clouddiensten als digitale Kommunikationstechnologien zum Durchbruch verholfen, den Aufbau von Plattformen zur systematischen Datenerhebung (beispielsweise Climedo) gefördert sowie den Infektionsschutz mittels Gesundheits-/Überwachungs-Apps vorangetrieben.[353] Negative Auswirkungen sind eine Informations-flut, v. a. durch Ausdruck von erhöhten Geltungsbedürfnissen über social Media, wie auch erzeugter Aktionismus.[354]

Eine Umfrage zeigte auf, dass Patienten Interesse an der Nutzung von Online-Termin-vereinbarungen, elektronischem Rezept und Arbeitsunfähigkeitsbescheinigung haben. Hier besteht ungenutztes Potential, eine Gesundheitsversorgung effizienter zu organisie-ren.[355]

Die Umsetzung der Digitalisierung in den Praxen der niedergelassenen Ärzte erfolgt in vielen Bereichen schleppend. So sehen z. B. viele Ärzte nur einen geringen Mehrwert in der Einführung von Telematikinfrastrukturen, um eine stärkere Vernetzung zu ermög-lichen.

Einige Umsetzungen sind allerdings bereits gesetzlich verpflichtend bzw. haben Aus-wirkungen auf die zur Anwendung kommenden Abrechnungssätze.[356]

Was die Digitalisierung in den deutschen Krankenhäusern betrifft, lässt sich konsta-tieren, dass sich diese im Vergleich mit anderen europäischen Ländern noch in einem frühen Entwicklungsstadium befinden. Zu dieser komplexen Thematik gibt es aber noch keine einheitliche Bestandsaufnahme.

Die Forschungsgruppe Informatik im Gesundheitswesen (OGW) der Hochschule Osnabrück hat ein Erhebungsinstrument zur Befragung des Standes Digitalisierung ent-wickelt. Sie für verschiedene Themenbereiche jeweils ein Scoring-Modell (Composite Score) entwickelt. Ein Beispiel ist der Professionalism of Information Management Composite Score (IMCS).

Aus Patientensicht gibt es in den Prozessen der vorstationären, stationären und nach-stationären Behandlung zahlreiche Möglichkeiten für die Digitalisierung. Deshalb sind bei der Betrachtung der Thematik auch Arztpraxen, Apotheken und Krankenkassen sowie die notwendige Basisinfrastruktur (z. B. stabiles und schnelles Internet) mit einzu-schließen.

---

[352] Vgl. Broich, K.; Löbker, W.; Weber, S. (2021), S. 32.

[353] Vgl. Vervier, L. S. (2021), S. 228.

[354] Vgl. Vehreschild, J. J. (2021), S. 60 und Heiß, T. (2019), S. 9

[355] Vgl. Niemann, P. (2022), S. 24–42.

[356] Vgl. Böhm, L.; Schmiele, J.; Wagner, L. (2022), S. 130 und Taksijan, T. (2022), S. 1–4.

Folgende vier Kernelemente werden für den **digitalen Wandel** im Krankenhaus genannt:

- Technik (Einsatz von IKT),
- Vernetzung (entlang der Wertschöpfungskette),
- Krankenhausmanagement (Führung und Organisation),
- Informationen (optimierte und strukturierte Daten).

Gerade der dritte Punkt „Krankenhausmanagement" weist darauf hin, dass der digitale Wandel in die Strategie zu integrieren ist. Der Erfolg ist dabei an die Akzeptanz des Patienten geknüpft, z. B. durch die Erhöhung der Transparenz der Patienteninformationen oder Komfortfunktionen, die ihm den Aufenthalt im Krankenhaus angenehmer gestalten lassen. Wichtig ist ebenfalls, dass der direkte zwischenmenschliche Kontakt zwischen Patienten und dienstleistender Person nicht vollständig verloren geht. Bei der Digitalisierung mit dem Ziel der Prozessoptimierung ist zu bedenken, wo analoge Prozessschritte erhalten bleiben sollten.

Das Vorantreiben der Digitalisierung wird zunächst erhöhten Aufwand bedeuten, bietet aber langfristig Potenzial zur Kosteneinsparung und zur Steigerung der Effizienz, um menschliche Arbeitskräfte zu entlasten, insbesondere von patientenfernen Tätigkeiten, wie Administration und Dokumentation.[357]

Die vermehrte digitale Bereitstellung von Informationen über einen Patienten soll durch Verbesserung der Qualität und Vollständigkeit den Behandler zu sinnvollen Therapieentscheidungen führen. Beispielsweise lassen sich Abläufe, wie die Durchführung einer Visite am Patienten, von einer papierhaften auf eine digitale Basis umstellen und der Zugriff auf Informationen bezüglich Vollständigkeit und Aktualität optimieren, was einen besseren Überblick zur Entscheidungsunterstützung des Arztes bietet. Ein Instrument stellt die digitale Patientenakte dar, die sich in der analogen Form über Jahrzehnte bewährt hat und zur interprofessionellen Steuerung komplexer Patientenpfade dient.[358]

Die gesteigerte Transparenz durch Digitalisierung kann anderseits zu Datenmissbrauch führen. Die Daten sollen nicht die Herrschaft über den Patienten ausüben, sondern zu einer Humanisierung in der Medizin führen, da mehr Zeit am Patienten ermöglicht wird. Zur Missbrauchsvermeidung ist festzulegen, wem der Zugriff auf welche Daten ermöglicht wird. Die Diskussion um die Ausgestaltung der Digitalisierung bewegt sich somit zwischen den Dimensionen der Transparenz und der Bestimmung (Abb. 6.27).[359]

---

[357] Vgl Bodtke, M.; Borchardt, T. (2022), S. 43–61 und Heiß, T.; Camphausen, M.; Werner, J. A. (Hrsg.) (2019), S. X

[358] Vgl. Schäfer, T.; Wuttke, M. (2021), S. 156.

[359] Vgl. Schachtrupp, A.; Thöne; A. (2018), S. 84–85.

Abb. 6.27 Gestaltung
der Digitalisierung im
Spannungsfeld zwischen
Transparenz und
Mitbestimmung[311]

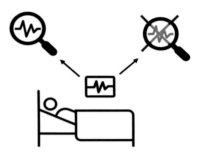

Durch die Einführung des E-Rezeptes für verschreibungspflichtige Medikamente sowie die elektronische Patientenakte (Probelauf seit Januar 2021) bekommen die Digitalisierung und Prozessoptimierung auch für Apotheken eine zunehmende Bedeutung. Weitere Treiber sind der Fachkräftemangel und für Vor-Ort-Apotheken die Konkurrenz durch Online-Apotheken, die für Kunden ein großes Sortiment und zeitliche Flexibilität bieten.

Die Ortsapotheken sollten hier die Chancen der Digitalisierung nutzen:

- Erleichterung der Kommunikation mit Kunden,
- Erleichterung der Kommunikation mit anderen Dienstleistern,
- Online-Präsenz mit verschiedenen Bestell- und Beratungsservices.

Auf der anderen Seite sind eine zuverlässige Infrastruktur, Schnittstellenstandards für die prozessuale Einbindung weiterer Beteiligter, wie Arztpraxen und Krankenhäuser, sowie eine hohe Datensicherheit als Voraussetzung unabdingbar. Diese sehen Apotheken oft nicht gegeben und zeigen sich eher zurückhaltend in der weiterführenden Digitalisierung.[360]

Neben der Vernetzung von Akteuren im Gesundheitswesen und der Optimierung von Prozessabläufen durch Digitalisierung stellen digitale Gesundheitsanwendungen (DiGA) einen weiteren Schritt dar, insbesondere wenn sie mit der elektronischen Patientenakte (ePA) verknüpft werden.[361] An diese werden große Erwartungen gehegt, um daraus Erkenntnisse zu Therapie- und Krankheitsverläufen zu gewinnen, auch bezogen auf das Outcome neuartiger Medikamente oder Therapien. Herausforderungen wie

---

[311] Quelle: eigene Darstellung.

[360] Vgl. Wisinger, C.; Stärk, S.; Rudolph, S. (2022), S. 80 und Brockmeyer, J.; Sabitzer, M.; Schulte, L. (2022), S. 103–114.

[361] Vgl. Dieken, M. L. (2021), S. 11.

Cybersicherheit, Datenschutz und Informationssicherheit sind zu bewältigen, um negative Nebenwirkungen zu reduzieren.

Für Förderung der Nutzung von DiGAs setzt sich das Bundesinstitut für Arzneimittel und Medizinprodukte (BfArIM) aktiv ein, um eine vermehrte, aber sichere Kommunikation von Gesundheitsdaten aus verschiedenen Quellen und zwischen verschiedenen Akteuren (z. B. an der Patientenbehandlung beteiligten Ärzten) auch länderübergreifend zu ermöglichen. Dazu sind IT-Schnittstellen, technische Standards und Datenstrukturen festzulegen, um Interoperabilität zu gewährleisten. Dies ist Teil der Digitalisierungsstrategie der Bundesregierung.[362]

Für die Pharmaindustrie und klinische Forschung bietet die Digitalisierung im Gesundheitswesen erweiterte Möglichkeiten zur Entwicklung innovativer Arzneimittel und Therapieansätze und deren Nutzenbewertung, wenn entsprechende Daten zur Verfügung stehen. Bezogen auf Deutschland hat der Sachverständigenrat zur Begutachtung der Entwicklung im Gesundheitswesen jüngst festgestellt, dass eine sinnvolle Datennutzung in diesem Land kaum gegeben ist.[363]

Ein hoher Digitalisierungsgrad des Gesundheitswesens wäre ein Wettbewerbsvorteil für die industrieinitiierte klinische Prüfung. Derzeit mangelt es an der Vernetzung von Studienzentren und nutzbaren Daten.[364]

Während der COVID-19-Pandemie ist das Nationale Pandemie Kohorten Netz (NAPKON) entstanden, um große Kohortenstudien zu ermöglichen. Der sogenannte Interaktionskern des Netzwerkes bildet eine Interaktionsplattform mit allen beteiligten Zentren, Wissenschaftlern und Ärzten.[365] Auf europäischer Ebene entstand die Longitudinal European Open Study on SARS-CoV2 (LEOSS), welche ein Register schuf, das automatisiert Daten aus verschieden inhomogenen Quellen importiert, um eine Echtzeitbeobachtung durchzuführen.[366]

Lernend aus den Erfahrungen der Corona-Pandemie wird die Onkologie als ein weiteres großes Anwendungsgebiet gesehen, wo in Zukunft die Nutzung von Gesundheitsdaten die Zahl von vermeidbaren Todesfällen reduzieren soll. Dazu ist eine hohe Datenverfügbarkeit mit hoher Datenqualität erforderlich, um die Behandlungsqualität zu verbessern. Der Verein Vision Zero e. V. hat für die Digitalisierung der Onkologie Handlungsfelder für die Zielerreichung definiert. Er setzt sich u. a. projektbasiert für ein standardisiertes und skaliertes Datenformat ein, das einheitlich für die sichere Datennutzung zur Versorgung des Patienten und in der Forschung zur Anwendung kommt.[367] Hierzu

---

[362] Vgl. Broich, K.; Löbker, W.; Weber, S. (2021), S. 33–34.

[363] Vgl. Kroemer, H. K. (2021), S. 5

[364] Vgl. Ruof, J. (2021), S. 6 und Steudel, H. (2021), S. 27.

[365] Vgl. Vehreschild, J. J. (2021), S. 63.

[366] Vgl. Staeck, F. (2021), S. 63.

[367] Vgl. Henke, V.; Hülsken, G.; Beß, A.; Henkel, A. (2022), S. 38–40.

sind Akteure, die unabhängig voneinander Entwicklungen betrieben haben, zusammenzuführen, um zu einer gemeinsamen Lösung zu kommen.[368]

Um das Wohl der Digitalisierung im Gesundheitswesen zu realisieren, wird es Akteure in Gesundheitsorganisationen geben müssen, deren Denken und Handeln nicht
mehr denen, in den tradierten Strukturen in Krankenhäusern entspricht.[369] Es bedarf
eines digitalen Leaderships.[370]

6.13.2 Digital(isierungs)strategie

Wie im vorherigen Abschnitt gesehen, wird die digitale Transformation das Gesundheitswesen und damit auch einzelne Gesundheitsorganisationen nachhaltig verändern. Technologien, wie künstliche Intelligenz, Robotik und Big Data, bekommen
zunehmende Relevanz. In Krankenhäusern ist der Einsatz der Technologien für die
Prozessoptimierung von großer Bedeutung für die Effektivitäts- und Effizienzsteigerung.
Die Entwicklung und Etablierung einer Digitalstrategie ist essenziell, um einen Wandel
zum Nutzen der Organisation und zum Wohle des Patienten umzusetzen. Das Krankenhauszukunftsgesetz (KHZG) hat die Bedeutung einer Digitalstrategie für die Geschäftsführung auf der Prioritätenliste weiter nach oben wandern lassen, um den dort formulierten, befristeten Umsetzungszwang von Anforderungen gerecht werden zu können. Die
Digitalstrategie umfasst die notwendigen Schritte und Maßnahmen zur Umsetzung. Synonym dazu finden sich in der Literatur die Begriffe „Digitalisierungsstrategie", „digitale
Unternehmensstrategie" und „digitale Transformationsstrategie".[371]

Die Digitalvision bzw. Digitalstrategie wird geleitet von der Unternehmensvision aus
der Unternehmensstrategie entwickelt. Je nach Bedeutung der digitalen Transformation
für die Gesundheitsorganisation können Unternehmens- und Digitalstrategie identisch
sein. Sie richten sich an den existierenden Unternehmenszielen aus. Hinzu kommen die
Erwartungen und Anforderungen unterschiedlicher Anspruchsgruppen an die digitale
Transformation.

Gemäß einer repräsentativen Befragung des Branchenverbands Bitkom e. V. aus dem
Jahr 2020 von 603 Unternehmen haben 75 % der Unternehmen zumindest für Teilbereiche eine Digitalstrategie. Eine ältere Befragung aus dem Jahr 2017 der Geschäftsführer der 500 größten deutschen Krankenhäuser ergab, dass 89 % über eine Digitalstrategie verfügen.[372]

---

[368] Vgl. Gaß, G. (2022), S. 6, Schütz, T. (2022), S. 11–16 und Henke, V.; Hülsken, G.; Beß, A.;
Henkel, A. (2022), S. 41.

[369] Vgl. Heiß, T.; Camphausen, M.; Werner, J. A. (Hrsg.) (2019), S. X

[370] Vgl. Heiß, T. (2019b), S. 20.

[371] Vgl. Henke, V.; Hülsken, G.; Beß, A.; Henkel, A. (2022), S. 38–40.

[372] Zitat von Peter Drucker, zitiert aus Burchardt, C.; Maisch, B. (2019), S. 113.

Die digitale Transformation beschränkt sich nicht auf einzelne Prozesse und den Ersatz von papiergestützter Abläufe durch digitale Medien. Weitere Themenfelder beinhalten die Generierung, Nutzung und Verteilung von Daten, die Einbeziehung der Mitarbeiter und die Berücksichtigung der regulatorischen Anforderungen aus Gesetzgebung, Datenschutz und IT-Sicherheit. Daher ist die Existenz einer individuell auf die Organisation zugeschnittenen Digitalstrategie für den Erfolg von großer Bedeutung, um der Breite der Auswirkungen auf diese gerecht zu werden, sodass die Ergebnisse sich optimal in den klinischen Alltag integrieren lassen. Die Auswirkungen auf Kommunikationsfähigkeit, Prozesse und Generierung von neuem Wissen werden mittels Reifegradmodellen zukünftig transparenter. Die Digitalstrategie gibt die Richtung zur Bündelung von Ressourcen vor, um ein digitales bzw. digitalisiertes Geschäftsmodell umzusetzen. Bezogen auf das Personal ist die Personalstrategie ein zweifach wichtiger Teilaspekt, zum einen bezogen auf die benötigte Digitalkompetenz von Mitarbeitern, und zum anderen erhöhen Fortschritte in der digitalen Transformation die Attraktivität der Gesundheitsorganisation als Arbeitgeber.

Zunächst ist der Geltungs- bzw. Einflussbereich festzulegen, wobei für das Krankenhaus die organisatorische Unterteilung in Medizin, Pflege und Verwaltung traditionell leitend ist, d. h., die Digitalstrategie wird jeweils diesen Bereichen untergeordnet formuliert. Damit gäbe es mehrere Digitalstrategien in der Organisation. Bedingt durch die bereits existierenden prozessualen Verflechtungen und die gemeinsame Nutzung von IT-Infrastruktur wird empfohlen, die Krankenhausorganisation gesamthaft für die Digitalstrategie zu betrachten und damit direkt der Unternehmensstrategie unterzuordnen. Alternativ könnte die Digitalstrategie Teilstrategien, wie der Medizin- oder Investitionsstrategie, untergeordnet werden, wodurch allerdings der Wirkungsgrad reduziert wird.

Komponenten sind die strategischen Ziele und Zwischenziele, zu berücksichtigende Interessengruppen und Einflussgrößen und formulierte Meilensteine auf dem Weg zum Gesamtziel. Inhaltlich grenzt sich die Digitalstrategie von der IT-Strategie dahingehend ab, dass sich erstere auf der abstrakteren Ebene mit den Möglichkeiten und Grenzen von Daten, Prozessen und dem daraus genierten Wissen beschäftigt und die Einhaltung von Compliance und Informationssicherheit sowie die Interoperabilität von Komponenten sowie die Datenkompetenz der Mitarbeiter betrachtet. Die Digitalstrategie gibt das digitale Zielbild und die zentralen Handlungsfelder vor, wozu definitiv Compliance und Datenkompetenz gehören. Ebenfalls ist die Orientierung an der Organisationsumwelt, an den Anforderungen der Anspruchsgruppen (Stakeholder) sowie die Nutzerzentrierung von entscheidender Bedeutung, um die zukünftige Nutzung der zu entwickelnden Lösungen sicherzustellen, d. h., die zukünftigen Nutzer sind frühzeitig in die Entwicklung und Beschaffung miteinzubeziehen. Die IT-Strategie beschäftigt sich mit der Architektur der Applikationen, deren Beschaffung und der Bereitstellung der erforderlichen IT-Infrastruktur unter Berücksichtigung von IT-Sicherheitsanforderungen. Die Digitalstrategie kann damit nicht unabhängig von der IT-Strategie und der Unternehmensstrategie und den genannten Handlungsfeldern betrachtet werden (siehe Abb. 6.39). Die Digitalstrategie bildet den Rahmen für die IT-gestützten Transformationsaktivitäten und den

Abb. 6.28 Handlungsrahmen
Digitalstrategie[317]

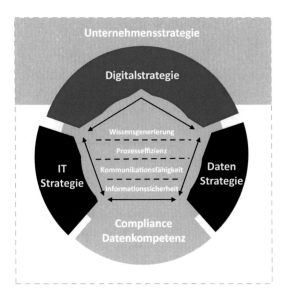

zielorientierten Aufbau der IT-Infrastruktur und des IT-Betriebs, d. h., die IT-Strategie ist tendenziell reaktiv bezogen auf die Digitalstrategie.[373] „Damit unterstützt eine Digital-strategie das Krankenhaus dabei, sich durch Kombination von (datenbasiertem) Wissen, den Einsatz von Technologien, unter Beachtung ethischer Normen, Werte und des Com-pliance-Rahmens an verändernde, digitalgetriebene Anforderungen von Patienten, Mit-arbeitern und anderen Stakeholdern im Markt anzupassen."[374] (Abb. 6.28)

Die Datenstrategie ist eine weitere Säule der Digitalstrategie, die sich mit der Ent-wicklung einer systematischen Vorgehensweise zur Erfassung und Nutzung von Daten und Informationen befasst, um daraus Mehrwert und Wissen für die Organisation und seine Patienten zu generieren. Verknüpft sind diese strategischen Säulen mit den be-gleitenden Säulen Compliance (Sicherstellung von Regelkonformität) und Daten-kompetenz (Kompetenz zur Identifikation und Erzielung von Mehrwert aus Daten und Informationen) und den Handlungsfeldern Wissensgenerierung (Kompetenz zur Identi-fikation und Erzielung von Wissen aus Daten und Informationen), Prozesseffizienz (ef-fiziente Krankenhausprozesse, die auf dem Austausch von Informationen beruhen), Kommunikationsfähigkeit (Sicherstellung der Interoperabilität als Grundlage für Informationsaustausch) und Informationssicherheit (Sicherstellung der drei Schutzziele

---

[317] Quelle: Henke, V.; Hülsken, G.; Beß, A.; Henkel, A. (2022), S. 41.

[373] Vgl. Heiß, T.; Camphausen, M. (2019), S. 190, Schütz, T. (2022), S. 9–19, Weber, M.; Kaiser, F. (2022), S. 23–27 und Henke, V.; Hülsken, G.; Beß, A.; Henkel, A. (2022), S. 39–42.

[374] Henke, V.; Hülsken, G.; Beß, A.; Henkel, A. (2022), S. 40.

Vertraulichkeit, Integrität und Verfügbarkeit von Informationen). Die Kommunikationsfähigkeit wird beispielsweise durch die Nutzung etablierter offener, technischer
Kommunikationsstandards sichergestellt. Alle genannten Handlungsfelder bilden den
inhaltlichen Zielrahmen für die Ausgestaltung der Digitalstrategie. Ein nicht zu ver-
nachlässigender Erfolgsfaktor ist die Organisationskultur („Culture eats strategy for
breakfast"[375]), die von den Führungskräften vorgelebt, innovationsoffen und digitalaffin
sein muss.

In der Literatur werden unterschiedliche Vorgehensweisen für die Erstellung einer
Digitalstrategie genannt.[376] Deelmann[377] schlägt sieben Schritte zur Entwicklung einer
Digitalstrategie vor, wobei er offenlässt, wer den Prozess koordiniert und wo die Informationen im Prozess zusammenlaufen und verdichtet werden. Bezogen auf Kranken-
häuser hat sich bisher nicht durchgesetzt, dass dies durch die IT-Leitung erfolgen
sollte. Ob dies durch die IT-Leitung, externe Berater, einem Chief Information Offi-
cer (CIO), Chief Digital Officer (CDO) oder gar durch einen Certified Healthcare CIO
(CHCIO) erfolgt ist nicht entscheidend, sondern wichtig sind die Fachexpertise, gute
Kommunikationsfähigkeit mit allen Stakeholdern und die Umsetzungsfähigkeit mit der
Unterstützung der obersten Leitung der Organisation.

Schritt 1: Analyse der Umwelt Welche technische Innovationen und digitalen Trends
sind von Relevanz? Neben den technologischen Trends sind auch die regulatorischen
Anforderungen als direkte Auswirkungen auf die zu entwickelnde Digitalstrategie in Be-
tracht zu ziehen.

Schritt 2: Analyse der eigenen Organisation Unter anderem sind die verfügbaren In-
vestitionsmittel sowie die verfügbaren personellen Ressourcen zu berücksichtigen. In
Summe sind die Erfolgsfaktoren für eine erfolgreiche Umsetzung abzuleiten, um eine
hohe Akzeptanz und zukünftige Nutzung der Lösungen zu erreichen.[378]

**Schritt 3: Optionen für das Geschäftsmodell entwickeln & eine Auswahl tref-
fen** Zur Entwicklung der Digitalstrategie ist das Fachwissen der unterschiedlichen Bereiche einzubeziehen und zusammenzuführen, damit diese ihre Anforderungen einbringen. Technologische Innovationen und digitale Trends sind nach ihrer Bedeutung für
die Gesundheitsorganisation zu bewerten und in den Entwurf einer Digitalstrategie zu

---

[375] Zitat von Peter Drucker, zitiert aus Burchardt, C.; Maisch, B. (2019), S. 113.

[376] Vgl. Henke, V.; Hülsken, G.; Beß, A.; Henkel, A. (2022), S. 42–46.

[377] Vgl. Deelmann, T. (2019), S. 33–39.

[378] Vgl. Weber, M.; Kaiser, F. (2022), S. 24.

integrieren.[379] Ein berufsgruppenübergreifender Konsens ist erforderlich, um daran die Digitalisierungsstrategie auszurichten.

Falls tiefgreifende Veränderungen angestrebt werden, sollte als Option geprüft werden, ob dazu mit anderen Organisationen ein Konsortium gebildet wird, um die Umsetzung stemmen zu können. Dadurch gewinnen die Themen der interprofessionellen Kollaboration und Interoperabilität an Bedeutung.[380]

Schritt 4: Veränderungen mit allen Auswirkungen durchdenken
Im Mittelpunkt der Strategieumsetzung mit dem Veränderungsprozess stehen die Menschen (Mitarbeiter, Partner, Kunden/Patienten). Sie benötigen Qualifizierungsmaßnahmen, interprofessionelle Zusammenarbeit, gegenseitigen Respekt, Zuversicht und ein Projektmanagement, damit die Umsetzung gelingen kann.[381]

Schritt 5: Strategieumsetzung Die projekthafte Strategieumsetzung sollte mit einem Kick-off mit allen Beteiligten beginnen, wo sich diese kennenlernen, die Analyseergebnisse aus den Schritten 1 bis 4 vorgestellt und die Projektinhalte diskutiert werden. Durch die Projektumsetzung werden bestehende Arbeitsprozesse verändert, die interprofessionelle Kommunikation verstärkt und Verantwortungsbereiche neu geordnet.[382]

Schritt 6: Umsetzungskontrolle
Die Überwachung des Fortschritts der Strategieumsetzung stellt nicht allein deren Erfolg sicher. Sie erkennt aber Abweichungen auf und zeigt Handlungsbedarf für Korrekturen im Kurs auf.

Schritt 7: Start des nächsten Strategiezyklus
Keine Strategie zu haben ist schwierig, aber die Strategieerstellung und -umsetzung als einen einmaligen Vorgang zu betrachten ebenso. Die Strategie ist regelmäßig zu hinterfragen und anzupassen (siehe Abb. 6.29). Deshalb sollte die Organisation dauerhaft Ressourcen für die Entwicklung und Fortschreibung der Digitalstrategie vorhalten.[383]

Das Klinikum Nürnberg sieht beispielsweise vor, mittelfristig einen interprofessionelle Steuerkreis hierzu zu etablieren (Abb. 6.29).[384]

Exemplarisch sei das Klinikum Mannheim genannt. Dort wurden zwei Digitalisierungsprojekte umgesetzt, die die Prozesseffizienz professionsübergreifend verbessert haben. In einem Projekt werden die Daten von Schlaganfallpatienten digital aus

---

[379] Vgl. Schütz, T. (2022), S. 10–15.

[380] Vgl. Schulte, F. C.; Knüttel, M. B. (2022), S. 167.

[381] Vgl. Müller, M.-L. (2022), S. 30–31.

[382] Vgl. Schulte, F. C.; Knüttel, M. B. (2022), S. 160–162.

[383] Vgl. Bechtl, F. (2019), S. 117 und Schütz, T. (2022), S. 15.

[384] Vgl. Beß, A. et al. (2022), S. 128.

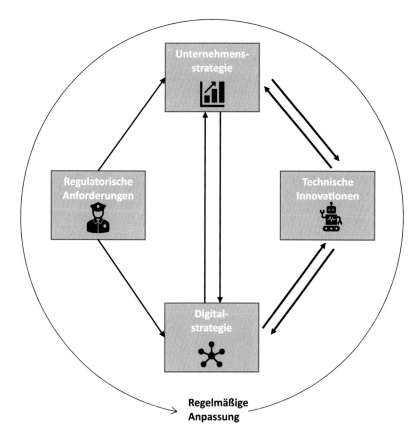

Abb. 6.29 Digitalstrategie als Prozess einer regelmäßigen Anpassung[321]

dem Rettungswagen an das integrierte Notfallzentrum übertragen. Das ERAS®- (Enhanced Recovery After Surgery) System verzahnt ärztliche und pflegerische Teams von Chirurgen, Anästhesisten, Pflegern, Physiotherapeuten, Ernährungsberatern und Patientenlogistik.[385]

Der rasante technologische Fortschritt wird in den nächsten Jahren zu großen Veränderungen in Gesundheitsorganisationen führen. Hinzu kommen die Erwartungen jüngerer Mitarbeitender, ihre im Alltag gewohnte Nutzung von digitalen Tools auch in ihrer Arbeitsumgebung wiederzufinden.

In verschiedenen Kliniken und Großkrankenhäusern werden bereits Systeme zur Entscheidungsunterstützung und zur Simulation von Behandlungen erprobt. Diese können

---

[321] Quelle: Schütz, T. (2022), S. 15.

[385] Vgl. Bergmann, F.; Sbaih, W.; Grüneisen, F. (2022), S. 393.

sich zu Standards entwickeln. Eine Digitalstrategie muss dies, auch in der Finanzierung, mitberücksichtigen.[386]

Die Digitalisierung wird zu enormen berufsgruppenübergreifenden Veränderungen in Gesundheitsorganisationen führen. Um die erforderliche Wirkung, insbesondere zur Steigerung der Prozesseffizienz und der verbesserten wirtschaftlichen Nutzung von Daten und Informationen zur Wissensgenerierung, zu erzielen, ist eine bereichs- und berufsgruppenübergreifende Digitalstrategie erforderlich. Die Umsetzung der Digitalstrategie bedarf eines interprofessionellen Projektmanagements, um die Anforderungen aller Anspruchsgruppen einzubringen. Da der Strategieprozess zyklisch ist, ist ein interprofessioneller Steuerkreis eine gute Option, um die Digitalstrategie fortlaufend zu prüfen und anzupassen.

6.14 Projektmanagement

Für die erfolgreiche Umsetzung von Vorhaben in Organisationen und zur Sicherung des Organisationserfolgs ist es erforderlich, dass das Projektmanagement Kompetenzen aufbaut und sie professionell anwenden kann.[387] In diesem Abschnitt werden Grundlagen und Ansätze des Projektmanagements vorgestellt.

Für die Ursprünge des Projektmanagements wird meist auf das Manhattan-Projekt (Entwicklung und Bau einer Atombombe) im 2. Weltkrieg, die Fabrikplanung von Du-Pont Jahren mittels Critical Path Method und diverse Vorhaben der NASA in den 1950er-Jahren verwiesen. Die Ausrichtung war ingenieurwissenschaftlich getrieben, um Arbeitsschritte zur Erreichung eines Projektziels detailliert zu planen. In den 1960er-Jahren professionalisierte sich das Projektmanagement durch eine verstärkte Standardisierung der verwendeten Methoden.

Die Softwareunterstützung zur Bewältigung der Komplexität im Projektmanagement spielte bereits eine wichtige Rolle. In Deutschland mündete die Fortentwicklung der Standardisierung in die Normenfamilie DIN 69901. Diese definiert Projektmanagement als die „Gesamtheit von Führungsaufgaben, -organisation, -techniken und -mitteln für die Initiierung, Definition, Planung, Steuerung und den Abschluss von Projekten."[388]

Das Objekt des Führens, das Projekt, ist definiert als zeitlich definiertes und begrenztes „Vorhaben, das im Wesentlichen durch Einmaligkeit der Bedingungen in ihrer Gesamtheit gekennzeichnet ist."[389] Der Projektmanagement-Standard ist so konzipiert, dass dieser unabhängig von der Art des Vorhabens gilt. Er schließt Effizienzsteigerungen,

---

[386] Vgl. Schütz, T. (2022), S. 19–20.

[387] Vgl. Zuchowski, M. L.; Kohle, F. (2020), S. 141.

[388] DIN 69901-5:2009-01 (2009), S. 14.

[389] DIN 69901-5:2009-01 (2009), S. 11.

Softwareentwicklungen, Organisationsänderungen, Prozessoptimierungen wie auch Innovationsentwicklungen mit ein. Alle Elemente des Standards kommen mit ggf. unterschiedlich starker Ausprägung zum Tragen. Elemente sind das Integrationsmanagement, Scope-Management, Terminmanagement, Kostenmanagement, Qualitätsmanagement, Ressourcenmanagement, Kommunikationsmanagement, Risikomanagement, Beschaffungsmanagement und Stakeholdermanagement (Tab. 6.14).

Das Integrationsmanagement integriert alle anderen Wissensgebiete in ein einheitliches Projektmanagement. Ausgangspunkt ist die Erstellung des Projektauftrags bzw. der Projektcharta und des Projektmanagementplans. Der Projektmanagementplan legt fest, wie die Planung, Durchführung, Überwachung und Steuerung des konkreten Projektes erfolgen sollen.

Der Terminplan bildet die zeitliche und logische Anordnung der Aufgaben zur Erreichung des Projektziels ab. Im Kostenmanagement wird das erforderliche Budget geschätzt, geplant und budgetiert sowie die Einhaltung des Budgetrahmens nach Genehmigung gesteuert.

Das Risikomanagement evaluiert regelmäßig die Risikosituation im Projekt, definiert Mitigationsmaßnahmen und kontrolliert deren Wirksamkeit.

Das Beschaffungsmanagement regelt die Vorgehensweise und Verantwortlichkeiten für die Beschaffung externer Ressourcen und Mittel, die im Projekt benötigt werden. Das schließt die vertraglichen Komponenten mit ein.

Das Stakeholdermanagement wird in der Praxis häufig vernachlässigt. Stakeholder können Personen, Gruppen oder Organisationen sein, die meinen vom Projekt betroffen zu sein bzw. auf dieses einwirken. Das Stakeholdermanagement analysiert die Einstellung der Stakeholder und ihre Einflussmöglichkeiten auf den Projekterfolg. Es initiiert Maßnahmen, um auf diese so einzuwirken, dass die Wahrscheinlichkeit des Projekterfolgs steigt.

Das Projektmanagement ist eine zentrale Voraussetzung für die erfolgreiche Umsetzung von Projekten, die die Organisation ausgewählt hat. Das Projektmanagement stellt sich in den Dienst der Organisation. Für die professionelle Durchführung müssen die richtigen Methoden, Fähigkeiten und Werkzeuge verwendet werden, um die Projektanforderungen im jeweiligen Projektkontext effizient, erfolgreich und weitgehend nachhaltig umzusetzen. Eine gemeinsam geteilte Vision unterstützt das Engagement im Projekt zur Umsetzung und Sicherstellung der über das Projekt hinausgehenden Nachhaltigkeit.[390]

Mit der Einführung des PCs wurde in den 1980er-Jahren Projektmanagement-Software bereitgestellt. Diese wurde bei der Modellierung von Projektplänen, zur Darstellung der Aufgaben- und Ablaufstruktur und der zwischen den Aufgaben bestehenden zeitlichen und logischen Abhängigkeiten genutzt. Dadurch begann die Digitalisierung des Projektmanagements in einem frühen Stadium.

---

[390] Vgl. Zuchowski, M. L.; Kohle, F. (2020), S. 139–147.

Tab. 6.14 Zusammenfassung wesentlicher Elemente mit zugehörigen Aufgaben im klassischen Projektmanagement[327]

Wissensgebiete	Phase 0 Initiierung	Phase 1 Planung	Phase 2 Durchführung	Phase 3 Steuerung	Phase 4 Abschluss
Integrationsmanagement	Ausarbeitung und Verabschiedung Projektcharter	Entwicklung Projektmanagementplan, Planung Projektphasen, Aufbau der Projektsteuerung	Finalisierung und Freigabe Projektmanagementplan	Steuerung und Verfolgung des Projektes	Projektabschluss, Archivierung, Übergabe an Fachbereiche
Scope-Management	Festlegung wesentlicher Ziele	Detaillierung Projekt-Scope, Entwicklung von Akzeptanzkriterien	Steuerung und Verfolgung von Akzeptanzkriterien	Projektsteuerung einschließlich Änderungsmanagement	
Terminmanagement	Erstellung eines groben Terminplans		Steuerung und Verfolgung der Terminplanung	Steuerung und Verfolgung der Terminplanung	
Kostenmanagement	Beschreibung der Kosten und Nutzen des Projektes	Festlegung Projektbudget und Einplanung von Reserven	Finalisierung und Verfolgung des Budgets	Steuerung und Verfolgung der Kosten	
Qualitätsmanagement	Berücksichtigung von Feedback und Erfahrungen (Lessons Learned) aus anderen Projekten	Festlegung der Qualitätsziele	Verfolgung der Qualitätsziele, Zusammenführung von Projekterfahrungen	Steuerung der Qualitätsziele	Sammlung von Feedback und Erfahrungen (Lessons Learned) aus dem Projekt

(Fortsetzung)

[327] Quelle: In Anlehnung an Zuchowski, M. L.; Kohle, F. (2020), S. 144–145. In dem vom Project Management Institut (PMI) herausgegebenen, weltweit verbreiteten Standard *Project Management Body of Knowledge* (PMBOK®), als dieser im Wesentlichen auf das klassische Projektmanagement referenzierte, wurden diese als Wissensgebiete des Projektmanagements bezeichnet. Die aktuelle Version 7 ist Projektmanagementansatz übergreifend konzipiert.

Tab. 6.14 (Fortsetzung)

Wissensgebiete	Phase 0 Initiierung	Phase 1 Planung	Phase 2 Durchführung	Phase 3 Steuerung	Phase 4 Abschluss
Ressourcen-management	Benennung des Projektleiters	Erstellung der Ressourcenplanung	Entwicklung und Steuerung des Teams		Umfängliches Feedback im Projektteam, Input für Mitarbeitergespräche
Kommunikations-management		Aufbau Kommunikations-konzept, Berichterstattung, Durchführung des Projektstarts	Regelberichterstattung in Projektgremien, Methodenworkshops und Teambildung	Regelberichterstattung in Projektgremien	Regelberichterstattung in Projektgremien
Risikomanagement	Wesentliche Risiken identifizieren	Durchführung einer Projektrisikoanalyse	Aktualisierung von Risiken	Steuerung und Ver-folgung von Risiken	
Beschaffungs-management		Prüfung der Ein-bindung externer Partner, Erstellung eines Lastenhefts	Projektabhängig Hinzunahme externer Partner, Start von Ein-kaufsprozessen		Abschließende Bewertung der externen Partner
Stakeholder-management	Initiierung des Stakeholder-managements	Identifikation wesentlicher Stakeholder	Weiterführung des Stakeholder-managements	Prüfung Wirksam-keit des Stakeholder-managements	Kommunikation des Projektabschlusses

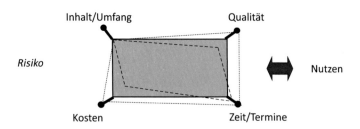

Abb. 6.30 Die vier Steuerungsgrößen im Projektmanagement[328]

Dieser standardisierte, formalistische, starre, teilweise „bürokratische" Projekt-managementansatz wird im Folgenden als „klassisch" bezeichnet. Sein Bestreben ist, die in einem Projekt naturgemäß innewohnenden Unsicherheiten und Risiken zu mitigieren. Dazu werden die vier Steuerungsgrößen[391] Inhalt/Umfang, Qualität, Kosten und Zeit/Termine betrachtet, die in Wechselwirkung zueinander stehen. Die Änderung einer Größe führt in der Regel zu einer Veränderung einer oder mehrerer der anderen Steuerungsgrößen und/oder des Projektergebnisses (zu erzielenden Nutzen). Änderungen werden soweit es geht vermieden, um den Aufwand für Plananpassungen zu vermeiden (Abb. 6.30).[392]

Der Projektleiter oder die Projektleiterin als verantwortliche Person hat die primäre Aufgabe, etablierte Methoden, Techniken und Tools anzuwenden, um das angestrebte Projektziel zu erreichen. Die Antizipation der Zukunft nimmt einen hohen Stellenwert ein.

Das Vorgehen ist primär in sequenzielle Phasen unterteilt und wird als Wasserfall- oder V-Modell bezeichnet.[393]

Zu Beginn dieses Jahrhunderts haben Softwareentwickler als Gegenbewegung zu dem als sehr starr und unflexibel empfundenen Ansatz das „Agile Manifest" (siehe auch Abschn. 6.9.3.) formuliert. Dieses fordert eine stärkere Orientierung am Kunden (Kundenzufriedenheit), der teambasierten Selbst*organisation* und den zu liefernden Ergebnissen.

---

[328] Quelle: eigene Darstellung.

[391] In der Literatur wird häufig nicht zwischen Qualität und Inhalt/Umfang unterschieden, sondern diese unter dem Begriff Qualität zusammengezogen. Diese dann auf drei reduzierten Steuerungs-größen werden als magisches Dreieck des Projektmanagements bezeichnet. Durch die Reduktion auf drei Steuerungsgrößen verschwindet die getrennte Steuerbarkeit von Umfang und Qualität, da beispielsweise bei gleichbleibendem Umfang sich die Anforderung an die Fehlerfreiheit einer Soft-ware verändern kann, was sich wiederum auf Kosten und/oder Zeit auswirken kann.

[392] Vgl. Harlacher, M.; Nitsch, V.; Mütze-Niewöhner, S. (2021), S. 57.

[393] Vgl. Harlacher, M.; Nitsch, V.; Mütze-Niewöhner, S. (2021), S. 57–58.

Die Autoren sehen gegenüber dem klassischen Projektmanagement einen Effizienz- und Effektivitätsvorteil, welcher zunehmend auch außerhalb der Softwareentwicklung gesehen wird. Dabei werden die grundlegenden Prinzipien aus dem klassischen Projektmanagement nicht verworfen, sondern in ihrer Wertigkeit den agilen Prinzipien in ihrer Bedeutung untergeordnet.

Selbstorganisation, d. h. weniger Fremdbestimmung, geschieht nicht per se, sondern bedarf der Anleitung und förderlicher Rahmenbedingungen, unabhängig vom gewählten Projektmanagementansatz. Denn auch im klassischen Projektmanagement gibt es Ansätze der Selbstorganisation, da dieses außerhalb der hierarchischen Linien- und Bereichsorganisation stattfindet. Das agile Projektmanagement fordert die Selbstorganisation stärker ein, da agile Teams die Formen und Strukturen der Umsetzung selbst erstellen sollten.

Als agiles Methodenrahmenwerk ist Scrum am stärksten verbreitet. Auch im agilen Projektmanagement gibt es einen „agilen" Projektmanager/Projektmanagerin, deren Aufgaben sich im Vergleich zum klassischen Ansatz mehr auf die Moderation der Zusammenarbeit und die Kommunikation fokussieren.[394]

Das Projektmanagement wird vom Vorgehensmodell in klassisch und agil unterschieden. Der klassische Projektmanagement-Ansatz ist ein plangetriebener, der unterstellt, dass für die Projektlaufzeit Ziele, Inhalte und Aufgaben vorab festlegbar sind. Das Vorgehen ist linear sequenziell, häufig als „Wasserfallmethode" beschrieben, d. h., die Aktivitäten zur Erreichung des Projektziels werden vorab in der zeitlichen und logischen Abfolge geplant.

Der agile Ansatz geht im Gegensatz dazu davon aus, dass diese Voraussetzungen nicht erfüllt sind.

Tab. 6.15 stellt die Hauptunterschiede zusammenfassend dar.

Beide Ansätze oder einzelne Elemente der Ansätze lassen sich kombiniert anwenden. Dies wird als **hybrides Projektmanagement** bezeichnet. Beispielsweise kann das Projekt im klassischen Sinne in einzelne Phasen mit Meilensteinen unterteilt werden, die auf der organisationalen Ebene und/oder einem Projekt-Lenkungsausschuss als Steuerungselemente verwendet werden. Operativ arbeitet das Projektteam innerhalb der Phasen mit agilen Methoden, um der Komplexität und Volatilität besser begegnen zu können. In der Praxis ist die Umsetzungsbandbreite des hybriden Ansatzes sehr groß.

Das gemeinsame Bestreben aller Projektmanagement-Ansätze ist, Komplexität beherrschbar zu machen. Dies verursacht allerdings wieder ein hohes Maß an Komplexität des Projektmanagements, was zu einer starken psychischen Belastung der Projektmanager führt. Eine Studie der Gesellschaft für Projektmanagement (GPM) hat die psychische Belastung von Projektmanagern untersucht, die zu den wenigen derartigen

---

[394] Vgl. Mütze-Niewöhner, S. et al. (2021), S. 6–9, Neumer, J.; Nicklich, M. (2021), S. 31–46 und Harlacher, M.; Nitsch, V.; Mütze-Niewöhner, S. (2021), S. 58–59.

Tab. 6.15 Zentrale Unterschiede zwischen klassischem und agilem Projektmanagement[333]

	Klassisch	agil
Kontext	kompliziert und stabil	komplex und dynamisch
Grundannahme	Planbarkeit	(teilweise) Unplanbarkeit
Zielsetzung	SMART[395]	Veränderlich, anpassbar
Planungsverständnis	Qualität, Kosten, Zeit	MoSCoW[396]
Kernfunktion	Planen, überwachen, kontrollieren, dokumentieren, delegieren, …	Kommunizieren, kooperieren, machen, testen, lernen, anpassen, …
Originäre Anwendungsbereiche	Bauwirtschaft, Raumfahrt- und Rüstungsindustrie, Anlagenbau, EDV, Produktentwicklung, …	Softwareentwicklung, Informations- und Kommunikationstechnologie, Produktentwicklung, …
Schlüsselmethoden und -begriffe	GANTT, PERT, CPM/kritischer Pfad, Projektstrukturpläne, Arbeitspaket, …	Scrum; Vision, Backlog, Sprint, Iteration, Inkremente, Retrospektive, Release, …
Organisationsverständnis	mechanistisch-deduktiv Management, Fremdorganisation, Hierarchie, Technostruktur, …	Systemisch-evolutionär Führung, Selbstorganisation, Netzwerk, Soziostruktur, …

Studien gehört. M. Harlacher et al. identifizierten mittels einer Online-Befragung von 50 Projektmanagern folgende primäre Ursachen für die Komplexitätserhöhung, der Fehlentscheidungen und Veränderlichkeit der Projektinhalte. Komplexitätsreduzierend wirken die Klarheit der Verantwortlichkeiten im Team und der Projektziele sowie die Erfahrung und Qualifizierung des Projektmanagers. Je nach gewähltem Projektmanagementansatz verschiebt sich die Reihenfolge der primären Ursachen.[395]

„Die Wahl der adäquaten Projektmanagementmethodik und der systematische Aufbau von Projektmanagementkompetenz kann Gesundheitsorganisationen dabei unterstützen, mit Projekten die strategische Unternehmensentwicklung zu fördern und innovative Strukturen und Prozesse aufzubauen.“[396]

Das professionelle Projektmanagement kann sowohl zur strategischen Umsetzung eines interprofessionellen Managements (z. B. durch Etablierung eines Digital Leaderships oder Änderungen von Organisationsstrukturen zur Förderung der interprofessionellen Zusammenarbeit) als auch zur Verbesserung des täglichen operativen Handelns einen Beitrag leisten. Groß angelegte Optimierungen von Versorgungsprozessen erfolgen idealweiser als Projekt organisiert.

Das Projektmanagement kann sowohl strategische wie auch operative Projekte in Gesundheitsorganisationen zur Umsetzung bringen.

---

[333] Quelle: Andermahr, J.; Jermer, B. (2020), S. 13.

[395] Vgl. Andermahr, J.; Jermer, B. (2020), S. 12–13, Harlacher, M.; Nitsch, V.; Mütze-Niewöhner, S. (2021), S. 55–62 und Zuchowski, M. L.; Kohle, F. (2020), S. 152.

[396] Zuchowski, M. L.; Kohle, F. (2020), S. 139–140.

Das Projektmanagement kann organisatorisch an verschiedenen Stellen verankert werden. Einzelne Bereiche können entsprechende Kapazitäten selbst vorhalten, um ihre speziellen bereichsinternen Projekte umzusetzen. Diese sind meist Stabstellen zugeordnet,[397] in der Pflege häufig der Pflegedirektion.[398]

Eine dezentrale Zuordnung kann nachteilig für die Umsetzung bereichsübergreifender Strategie- und Innovationsprojekte sein.

Im Anbetracht der Herausforderungen durch eine umzusetzende Digitalstrategie, der Optimierung von Versorgungsprozessen und der Forderung nach mehr interprofessioneller Zusammenarbeit ist ein strukturiertes und kommunikationsstarkes Projektmanagement wichtig.[399]

Die Stabsstelle für Projektmanagement oder für größere Organisationen als Projektmanagement-Office (PMO) sollte direkt der Geschäftsführung zugeordnet sein. Hier könnte der interprofessionelle Manager angesiedelt und zugeordnet werden.

Das PMO stellt ein Center of Competence dar, welches auf das Projektmanagement bezogene Kenntnisse und Erfahrungen bündelt, über Lernprozesse (Lessons Learnt) aktuell hält und als Multiplikator für Projektmanagement Kompetenz in die Organisation verteilt. Es kann aus ihrer zentralen Position heraus als Transformationstreiber wirken.[400] Dies fördert die berufsgruppenübergreifende Zusammenarbeit und Akzeptanz innerhalb der Gesundheitsorganisation.

Das Projektmanagement und die Projektorganisation sind mit Ausnahme des Managers nicht an die Linienorganisation gebunden. Der temporäre und zielorientierte Charakter eines Projektes bietet einen Erfahrungs- und Lernraum für ein interprofessionelles Management, da dort Mitarbeiter unterschiedlicher Professionen für die ergebnisorientierte Zusammenarbeit integriert werden können.

Mit angestrebten Projektergebnissen kann ein wirtschaftlicher Nutzen für die Organisation erreicht werden. Ein interprofessionell ausgerichtetes Projektmanagement, sowohl klassisch oder agil als auch hybrid, ist der „Königsweg", um Veränderungen in der Organisation umzusetzen und gleichzeitig die interprofessionelle Zusammenarbeit zu stärken.

Das Projektmanagement ist somit ein Betätigungsfeld für den interprofessionellen Manager, weil dieses zunehmend zum Treiber und Kommunikator von strategischen Maßnahmen im Krankenhausalltag wird.[401]

Aktuell gibt es keine vollumfänglichen wissenschaftlichen Untersuchungen zur Bedeutung des Projektmanagements für Gesundheitsorganisationen.[402]

---

[397] Vgl. Gadatsch, A. (2020), S. 32 und Zuchowski, M. L.; Kohle, F. (2020), S. 156–157.

[398] Vgl. Matzke, U. (2014), S. 35.

[399] Vgl. Schulte, F. C.; Knüttel, M. B. (2022), S. 157.

[400] Vgl. Zuchowski, M. L.; Kohle, F. (2020), S. 157.

[401] Vgl. Schulte, F. C.; Knüttel, M. B. (2022), S. 162.

[402] Vgl. Zuchowski, M. L.; Kohle, F. (2020), S. 156.

Um die positive Wirkung des Projektmanagements auf die Förderung und den Nutzen der interprofessionellen Zusammenarbeit und deren Erfolgsfaktoren in Gesundheitsorganisationen herauszustellen, bedarf es umfassender wissenschaftlicher Untersuchungen.

Literatur

Andermahr, J., & Jermer, B. (2020). *AGILE – Mindset & Methoden, Haltungen und Techniken für die Arbeitswelt von Morgen*, SPRACHKULTUR GmbH.

Ashcroft, R. et al. (2021). Preparing social workers to address health inequities emerging during the COVID-19 pandemic by building capacity for health policy: A scoping review protocol, *BMJ Open*, S. 1–7

Auge, M., et al. (2019). Feedback geben. In S. Pastoors (Hrsg.), *Praxishandbuch werteorientierte Führung* (S. 147–159). Springer.

Backhaus, R., Verbeek, H., & Hamers, J. (2022). Personaleinsatz und Personalentwicklung zur Qualitätsverbesserung in der stationären Langzeitpflege. In D. Matusiewicz (Hrsg.), *Lux G* (S. 25–36). FOM-Edition: Pflegemanagement und Innovation in der Pflege.

Badura, B., Greiner, W., Rixgens, P., Ueberle, M., & Behr, M. (2013). *Sozialkapital, Grundlagen von Gesundheit und Unternehmenserfolg* (2. Aufl.). Gabler.

Badura, B. (2017a). Arbeit und Gesundheit im 21. Jahrhundert. In Badura. B. (Hrsg.), *Arbeit und Gesundheit im 21. Jahrhundert* (S. 1–18). Springer Verlag.

Badura, B. (2017b). *Zur aktuellen Situation, In Badura. B. (Hrsg.), Arbeit und Gesundheit im 21* (S. 22–35). Springer Verlag.

Bamberg, C., & Beyer, S. (2022). Wandel der Führungskonzepte im Krankenhaus, In Roder, N.; Kasper, N. (Hrsg.), *Ihr Krankenhaus 2030 – sicher und stark für die Zukunft : Zukünftige Rahmenbedingungen sowie praktische Hilfestellungen für eine Neuausrichtung* (S. 127–136)

Bartosch, L., Baule, J., Castrillón, F., & Spitzley, D. (2017). *Leistungsorientierte Führung in Deutschland*. Springer Verlag.

Bauer, M. (2020). *Im therapeutischen Team auf der Onkologie* (S. 24–26). Heilberufe, 4.2020/72.

Baum, S. (2017). Was kann die Gesundheitswirtschaft von der Luftfahrt lernen? In Matusiewicz, D., & Muhrer-Schwaiger, M. (Hrsg.), *Neuvermessung der Gesundheitswirtschaft* (S. 25–38), FOM-Edition, Springer .

Bechtl, F. (2019). German Angst: Über das Selbstverständnis, so schnell nicht ersetzbar zu sein. In Heiß, T., Camphausen, M., & Werner, J. A. (Hrsg.), *Generation Hashtag – Managementwandel im Gesundheitswesen*. vollständigen.

Becker, S., & Hoehner, M. A. W. (2019). Vorbildfunktion des Arztes – Realität und Herausforderung. In Stierle, J. et al. (Hrsg.), *Handbuch Strategisches Krankenhausmanagement* (S. 171–189), Springer.

Behrend, R., Maaz, A., Sepke, M., & Peters, H., et al. (2000). Interprofessionelle Teams in der Versorgung. In K. Jacobs (Hrsg.), *Pflege-Report 2019* (S. 201–209). Springer.

Bergmann, F., Sbaih, W., & Grüneisen, F. (2022). Kommunikationsfähigkeit und Prozesseffizienz aus Sicht eines Universitätsklinikums. In Henke, V. et al. (Hrsg.), *Digitalstrategie im Krankenhaus* (S. 391–403). Springer.

Bernatzeder, P. (2018). *Erfolgsfaktor Wohlbefinden am Arbeitsplatz*. Springer.

Beß, A. et al. (2022). Umsetzungsbeispiele: Digitalstrategie, Datenkompetenz und Compliance. In Henke, V. et al. (Hrsg.), *Digitalstrategie im Krankenhaus* (S. 113–155). Springer.

Beyer, S., & Jeske, R. (2022). Transformationale Führung und agile Methoden im Pflege-management von Akutkrankenhäusern – auf dem Weg zum Magnetstatus. In Lux, G., & Matu-siewicz, D. (Hrsg.). *Pflegemanagement und Innovation in der Pflege* (S. 173–189). FOM-Edi-tion, Springer.

Bilgri, A. (2022). *Agiles Arbeiten – agile Führung, wo bleibt der Mensch bei Agilität? Impulse aus der benediktinischen Regel*, Verlag Franz Vahlen.

Blankenburg, K., & Hansjürgens, R. (2022). Multiprofessionelle Teamleistung im sozialen Raum – Überlegungen zu Chancen und Herausforderungen für Soziale Arbeit im Gesundheits- und Sozialwesen. In Weimann-Sandig, N. (Hrsg.), *Multiprofessionelle Teamarbeit in Sozialen Dienstleistungsberufen* (S. 103–114). Springer.

Bodtke, M., & Borchardt, T. (2022). Prozesse im Krankenhaus unter Berücksichtigung der Patientenpräferenzen. In Honekamp, I. (Hrsg.), *Digitalisierung im Gesundheitswesen* (S. 43–61).

Böckmann, B. (2017). IT-gestütztes leitliniengerechtes Versorgungsmanagement onkologischer Pa-tientinnen und Patienten intersektoral und interprofessionell. In Pfannstiel, M.A. et al. (Hrsg.), *Digitale Transformation von Dienstleistungen im Gesundheitswesen II* (S. 179–204). Springer.

Böhm, L., Schmiele, J., & Wagner, L. (2022). Problematik bei der Einführung der Telematikinfra-struktur bei niedergelassenen Ärzten in Mecklenburg-Vorpommern. In: Honekamp, I. (Hrsg.) *Digitalisierung im Gesundheitswesen*

Böhmann, L. (2021). *Laterale Führung von multikulturellen Teams, Eine qualitative Untersuchung am Beispiel eines Telekommunikationsunternehmens*. Springer

Bolz, H. (2022). *Pflegeeinrichtungen erfolgreich führen, Organisationskultur zwischen Markt-orientierung und Berufsethik* (2. Aufl.). Springer Gabler

Brennhaber, N. (2021). *Die erfolgreiche Führungskraft – Motivation und Begeisterung für Ihre Mitarbeiter mit dem richtigen Leadership* (1. Aufl).

Brett-Murati, S. (2017). Persönliche Verantwortung in einer digitalisierten Welt –Oder warum ich meinem Kind YouTube erlaube. In Hildebrandt, A., & Landhäußer, W. (Hrsg.), *CSR und Digita-lisierung, Management-Reihe Corporate Social Responsibility* (S. 1143–1156). Springer.

Breyer, S., & Katz, A. (2018). Mitarbeiterführung. In Bechtel, P., Friedrich, D., & Kerres, A. (Hrsg.), *Mitarbeitermotivation ist lernbar* (S. 211–222). Springer

Brockmeyer, J., Sabitzer, M., & Schulte, L. (2022). Digitalisierung und Prozessoptimierung in der Apotheke. In Honekamp, Ivonne (Hrsg.), *Digitalisierung im Gesundheitswesen* (S. 103–114).

Broich, K., Löbker, W., & Weber, S. (2021). Digitale Gesundheitsdaten: Standardisierung und Nutzbarmachung. In Broich, K. (Hrsg.), *Digitale Gesundheitsdaten: Nutzen, Kosten, Gover-nance.*

Burchardt, C., & Maisch, B. (2019). Digitalization needs a cultural change – Examples of applying agility and open innovation to drive the digital transformation. *Procedia CIRP, 84*, 112–117.

Burrow, M. (2022). *Agendashift - ergebnisorientierter Wandel und kontinuierliche Transformation in agilen Organisationen* (1. Aufl.). dpunkt.verlag.

Canadian Interprofessional Health Collaboration (CIHC) (2023). Canadian Interprofessional Health Collaborative (CIHC) framework, verfügbar unter. https://www.mcgill.ca/ipeoffice/ipe-curriculumcihc-framework. .Aufgerufen am 4. Febr. 2023.

Charta der Vielfalt e. V. (2017). Vielfalt, Chancengleichheit und Inklusion Diversity Manage-ment in öffentlichen Verwaltungen und Einrichtungen, verfügbar unter. https://www.charta-der-vielfalt.de/fileadmin/user_upload/Studien_Publikationen_Charta/Charta_der_Vielfalt-O%CC%88H-2017.pdf. Aufgerufen am 9. Nov .2023.

Christiansen, M., et al. (2020). Arbeitsorganisation und Führungskultur. In K. Jacobs (Hrsg.), *Pflege-Report 2019* (S. 123–136). Springer.

Cibulka, E. (2018). Erfolgsfaktor Unternehmenskultur – Zwei Messinstrumente zur Gestaltung einer „High Performance Culture" in der Praxis. In H. Strobl (Hrsg.), *Herget, J* (S. 157–176). Springer Fachmedien: Unternehmenskultur in der Praxis.

Collins, J. (2001). *Good to Great. Why Some Companies Make the Leap... and Others Don't.* Harper-Collins .

Crevenna, R., Keilani, M., Fialka-Mosert, V. & Mähr, B. (2017). Onkologische rehabilitation. In Crevenna, R. (Hrsg.), *Kompendium Physikalische Medizin und Rehabilitation* (S. 399-415). Springer Verlag.

Damm, K. (2017). Prozessoptimierung und Arbeitsteilung. In Bechtel, P., Smerdka-Arhelger, I., & Lipp, K. (Hrsg.), *Pflege im Wandel gestalten – Eine Führungsaufgabe* (S. 169–178). Springer.

Daum, A., Petzold, J., & Pletke, M. (2016). *BWL für Juristen* (3. Aufl.). Springer Gabler

Deelmann, T. (2019). *Consulting und Digitalisierung.* Springer Fachmedien.

Dettmer, S. et. al. (2014). *Neue Anforderungen an professionelles Handeln und Kooperation in Medizin und Pflege (proKo).* Projektbericht, Charité - Universitätsmedizin Berlin, Institut für Medizinische Soziologie und Rehabilitationswissenschaft (CC1), verfügbar unter: https://medizinsoziologie-reha-wissenschaft.charite.de/fileadmin/user_upload/microsites/m_cc01/medizinsoziologie-reha-wissenschaft/Dateien_Institut/projektbericht_proko_07_2014.pdf. Aufgerufen am 5. Febr. 2023.

Deutscher Verein für Krankenhaus-Controlling e. V. (2015). Satzung, verfügbar unter: https://www.dvkc.de/wp-content/uploads/2021/01/DVKC_Satzung_Fassung_06-05-2015.pdf.   Aufgerufen am 7. Febr. 2023.

Diedrich, D., Zúñiga, F., & Meyer-Massetti, C. (2021). Medikationsmanagement in der häuslichen Pflege – der Medikationsprozess aus der Perspektive von Klient:Innen und ihren Angehörigen. *Zeitschrift für Gerontologie und Geriatrie, 8,* 667–672.

Dieken, M. L. (2021). Digitalisierung im Gesundheitswesen – Status und Potenziale aus Sicht der gematik. In Broich, K. (Hrsg.), *Digitale Gesundheitsdaten: Nutzen, Kosten, Governance.*

Dietz-Wittstock, M. (2022). Entscheidungen treffen. *Heilberufe, 10*(74), 26–28.

DIN 69901-5:2009-01 (2009). *Projektmanagement – Projektmanagementsysteme – Teil 5:* Begriffe

Dobusch, L. (2015). *Diversity Limited: Inklusion, Exklusion und Grenzziehungen mittels Praktiken des Diversity Management.* Springer

Doğan Merih, Y. et al. (2021). Keine Angst vor Technik – Potenziale neuer Technologie und Digitalisierung proaktiv erschließen. In Tewes, R., & Matzke, U. C. (Hrsg.), *Innovative Personalentwicklung im In- und Ausland* (S. 173–215)

Drauschke, S., Drauschke, P., Ponßen, H., & Risse, J. (2020). Komplementärberatung in einem dynamischen Markt. In Pfannstiel, M. A. et al. (Hrsg.), *Consulting im Gesundheitswesen* (S. 103–115). Springer Nature.

Drucker, P. F. (1954). *The practice of management,* Harper & Row.

Ebers, A., & Nieschalk, B. (Hrsg.) (2022). *Einfach.Zusammen.Arbeiten, Liberating Structures in der Praxis.* Vahlen

Ebert, H. (2019). Mit den Mitarbeitern kommunizieren. In Pastoors, S. et al. (Hrsg.), *Praxishandbuch werteorientierte Führung* (S. 165–179). Springer .

Ehresmann, C., & Badura, B., et al. (2018). Sinnquellen in der Arbeitswelt und ihre Bedeutung für die Gesundheit. In B. Badura (Hrsg.), *Fehlzeiten-Report 2018* (S. 47–59). Springer.

Eschenbach, R., & Siller, H. (2011). *Controlling professionell. Konzeption und Werkzeuge* (2. Aufl.). Schäffer-Poeschel

Fels, P., & Fechtner, H. (2016). Erfolgsformel: Vertrauen. *Im OP, 6*(5), 207–210.

Feuchtinger, J. (2017). Mitarbeitergewinnung und -bindung – Konzept der Magnethospitäler. In P. Bechtel, I. Smerdka-Arhelger, & K. Lipp (Hrsg.), *Pflege im Wandel gestalten – Eine Führungsaufgabe* (S. 65–72). Springer.

Fischer-Korp, C. (2018). *Erfolgreiche Change-Prozesse im öffentlichen Bereich, Strategien, Methoden und Tools*. Springer Gabler

Fliedner, M. C., & Eychmüller, S. (2016). Ansprüche an die interprofessionelle Zusammenarbeit. *Der Onkologe, 9*, 631–637.

Flintrop, J. (2008). Was ein guter Chefarzt mitbringen oder lernen sollte. Deutsches Ärzteblatt, Jg. 105, Heft 10, 7. März 2008, S. A513

Fontana, A. J. (2022). Teams entwickeln. In S. Kaudela-Baum, S. Meldau, & M. Brasser (Hrsg.), *Leadership und People Management* (S. 337–350). Führung und Kollaboration in Zeiten der Digitalisierung und Transformation: Springer.

Fragemann, K. (2017). Duale Leitung einer Intensivstation – Interprofessionell Führen und Gestalten. In Bechtel, P., Smerdka-Arhelger, I., & Lipp, K. (Hrsg.), *Pflege im Wandel gestalten – Eine Führungsaufgabe* (S. 115–124). Springer.

Fragemann, K., Meyer, N., Graf, B. M., & Wiese, C. H. R. (2012). Interprofessionelle Lehre in der Schmerzmedizin. *Der Schmerz, 4*, 369–382.

Frank, T. (2019). German Rocket Science: Über die Kunst, vom Reden ins Handeln zu kommen: Digitale Kommunikation. In Heiß, T., Camphausen, M., & Werner, J. A. (Hrsg.), *Generation Hashtag – Managementwandel im Gesundheitswesen*.

Franken, S., et al. (2021). Frauen im digitalen Zeitalter: Neue Chancen vs. alte Stereotype. In O. Geramanis (Hrsg.), *Kooperation in der digitalen Arbeitswelt, uniscope* (S. 209–229). Springer Fachmedien: Publikationen der SGO Stiftung.

Friedrich, D., & Est, V. (2018). Der Kulturwandel hat begonnen. In P. Bechtel, D. Friedrich, & A. Kerres (Hrsg.), *Mitarbeitermotivation ist lernbar, 2, aktualisierte und* (erweiterte, S. 3–21). Springer.

Frodl, A. (2017). *Gesundheitsbetriebslehre, 2., vollständig aktualisierte und überarbeitete Auflage.* Springer Gabler

Frodl, A. (2022). *Krisenmanagement für Gesundheitseinrichtungen, Vorbeugung und Stabilität im Umgang mit Risiken und Krisen.* Springer Gabler

Frosch, Z. (2022). Führung und Sprache im Kontext der Digitalisierung. In D. Matusiewicz (Hrsg.), *Lux G* (S. 61–74). FOM-Edition: Pflegemanagement und Innovation in der Pflege.

Füzéki, E., & Banzer, W. (2019). Bewegung und Gesundheit, In Haring R. et al. (Hrsg.), *Gesundheitswissenschaften, Springer Reference Pflege – Therapie – Gesundheit (S. 333–346).*

Furtner, M. (2017). *Empowering Leadership, essentials.* Springer Fachmedien

Gadatsch, A. (2020). Innovation durch Digitalisierung – Eine Chance für die Restrukturierung von Prozessen im Gesundheitswesen, In Pfannstiel, M. A. et al. (Hrsg.), *Innovationen und Innovationsmanagement im Gesundheitswesen* (S. 25–37). Springer Fachmedien.

Gaß, G. (2022). Zentrale Rolle von Patientenakten und Patientendaten. In Henke, V. et al. (Hrsg.), *Digitalstrategie im Krankenhaus* (S. 3–8). Springer Fachmedien.

Gebhard, F., et al. (2003). OP-Management: „Chirurg oder Anästhesist?" Eine interdisziplinäre Herausforderung. *Der Anaesthesist, 52*, 1062–1067.

Gerster, A., & Bender, H. (2022). Learning Change – Auf dem Weg zur Lernenden Organisation. In Pfannstiel, M. A., & Steinhoff, P. F.-J. (Hrsg.), *E-Learning im digitalen Zeitalter* (S. 35–62). Springer Fachmedien.

Giest, G., et al. (2019). Macht, Vertrauen und Verständigung in Veränderungsprozessen – Welche Rolle spielt laterale Führung? In M. Groß (Hrsg.), *Zukunftsfähige Unternehmensführung* (S. 104–120). Springer.

Glaus, A., & Schlag, P. M. (2016). Onkologische Pflege im interdisziplinären Team. *Der Onkologe, 9*, 618–621.

Götz, O., Michalowsky, B., & Fleßa, S. (2018). Simulationsbasierte Analyse perioperativer Prozesse im OP. In Pfannstiel, M. A., & Straub, S. (Hrsg.), *Dienstleistungscontrolling in Gesundheitseinrichtungen* (S. 161–178). Springer Fachmedien.

Goffin, H. (2020). *Erfolgsunternehmen – empirisch belegte Wege an die Spitze.* Springer Gabler

Grüning, R. (2021). *Komplexe Unternehmen erfolgreich führen.* Springer Gabler

Gugel, S., Lysyakova, L., Rudolph, S., & Uebe, M. (2021). Mit einem konsentierten Datenformat gegen den Krebs. In Grätzel von Grätz, P. (Hrsg.), *Die Digitalisierung ist der Generalschlüssel für ein innovatives Vision Zero – rote Karte dem Krebs.*

Gurtner, A., Clerc, I., & Scheidegger, L. (2021). Digital human resource management. In Schellinger, J. et al. (Hrsg.), *Digital Business* (S. 159–181). Springer Gabler.

Häfner, A., Pinneker, L., & Hartmann-Pinneker, J. (2019). *Gesunde Führung.* Springer.

Hansel, J. (2018). Spotlight: Informelle oder laterale Führung, In: Von Ameln, F., & Beratung (Hrsg.), *Kognitive Landkarten durch die Welt der Führung für Coaching, Supervision und Organisationsberatung* (S. 76–81). Vadenhoeck & Ruprecht.

Happach, R. (2014). Trainee-Programm zur Entwicklung und Qualifizierung von Führungsnachwuchskräften im Pflegedienst am Universitätsklinikum Regensburg. In A. Stockinger (Hrsg.), *Tewes, R* (S. 65–82). Springer Verlag: Personalentwicklung in Pflege- und Gesundheitseinrichtungen.

Harlacher, M., Nitsch, V., Mütze-Niewöhner, S. (2021). Komplexität im Projektmanagement. In Mütze-Niewöhner, S. et al. (Hrsg.), *Projekt- und Teamarbeit in der digitalisierten Arbeitswelt*, (S. 55–73) Springer Vieweg.

Hasebrook, J., Hackl, B., & Rodde, S. (2020). *Team-Mind und Teamleistung* (2. Aufl.) Springer Verlag.

Hashmi, S. K.; Geara, F., Mansour, A., & Aljur, M. (2022). Cancer management at sites with limited resources: challenges and potential solutions. In Aljurf, M. et al. (eds.), *The Comprehensive Cancer Center* (S. 173–185), Springer

Haubrock, M. (2017). Sozioökonomische Herausforderungen für die Pflege. In Bechtel, P., Smerdka-Arhelger, I., & Lipp, K. (Hrsg.), *Pflege im Wandel gestalten – Eine Führungsaufgabe* (S. 3–15). Springe,

Heimerl-Wagner, P., & Köck, C. (Hrsg.) (1996). *Management in Gesundheitsorganisationen.*

Heiß, T. (2019a). Führung im Umbruch. In Heiß, T., Camphausen, M., & Werner, J. A. (Hrsg.) (2019). *Generation Hashtag – Managementwandel im Gesundheitswesen.*

Heiß, T. (2019b). Managementtheorien und Führungspersönlichkeiten. In Heiß, T., Camphausen, M., & Werner, J. A. (Hrsg.), *Generation Hashtag – Managementwandel im Gesundheitswesen.*

Heiß, T., & Camphausen, M. (2019). Fazit. In Heiß, T., Camphausen, M., & Werner, J. A. (Hrsg.). *Generation Hashtag – Managementwandel im Gesundheitswesen.*

Heiß, T., Camphausen, M., & Werner, J. A. (Hrsg.) (2019) *Generation Hashtag – Managementwandel im Gesundheitswesen.*

Heit, I., & Oldhafer, M. (2020). Ideenmanagement. In Oldhafer, M. et al. (Hrsg.), *Arbeitsbuch zu Change Management in Gesundheitsunternehmen* (S. 201–249). Springer Fachmedien.

Hellmann, W. (2016). *Herausforderung Krankenhausmanagement: Studienprogramm absolvieren – Klinisches Management erfolgreich gestalten.* Hogrefe.

Hellmann, W. (2022). Risiken für Patientensicherheit aufgrund von Strukturschwächen des Krankenhauses und Abhilfemaßnahmen. In Hellmann, W. (Hrsg.), *Patientensicherheit* (S. 162–186). Springer Fachmedien.

Henke, V., Hülsken, G., Beß, A., & Henkel, A. (2022). Digitalstrategie und Strategieentwicklung im Krankenhaus. In Henke, V. et al. (Hrsg.), *Digitalstrategie im Krankenhaus* (S. 37–57). Springer Fachmedien.

Henninger, M., & Barth, C. (2009). Kommunikation und Führung, Z. Evid. Fortbild. Qual. Gesundheitswesen (ZEFQ) (S. 211–217), Bd.°103.

Hensen, P. (2019). *Qualitätsmanagement im Gesundheitswesen* (2. überarbeitete und erweiterte Aufl.). Springer Gabler

Herget, J., & Strobl, H. (2018). Unternehmenskultur – Worüber reden wir? In H. Strobl (Hrsg.), *Herget, J* (S. 3–18). Springer Fachmedien: Unternehmenskultur in der Praxis.

Hilgarth, H., Waydhas, C., & Dörje, F. et al. (2022). Arzneimitteltherapiesicherheit gefördert durch die interprofessionelle Zusammenarbeit von Arzt und Apotheker auf Intensivstationen in Deutschland. In *Med Klin Intensivmed Notfmed.*

Hoefert, H.-W. (2017). Arbeits- und Organisationspsychologie in der Medizin. In U. Koch & J. Bengel (Hrsg.), *Anwendungen der medizinischen Psychologie* (S. 113–130). Göttingen: Hogrefe.

Hofert, S. (2018). *Das agile Mindset, Mitarbeiter entwickeln, Zukunft der Arbeit gestalten.* Springer Gabler.

Höhmann, U., & Schwarz, L. (2017), Kompetenzanforderungen an pflegerische Führungskräfte in technikbezogenen Innovationsprozessen. In Pfannstiel, M. A.; Krammer, S., & Swoboda, W. (Hrsg.), *Digitale Transformation von Dienstleistungen im Gesundheitswesen III* (S. 151–171). Springer Gabler.

Höhne, B. (2022). Diversität umarmen. In Ebers, A., & Nieschalk, B. (Hrsg.). *Einfach.Zusammen. Arbeiten, Liberating Structures in der Praxis* (S. 44–46). Vahlen.

Hoos-Leistner, H. (2020). *Kommunikation im Gesundheitswesen.* Springer.

Jaehde, U. (2021). *Sicher therapieren trotz komplexer Medikation, best practice onkologie* (S. 222–227). 5/2021.

Jäger, M. (2021). Interprofessionelle Zusammenarbeit in der Psychosebehandlung. *Nervenheilkunde, 40,* 419–423.

Janda, M., Brosin, A., & Reuter, D. A. (2022). Modernes OP-Management an einem Haus der Maximalversorgung. *Unfallchirurgie, 125,* 811–820.

Joy, M. M. (2017). Blue ocean leadership. *Pallikkutam, Nomvember, 2017,* 50–51.

Kaini, B. K. (2017). Interprofessional team collaboration in health care. *Global Journal of Medical Research, XVII* (II). Version I, 1–8.

Kajüter, P., Behne, A., & Teuteberg, F. (2023). Verbesserte Patientenversorgung und effizientere Zusammenarbeit zwischen Apotheken und Pflegediensten durch maschinelle Medikamentenverblisterung und die Vernetzungsplattform MediMan: Eine Fallstudie. *HMD 60,* 173–192.

Kaudela-Baum, S. (2022a). Experten führen. In Kaudela-Baum, S., Meldau, S., & Brasser, M. (Hrsg.), *Leadership und People Management, Führung und Kollaboration in Zeiten der Digitalisierung und Transformation* (S. 97–107). Springer Verlag.

Kaudela-Baum, S. (2022). Kollektiv führen. In S. Kaudela-Baum, S. Meldau, & M. Brasser (Hrsg.), *Leadership und People Management* (S. 175–190). Führung und Kollaboration in Zeiten der Digitalisierung und Transformation: Springer.

Kauffeld, S., Sauer, N., & Handke, L. (2017). *Shared leadership, Gruppe. Interaktion. Organisation. Zeitschrift für Angewandte Organisationspsychologie (GIO),* Bd. 48 (S. 235–238). Springer Fachmedien.

Keller, K. (2020). Bewegung im Porzellanladen – neue Lernarchitektur durch Micro-Learning. In: Keller, K. (Hrsg.), *Arbeitsintegriertes Lernen in der Personal- und Organisationsentwicklung* (S. 95–114). Springer Gabler.

Kim, W. C.,& Mauborgne, R. (2014). Blue ocean leadership. *Harvard Business Review.* verfügbar unter: https://hbr.org/2014/05/blue-ocean-leadership. Aufgerufen am 17.

Klein, R. (2012). Führung und Zielvereinbarung. In Kuntz, L., & Bazan, M. (Hrsg.). *Management im Gesundheitswesen, Diskussionspapiere des Arbeitskreises „Ökonomie im Gesundheitswesen" der Schmalenbach-Gesellschaft für Betriebswirtschaft e.V.* (S. 439–470). Spring Gabler.

Klockgether-Radke, A., Bauer, M., & Wäschle, R. M. (2011). In Welk, I., & Bauer, M. (Hrsg.). *OP-Management – Von der Theorie zur Praxis* (S. 171–185). Springer .

Köbe, S. (2022). *Schluss mit der deutschen Arroganz im Krankenhauswesen, Klinik Management aktuell*. Mai 2022, 27. Jg.

Köck, C. (1996). Das Gesundheitssystem in der Krise: Herausforderungen zum Wandel für System und Organisation. In Heimerl-Wagner, P., & Köck, C. (Hrsg.) (1996). *Management in Gesundheitsorganisationen* (S. 17–71).

Kolhoff, L. (2022). Sozialmanagement: Sozialmanagement mit Bezug auf den Bereich der Altenhilfe. In A. van Rießen (Hrsg.), *Bleck, C* (S. 717–739). Springer Fachmedien: Soziale Arbeit mit alten Menschen.

Kollmann, T. (2022). *Digital Leadership, Grundlagen der Unternehmensführung in der Digitalen Wirtschaft* (2. Aufl.). Springer Gabler

Kondylakis, H., et al. (2020). Participatory aspects of ICT infrastructures for cancer management. In Pravettoni, G., & Triberti, S. (eds.), *S. 5 eHealth: An Agenda for the Health Technologies of the Future* (S. 87–108). Springer.

Kotter, J. P. (1990). *Force for change. How leadership differs from management*. Free Press, Riverside

Kotter, J. P. (2016). Leadership lässt sich lernen. *Harvard Business Manager*, Nr. 1, 65–74.

Krautz, B. (2017). Einsatz akademisierter Pflegekräfte – Eine Management-Perspektive. In Bechtel, P., Smerdka-Arhelger, I., & Lipp, K. (Hrsg.). *Pflege im Wandel gestalten – Eine Führungsaufgabe* (S. 139–148). Springer.

Kroemer, H. K. (2021). Droht eine „Teslaisierung" des Gesundheitswesens? In Grätzel von Grätz, P. (Hrsg.), *Die Digitalisierung ist der Generalschlüssel für ein innovatives Vision Zero – Rote Karte dem Krebs*.

Krupp, E., Hielscher, V., & Kirchen-Peters, S. (2020). Betriebliche Gesundheitsförderung in der Pflege –Umsetzungsbarrieren und Handlungsansätze. In Jacobs, K. et al. (Hrsg.), *Pflege-Report 2019* (S. 113–122).

Kühl, S., Schnelle, T., & Schnelle, W. (2004). Führen ohne Führung. *Harvard Business Manager*, Nr. 1 50–60.

Kunhardt, H. (2016). Individuelles Gesundheitsmanagement als Wertbeitrag für die Gesundheitswirtschaft - Gesundheit als Wert. In Pfannstiel, M. A. et al. (Hrsg.), *Dienstleistungsmanagement im Krankenhaus* (S. 71–92). Springer Fachmedien.

Kuntsche, P., & Börchers, K. (2017). *Qualitäts- und Risikomanagement im Gesundheitswesen*. Springer Gabler.

Kuntze, S., & Kottlorz, G. (2017). Was kann die Gesundheitswirtschaft von Märchen lernen? In Matusiewicz, D., & Muhrer-Schwaiger, M. (Hrsg.), *Neuvermessung der Gesundheitswirtschaft*, FOM-Edn. (S. 299–306). Springer Fachmedien.

Kupiek, M. (2022). Die Emotionale Organisationskultur als Voraussetzung für erfolgreiches E-Learning. In Pfannstiel, M. A., & Steinhoff, P. F.-J. (Hrsg.). *E-Learning im digitalen Zeitalter* (S. 517–536). Springer Fachmedien.

Kurniasih, D. A. A., Setiawati, E. P., Pradipta, I. S., & Subarnas, A. (2022). Interprofessional collaboration in the breast cancer unit: How do healthcare workers see it? *BMC Women's Health*, 22, 227.

Langebrake, C. (2022). Arzneimittelversorgung zwischen ambulanter und stationärer Behandlung. In Schröder, H. et al. (Hrsg.), *Arzneimittel-Kompass 2022* (S. 161–170).

Lederle, S. (2007). Die Einführung von Diversity Management in deutschen Organisationen: Eine neoinstitutionalistische Perspektive. *Zeitschrift für Personalforschung (ZfP)*, *21*(1), 22–41.

Lipmanowicz, H., & ss, K. (2022). Liberating Structures – „Umgangssprache" für das tägliche Miteinander, genehmigte Übersetzung aus dem Englischen. In Ebers, A., & Nieschalk, B. (Hrsg.), *Einfach.Zusammen.Arbeiten, Liberating Structures in der Praxis* (S. 11–23). Vahlen.

Lobo, S. (2016). Fürchten Sie sich, aber richtig, SPIEGEL Netzwelt, verfügbar unter. https://www. spiegel.de/netzwelt/web/sascha-lobo-kolumne-korrekte-furcht-vor-digitalisierung-a-1119363. html. Aufgerufen am 27. M 2023)

Löffler, E. M. (2022). „Das Wissen einbauen, was den Menschen am besten tut." Gebrauchswert-orientierung als Handlungslogik und Haltung in der Altenhilfe. In Weimann-Sandig, N. (Hrsg.), *Multiprofessionelle Teamarbeit in Sozialen Dienstleistungsberufen* (S. 299–315). Springer Fachmedien.

Lukuc, S. (2020). Erfolgreich führen. *PFLEGE Zeitschrift, 5*(2020), 14–16.

Mächler, K. (2014). Ein Karrieremodell für die Pflege in der Schweiz. In A. Stockinger (Hrsg.), *Tewes, R* (S. 191–203). Springer Verlag: Personalentwicklung in Pflege- und Gesundheitsein-richtungen.

Mahnke, A., & Loibl, J. (2021). Interprofessionell arbeiten: Das Regensburger Modell. *PFLEGE Zeitschrift, 6*(74), 18–21.

Malik management (o. J.), Malik Management System Audit®

Matusiewicz, D. (2019). Marketing im Gesundheitswesen – eine Einführung. In F. Stratmann & J. Wimmer (Hrsg.), *Matusiewicz, D* (S. 3–24). Springer Gabler: Marketing im Gesundheitswesen.

Matzke, U. (2014). Vom klassischen Pflegemanagement zur fortschrittlichen Pflegeentwicklung: Auf dem Weg zu einem neuen Selbstverständnis in der Führung des Pflegedienstes am Robert-Bosch-Krankenhaus in Stuttgart. In Tewes, R.; Stockinger, A. (Hrsg.), *Personalentwicklung in Pflege- und Gesundheitseinrichtungen* (S. 29–46). Springer .

Matzke, U. (2018). Personalgewinnung und -bindung im Wandel. In A. Simon (Hrsg.), *Akade-misch ausgebildetes Pflegefachpersonal* (S. 115–136). Springer.

Möller, H., & Giernalczyk, T. (2022). New Leadership – Führen in agilen Unternehmen. *Organisa-tionsberat Superv Coach*, Nr. 29, 51–66.

Muche, C. (2020). Diversity-Management als grenzüberschreitender Prozess in Organisationen? In R. Knackstedt, K. Kutzner, M. Sitter, & I. Truschkat (Hrsg.), *Grenzüberschreitungen im Kompetenzmanagement* (S. 25–37). Kompetenzmanagement in Organisationen: Springer.

Müller, M.-L. (2022). Compliance und Datenkompetenz im Pflegealltag. In Henke, V. et al. (Hrsg.), *Digitalstrategie im Krankenhaus* (S. 29–33). Springer Fachmedien.

Müller-Wiegand, M., et al. (2019). Integrale Unternehmensführung und Zukunftsfähigkeit. In M. Groß (Hrsg.), *Zukunftsfähige Unternehmensführung* (S. 33–46). Springer.

Mütze-Niewöhner, S. et al. (2021). Projekt- und Teamarbeit in der digitalisierten Arbeitswelt. In Mütze-Niewöhner, S. et al. (Hrsg.), *Projekt- und Teamarbeit in der digitalisierten Arbeitswelt* (S. 1–30). Springer.

Neumer, J., & Nicklich, M. (2021). Fluide Teams in agilen Kontexten – Grenzziehung und in-nere Strukturierung als Herausforderung für Selbstorganisation. In Mütze-Niewöhner, S. et al. (Hrsg.), *Projekt- und Teamarbeit in der digitalisierten Arbeitswelt* (S. 31–53). Springer .

Niemann, P. (2022). Nutzung und Akzeptanz von digitalen Angeboten der Hausärzte – Eine empi-rische Analyse. In Honekamp, I. (Hrsg.), *Digitalisierung im Gesundheitswesen* (S. 24–42)

North, K., Reinhardt, K., & Sieber-Suter, B. (2018). *Kompetenzmanagement in der Praxis. Mit-arbeiterkompetenzen systematisch identifizieren, nutzen und entwickeln. Mit vielen Praxisbei-spielen* (3. Aufl.). Springer Gabler

Northouse, P. G. (2007). *Leadership. Theory and practice* (4. Aufl.), Sage.

ÖNORM D 4902-3 (2021). Risikomanagement für Organisationen und Systeme – Leitfaden - Teil 3: Notfall-, Krisen- und Kontinuitätsmanagement – Anleitung zur Umsetzung der ISO 31000. In Austrian Standards International (Hrsg.), *Normensammlung Risikomanagement* (3. aktuali-sierte Aufl., S. 163–186).

Oldhafer, M., Schmidt, C., Beil, E., & Schrabback, U. (2019). 6 C: Die sechs wichtigsten Erfolgs-faktoren für einen gelingenden Change. In Oldhafer, M. et al. (Hrsg.), *Change Management in Gesundheitsunternehmen* (S. 27–139). Springer Fachmedien.

Oldhafer, M., Nolte, F., & Schrabback, U. (2020). Die 8 Cs in der Praxis – Geeignete Metho-
den für jeden Seegang. In Oldhafer, M. et al. (Hrsg.), *Arbeitsbuch zu Change Management in Gesundheitsunternehmen* (S. 41–97). Springer Fachmedien.

Pearce, C. L., & Conger, J. A. (2003). *Shared leadership: Reframing the hows and whys of leadership*. Sage.

Pelz, W. (2020). Wertschöpfende Innovationen als Ausweg aus der Kostenfalle im Gesundheits-
wesen. In Pfannstiel, M. A. et al. (Hrsg.), *Innovationen und Innovationsmanagement im Gesundheitswesen* (S. 77–92). Springer Fachmedien.

Peterke, J. (2021). *Personalentwicklung als Managementfunktion, Praktische Grundlagen und zukunftsfähige Konzepte* (2. vollständig überarbeitete Aufl.). Springer Gabler

Peterke, J. (2022). The Spirit of Leadership - Information rund um das Thema Leadership. Leader-
ship ist das zentrale Thema dieser Seite, verfügbar unter. http://www.spirit-of-leadership.de/SL-Leadership/The-Spirit-of-Leadership-Information-rund-um-das-Thema-Leadership-E1138.htm. Aufgerufen am 17. Jan. 2023.

Peters, B. (2017). Leadership Agility und Digitalisierung in der Krankenversicherung – Steigende Komplexität und wachsende Dynamik der Digitalisierung erfordern zunehmend agile Organisationen und agile Führungskräfte. In Pfannstiel, M.A. et al. (Hrsg.), *Digitale Transformation von Dienstleistungen im Gesundheitswesen II* (S. 23–50). Springer Fachmedien.

Pfundner, H. (2021). Mit Daten Krebs bekämpfen. In Grätzel von Grätz, P. (Hrsg.), *Die Digitalisierung ist der Generalschlüssel für ein innovatives Vision Zero – rote Karte dem Krebs*.

Ploylearmsang, C. (2021). *Health professionalism und health profession education in the 21st cen-
tury* (S. 1–17). MedEdPublish

Prescher, T, Weimann-Sandig, N., & Wiesner, C. (2022). „Inter" und „professionell" gemeinsam organisieren. *PFLEGE Zeitschrift, 75*, 42–45.

Rasche, C., Braun von Reinersdorff, A., Knoblach, B., & Fink, D. (2018). *Digitales Unternehmen im Gesundheitswesen – „Harmonisierung von Markt- und Technologieprioritäten*. In Pfannstiel, M. A. et al. (Hrsg.), *Entrepreneurship im Gesundheitswesen III* (S. 1–31). Springer Fach-
medien.

Rast, V., & Koche, P. -Y. (2022). Führung kommunizieren. In Kaudela-Baum, S., Meldau, S., & Brasser, M. (Hrsg.), *Leadership und People Management, Führung und Kollaboration in Zeiten der Digitalisierung und Transformation* (S. 223–234). Springer Verlag.

Rastetter, D. (2006). Managing diversity in teams. Erkenntnisse aus der Gruppenforschung. In Krell, G., & Wächter, H. (Hrsg.), *Diversity Management – Impulse aus der Personalforschung* (S. 81–108).

Reeves, S. (2010). *Interprofessional Teamwork for Health and Social Care*. Wiley.

Richter-Kuhlmann, E. (2021). Das Team prägt die Zukunft. *Deutsches Ärzteblatt,* Jg. 118, Heft 45, S. A2098.

Riedlinger, I., et al. (2022). Multiprofessionelle Teamarbeit in der Pflege: Ansätze, (neue) Herausforderungen und organisationale Voraussetzungen. In Weimann-Sandig, N. (Hrsg.), *Multiprofessionelle Teamarbeit in Sozialen Dienstleistungsberufen* (S. 257–268). Springer Fachmedien.

Röhl, A. (2017). Was kann die Gesundheitswirtschaft von militärischer Führung lernen? In Matu-
siewicz, D., & Muhrer-Schwaiger, M. (Hrsg.), Neuvermessung der Gesundheitswirtschaft (S. 51–60), FOM-Edn. Springer Fachmedien.

Röhrßen, T., et al. (2021). Dream Team – Die Separation der Berufsgruppen und des Sektoren-
denkens sind endlich zu überwinden. In Tewes, R., & Matzke, U. C. (Hrsg.). *Innovative Personalentwicklung im In- und Ausland* (S. 260–284).

Rolfe, M. (2019). *Positive Psychologie und organisationale Resilienz, Positive Psychologie kompakt*. Springer Verlag.

Rosken, A. (2022). *Ability-Management, Mitarbeiter nach Stärken und Fähigkeiten führen.* Springer Gabler

Ruof, J. (2021). Ein „Gewinner" der Corona-Pandemie: Digitale Daten im Gesundheitswesen. In Broich, K. (Hrsg.), *Digitale Gesundheitsdaten: Nutzen, Kosten, Governance.*

Rybnikova, I., & Lang, R. (2021). *Aktuelle Führungstheorien und -konzepte* (2. vollständig überarbeitete Aufl.). Springer Gabler

Salehin, J., & Schmidt, C. (2011). Personalführung und -entwicklung. In I. Welk & M. Bauer (Hrsg.), *OP-Management – Von der Theorie zur Praxis* (S. 115–139). Springer.

Saravo, B. (2019). Ärztinnen und Ärzte brauchen Führungskompetenzen: Transformationale und transaktionale Führung als Rahmenmodell für ärztliche Führungskompetenztrainings, Dissertation, Ludwig-Maximilians-Universität München, verfügbar unter: https://edoc.ub.uni-muenchen.de/23703/1/Saravo_Barbara.pdf. Aufgerufen am 7. Febr. 2023.

Schachtrupp, A., & Thöne, A. (2018). Digitalisierung im Krankenhaus kann die interprofessionelle Entscheidungsfindung verändern. In Horneber, M. (Hrsg.), *Revolutionary Hospital. Digitale Transformation und Innovation Leadership.*

Schär, T. (2021). *Führungskompetenz achtsame Selbstführung* (2. Aufl.). Springer Verlag

Schilling, T., Jayaram, S. (2022). Das Fünf-Komponenten-Modell zur Steigerung der Patientensicherheit in Hochrisiko-Umgebungen, In Hellmann, W. (Hrsg.), *Patientensicherheit* (S. 283–304). Springer Fachmedien.

Schober-Ehmer, H., Ehmer, S., & Regele, D. (2017). „Die neue Gleichzeitigkeit von Unterschieden – wie soll man da noch führen?". In Hildebrandt, A., & Landhäußer, W. (Hrsg.), *CSR und Digitalisierung, Management-Reihe Corporate Social Responsibility* (S. 667–687). Springer.

Schraub, E. M., et. al. (2009). Bestimmung des ökonomischen Nutzens eines ganzheitlichen Gesundheitsmanagements. In Badura, B., Schröder, H., & Vetter, C. (Hrsg.), *Fehlzeiten-Report 2008* (S. 101–110). Springer.

Schreier, J., & von Fournier, C. (2007). Führung heißt: Leistung aufbauen, fordern, gestalten und entwickeln, verfügbar unter: https://www.maschinenmarkt.vogel.de/fxfchrung-heixdft-leistung-aufbauen-fordern-gestalten-und-entwickeln-a-94254/. Aufgerufen am 5. Sept. 2022.

Schröder, H., et al. (2022). Einführung und Zusammenfassung. In Schröder, H., et al. (Hrsg.), *Arzneimittel-Kompass 2022* (S. 3–11).

Schröter, M. (2019). #Empowerment. In Heiß, T., Camphausen, M., & Werner, J. A. (Hrsg.), *Generation Hashtag – Managementwandel im Gesundheitswesen.*

Schüpfer, G., & Konrad, C. (2011). Krankenhausmarketing für OP-Manager. In I. Welk & M. Bauer (Hrsg.), *OP-Management – Von der Theorie zur Praxis* (S. 63–72). Springer.

Schütz, T. (2022). Werthaltigkeit und Umsetzung einer Digitalstrategie im Krankenhaus aus Sicht des CIO. In Henke, V., et al. (Hrsg.), *Digitalstrategie im Krankenhaus* (S. 9–22). Springer Fachmedien.

Schulte, F. C. & Knüttel, M. B. (2022). Digitalstrategische Maßnahmen im Krankenhausalltag umsetzen: Empfehlungen aus der Praxis. In: Henke, V., et al. (Hrsg.), *Digitalstrategie im Krankenhaus* (S. 157–168), Springer Fachmedien.

Schwaber, K., & Sutherland, J. (2020). Der Scrum Guide, November 2020. https://scrumguides.org/docs/scrumguide/v2020/2020-Scrum-Guide-German.pdf. Aufgerufen am 20.Dez. 2022.

Schwuchow, K., et al. (2021). Mittelpunkt Mensch? Die Toxik der neuen Arbeitswelt. In O. Geramanis (Hrsg.), *Kooperation in der digitalen Arbeitswelt, uniscope* (S. 19–34). Springer Fachmedien: Publikationen der SGO Stiftung.

Siller, H. (2019a). Integriertes Management und integriertes Controlling. In Stierle, J., et al. (Hrsg.), *Handbuch Strategisches Krankenhausmanagement* (S. 43–76). Springer Fachmedien.

Siller, H. (2019b). Der Krankenhausmanager als Verwalter und als Unternehmer. In Stierle, J., et al. (Hrsg.), *Handbuch Strategisches Krankenhausmanagement* (S. 97–131). Springer Fachmedien.

Simschek, R., & van Bennekum, A. (2022). Agilität? Frag doch einfach!: klare Antworten aus erster Hand (2. Aufl.). München.

Sonntag, K., & von Reibnitz, C. (2017). Interne Vernetzung und Überleitungsmanagement. In Bechtel, P., Smerdka-Arhelger, I., & Lipp, K. (Hrsg.), *Pflege im Wandel gestalten – Eine Führungsaufgabe* (S. 179–193). Springer-Verlag.

Spiegel, A.-L. (2020). Change management. In Oldhafer M., et al. (Hrsg.), *Arbeitsbuch zu Change Management in Gesundheitsunternehmen* (S. 15–23). Springer Fachmedien.

Spiegel, A.-L., & Oldhafer M. (2020). Lean Management – Zeit für Patienten schaffen. In: Oldhafer M., et al. (Hrsg.), *Arbeitsbuch zu Change Management in Gesundheitsunternehmen* (S. 113–136). Springer Fachmedien.

St.Pierre, M., & Hofinger, G. (2020). *Human Factors und Patientensicherheit in der Akutmedizin* (4. vollständig überarbeitete und erweiterte Aufl.). Springer.

Staeck, F. (2021). DiGA, ePa und Co: Eine Governance auf EU-Ebene zeichnet sich erst in Umrissen ab. In Broich, K. (Hrsg.), *Digitale Gesundheitsdaten: Nutzen, Kosten, Governance.*

Steidel, A. (2019). Strukturwandel. In Heiß, T., Camphausen, M., & Werner, J. A. (Hrsg.), *Generation Hashtag – Managementwandel im Gesundheitswesen* (S. 151–155)

Steidel, G. P. (2019). German Mut: Über die Entstehung von Chancen und Opportunitäten. In Heiß, T., Camphausen, M., & Werner, J. A. (Hrsg.). *Generation Hashtag – Managementwandel im Gesundheitswesen* (S. 137–138).

Steil, M., & Turowski, M. (2018). Führungskräfteentwicklung im Rettungsdienst – Übel oder Chance? In M. Baubin & A. Schinnerl (Hrsg.), *Neumayr, A* (S. 85–93). Springer Verlag: Herausforderung Notfallmedizin.

Steinert, C., & Büser, T. (2018). *Spot-Leadership*. Springer Gabler.

Steinhöfer, D. (2021). *Liberating Structures, Entscheidungsfindung revolutionieren*. Vahlen.

Steudel, H. (2021). Digitalisierung und europäische Nutzenbewertung – Die Sicht des vfa. In Broich, K. (Hrsg.), *Digitale Gesundheitsdaten: Nutzen, Kosten, Governance.*

Stockinger, A. (2014). Personalentwicklung im Fokus von Kliniken und Pflegeeinrichtungen. In A. Stockinger (Hrsg.), *Tewes R* (S. 3–14). Springer: Personalentwicklung in Pflege- und Gesundheitseinrichtungen.

Stratmeyer, P. (2022). Kooperatives Prozessmanagement (KoPM®). In Hellmann, W. (Hrsg.), *Patientensicherheit* (S. 243–257). Springer Fachmedien.

Tahtali, D., Bohmann, F., Rostek, P., Misselwitz, B., Reihs, A., Heringer, F., Jahnke, K., Steinmetz, H., & Pfeilschifter, W. (2016). Crew-Ressource-Management und Simulatortraining in der akuten Schlaganfalltherapie. *Der Nervenarzt, 87.* Jg.(12), 1322–1331.

Taksijan, T. (2022). Update für die Arztpraxis: TI-Anwendungen im Überblick. In: Nordkirchen IWW Institut für Wissen in der Wirtschaft (Hrsg.), *Digitale Arztleistungen in Honorar verwandeln – Chancen nutzen* (S. 1–4). Kürzungen abwenden.

Tarkowski, P. (2018). Digital Leadership: Die Digitalisierung stellt neue Ansprüche an Führungskräfte, digitalmagazin, 10. Juli 2018, verfügbar unter. https://digital-magazin.de/digital-leadership-definition/. Aufgerufen am 27. März 2023.

Tewes, R. (2004). Coaching ein modernes Führungsinstrument. In Münchner Pflegekongress 2004, *Tagungsband* (S. 66–69).

Tewes, R. (2015*). Führungskompetenz ist lernbar (3. aktualisierte und erweiterte Aufl.)*. Springer Verlag.

Tezcan-Güntekin, H., Strumpen, S. (2017). Altenpflege in der Migrationsgesellschaft. In Bechtel, P., Smerdka-Arhelger, I., & Lipp, K. (Hrsg.), *Pflege im Wandel gestalten – Eine Führungsaufgabe* (S. 103–114). Springer.

Thomas, R. R. (2001). *Management of diversity. Neue Personalstrategien für Unternehmen. Wie passen Giraffe und Elefant in ein Haus?*, Gabler.

Torjus, N. (2014). *Kommunikation in Organisationen, Die Bedeutung der Führung für die Qualität der organisationsinternen Kommunikation.* Dissertation, Freie Universität Berlin.

Trinks, A. (2017). Was kann die Gesundheitswirtschaft von der Arbeitserziehung lernen?. In Matusiewicz, D., & Muhrer-Schwaiger, M. (Hrsg.), *Neuvermessung der Gesundheitswirtschaft* (S. 331–339), FOM-Edn., Springer Fachmedien.

Vehreschild, J. J. (2021). COVID-19: Die erste Pandemie im digitalen Zeitalter. In: Broich, K. (Hrsg.), *Digitale Gesundheitsdaten: Nutzen, Kosten, Governance.*

Vervier, L. S. (2021). *Akzeptanz, Nutzerdiversität und Design digitaler Informations- und Kommunikationstechnologien im Gesundheitswesen.*

Von Kalle, C. (2021). Ist nach der Krise vor der Krise? In Grätzel von Grätz, P. (Hrsg.), *Die Digitalisierung ist der Generalschlüssel für ein innovatives Vision Zero – rote Karte dem Krebs.*

Vrielink, N., & Humpert-Vrielink, F. (2022). Anwendung von Reifegradmodellen zur Messung des Umsetzungserfolgs. In Henke, V., et al. (Hrsg.), *Digitalstrategie im Krankenhaus* (S. 197–209). Springer Fachmedien.

Vullinghs, P., et al. (2019). Erfahrungsberichte aus der Praxis. In Oldhafer, M., et al. (Hrsg.), *Change Management in Gesundheitsunternehmen* (S. 149–163). Springer Fachmedien.

Weber, M., & Kaiser, F. (2022). Die digitale Transformation im Krankenhausalltag. In Henke, V., et al. (Hrsg.), *Digitalstrategie im Krankenhaus* (S. 23–28). Springer Fachmedien.

Wehrlin, U. (2013). *Leistung durch Führung. Management- Führungsmodelle - Mitarbeiterintegration und -Beteiligung - Leistungsanerkennung - Führungskultur entwickeln, Lehrbuchverlag*, Saarbrücken.

Wehrlin, U. (2014). *Management durch Sinnorientierung, Wettbewerbsvorteile mit leistungsförderndem Management und Leadership durch Sinnvermittlung* (2. überarb. Aufl.). Optimus, Furture-Management, Band 21.

Weyh, G., & Bauer, M. (2011). Risikomanagement. In I. Welk & M. Bauer (Hrsg.), *OP-Management – Von der Theorie zur Praxis* (S. 87–98). Springer.

Weißenborn, M., et al. (2018). Potentielle Erfolgsfaktoren für die Durchführung von Projekten zur Arzt-Apotheker-Zusammenarbeit. *Das Gesundheitswesen, 81.*

Welge, K., & Bruggman, A., et al. (2021). Distanz und Nähe verbindende Führung und Zusammenarbeit – wie gefühlte Nähe eine positive soziale Identität und Vernetzung bewirken kann. In O. Geramanis (Hrsg.), *Kooperation in der digitalen Arbeitswelt, uniscope* (S. 175–189). Springer Fachmedien: Publikationen der SGO Stiftung.

Welk, I. (2015). Organisierte Versorgung. *Im OP , 5*(6), 254–257

Welk, I. (2019), Teamwork im OP. *Im OP, 9*(5), 211–215.

Wendt, T.,Schröer, A., & Lackas, M. (2022). Der Unterschied des Unterschieds. In Weimann-Sandig, N. (Hrsg.), *Multiprofessionelle Teamarbeit in Sozialen Dienstleistungsberufen* (S. 41–55). Springer Fachmedien.

Wetterauer, U., & Ruh, S. (2011). Empathische Führung: Veränderung positiv gestalten. *Der Urologe, 12*, 1578–1583.

Wisinger, C., Stärk, S., & Rudolph, S. (2022), Evaluation von MediCharge – Analyse von Prozessabläufen, Produktivität und Optimierungspotentialen. In Honekamp, I. (Hrsg.), *Digitalisierung im Gesundheitswesen.*

Wittke, F. (2022). 1-2-4-All – Forschungsfrage!. In Ebers, A., & Nieschalk, B. (Hrsg.), *Einfach.Zusammen.Arbeiten, Liberating Structures in der Praxis* (S. 58–62). Vahlen.

World Health Organization (2010). Framework for Action on Interprofessional Education & Collaborative Practice, verfügbar unter. https://www.who.int/publications/i/item/framework-for-action-on-interprofessional-education-collaborative-practice. Aufgerufen am 16. Jan. 2023.

Wulf, H., & Kill, C. (2007). Musterbeispiel für interprofessionelle Kooperation, Anästhesiologie, Intensivmedizin, Notfallmedizin. *Schmerztherapie, 42*(10), 706–707.

Zuchowski, M. L., & Kohle, F. (2020). Professionelles Projektmanagement als Grundlage für erfolgreiche Innovationsentwicklung im Gesundheitswesen. In Pfannstiel, M. A., et al. (Hrsg.), *Innovationen und Innovationsmanagement im Gesundheitswesen* (S. 139–162). Springer Fachmedien.

Anforderungen an das interprofessionelle Management

In den vorangegangenen Kapiteln wurde aufgezeigt, dass eine Vielfalt von Einflussfaktoren interprofessionelles Management im Gesundheitswesen prägt.

Die historischen Veränderungsprozesse der Professionen und Rollen der Beteiligten, die Zunahme der Multimorbidität, die ökonomischen Rahmenbedingungen, die Digitalisierungsentwicklungen, die Organisationskultur und das Führungskonzept wirken maßgeblich auf die zukünftige Zusammenarbeit im Gesundheitswesen ein.

Die medizinischen Spezialisierungen, die Komplexität der Versorgungsprozesse, die Ressourcenknappheit und die Steuerung von Prozessketten müssen gemeinsam bewältigt werden.

7.1 Besondere Aspekte interprofessioneller Teams im Gesundheitswesen

Die teilnehmenden Berufsgruppen in der Versorgung von Patienten bringen sich unterschiedlich mit ihrer Expertise, mit ihrer Ausbildung, ihrer akademischen Profession und ihren Erfahrungen ein. In der jeweiligen Profession wurden ein breites systematisches Wissen zur zielorientierten Problemlösung und Handlungstechniken zur Bewältigung vermittelt und eingeübt.

Jede Berufsgruppe verfügt über spezielle Konzepte, anerkannte und erprobte Vorgehensweisen und Methoden. Sie ist in der Lage, diese autonom in Behandlungsprozesse einzubringen, ihre Wirksamkeit zu überprüfen und sicherzustellen. Im Rahmen ihres beruflichen, ethischen Kodex steht der Patient mit seinem Bedarf im Mittelpunkt.

In die medizinischen, therapeutischen Abläufe bringen sich verschiedenen Professionen mit ihren Kompetenzen auf der Grundlage von durch wissenschaftliche Evaluation gewonnenen Erkenntnissen und Erfahrungswissen ihrer Berufsgruppe ein. In ihrem

C. Welz-Spiegel und F. Spiegel, *Interprofessionelles Management im Gesundheitswesen*,
https://doi.org/10.1007/978-3-662-67654-7_7

Aufgaben- und Verantwortungsbereich sind sie in der Lage, Aufgaben, Fragestellungen und Problemstellungen zu bearbeiten und sich in die Behandlungsprozesse wechselseitig einzubringen. Hierbei sind der jeweilige Input in den Prozess, die Voraussetzungen an Schnittstellen im Gesamtablauf, der Output und die Ergebnisse in der Regel unterschiedlich und von den anderen Berufsgruppen abgegrenzt.

Als Arbeitsbasis zur Durchführung dienen oft schriftlich fixierte Regeln, die für die gegenseitige Abstimmung und als Ausgangspunkt für die abschließende Behandlungsanalyse und Bewertung von Ergebnissen im interprofessionellen Team dienen.

Das Zusammenwirken und die Zusammenführung der Teilergebnisse zu einem Gesamtbehandlungsziel im Behandlungskontext für den Patienten sind das Ergebnis von interprofessioneller Zusammenarbeit und dessen Management.

Gemeinsam wirken die Teilergebnisse der eingebundenen Berufsgruppen auf den Verlauf- und die Veränderungsmöglichkeiten (Heilung, Linderung), auf die Statuserhaltung, Gesundheitsförderung und die Wiederherstellung möglicher Handlungsfähigkeiten und Lebensqualität des Patienten ein.

Idealerweise finden zielführende interprofessionelle Kommunikation (sprachlich, schriftlich) und gute Vernetzung und Interaktion der Tätigkeiten statt. Für die Umsetzung sind im Abschn. 5.6.5.4 Methoden zur strukturierten Kommunikation im Behandlungsteam beschrieben, wie z. B. die SBAR-Methode.

Zu Bearbeitung berufsgruppenübergreifender Fragestellungen oder Aufgaben werden interprofessionelle Teams einberufen. Neben der Lösung akuter Probleme werden interprofessionelle Teams zur Entwicklung neuer Konzepte/Dienstleistungen eingesetzt. Die Herausforderungen für die Beteiligten sind, sich in diese Teamkonstellation einzufinden und für die konkrete Aufgabenstellung im Team den Arbeitsalltag zu verlassen.

Durch gezieltes selbstgesteuertes interprofessionelles Management sollten die beteiligten Berufsgruppen zielführend auf Augenhöhe zusammenarbeiten und sich zur Lösung von komplexen Fragestellungen interdisziplinär einbringen. Dies soll sichergestellt werden durch die fachliche Ergänzung, um in diesen Zusammenhängen gemeinsame Situationen zu analysieren und zu bewerten. Unter Einbezug ihrer Standpunkte sollen gemeinsame Bewältigungsstrategien für den Behandlungsprozess erarbeitet werden. Die damit verbundene Abstimmung, Koordination und Kontrollen sind Tätigkeiten für das Management von interprofessioneller Teamarbeit. Der Abschn. 5.6.6 Methoden zur Lösungsentwicklung bietet die methodische Unterstützung zur Lösungsentwicklung.

7.2   Veränderungen und Konsequenzen im Management von interprofessioneller Zusammenarbeit

Die interprofessionellen Ansätze der Zusammenarbeit im Gesundheitswesen verändern Handlungsspielräume, Arbeitsprozesse, Entscheidungsprozesse und fokussiert die Teamarbeit der Beteiligten (Abb. 7.1).

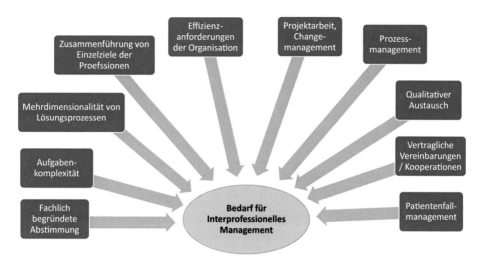

Abb. 7.1 Auslöser für interprofessionelle Managementaufgaben

Der konkreten Gesundheitsorganisation steht die Methode der Szenarioanalyse[1] zur Verfügung, um mögliche organisationsspezifische Auslöser zu identifizieren und deren Auswirkungen und die damit verbundenen Risiken zu analysieren.

Die interprofessionelle Zusammenarbeit im Gesundheitswesen ist durch die Komplexität der Anforderungen von Patienten herausgefordert. Die Beteiligten der verschiedenen Bereiche und Sektoren haben unterschiedliche Fokussierungen in ihren Teilsegmenten. Die zunehmende Spezialisierung erschwert die Schnittstellenübergänge im Behandlungsprozess.

Die finanziellen, ökonomischen Voraussetzungen, die patientenbezogenen Anforderungen und die Verknüpfung von verfügbaren Ressourcen erfordern die Konzentration auf die übergreifende Prozessdurchführung.

Der Blick auf andere Beteiligte und die tradierten Schnittstellenprozesse ist durch Arbeitsorganisation und systemische Konstrukte erschwert (siehe dazu die Beschreibung der Subsysteme in Abschn. 2.2.7). Dadurch können Reibungsverluste in der Zusammenarbeit, Probleme in der Informationsverarbeitung und Zuständigkeitsprobleme bei notwendigen Handlungen entstehen. Einseitig getroffene Entscheidungen mit Aufgabendelegation an andere Professionen können negative Auswirkungen auf die Patientenversorgung haben. Der Mangel an Informationstransfer kann zu Fehlern in der Prozesssteuerung im Behandlungsprozess führen. Vielfältig werden die unzulässige Versorgung und schlechte interprofessionelle Zusammenarbeit innerhalb und außerhalb der Sektoren von Beteiligten bemängelt.

---

[1] Siehe Abschn. 5.6.3.4 Szenarioanalysen.

In der Zusammenarbeit bei der Informationserfassung, Patientenaufklärung, Diagnostik, Therapieplanung und Evaluation der Behandlungen entsteht bei vielen Beteiligten das Bedürfnis nach interprofessioneller, berufsgruppenübergreifender Abstimmung. Diese Zusammenhänge verdeutlichen den Bedarf an guter und zielführender Zusammenarbeit und einer wirkungsvollen Bearbeitung des Handlungsbedarfs.

Zur Bewirkung von Veränderungen und deren sinnvollen Umsetzung ist Leadership notwendig, welches in der Lage ist, die Mitarbeiter mit ihrem unterschiedlichem Wissen und Sichtweisen systematisch einzubinden und durch Konflikte und Aushandlungsprozesse zu führen. Jim Collins und sein Team haben festgestellt, dass je höher die Führungsfähigkeit der Person im Leadership ist, desto höher ist die Wirksamkeit zur Bewirkung von Veränderungen in der Organisation.[2]

Zur Mobilisierung von Überzeugungen, Kräften und Ressourcen ist das Aufzeigen bereits erzielter Erfolge förderlich. Trotz mobilisierter Ressourcen werden die aufkommenden Themen, die sich dynamisch ändern können, schnell die Kapazität zu deren Handhabung übersteigen. Daher sind umzusetzende Veränderungen zu priorisieren.[3]

Die unterschiedlichen Ziele und Handlungen der Berufsgruppen sollten trotz organisatorischer und finanzieller Rahmenbedingungen mit gemeinsamen Handlungsketten bestmöglich zusammengeführt werden. Um dieses professionelle Handeln gelingen zu lassen, müssen interprofessionelle und interdisziplinäre Fähigkeiten in der gemeinsamen Behandlung in methodenkompetenter Teamarbeit zusammengeführt und angewendet werden. Die Kraftfeldanalyse[4] ist ein Werkzeug, um die fördernden und hemmenden Faktoren für die interprofessionelle Zusammenarbeit in der Organisation oder für eine konkrete Aufgabenstellung transparent zu machen und dabei hilft, realistische Ziele zu formulieren und umsetzbare Maßnahmen zu definieren.

Zu den Hauptaufgaben des interprofessionellen Managements zählen das Steuern und Vernetzen der arbeitsteiligen Prozessabläufe. Dazu müssen gemeinsame Voraussetzungen, gemeinsame Werte und methodische Kenntnisse zur Verfügung stehen. In der Zusammenarbeit muss die gegenseitige Abstimmung und Unterstützung der beteiligten Berufsgruppen mit deren Zielvorstellungen, Verantwortungen und Handlungslogiken beachtet und zielführend gemanagt werden. Die im Abschn. 5.6.6 vorgestellten Methoden unterstützen die Lösungsentwicklung im Team, um das innewohnende Potenzial ihrer Mitglieder voll zu nutzen und neue Problemlösungen zu finden.

Der offene und gestaltende Umgang von solchen Veränderungen, worunter das Vernetzen von Prozessen und das Herstellen und Umsetzen gemeinsamer Zielvorstellungen fällt, sieht der Experte für Veränderungsprozesse John P. Kotter als eine der größten Herausforderungen für Organisationen und schlägt acht Schritte zu deren erfolgreichen

---

[2] Siehe Abschn. 6.3 Führung, Management, Leitung und Leadership – eine Begriffsklärung.

[3] Siehe Abschn. 5.6.5.4.4 Priorisierungstechniken.

[4] Siehe Abschn. 5.6.4.8 Kraftfeldanalyse.

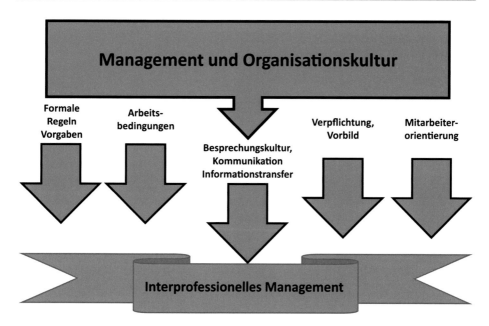

Abb. 7.2 Organisatorische Einflussfaktoren auf die interprofessionelles Management

Bewältigung vor.[5] Ein zentraler Erfolgsfaktor ist die Kooperation.[6] Die Umsetzung komplexer Aufgabenstellung mit einem gemeinsamen Ziel wird häufig in bereichsübergreifenden Projekten organisiert.

Professionelles Handeln im komplexen System des Gesundheitswesens zeichnet sich durch kompetente Bearbeitung der Prozesse in den verschiedenen Handlungsfeldern innerhalb von Organisationen und sektorenübergreifend aus. In der Organisation müssen interne und externe Einflussfaktoren in diesem Kontext mitbetrachtet werden, da diese interprofessionelle Teamarbeit prägen.

Die in Abb. 7.2 organisatorischen Einflussfaktoren wirken exemplarisch auf das interprofessionelle Management ein.

Das interprofessionelle Management wird durch die Einflussfaktoren beeinflusst, und diese sind als Rahmenbedingungen für die Zusammenarbeit wesentlich. Der geordnete Methodeneinsatz fördert das Gelingen der Zusammenarbeit im Einflussbereich des interprofessionellen Managements selbst. Auf Dauer führt dies zu Veränderungen der organisationalen Strukturen, die wiederum neue Lernfelder für die interprofessionelle Zusammenarbeit eröffnen und einen weiteren Schritt zur langfristigen kulturellen und organisatorischen Entwicklung bilden.

---

[5] Siehe Abschn. 5.6.3.1 Die 8-Schritte-Methode.

[6] Siehe Abschn. 6.9.2 Kooperatives Management.

Das wirtschaftliche und gesellschaftliche Umfeld ist für alle Organisationen dynamischer, komplexer und somit unbeständiger geworden. Organisationsexterne Einflussfaktoren, wie technische Entwicklungen, die demographische Veränderung, der Fachkräftemangel, auftauchende Infektionskrankheiten, Umweltkatastrophen und schwere Rufschädigungen wie auch Veränderungen in den Erwartungen von Stakeholdern und Kunden, haben ebenso Einfluss auf Organisationen außerhalb des Gesundheitswesens. Die digitale Transformation bringt in immer kürzer werdenden Innovationszyklen neue Produkte und Geschäftsmodelle sowie innovative Prozesse hervor, die technologisch und wirtschaftlich für alle Organisationen zu analysierende Auswirkungen und Herausforderungen mit sich bringen. In Gesundheitsorganisationen wird dies Auswirkungen auf die berufsgruppenübergreifende Zusammenarbeit haben, deren Chancen und Risiken analysiert und strategisch aktiv genutzt werden sollte.

Der Bedarf nach Steuerung von Veränderungen ist für Organisationen im Allgemeinen gestiegen. Von den auf Veränderungen schnell reagierenden Unternehmen, wie Amazon und Alibaba, gemachten Erfahrungen können Gesundheitsorganisationen profitieren.

Eine Antwort auf den Steuerungsbedarf, der durch zunehmende Veränderungen entsteht, ist das Managementprinzip der Agilität als „höchste Form der Anpassungsfähigkeit", wie sie im Abschn. 6.9.3 beschrieben ist. Leitend ist das Prinzip, dass die Reaktion auf Veränderungen wichtiger ist als das Verfolgen eines Plans. Der „Königsweg" zur Umsetzung von Veränderungen ist das interprofessionelle Projektmanagement, welches zugleich die interprofessionelle Zusammenarbeit fördert.[7]

7.3   Kompetenzen für das interprofessionelle Management

Für die anspruchsvolle Aufgabe des Führens und Managens von interprofessionellen Teams stellt sich die Frage, welche generellen Führungskompetenzen und welche zusätzlich zur Förderung der professionsübergreifenden Zusammenarbeit benötigt werden. Die unterschiedlichen Professionen, Persönlichkeiten und Erfahrungen so zu führen, dass gute Ergebnisse erzielt werden, stellt die besondere Anforderung an den IP-Manager dar.

Dabei ist Führung und Management begrifflich klar von **Leitung,** abzugrenzen, der administrative Kompetenzen, wie Anweisungsrechte, zugeordnet sind. Personell kann Leitung mit Führung und/oder Management verknüpft sein, was aber nicht zwangsläufig der Fall ist. Ebenfalls ist zwischen **Führung,** im Sinne von Personalführung, und **Management,** im Sinne der zielgerichteten Koordination von Prozessen und Ressourcen, bezüglich der benötigten Kompetenzen zu unterscheiden.

Um einen Vergleich zu anderen Branchen vorzunehmen, wurde eine aktuelle Untersuchung zu Führungskompetenzen der Finanzbranche einbezogen. In der Studie wurde von Raffaella Sadun et al. untersucht, welche Manager für Führungspositionen in

---

[7] Siehe Abschn. 6.14 Projektmanagement.

Großunternehmen gefragt und gesucht werden. Dazu wurden die Anforderungen von 5000 Stellenbeschreibungen von dem Beratungsunternehmen Russell Reynolds Associates in Zusammenarbeit mit Unternehmen untersucht und analysiert.[8]

Die Ergebnisse zeigen auf, dass Unternehmen bei der Besetzung von Führungspositionen verstärkt auf soziale Kompetenzen achten. Fachwissen, Fachexpertise und andere betriebswirtschaftliche Qualifikationen werden als eher untergeordnet eingestuft. Die Ergebnisse zeigten, dass die Fähigkeit zur Motivation der Belegschaft eine herausragende Bedeutung darstellt. Neben den klassisch fachlichen Anforderungen werden „weiche" Fähigkeiten gefordert. Die Qualifikation der ausgeprägten sozialen Kompetenzen wurden als Skills benannt.

Die Fähigkeiten, gut zu kommunizieren, ein hohes Maß an Selbstwahrnehmung und die Kunst, zuhören zu können wurden dazugezählt. Weitere genannte Anforderungen sind die Fähigkeit, die Zusammenarbeit mit unterschiedlichen Menschen und Gruppen gestalten zu können, sowie zu erkennen, was andere denken und fühlen. Die Zugehörigkeit zu einem Team wurde als Erfolgsfaktor für engagierte Mitarbeitende in einer weltweiten Befragung von 19.000 Beschäftigten als wesentliches Merkmal benannt. Das wird durch den Teammanager unter anderem sichergestellt, durch das Schaffen einer Vertrauensbasis, den Mitarbeitenden Aufmerksamkeit schenken, das gemeinsame Lernen fördern und die Zusammenarbeit im Team fokussieren.[9]

Schär benennt die Fähigkeit zur Selbstwahrnehmung und -führung als individuelle Voraussetzung für **Klarheit** und **Empathie,** welche wiederum Voraussetzung für die Führungskompetenz der gezielten Beeinflussung von zwischenmenschlichen Beziehungen sind.[10] Diese Kompetenzen seien in Bereichen erforderlich, in denen eine effektive Kommunikation für die Dienstleistungserbringung von großer Bedeutung ist, um Fehler in der Gesundheitsversorgung zu vermeiden und Patientensicherheit zu gewährleisten. An dieser Stelle sei auf die fünf Kernkompetenzen für eine sichere Gesprächsführung von Annegret F. Hannawa verwiesen.[11]

In Aufgabenbereichen mit einem großen Anteil auf Interaktion und Koordination, Austausch von Ideen, Teamsteuerung und Begleitung von Problemlöseprozessen sind Sozialkompetenzen und Empathie wesentliche Fähigkeiten, die vom Manager eingebracht werden müssen.

Aufgrund praktischer Erfahrungen in interprofessionellen Teams[12] ist davon auszugehen, dass diese Anforderungen auch für einen Teammanager von interprofessionellen Teams anwendbar sind.

---

[8] Sadun, Raffaella Sadun, et al. in HBM (Hrsg.) (2023): Gesucht CEO mit Gespür, Harvard Business Manager, 2/2023, HBP 2023, S. 20–27.

[9] Vgl.: Buckingham, M., Goodall, A. (2020): S. 21–31.

[10] Siehe Abschn. 6.5 Führungskompetenz.

[11] Siehe Abschn. 5.6.5.4.2 Die fünf Kernkompetenzen für eine sichere Gesprächsführung.

[12] Siehe dazu Kapitel Teamarbeit.

Die Ergebnisse der Studie, bestätigen neben den fachlichen Kenntnissen der Team-führung, die persönlichen Anforderungen die Sozialkompetenz, Motivationsfähigkeit und Empathie für eine gelingende Teamarbeit.

Der Wissenschaftler David Deming[13] führte dazu aus, dass die Verschiebung der Kompetenzanforderungen nicht nur auf Führungspositionen, sondern auf alle Unter-nehmensebenen voraussehbar sind. Das wird begründet im gestiegenen Bedarf an Sozial-kompetenzen durch die Zunahme an Komplexität in Unternehmen, die durch die zu-nehmende Digitalisierung getrieben wird. Daher benötigen Führungskräfte sogenannte Future Skills, wie Offenheit, Vielseitigkeit, die Fähigkeit zum Perspektivwechsel, Be-harrlichkeit, emotionale Intelligenz, Interdisziplinarität, Kreativität, Experimentierbereit-schaft, vernetztes Denken und Digitalkompetenzen.

IT-gestützte Prozesse sichern vermehrt Routineprozesse ab, sind jedoch nicht in Lage, Prozessanforderungen, die außerhalb der Routine liegen, kreativ zu steuern und persön-liche Zusammenarbeit mit guter Sinneswahrnehmung zu fördern. Manager von inter-professionellen Teams müssen in der Lage sein, auf unerwartete Ereignisse zu reagieren und spezielles, verstreutes Wissen bedarfsorientiert zusammenzuführen. Die Beteiligten aus heterogenen Berufsgruppen in Lösungsprozesse zusammenzubringen, zu motivieren und zu führen, neben den Fachkenntnissen, Sozialkompetenz und Empathie. Aufgrund der vergleichbaren Gesamtsituation, mit Komplexität und Handlungsbedarf außerhalb von Routineprozessen, könnten die genannten Kompetenzanforderungen für einen Team-manager von interprofessionellen Teams angewendet werden und wertvoll sein. Inter-professionelle Teams müssen sinnstiftend, mit Wertschätzung, mit empathischer Grund-haltung motiviert und zielgerichtet geleitet werden.

Um die Potenziale der einzelnen Teammitglieder in der Zusammenarbeit zur Geltung zu bringen, bedarf es neben der Führungskompetenz des Managers eines hohen Reife-grades der einzelnen Teammitglieder, welche folgende Kompetenzen beinhalten:

- Akzeptanz persönlicher Verantwortung,
- Zeigen von situativem Verständnis,
- Kenntnisse der Voraussetzungen für Ability-Management,
- Wissen um die Existenz von Komplexität und Spannungen,
- kritisches Hinterfragen von Bestehendem,
- Bereitschaft zum kontinuierlichen Lernen.[14]

Zusammenfassend lässt sich darstellen, dass für das Management der Vielfalt der Mit-wirkenden in interprofessionellen Teams gute Voraussetzungen nötig sind. Die Person, die ein interprofessionelles Team leitet, anleitet und führt, sollte selbst eine Vielzahl von Fähigkeiten einbringen, die zum größten Teil erlernbar sind (Abb. 7.3).

---

[13] Vgl.: Sadun, Raffaella Sadun, et al. in HBM (Hrsg.) (2023), S. 20–27.
[14] Siehe Abschn. 6.12.3 Ability Management.

Abb. 7.3   Baum der Vielfalt eines interprofessionellen Teammanagers

Für die strategische Umsetzung des interprofessionellen Managements und dem Aufbau innovativer Strategien sind zusätzlich Kooperationsfähigkeit und Projektmanagementkompetenz erforderlich.

Die laterale Führung stellt eine Möglichkeit dar, Führungskompetenzen zu erlernen und als Empfehlung für umfangreichere Führungsaufgaben zu demonstrieren. Wissenschaftlich nicht untersucht sind die Rahmenbedingungen für den erfolgreichen Einsatz des Konzepts der lateralen Führung, der speziell für diese Führungsrolle erforderlichen Kompetenzen und wie deren Wirkung auf das Outcome von Gesundheitsorganisationen sind.[15]

---

[15] Siehe Abschn. 6.10 Laterale Führung.

7.4   Die Rolle und Aufgaben des interprofessionellen Teammanagers

Aktuell veröffentlichte Aufsätze zum interprofessionellen Management beziehen sich meist auf die Förderung der gemeinsamen Ausbildung der Gesundheitsberufe. Das Thema wird im Rahmen der Akademisierung zur Verbesserung des Verständnisses zwischen Professionen im Gesundheitswesen behandelt. Bisher bleiben allerdings die Organisationsstrukturen in Gesundheitseinrichtungen für interprofessionelle Teamarbeit unverändert, und es gibt wenig Bewegung, um Änderungen herbeizuführen.[16]

Die Diskussion, wer mit welcher Qualifikation die interprofessionelle Teamführung und IP-Teamarbeit in Gesundheitsorganisationen leiten könnte, ist aktuell nicht thematisiert. Das Crew Ressource Management (CRM) fordert für kritische Situation, dass Mitglieder von interprofessionellen Teams entweder die Führungsrolle übernehmen oder sich in die Rolle des beharrlichen Teammitglieds begeben.[17] Wenn Personen nicht durch übergeordnete Hierarchieebenen als Führungsperson offiziell autorisiert sind, sind sie darauf angewiesen, dass andere ihre Übernahme der Führungsrolle akzeptieren und unterstützen. Typische Beispiele für solche laterale Führungssituationen sind das Prozessmanagement, interdisziplinäre Arbeitsgruppen, Kollegialgremien, unternehmensübergreifende Arbeitsstrukturen, Netzwerkstrukturen oder der Kapitän eines Sportteams.

Die Implementierung eines interprofessionellen Teammanagers in Organisationen könnte die Koordination, die Zusammenarbeit und Verbesserung der Prozesse in der interprofessionellen Zusammenarbeit aus Sicht der Autorin positiv beeinflussen.[18]

Der interprofessionelle Teammanager hätte in einer interprofessionellen Aufgabenstellung den methodischen Auftrag, das Team zu moderieren und zu coachen und wäre zur professionellen Neutralität verpflichtet.

Er würde damit eine Brückenfunktion zwischen den beteiligten Berufsgruppen im Gesamtteam und im Netzwerk der Expertenorganisation wahrnehmen. Zur wirksamen Ausgestaltung und Sicherstellung der Funktionsfähigkeit der Führungsbeziehungen sind Rollenverständnisse und Erwartungen kommunikativ zwischen den Beteiligten zu klären **(Rollenklärung),** um Differenzen zu identifizieren und Konfliktpotenziale ausräumen zu können.

---

[16] Bereits im Jahr 1991 wurden Gespräche mit Vertretern der Krankenpflegeverbände und der Bundesärztekammer zum koordinierenden Zusammenwirken der Verantwortungsbereiche der Berufsgruppen geführt und eine regelmäßige Konferenz der Fachberufe im Gesundheitswesen systematisch etabliert. Die jährlichen Konferenzen dienen der Förderung der Zusammenarbeit und Ausrichtung auf zukünftige Herausforderungen im Gesundheitswesen.

[17] Siehe Abschn. 5.6.5.4.3 Crew Ressource Management (CRM).

[18] Diese Erkenntnisse beruhen auf vielfältigen Teamsequenzen und Rückmeldungen von Teilnehmenden im Rahmen der Unternehmensberatung und Prozessbegleitungen in Gesundheitseinrichtungen.

Je nach Führungsrolle ist ihr ein spezifischer Umfang an Aufgaben und Verantwortungen zugeordnet, welcher fachliches und methodisches Expertenwissen im interprofessionellen Management erfordert. Die Definition der Führungsrolle kann in der Praxis ungeordnet sein, wenn die Führungskraft einerseits Verantwortung für Ergebnisse und Prozesse trägt, aber anderseits die Selbstorganisation und -steuerung der zugeordneten Mitarbeiter zulassen soll.

In etablierten interprofessionellen Arbeitsgebieten, wie dem OP-Management, gibt es mit dem Anästhesisten aus medizinischer Sicht eine prädestinierte Person für die Führungsrolle des OP-Managers, der allerdings neben der fachlichen Kompetenz Moderationsfähigkeit und Konfliktlösungskompetenz mitbringen muss, um zwischen den Partikularinteressen der einzelnen Berufsgruppen und Abteilungen vermitteln zu können. Diese Aufgabenstellung ist deutlich von der des OP-Koordinators abgegrenzt. Dagegen besteht mit Blick auf die Arzneimittelsicherheit für das Medikationsmanagement Klärungsbedarf über die interprofessionelle Rollenverteilung. Im Krankenhaus nehmen die Krankenhausapotheker aufgrund ihrer fachlichen Kenntnisse die entscheidende Rolle ein. Die Verantwortlichkeiten, insbesondere für die Medikationsanalyse, sind gesamthaft nicht durchgehend geklärt.[19]

In Kap. 6 sind die **Kernaufgaben des Managements** beschrieben, die für den Fokus auf Interprofessionalität weiter zu spezifizieren sind. Die Kernaufgaben beinhalten: **für Werte sorgen, Ziele vereinbaren, Planen, Entscheiden, Organisieren, Kontrollieren, Menschen fördern und entwickeln**. Über die **Aufgabe des Entscheidens (Entscheidungen treffen und kommunizieren) als** zentrale und **originäre Führungsaufgabe** gibt es in der wissenschaftlichen Diskussion keine Klarheit zum Aufgabenumfang weder von Management noch von Führung.

Der interprofessionelle Teammanager ist der unteren bis mittleren Führungsebene zuzuordnen und unterscheidet sich damit von der Aufgabenzuordnung der oberen Führungsebene. Er wäre daher schwerpunktmäßig mit operativen Führungsaufgaben betraut, wie die zielführende interprofessionelle Kommunikation, das Projektmanagement und das koordinierende Management im gesamten Netzwerk der Beteiligten. Der interprofessionelle Teammanager fördert die Mitwirkung und Kooperationsfähigkeit der Mitarbeitenden und schafft ein Klima der Akzeptanz und gegenseitigen Akzeptanz der Professionen und begegnet den Mitwirkenden mit Wertschätzung.

Der interprofessionelle Teammanager könnte in Organisationen sicherstellen, dass:

- ein Beitrag zur mitarbeiterorientierten Führungskultur geleistet wird,
- die interprofessionelle Teamarbeit zur zielführenden Auftragsbearbeitung von aktuellen Fragestellungen und zur Erhaltung und Weiterentwicklung der Organisation führt,
- der Arbeitsprozess der interprofessionellen Teamarbeit eingeführt und umgesetzt wird,

---

[19] Siehe Abschn. 6.11.2 OP-Management und 6.11.3 Medikationsmanagement.

- die etablierten Bausteine der Teamarbeit angemessen gestaltet, umgesetzt und eingehalten werden,
- geeignete Methoden und Tools bedarfsorientiert und zielführend in den Teamarbeitsphasen eingesetzt werden,
- abgeleitete Erkenntnisse und Ergebnisse umgesetzt und nachverfolgt werden,
- die interprofessionelle Teamarbeit als integrative Tätigkeit in das Prozessmanagement einfließt,
- die interprofessionelle Kommunikation mit allen Beteiligten ermöglicht wird,
- die interprofessionelle Teamarbeit in der Organisation als fester Bestandteil positiv akzeptiert und unterstützt wird,
- die interprofessionelle Teamarbeit die Innovationskraft der Organisation steigert,
- die Verantwortlichen, Schnittstellenpartner und Kooperationen einbezogen und transparente Entscheidungen erarbeitet und vermittelt werden,
- die organisatorischen Schnittstellen zu anderen Bereichen angemessen einbezogen werden,
- vernetztes Denken und Handeln vorgelebt wird.

Die Funktion des interprofessionellen Teammanagers muss entsprechend der Größe, der Komplexität, des Bedarfs und der notwendigen Tätigkeiten in der Organisation angemessen geplant werden. Die Funktion könnte entweder als eigene Stelle ausgewiesen oder einer anderen neutralen Funktion auf der Leitungsebene zugeordnet werden.

Der Manager von interprofessionellen Teams bleibt neutral, ist immer interaktiv ausgerichtet und dynamisch. Er repräsentiert sein Interesse am gemeinsamen Erfolg und zeigt dies mit seinem Handeln im Sinne einer positiven Vorbildfunktion. Sein Auftrag ist ihm transparent, und er versteht die Zusammenhänge durch gute und gezielte Vernetzung. Er schafft einen vertrauensvollen Arbeitsrahmen, setzt zielführende Methoden und passende Tools ein.

Die Mitwirkenden werden von ihm zur Mitarbeit angeregt, begleitet und unterstützt.

Die Motivation und Förderung der Mitwirkung sowie der Verantwortungsübernahme der Teammitglieder für die jeweilige Aufgabenstellung stehen im Fokus des Teammanagers.

Er klärt Konfliktsituationen, nutzt Deeskalationsstrategien, fördert die Klärung von Hindernissen und reflektiert gemeinsam mit den Beteiligten. Bei Meinungsverschiedenheiten setzt er Grenzen und fokussiert das Commitment der Mitwirkenden. Ist der interprofessionelle Teammanager in einer lateralen Führungssituation, wie dies z. B. bei bereichsübergreifenden Projekten, temporären, interprofessionellen Arbeitsgruppen oder Kollegialgremien der Fall sein kann, gehören zu seinen Kernaufgaben zusätzlich das Einbringen von Struktur und Regeln und die Sorge um deren Einhaltung.

Abb. 7.4 Kombinationen des
IP-Mangers und Teamcoach in
interprofessionellen Teams

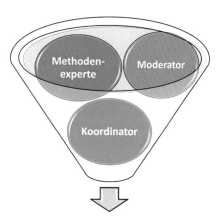

IP-Manager und Teamcoach

Durch regelmäßige Feedbackschleifen werden die gemeinsame Reflexion gefördert und die aktuelle Ergebnislage evaluiert. In seiner Teamführung fokussiert er das Outcome und sichert dieses. Die Blue-Ocean-Strategie hilft mit der Unterstützung der zu führenden Mitarbeiter der Führungskraft, ihre Zeit in die Führungsaufgaben zu investieren, die das Potenzial der Mitarbeiter am besten freisetzt.[20]

Der IP-Teammanager übernimmt Abstimmungsprozesse, den Informationstransfer von Ergebnissen und kontrolliert die Maßnahmen. In seiner Gesprächsleitung wendet er Verhandlungstechniken an, um den Fortschritt und die weitere Entwicklung des Prozesses im interprofessionellen Team zu ermöglichen. Das interprofessionelle Denken und die positive persönliche Einstellung prägen das Aufgabenprofil und die Prozessorientierung eines Managers für interprofessionelle Teamarbeit.

In seiner Arbeit als Teamcoach hat er eine Vielfalt von Beziehungen im Rahmen seiner neutralen Haltung auszubalancieren (Abb. 7.4).

Menschliche, fachliche und methodische Kompetenzen sind die entscheidenden Grundlagen für die persönliche Eignung, um die Anforderungen für das Managen von interprofessionellen Teams zu erfüllen und umzusetzen. Dies wird in der Abb. 7.5.

Zusätzlich lässt sich ein Shared-Leadership-Ansatz verfolgen, in dem Führungsaufgaben im Team verteilt sind. Der Teammanager fördert und ermächtig die Aufgabenübernahme (Empowerment) durch Teammitglieder und stellt sicher, dass die Aufgabenübernahme tatsächlich erfolgt. Damit lassen sich die Zufriedenheit im Team sowie deren Leistung und Motivation steigern.[21]

---

[20] Siehe 6.12.6. Blue Ocean („Blauer Ozean") Leadership.

[21] Siehe 6.12.7 . Shared Leadership.

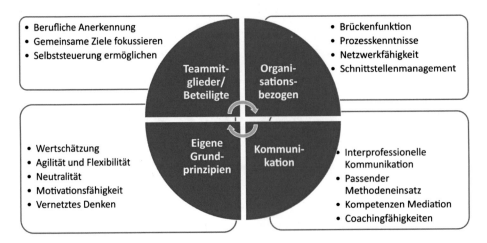

Abb. 7.5 Aufgaben und Kompetenzen eines IP-Managers[22]

7.5   Koordination und Ablaufsteuerung von interprofessionellen Teams

Der Manager von interprofessionellen Teams nutzt bedarfsorientiert Arbeitsmethoden in der Zusammenarbeit, sorgt für die Festlegung und Einhaltung von Regeln, koordiniert zielorientiert die notwendigen Prozesse und Handlungen sowie die erforderlichen Ressourcen (Finanzen, Personen und Sachmittel) innerhalb und außerhalb der Organisation.

Die in Abb. 7.6 Schwerpunkte sollten gut koordiniert und gesteuert werden.

Den Beteiligten im Team soll vermittelt werden, dass sie ihre eigenen Ziele dem Gesamtziel der Teamarbeit angleichen. Dazu sind Kenntnisse über die Teilnehmenden und deren Rollen im Vorfeld zu analysieren und die Moderation darauf einzustellen. Zwischen den Beteiligten müssen keine Grenzen verdeutlicht werden, sondern die Zusammenarbeit untereinander muss fokussiert werden.

Im Rahmen der Teamorientierung wird die aktive Beteiligung gefördert und dazu aufgerufen, andere Meinungen gelten zu lassen. Bei autoritären Tendenzen einzelner Mitglieder sollten diese beobachtet, wertschätzend einbezogen und ausbalanciert werden.

Diese notwendige Vernetzung, Abstimmung und Steuerung im Gesamtprozess muss neutral moderiert werden. Dazu ist die wertschätzende Haltung der fachlichen, professionsbezogenen Zusammenarbeit aller Beteiligten durch den Moderator einzubringen. In dieser gegenseitigen Grundhaltung können gegenseitige Anerkennung und

---

[22] IP-Manager wird im Folgenden als Kurzbezeichnung für den interprofessionellen Manager verwendet.

Abb. 7.6 Merkmale der Koordination von interprofessioneller Zusammenarbeit

Akzeptanz der Teammitglieder und zielführende berufsgruppenübergreifende und interprofessionelle Zusammenarbeit gelingen.[23]

Die Teilnehmenden in interprofessionellen Teams sollten in ihrer professionellen Haltung und Verhalten die in Abb. 7.7 Grundsätze beachten.

Dieses integrierende Bewusstsein zu fördern ist eine wichtige Funktion und Kennzeichen eines guten interprofessionellen Managements.

Zu den besonderen Anforderungen der Koordination und Steuerung der Teamarbeit durch den Manager werden die in Abb. 7.8 Aspekte exemplarisch genannt.

7.6 Exemplarische Funktionsbeschreibung eines IP-Teammanagers

Wie könnte eine konkrete Funktionsbeschreibung für einen interprofessionellen Teammanager aussehen?

Die bisherigen Ausführungen zeigten auf, dass das Management von interprofessionellen Teams in Organisationen bedeutsam ist. Daher werden in diesem

---

[23] Vgl.: Zum Verständnis von Kooperationen in Amstutz, J. (Hrsg): (2019) Kooperation kompakt, Verlag Budrich, Opladen, 2.Aufl., S. 22–28.

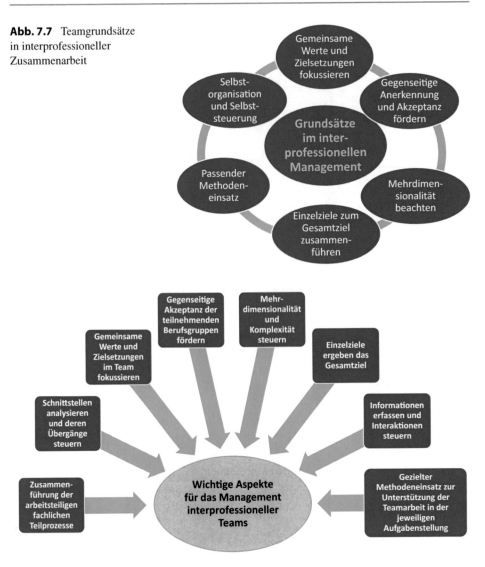

Abb. 7.7 Teamgrundsätze in interprofessioneller Zusammenarbeit

Abb. 7.8 Anforderungen und Funktionen des IP-Teammanagers

Abschnitt Empfehlungen und Ideen für die Ausgestaltung einer mögliche Stelle als Anregung aufgezeigt.

Grundlegend sind die Größe, die jeweilige Organisationsstruktur und die Aufgaben in der Gesundheitseinrichtung. Daraus lassen sich der Bedarf an Arbeitszeit für interprofessionelle Teams und die Stellenzuordnung ableiten.

Im Projektalltag werden im Gesundheitswesen Workshops zur Bearbeitung von Patientenereignissen, Verbesserungsaktivitäten und zur Prozessoptimierung einberufen und durchgeführt. Bisher werden diese Workshops von denjenigen geleitet, die den direkten Zugang zum Thema, die zeitliche Verfügbarkeit und personelle Ressourcen einbringen können.

Der IP-Teammanager könnte als neutraler Ansprechpartner ergänzend oder alternativ eingesetzt werden, interprofessionelle Teams zu leiten und die interprofessionelle Zusammenarbeit in den verschiedenen Zusammenhängen zu fördern.

Der IP-Teammanager gestaltet interprofessionelle Teamarbeit kontinuierlich und aktiv im Unternehmen mit und leistet einen wichtigen Beitrag für die Organisationsentwicklung. Daher sollte er im Organigramm als Stabsstelle auf der Leitungsebene in einem entsprechenden Bereich angesiedelt werden.

Der interprofessionelle Manager sollte seine Aufgaben unabhängig von Linieninstanzen wahrnehmen und unterstützt in seiner neutralen Funktion die Leitungsebene. Zudem muss der IP-Teammanager die Verantwortlichen sowie die Mitarbeiter überzeugen können, dass der Einsatz von interprofessionellen Teams in Arbeitsgruppen werthaltig ist und in das Management der Organisation integriert werden sollte.

Anforderungen an diese Funktion
- Fundierte Kenntnisse in der interprofessionellen Kooperation
- Fundierte Kenntnisse in der interprofessionellen Kommunikation
- Fähigkeit, Anwendungsgebiete und Einsatzmöglichkeiten für IP-Teamarbeit zu identifizieren und zweckmäßig festzulegen
- Interprofessionelle Teamarbeit in die Organisationsstrukturen vertikal und horizontal integrieren und in die wesentlichen Prozesse einzubetten
- Fähigkeiten, interprofessionelle Teamarbeit mit seinen Teilschritten der Kommunikation und Konsultation innerbetrieblich mit den Verantwortlichen zu lenken
- Interprofessionelle Teamarbeit in die Organisationskultur zu integrieren
- Fundierte Kenntnisse im situationsgerechten Methodeneinsatz
- Fundierte Kenntnisse in interprofessioneller Teamführung und Teamorganisation
- Grundkenntnisse im Projektmanagement und Fähigkeiten, notwendige Dokumentation zu gestalten
- Verpflichtung zu kontinuierlicher Fortbildung, um sicherzustellen, dass eigene Kompetenzen dem aktuellen Erkenntnisstand entsprechen

Tätigkeitsbeschreibung
- Mitwirkung an der Identifikation und Planung von bedarfsorientierten Arbeitsgruppen
- Einberufung, Koordination und Lenkung von Teambesprechungen
- Informationsgewinnung und Vorbereitung von Teamsequenzen
- Leitung, Durchführung und Nachbereitung von Teamsequenzen
- Moderation und Coaching der Teamsequenzen
- Passender Einsatz von Methoden und Techniken
- Koordination von weiterführenden Maßnahmen und Informationstransfer
- Umsetzung von übergreifenden Steuerungsmaßnahmen

- Erstellung begleitender Dokumentation
- Berichterstattung von Ergebnissen an Verantwortliche
- Bedarfsorientierte Beratung und Begleitung von Beteiligten.

Grundhaltungen des Managers von Interprofessionellen Teams

In seiner Grundhaltung dient er der positiven Entwicklung und Selbstorganisation eines Teams.

Er fördert die Mitverantwortung und die Zusammenarbeit mit anderen. Dazu muss er die Zielerreichung in der Förderung der Zusammenarbeit im Blick behalten und steuern. Interprofessionelle Teamarbeit gelingt auf einer stabilen Grundlage und benötigt konkrete Regeln. Mitwirkende werden grundsätzlich als wertvoll für den Prozess betrachtet und darin bestärkt. Ergebnisse und Teamleistungen werden positiv anerkannt und benannt.

Fehler und Fehlentwicklungen werden als Informationen gesehen und als Ausgangspunkt für Verbesserungen genutzt. Das Team wird als gemeinsamer Leistungsträger dargestellt und hervorgehoben. Entstandenes Wissen im interprofessionellen Team wird nicht als Macht missbraucht. Beobachtungen und identifizierter Veränderungsbedarf werden mit den dafür Verantwortlichen geklärt.

Literatur

Amstutz, J. (Hrsg.) (2019). *Kooperation kompakt* (2. Aufl., S. 22–28). Verlag Budrich.

Buckingham, M., & Goodall, A. (2020). Die Stärke unsichtbarer Teams. *Harvard Business Manager, Januar, 2020*, 21–31.

Sadun, R. S., et al. in HBM (Hrsg.) (2023). Gesucht CEO mit Gespür. *Harvard Business Manager, 2/2023*, HBP 2023, 20–27.

Printed in the United States
by Baker & Taylor Publisher Services